스티븐 호킹

스티븐 호킹

STEPHEN HAWKING

키티 퍼거슨 지음 | 이충호 옮김

해나무

〈스티븐 호킹〉, 케임브리지의 화가 올리버 월링턴Oliver Wallington이 2010년에 그린 선화(잉크와 에멀션)

"호킹은 뺨 근육을 움직임으로써 화면의 커서를 원하는 대로 움직였다. ……호킹과 대화를 나눌 때마다 나는 간단히 '예' 또는 '아니요'로 대답할 수 있도록 질문을 하려고 노력한다. 어차피 그래도 호킹은 늘 자세히 이야기하려고 하지만." – 본문 중에서

"오, 멋진 신세계여, 저런 사람들이 살고 있다니!"

스티븐 호킹을 처음 만난 것은 케임브리지 대학의 1986~1987학년도였으니, 25년도 더 전이다. 그때, 나는 그가 누구인지도 몰랐다. 케임브리지 대학에서 로마의 시스티나 성당 복원 문제를 놓고 일련의 공개 강연을 했는데, 학생 몇몇이 왁자지껄하게 떠들며 휠체어를 밀고 강당으로 들어왔다. 휠체어에는 심각한 장애가 있는 남자가 축 처지고 측은해 보이는 얼굴로 앉아 있었다. 나는 그를 강연장으로 데리고 온 학생들을 참 친절하고 훌륭한 젊은이들이라고 생각했지만, 휠체어를 탄 그 남자는 겉모습만으로 볼 때 강연을 제대로 이해하거나 즐길 것 같지 않았다. 몇 달 뒤, 미국에서 누군가 내게 보라고 해서 『시간의 역사』를 봤더니, 표지에 실린 사람이 바로 내가 케임브리지에서 측은함을 느꼈던 그 남자임을 알아챘다.

측은함은 호킹에게 어울리지 않는 단어이다. 전 세계 모든 사람들은 호킹을 강인하고 의지가 굳고 머리가 좋고 용감한 사람으로 알고 있다. 호킹을 강연장으로 데려온 학생들과 그동안 호킹에게 배운 사람들은 그와 맺은 인연을 아주 소중하게 생각한다. 그날 학생들이 그의 휠체어를 민 일은 호킹에게 친절을 베푼 행동이라기보다 오히려 그들에게 영광스러운 일이었다. 2012년, 호킹의 70번째 생일 축하 파티에서 나는 전 세계 각지에서 온 젊은 과학자들을 만났는데, 그 중에는 "제가 오늘날 과학자가 된데에는 십대 때 『시간의 역사』를 읽은 게 큰 계기가 되었어요."라고 말한 사람이 많았다.

25년이라는 세월에 걸쳐 내가 호킹에 관한 두 권의 책과 세 편의 주요 기사를 쓰고, 집필 과정에서 그의 도움과 승낙을 받을 수 있었던 것은 개인적으로 큰 즐거움이자 특권이라고 생각한다. 나의 첫 번째 책 『스티븐 호킹: 모든 것의 이론을 찾아서』는 『시간의 역사』가 나오고 나서 얼마 지나지 않아 호킹이 50세이던 때에 출간되었다. 그 후 나는 호킹을 더 잘 알게 되었고, 심지어 『호두 껍질 속의 우주』 원고를 편집하는 일도 도왔다. 그런데 20여 년이 지난 뒤 내 책을 출간했던 런던의 출판사가 개정판을 써서 전자책으로 출판하는 게 어떻겠느냐고 물었다. 나는 그러지 말고 완전히 새로운 책을 써서 내자고 제안했다. 출판사는 내 제안을 받아들였고, 그렇게 해서 『스티븐 호킹』은 마침 제때 집필이 끝나 호킹의 70번째 생일을 기념하며 출간할 수 있었다.

나는 여러분이 이 책을 읽고 호킹과 그의 연구를 잘 이해할 뿐만 아니라, 호킹이 자신의 연구와 글에 불어넣은 경이로움과 강한 모험 정신을 함께 느끼길 바란다. 나는 호킹을 알고 나서 개인적으로 어떤 변화를 겪었느냐는 질문을 종종 받는다. 나는 호킹을 책과 텔레비전 다큐멘터리를 통해, 그리고 그저 스티븐 호킹─항상 놀랍고 다소 별난─으로 존재하는 것만으로도 지난 25년의 세월을 훨씬 흥미진진하고 재미있게 만들었다고 대답한다. 나는 그를 알고 나서 나 자신과 사랑하는 사람들이 병에 걸리거나 장애인이 될 가능성에 맞닥뜨리더라도 용감하게 대처할 수 있게 되었다. 그는 햇빛이 항상 쨍쨍 내리쬐지는 않으며, 꼭 건강이 아주 좋아야만 대단한 일을 할 수 있고 인생을 마음껏 즐길 수 있는 것은 아님을 보여주었다. 호킹은 나에게 다른 장애인을 더 배려하고 그들에게 고마움을 느끼도록 만들었다. 그는 내게 과학을 사랑하도록 가르쳤고, 영감을 불러일으켜 여덟 권의 책을 쓰게 했다. 만약 호킹을 만나지 않았더라면, 이 책들은 결코 나오지 못했을 것이다.

현재 호킹 교수는 여전히 작가, 학자, 인습 타파주의자로 열심히 활동하고 있다. 그리고 자신을 아주 높게 평가하고 유명 인사로 만들어준 대중과 언제든지 기꺼이 만나려고 한다. 하지만 최근에 해외 여행은 건강 문제로 크게 줄어들었다.

다행히 이러한 건강 문제도 런던에서 열린 2012년 패럴림픽 대회 개막식에 참석하는 것까지 방해하진 못했다. 패럴림픽 대회가 내건 핵심 구호는 셰익스피어의 『폭풍』에 나오는 구절인 "오, 멋진 신세계여, 저런 사람들이 살고 있다니!"였다. 호킹은 개막식에서 중앙 앞자리에 앉았는데, 살아 있는 사람 중 그만큼 "멋진 신세계"와 "저런 사람들"을 잘 대변하는 사람도 없었다.

차례

1_부

1942~1975

나는 성장을 멈춘 어린이에 불과하다

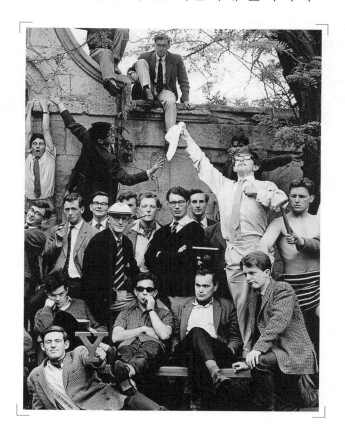

블랙홀 상상도 ⓒ NASA/JPL–Caltech

블랙홀이 점점 작아지다가 결국에는 폭발한다는 개념은 1973년 당시에는 블랙홀에 대해 알려진 상식과 완전히 위배되는 것이었기 때문에, 호킹도 자신의 발견에 의문을 품었다. 자신조차 그 결과를 믿기가 힘들다면, 나머지 과학계가 어떻게 생각할지 두려웠다. 반면에 만약 자신의 생각이 옳다면, 그 결과는 천체물리학에 혁명을 가져올 것이었다.

1
"모든 것의 이론을 찾기 위한 노력"

1980년

영국 케임브리지 중심부에는 20세기나 21세기의 손길이 전혀 닿지 않은 것처럼 보이는 좁은 골목길이 여러 개 있다. 이곳에는 여러 시대의 주택과 건물이 뒤섞여 있지만, 큰 거리에서 모퉁이를 돌아 좁은 골목길로 한 발자국만 들여놓으면 먼 과거의 시대로 성큼 들어선 듯한 느낌에 사로잡힌다. 골목길 중에는 오래된 칼리지의 돌담들 사이로 지나가는 통로도 있고, 중세 시대의 교회와 교회 부속 묘지 또는 맥아 제조소가 나오는 마을 길도 있다. 근처에는 그에 못지않게 오래되었지만 더 부산한 도로들이 있다. 하지만 이곳에서는 도로를 지나가는 차량들의 소음은 거의 들리지 않는다. 대신에 고요한 침묵 속에 새 소리, 목소리, 발자국 소리가 들린다. 학자들과 마을 사람들은 수백 년 전부터 이곳을 걸어다녔다.

1990년에 스티븐 호킹에 관한 책을 처음 쓸 때에도 나는 이 작은 길 중 하나인 프리스쿨 레인에서 이야기를 시작했다. 11세기에 지은 종탑이 있는 세인트베넷 교회 옆으로 베넷 스트리트가 죽 뻗어 있는데, 여기서 세인트베넷 교회를 끼고 옆으로 꺾어진 길이 프리스쿨 레인이다. 프리스쿨 레인으로 접어드는 모퉁이 주변의 교회 부속 묘지 철제 울타리에는 20년 전과 마찬가지로 꽃과 나뭇가지들이 늘어져 있다. 거기에 매여 있는 자전거는 먼 과거로 돌아간 듯한 느낌과 어긋나지만, 조금 더 가면 오른쪽에 좁은 슬릿창이 달린 거친 검은색 돌담이 나오는데, 이곳은 14세기에 지은 코퍼스 크리스티 칼리지의 올드 코트로, 케임브리지에서 가장 오래된 코트 court(케임브리지 대학의 네모진 마당)이다. 그 돌담에서 뒤로 돌아서면 고딕 양식의 대문 옆 높은 곳에 'THE CAVENDISH LABORATORY(캐번디시 연구소)'라는 현판이 걸려 있다. 이 대문과 그 너머로 뻗어 있는 통로는 더 최근 시대로 이어지는 입구이지만, 기묘하게도 중세의 거리 사이에 끼여 있다.

12세기에 이곳에 서 있던 수도원이나 그 뒤 그 유적 위에 들어선 정원의 흔적은 전혀 찾아볼 수 없다. 대신에 공장 같은 을씨년스러운 건물들이 교도소라고 해도 손색이 없을 정도의 위압적인 분위기를 풍기며 회색 아스팔트 도로를 굽어보고 서 있다. 그래도 건물들 안쪽으로 들어가면 분위기가 좀 나아 보이고, 내가 이곳의 옛 캐번디시 연구소에 대한 글을 처음 쓴 지 20년이 지나는 동안 새로운 건물이 몇 개 들어섰지만, 잘 설계된 현대 건축물의 유리벽에 비치는 풍경이라곤 여전히 낡은 이웃 건물들의 황량한 모습뿐이다.

케임브리지 대학이 1974년에 '새로운' 캐번디시 연구소를 짓기 전까지 100년 동안 이곳에는 세계에서 가장 중요한 물리학 연구 센터가 있었다. 여기서 톰슨 J. J. Thomson이 전자를 발견했고, 어니스트 러더퍼드 Ernest Rutherford가 원자의 구조를 알아냈으며, 그 밖에 중요한 발견이 많이 일어났다. 1990년대에 이곳에서 개최한 강연(1974년에 모든 것이 다 신 캐번디시 연구소로 옮겨간 것은 아니었다)을 내가 들으러 갔을 때만 해도 여전히 거대한 칠판을 사용했는데, 물리학 강연에서 끝없이 나오는 방정식을 더 적을 공간을 만들기 위해 크랭크를 돌려 작동하는 체인 도르래 장치로 칠판을 위아래로 움직였기 때문에 끽끽거리는 소리가 꽤 요란했다.

같은 장소에 있는 콕크로프트 강당은 훨씬 현대적이다. 1980년 4월 29일,

과학자들과 초빙 손님들과 대학의 고위 관계자들이 가파른 경사를 이루며 충충이 늘어선 좌석에 앉아 칠판과 슬라이드 스크린(아직 파워포인트가 사용되기 이전이라)으로 이루어진 2단 벽을 바라보았다. 그날의 행사는 루카스 수학 석좌교수에 새로 임명된 38세의 수학자이자 물리학자인 스티븐 윌리엄 호킹 Stephen William Hawking이 취임 강연을 하는 자리였다. 그는 그 전해 가을에 이 영광스러운 자리에 임명되었다.

강연 제목은 "이론물리학의 끝이 보이는가?"라는 질문이었다. 호킹은 그렇다고 생각한다고 선언함으로써 청중을 깜짝 놀라게 했다. 그는 청중에게 시간과 공간을 벗어나 놀라운 과학의 성배를 찾기 위한 자신의 모험에 동참하라고 권했다. 그가 말한 과학의 성배란, 우주와 그 안에서 일어나는 모든 일을 설명하는 이론, 곧 모든 것의 이론이었다.

그를 잘 모르는 사람이라면, 학생이 강연 원고를 대신 읽는 동안 그 옆에서 휠체어에 조용히 앉아 있는 그의 모습을 보고서 그렇게 중요한 모험을 선도하는 막중한 임무를 그에게 맡기는 게 과연 현명한 선택일까 하는 의심이 들었을 것이다. 호킹에게 이론물리학은 구 캐번디시 연구소가 연상시키는 그 어떤 것보다도 훨씬 으스스한 감옥에서 자신을 해방시킨 탈출구였다. 대학원생 시절인 20대 초반부터 호킹은 점점 심해지는 신체 장애와 언제 죽을지 모르는 위험을 안고 살아왔다. 호킹이 걸린 병은 근육위축가쪽경화증으로, 미국에서는 뉴욕 양키스의 1루수였던 루 게릭 Lou Gehrig이 이 병에 걸려 사망한 뒤 흔히 루게릭병이라 부른다.★ 호킹의 경우, 병의 진행 속도는 느렸지만, 루카스 석좌교수가 될 무렵에는 더 이상

★ 최근에 루 게릭이 걸렸던 병은 근육위축가쪽경화증이 아니라 그것과 비슷한 병이었다는 증거가 나왔다.

걷거나 쓰거나 혼자서 음식을 먹을 수 없었고, 고개를 숙이면 혼자 힘으로 치켜올리지도 못했다. 발음도 분명하지 않아 개인적으로 잘 아는 사이가 아니면 거의 알아들을 수 없었다. 이날 학생이 대신 낭독할 취임 강연 원고도 사전에 힘든 구술 작업을 통해 간신히 완성한 것이었다. 하지만 호킹은 아무것도 하지 못하는 지체 부자유자는 아니었다. 그는 아주 왕성하게 연구하는 수학자이자 물리학자였으며, 그 당시 일부 사람들은 그를 알베르트 아인슈타인Albert Einstein 이후 최고의 천재라고 불렀다. 1663년에 생긴 루카스 석좌교수직은 케임브리지 대학에서 아주 명예로운 지위인데, 제2대 루카스 석좌교수는 바로 아이작 뉴턴Isaac Newton이었다.

이 명예로운 교수직에 취임하면서 자기 분야에 곧 종말이 닥치리라고 예고한 것은 호킹 특유의 인습 타파주의를 잘 보여준다. 그는 20세기가 끝나기 전에 소위 '모든 것의 이론Theory of Everything'이 발견될 가능성이 매우 높으며, 그렇게 되면 자신과 같은 이론물리학자에게는 할 일이 별로 남지 않을 것이라고 말했다.

그 강연 뒤에 많은 사람들은 호킹을 그 이론을 탐색하는 선두 주자로 간주했다. 하지만 호킹이 모든 것의 이론의 유력한 후보로 꼽은 것은 자신의 이론이 아니라, 그 당시 많은 물리학자들이 자연의 모든 입자와 힘을 통합할 것이라고 기대했던 'N=8 초중력' 이론이었다. 호킹은 자신의 연구는 전 세계의 모든 물리학자들이 참여한 훨씬 큰 그림의 일부이자 역사가 아주 오래된 탐구의 일부에 지나지 않는다는 사실을 지적하는 걸 잊지 않았다. 우주를 이해하려는 욕구는 인간의 의식만큼이나 그 역사가 아주 오래된 게 분명하다. 주변 자연의 엄청난 다양성뿐만 아니라 밤하늘을 처음 바라보면서 자신의 존재에 대해 진지하게 생각하기 시작한 이래, 사람들은 그 모든 것을 신화와 종교, 그리고 나중에는 수학과 과학으로 설명하려고 시도했다. 실제로는 우리가 먼 조상보다 '완전한 그림의 이해'라는 목표에 더 가까이 다가간 게 아닐지 모르지만, 대부분의 사람들은 호킹과 마찬가지로 더 가까이 다가갔다고 생각하는 쪽을 선호한다.

호킹의 생애와 과학에는 역설이 넘친다. 사물의 실체는 겉으로 보이는 것과 다를 때가 많다. 서로 딱 들어맞아야 할 조각들이 그러길 거부할 때도 있다. 시작이 끝이 되기도 하고, 비참한 상황이 행복으로 이어지는가 하면, 명성과 성공이 행복으로 이어지지 않을 수도 있다. 큰 성공을 거둔 두 과학 이론을 합쳐놓았더니 터무니없는 것이 되고, 텅 빈 공간은 텅 비어 있지 않으며, 블랙홀은 검지 않다. 모든 것을 하나의 단순한 설명으로 통합하려는 시도는 대신에 산산이 부서진 그림을 낳고, 겉보기에 충격과 연민을 불러일으키는 외모를 가진 남자는 우리를 시간과 공간의 경계가 있는 곳(하지만 실제로는 있지 않은 곳)으로 유쾌하게 안내한다.

우주에서 우리가 바라보는 곳은 어디건 실재는 아주 복잡하여 파악하기가 어렵고, 때로는 너무 이질적이어서 이해하기가 쉽지 않으며, 예측하기 불가능할 때가 많다. 우리 우주 밖에 다른 우주들이 무한히 많이 존재할지도 모른다. 20세기의 끝은 이미 다가왔다가 지나갔지만, 모든 것의 이론은 아직 발견되지 않았다. 그러면 호킹의 예측은 어떻게 되는 것일까? 과연 모든 것을 설명할 수 있는 과학 이론이 나올까?

2

"우리의 목표는 바로 우리가 살고 있는
우주를 완전하게 기술하는 것이다."

세계와 우주에서 우리가 경험하는 놀라운 복잡성과 다양성을 아주 단순한 것으로 설명할 수 있다는 개념은 새로운 것도 아니고 허황된 것도 아니다. 기원전 6세기에 이탈리아 남부 지역에서 활동하던 고대 그리스 철학자 피타고라스Pythagoras와 그 추종자들은 현의 길이와 음정 사이의 관계를 연구하다가 겉으로 보이는 자연의 혼란과 복잡성 뒤에 패턴과 질서와 합리성이 숨어 있다는 사실을 깨달았다. 그 후 2500년 동안 우리 조상들은 자연이 보기보다 덜 복잡하다는 사실을 잇따라 발견했다(때로는 피타고라스학파처럼 놀라움과 경이로움을 느끼면서).

여러분이 아주 똑똑하지만 우리 우주에 대한 경험은 전혀 없는 외계인이라고 상상해보자. 그렇다면 만약 제대로 연구하기만 한다면, 우리 우주의 모습을 정확하게 알 수 있는 일련의 규칙들이 있을까? 누군가 여러분에게 그 규칙이 담긴 책을 건네주었다고 상상해보자. 그것은 '얇은' 책일까?

수십 년 동안 많은 물리학자는 그 규칙이 담긴 책은 두껍지 않으며, 아주 간단한 원리들이 적혀 있을 것이라고 생각했다. 심지어 어쩌면 지금까지 일어났고 현재 일어나고 있으며 또 앞으로 일어날 모든 일의 이면에는 단 하나의 원리만 있을지도 모른다고 생각했다. 그래서 1980년에 호킹은 20세기가 끝나기 전에 우리가 그 규칙의 책을 손에 넣을 것이라고 과감한 주장을 했던 것이다.

우리 집에는 박물관에서 복제한 고대의 보드 게임이 있었다. 메소포타미아의 우르 유적을 발굴하던 고고학자들은 정교한 상감세공 보드와 그에 딸린 말을 몇 개 발견했다. 그것은 복잡한 게임인 게 분명했지만, 그 규칙을 아는 사람은 아무도 없었다. 게임을 복제한 사람들은 보드의 설계와 말들을 가지고 규칙을 추론하려고 애썼는데, 우리처럼 그것을 산 사람들에게도 게임 방법을 마음대로 추측해보라고 권했다.

우주도 이와 비슷하다고 볼 수 있다. 즉, 웅장하고 우아하고 불가사의한 게임으로 볼 수 있다. 거기에는 분명히 규칙이 있지만, 설명서가 게임에 딸려 있지 않다. 우주는 우르에서 발견된 게임처럼 아름다운 유물이 아니다. 비록 오래되긴 했지만, 게임이 계속되고 있다. 우리 자신과 우리가 아는 모든 것(그리고 우리가 모르는 많은 것)은 한창 벌어지는 게임에 얽혀 있다. 만약 모든 것의 이론이 있다면, 그것이 무엇인지 알아내려고 우리가 노력하는 동안에도 우리와 우주의 모든 것은 그 원리를 따를 게 분명하다.

여러분은 우주를 돌아가게 하는 그 완전한 규칙은 거대한 도서관이나 슈퍼컴퓨터를 가득 채울 만큼 방대하리라고 생각할지 모르겠다. 은하들이 탄생하고 움직이는 방식, 인체가 제대로 작동하거나 제대로 작동하지 않는 방식, 사람들이 서로 관계를 맺는 방식, 아원자 입자들이 상호작용하는 방식, 물이 어는 방식, 식물이 생장하는 방식, 개가 짖는 방식 등을 지배하는 규칙이 모두 있을 테고, 규칙 안에 다시 규칙이 있고, 그 안에 또 규칙이 있는 식으로 아주 복잡한 규칙이 수없이 존재할 것이다. 그런데 이 모든 것을 어떻게 단 몇 가지 원리로 줄이는 방법을 생각해낼 수 있단 말인가?

노벨상을 수상한 미국 물리학자 리처드 파인먼^{Richard Feynman}은 그 줄이는 과정이 어떻게 일어날 수 있는지 아주 훌륭한 예를 들어 설명했다. 우리가 운동이라 부르는 것과 열이라 부르는 것과 소리라 부르는 것이 각각 따로 존재하던 시절이 있었다. 하지만 "얼마 지나지 않아 다음과 같은 사실이 발견되었다."라고 파인먼은 썼다:

> 아이작 뉴턴이 운동의 법칙을 설명하고 나자, 겉보기에 서로 다른 것으로 보이던 이것들 중 일부가 같은 것의 다른 측면임이 밝혀졌다. 예를 들면, 소리 현상은 공기 원자들의 운동으로 완전히 이해가 가능하다. 따라서 소리는 더 이상 운동과 별개의 것으로 생각할 필요가 없어졌다. 열 현상도 운동의 법칙으로 쉽게 이해할 수 있음이 밝혀졌다. 이런 방식으로 물리학 이론의 큰 덩어리들이 합쳐져 하나의 단순한 이론이 되었다.[1]

자연의 네 가지 힘을 통합하려는 노력

우주 안에 정상적으로 존재한다고 생각되는 모든 물질—여러분과 나, 공기, 얼음, 별, 기체, 미생물, 이 책—은 원자라는 아주 작은 기본 요소로 이루어져 있다. 원자는 다시 더 작은 물질 입자들과 텅 빈 공간으로 이루어져 있다.

우리가 익히 아는 물질 입자로는 원자핵 주위를 도는 전자와, 원자핵 속에 들어 있는 양성자와 중성자가 있다. 양성자와 중성자는 '쿼크'라는 더 작은 입자로 이루어져 있다. 모든 물질 입자는 '페르미온^{fermion}(페르미 입자^{Fermi particle})'이라는 입자 가족에 속한다. 페르미온이란 이름은 이탈리아 출신의 유명한 미국 물리학자 엔리코 페르미Enrico Fermi의 이름에서 딴 것이다. 페르미온들 사이에 전달되는 메시지에는 이 입자들을 다양한 방식으로 행동하게 하고 변하게 하는 어떤 체계가 있다. 어떤 사람들의 집단이 전화, 팩스, 이메일, '달팽이 메일(이메일에 비해 느린 보통 우편)'이라는 네 가지 서비스로 이루어진 메시지 체계를 가지고 있다고 하자. 모든 사람들이 이 네 가지 서비스를 전부 다 사용해 서로 메시지를 주고받고 영향을 미치지는 않을 것이다. 페르미온들 사이의 메시지 체계를 그러한 네 가지 메시지 서비스로 생각할 수 있는데, 그것이 바로 자연의 네 가지 힘이다. 한편, 페르미온들 사이에서 메시지를 전달하거나 가끔 자기들끼리 메시지를 전달하는 입자 가족이 또 있다. 이러한 '전령 입자'를 '보손boson'이라고 부른다. 우주의 모든 입자는 페르미온이나 보손에 속하는 것으로 보인다.

자연의 네 가지 기본적인 힘 가운데 하나는 중력이다. 우리를 지구에 붙들어두는 중력은 우리 몸의 입자들과 지구의 입자들 사이에서 중력자라는 보손이 전달하는 '메시지'이며, 이 메시지는 입자들끼리 서로를 끌어당기도록 영향을 미친다고 볼 수 있다. 중력은 모든 힘 중에서 가장 약하지만, 아주 멀리까지 그 영향력을 미치며 우주의 모든 것에 작용한다. 많은 물질 입자들의 중력이 합쳐지면, 나머지 세 힘을 압도할 수 있다.

두 번째 힘인 전자기력은 원자핵 속의 양성자와 양성자 사이에서, 양성자와 근처에 있는 전자 사이에서, 그리고 전자와 전자 사이에서 광자라는 보손이 전달하는 메시지이다. 전자기력은 전자들을 원자핵 주위의 궤도를 돌게 만든다. 일상생활에서 광자는 빛과 열, 전파, 마이크로파를 비롯해 전자기 복사를 이루는 그 밖의 파동으로 모습을 드러낸다. 전자기력은 중력보다 훨씬 강하고 아주 먼 거리까지 영향력을 미치지만, 전하를 가진 입자들에만 작용한다.

세 번째 메시지 서비스인 강한 상호작용(강한 핵력 또는 강력이라고도 함)은 원자핵이 분해되지 않도록 단단하게 결합시키는 힘이다.

네 번째 메시지 서비스인 약한 상호작용(약한 핵력 또는 약력이라고도 함)은 베타 붕괴라는 방사성 붕괴를 일으키는 원인이며, 별과 초기 우주에서 원소들이 생성되는 과정에 중요한 역할을 했다.

중력과 전자기력, 강한 상호작용, 약한 상호작용, 이 네 가지 힘의 활동 때문에 우주에 존재하는 모든 페르미온들 사이에 전달되는 메시지와 그들 사이의 모든 상호작용이 일어난다. 네 가지 힘이 없다면, 모든 페르미온(모든 물질 입자)은 서로 접촉하거나 영향을 줄 방법이 전혀 없어 서로의 존재를 모른 채 고립된 상태로 존재할 것이다(만약 존재한다면). 요컨대, 네 가지 힘 중 어느 하나를 통해 일어날 수 '없는' 일은 결코 일어나지 않는다. 만약 그렇다면, 힘들을 완전히 이해한다면 우주에서 일어나는 모든 일의 이면에 숨어 있는 원리들을 이해할 수 있을 것이다. 우리는 이미 놀랍도록 압축된 규칙 설명서를 갖고 있다.

20세기에 물리학자들이 한 연구 중 많은 것은 자연의 네 가지 힘이 어떻게 작용하고 서로 어떤 관계가 있는지 밝히는 데 초점을 맞춰 진행되었다. 인간의 메시지 체계에서는 전화와 팩스, 이메일이 서로 완전히 별개의 서비스가 아니라 같은 것이 각각 다른 방식으로 나타나는 것으로 생각할 수 있다. 그렇다면 세 가지 메시지 서비스를 '통합'할 수 있다. 이와 비슷하게, 물리학자들은 힘들을 통합하려고 노력했고, 부분적인 성공을 거두었다. 물리학자들은 궁극적으로는 네 가지 힘이 사실은 각각 다른 방식으로 나타나는 한 가지 힘이라고 설명하는 이론을 발견하길 기대한다. 그 이론은 페르미온 가족과 보손 가족마저 하나의 가족으로 통합할지 모른다. 물리학자들은 그러한 이론을 통일 이론이라 부른다.

우주를 설명하는 이론인 모든 것의 이론은 거기서 몇 단계 더 나아가야 한다. 호킹이 특히 관심을 가진 이 이론은 시작 순간의 우주, 즉 시간이 흐르기 이전의 우주는 어떤 모습이었는가라는 질문에 답을 내놓아야 한다. 물리학자들은 이 질문을 "우주가 시작될 때의 '초기 조건' 또는 '경계 조건'은 무엇인가?"라고 표현한다. 경계 조건 문제는 호킹의 연구에서 늘 핵심을 차지했고, 그것은 지금도 마찬가지이기 때문에, 그것을 좀더 자세히 살펴볼 필요가 있다.

경계 문제

여러분이 모형 철도 부품들을 결합한 뒤, 철도 위에 기차를 여러 대 올려놓고 전원을 켜기 전에 기차의 속도를 조절하는 스위치와 스로틀을 마음대로 설정한다고 가정하자. 여러분은 방금 경계 조건을 정한 것이다. 이렇게 설정한 조건에서는 현실은 정확하게 이 상태로 시작하지, 다른 상태로 시작하지 않는다. 전원을 켠 뒤 각각의 기차가 있는 지점과 어떤 기차가 다른 기차와 충돌하느냐 충돌하지 않느냐 하는 것은 대체로 이 경계 조건에 달려 있다.

아무런 간섭도 없이 기차들을 10분 동안 달리게 내버려두었을 때 친구가 방으로 들어왔다고 상상해보자. 그러면 여러분은 전원을 끈다. 이제 여러분은 두 번째 경계 조건을 정했다. 전원을 끈 순간에 모든 것이 서 있는 곳의 정확한 위치가 바로 그 경계 조건이다. 그러고 나서 친구에게 10분 전에 기차들이 서 있던 곳이 정확하게 어디인지 알아내보라고 해보자. 기차들이 서 있는 장소와 스로틀과 스위치의 설정 상태 같은 간단한 문제외에도 많은 질문을 생각할 수 있다. 각각의 기차는 얼마나 빨리 가속되고 감속되는가? 트랙 중 일부는 다른 부분보다 저항이 더 큰가? 경사면의 기울기는 얼마나 되는가? 전원 공급은 일정한가? 기차가 달리는 데 간섭을 한 요소가 아무것도 없었다는 게 확실한가? 이 모든 질문은 초기 조건을 알아내려는 의욕을 꺾기에 충분하다. 친구는 우주가 처음에 어떻게 시작했는지, 즉 시간이 시작될 때의 경계 조건이 어떠했는지 알아내려고 노력하는 현대 물리학자와 비슷한 입장에 놓였다.

과학에서 경계 조건은 우주의 역사에만 적용되는 게 아니다. 경계 조건은 특정 시점의 상황, 예컨대 실험실에서 어떤 실험이 시작되는 순간의 상황을 의미할 뿐이다. 하지만 우주를 생각할 때에는 모형 기차나 실험실의 실험 상황과 달리 물리학자는 경계 조건을 '설정할' 수 없는 경우가 많다. 호킹이 좋아하는 질문 중 하나는 우리가 물리학 법칙을 정확하게 이해하고 있고 그것들이 결코 변하지 않았다고 가정할 때, 오늘날 우리가 관찰하는 것과 똑같은 모습의 우주를 낳을 수 있는 방식으로 우주가 시작되는 방법은 얼마나 많은가 하는 것이다. 여기서 호킹은 '오늘날 우리가 관찰하는 모습의 우주'를 경계 조건으로 사용하고, 더 미묘한 의미로는 물리학 법칙과 그것들이 변하지 않았다는 가정도 경계 조건으로 사용하고 있다. 호킹이 추구하는 답은 우주가 시작될 때의 경계 조건, 즉 '우주의 초기 조건'이 무엇이었느냐—미래의 어느 순간에 오늘날 우리가 아는 우주를 만들어내려면, 처음에 존재해야 했던 최소한의 법칙들을 포함해 시간이 시작되는 순간의 정확한 설계가 무엇이었느냐—하는 질문에 대한 답이다. 호킹이 한 흥미로운 연구와 놀라운 답 중 일부는 바로 이 질문을 생각하다가 나왔다.

입자들과 힘들을 통일해 기술하고 우주의 기원에 대한 경계 조건을 아는 것은 아주 대단한 과학적 업적이 되겠지만, 모든 것의 이론이 되지는 못한다. 게다가 그런 이론은 현재의 모든 이론에 들어 있는 '임의 요소arbitrary element'의 값들을 모두 설명해야 한다.

용어 정리

'임의 요소'에는 전자의 질량과 전하, 빛의 속도와 같은 '자연의 기본 상수들'이 포함된다. 우리는 이것들이 무엇인지 관찰을 통해 알 수 있지만, 그것을 설명하거나 예측하는 이론은 없다. 또 한 가지 예를 들면, 물리학자들은 전자기력과 약한 상호작용의 세기가 얼마인지 안다. 전자기약력 이론(전약 이론이라고도 함)은 이 두 힘을 통합한 이론이지만, 두 힘의 세기가 얼마만큼 차이가 나는지 계산하는 방법을 알려주지 않는다. 그 차이도 이론으로 예측할 수 없는 '임의 요소'이다. 우리는 관찰을 통해 그것이 얼마인지 알아내야 하며, 그렇게 해서 알아낸 값을 이론에 집어넣을 수밖에 없는데, 이 점은 이론의 약점으로 간주된다.

과학자들이 사용하는 '예측'이라는 단어는 미래를 알아맞힌다는 뜻이 아니다.(predict라는 단어는 일반적으로 '예언하다'라는 뜻으로 쓰이기 때문에, 영어권 사람들은 혼동하기 쉽다. 하지만 과학에서 쓰는 predict를 우리말로 번역할 때에는 항상 '예측하다'로 옮기기 때문에 우리말에서는 큰 문제가 되진 않는다.—옮긴이) "이 이론은 빛의 속도를 예측하는가?"라는 질문은 "이 이론은 다음 화요일에 빛의 속도가 얼마인지 알려주는가?"라고 묻는 게 아니다. 대신에, "빛의 속도가 얼마인지 측정을 통해 아는 것이 불가능할 경우, 이 이론으로 빛의 속도를 계산하는 게 가능한가?"라는 뜻이다. 어쨌거나 현재까지 빛의 속도를 예측하는 이론은 없다. 빛의 속도는 모든 이론에서 임의 요소로 포함된다.

　호킹이 『시간의 역사 *A Brief History of Time*』(1988)를 쓸 때 신경을 쓴 것 중 하나는 '이론 theory'이 무엇을 뜻하는지 명확한 정의를 내리는 것이었다. 이론은 진리도 아니고, 법칙도 아니고, 사실도 아니고, 최종 결론도 아니다. 이론은 장난감 배 같은 것이다. 그것이 물 위에 뜨는지 알아보고 싶으면, 장난감 배를 물 위에 띄워보면 된다. 만약 배가 기대한 것만큼 잘 뜨지 않으면, 배를 물에서 끄집어내 실패에서 얻은 교훈을 바탕으로 일부 설계를 수정하거나 아예 처음부터 배를 다시 만들면 된다.

　일부 이론은 훌륭한 배에 해당한다. 물 위에 상당히 오랫동안 잘 떠 있다. 물이 새는 곳이 좀 발견되더라도, 실용적 목적으로 쓰기에는 별 문제가 없을 수 있다. 모든 실험과 검증을 통과할 정도로 아주 훌륭한 이론의 경우, 일부 사람들은 그것을 진리로 간주한다. 하지만 우주가 얼마나 복잡하고 경이로운지 잘 아는 과학자들은 어떤 이론을 진리라고 부르길 극도로 경계한다. 많은 실험을 통해 옳다는 것이 매번 확인된 이론도 있고, 이론물리학자가 보기에는 기막힌 이론―설계는 아주 훌륭해 보이지만, 한 번도 물 위에 띄워본 적이 없는 배―도 있지만, 어떤 이론을 절대적이고 기본적인 과학의 '진리'라고 가정하는 것은 위험하다.

　하지만 딱히 그래야 할 이유가 없는데도 잘 확립된 이론에 끝없이 반대를 위한 의문을 제기하면서 계속 미적거려서는 안 된다. 과학이 발전하려면, 우리가 그것을 기반으로 삼아 앞으로 나아갈 만큼 그 이론이 충분히 신뢰할 만하고 관찰 결과와 잘 일치하는지 판단하는 게 중요하다. 물론 새로운 생각이나 발견이 나타나 배를 침몰시킬 것처럼 보일 때도 있다. 우리는 뒤에서 그런 예를 보게 될 것이다.

　『시간의 역사』에서 호킹은 과학 이론은 "전체 우주나 제한된 일부 우주의 모형에 불과하며, 모형에 포함된 양들을 우리가 얻은 관찰 결과들과 연관짓는 일련의 규칙들일 뿐이다. 그것은 단지 우리 마음속에만 존재하며, 다른 실재(그것이 무엇을 의미하건)가 없다."[2]라고 썼다. 이 정의를 이해하려면 일부 예를 살펴보는 게 가장 좋다.

호킹이 대학원생들을 대상으로 강의하는 장면을 찍은 필름이 있는데, 아마도 1980년대 초반에 대학원생 조교의 도움을 받아 촬영했을 것이다. 그 무렵에는 말하는 능력이 크게 나빠져서 개인적으로 잘 아는 사람이 아니면 그의 말을 알아듣기 힘들었다. 필름에서 조교는 알아듣기 힘든 호킹의 말을 해석해 "자, 여기 우주 모형이 하나 있다고 합시다."라고 말하면서 커다란 마분지 원통을 테이블 위에 세웠다. 그러자 호킹이 얼굴을 찡그리며 뭐라고 중얼거렸는데, 오직 조교만 그 말을 알아들을 수 있었다. 조교는 죄송하다는 듯이 원통을 집어들더니 거꾸로 뒤집었다. 호킹은 그제야 됐다는 듯이 고개를 끄덕였고, 학생들은 웃음을 터뜨렸다.

물론 '모형'이 반드시 우리가 보고 만질 수 있는 마분지 원통이나 그림이어야 할 필요는 없다. 마음속의 그림이나 이야기가 될 수도 있다. 수학 방정식이나 창조 신화도 모형이 될 수 있다.

다시 마분지 원통 이야기로 돌아가, 이것이 어떻게 우주를 닮았다는 말일까? 그걸로 완전한 이론을 만들려면, 호킹은 그 모형이 우리가 주변에서 실제로 보는 것 혹은 기술이 더 발전한다면 우리가 볼 수 있는 것, 즉 '관찰하는 것'과 어떤 관계가 있는지 설명해야 한다. 하지만 누가 테이블 위에 마분지 조각을 올려놓고 그것이 실제 우주와 어떤 관계가 있는지 설명했다고 해서 그것을 정확한 우주 모형으로 받아들일 수는 없다. 그것이 과연 옳은지 신중하게 판단해야지, 그냥 덥석 받아들여서는 안 된다. 마분지 원통은 유용한 모형으로 밝혀질 수도 있다. 반면에 그렇지 않다는 증거가 나올 수도 있다. 모형은 우리가 어떤 식으로 게임을 하고 있다고 알려주지만, 실제로는 우리가 그것과 조금 다른 방식으로 게임을 하고 있는 것으로 드러날 수도 있다. 그렇다면 그 이론은 '나쁜' 이론일까? 그렇지 않다. 그것은 아주 훌륭한 이론일 수도 있고, 그것을 생각하고 검증하고 수정하거나 폐기하는 과정에서 모든 사람이 많은 것을 배울 수 있다. 그 이론을 부정하려는 노력에는 더 성공적인 이론이나 다른 면에서 큰 장점이 있는 이론을 낳는 혁신적 사고나 실험이 필요할 수도 있다.

그렇다면 훌륭한 이론은 어떤 특징이 있을까? 다시 호킹의 말을 인용하면, 그런 이론은 "임의 요소를 극소수만 포함한 모형을 바탕으로 많은 관찰 사실을 정확하게 기술해야 하고, 미래의 관찰 결과에 대해 확실한 예측을 해야 한다."[3] 예를 들면, 뉴턴의 중력 이론은 아주 많은 관찰 사실을 기술한다. 또한, 행성의 궤도뿐만 아니라 지구에서 떨어뜨리거나 던진 물체의 행동도 예측한다.

하지만 훌륭한 이론은 순전히 관찰에서만 나오는 건 아니라는 사실을 명심하는 게 중요하다. 비약적인 상상력을 바탕으로 한 아주 거친 이론도 훌륭한 이론이 될 수도 있다. 호킹은 "이러한 직관적 도약을 할 수 있는 능력이야말로 훌륭한 이론물리학자의 특징이다."라고 말한다.[4] 하지만 훌륭한 이론은 이미 관찰된 사실과 어긋나서는 안 된다. 만약 이미 관찰된 사실과 어긋난다면, 그 이유를 설득력 있게 제시해야 한다. 최근에 나온 아주 흥미로운 이론인 초끈 이론은 공간 차원이 3차원보다 많이 존재한다고 예측하는데, 이것은 분명히 이미 관찰된 사실과 어긋나는 것으로 보인다. 이론물리학자들은 이러한 불일치를 여분의 차원들이 아주 작게 말려 있어서 우리에게 보이지 않는다고 설명한다.

이론이 임의 요소를 극소수만 포함해야 한다고 한 호킹의 두 번째 조건이 무엇을 의미하는지는 이미 앞에서 보았다.

마지막 조건은 이론이 장래의 관찰 결과를 예측해 제시할 수 있어야 한다는 것이다. 그래야 우리가 이론을 검증할 수 있기 때문이다. 즉, 만약 이론이 옳다면 장래에 어떤 것이 관찰될지 예측해야 한다. 또한, 특정 결과가 관찰될 경우 그 이론이 틀렸음이 입증된다는 것도 말해야 한다. 예를 들면, 아인슈타인의 일반 상대성 이론은 먼 별에서 오는 빛은 태양처럼 질량이 큰 천체 옆을 지나갈 때 약간 휘어질 것이라고 예측한다. 이 예측은 검증이 가능하다. 그리고 검증 결과는 일반 상대성 이론의 손을 들어주었다.

호킹이 내놓은 대부분의 이론을 포함해 일부 이론은 현재의 기술로 검증하는 게 불가능하며, 어쩌면 상상 가능한 미래의 기술로도 불가능할지 모른다. 이런 이론은 수학으로 검증해야 한다. 그 이론은 우리가 아는 사실이나 관찰 결과와 수학적으로 모순이 없어야 한다. 하지만 우리는 초기 단계의 우주를 관찰할 수 없으므로, 호킹의 '무경계 가설'(나중에 설명할 것임)이 옳은지 틀린지 확인할 길이 없다. '웜홀'의 존재를 증명하거나 반증하기 위한 실험이 일부 제안되었지만, 호킹은 그런 실험이 성공할 것이라고 생각하지 않는다. 하지만 그는 장래에 적절한 기술이 발전한다면 발견하리라고 예상되는 것을 이야기했으며, 자신의 이론이 지금까지 관찰된 사실과 일치한다고 확신한다. 호킹은 현재 우리의 능력으로 이룰 수 있는 한계에 해당하는 실험 결과와 관찰 결과에 대해 아주 구체적인 예측을 제시하는 위험도 가끔 감수했다.

만약 자연이 완전하게 통일돼 있다면, 우주가 시작하는 순간의 경계 조건, 그 조건들을 지배한 기본 입자와 힘, 그리고 자연의 기본 상수들은 특별하고도 완전히 양립할 수 있는 방식으로 연관돼 있을 것이고, 그것들은 우리에게 필연적이고 절대적이고 자명해 보일 것이다. 그런 수준의 이해에 도달하는 것은 곧 모든 것의 이론을 발견하는 것에 해당한다. 심지어 우주가 왜 이 기술과 딱 들어맞는가라는 질문에 대한 답도 발견할 것이다. 즉, 호킹이 『시간의 역사』에서 표현한 '신의 마음'이나 더 최근에 출판한 『위대한 설계 *The Grand Design*』에서 다소 덜 극적으로 표현한 '위대한 설계'를 알게 될 것이다.

호킹이 언급한 조건

이제 호킹이 1980년에 루카스 석좌교수 취임 강연에서 언급한 '모든 것의 이론' 후보들이 충족해야 할 조건들을 살펴볼 차례가 되었다. 여러분은 나중에 이 명단에 포함된 일부 조건이 그 후에 약간 변했음을 알게 될 것이다.

- 힘들과 입자들을 통일하는 모형을 제시해야 한다.
- 우주의 '경계 조건', 즉 시간이 시작되던 바로 그 순간의 조건은 어떤 것이었느냐는 질문에 답을 제시해야 한다.
- 그것은 '구속적'이어야 한다. 즉, 선택의 여지가 거의 없어야 한다. 예를 들면, 입자의 종류가 모두 몇 가지나 존재하는지 정확하게 예측해야 한다. 만약 선택의 여지를 남긴다면, 우리가 살고 있는 이 우주가 왜 약간 다른 것이 아닌 바로 이 우주인지 설명해야 한다.
- 임의 요소를 최소한으로 포함해야 한다. 답을 찾기 위해 번거롭게 실제 우주를 너무 자주 들여다봐야 하는 일이 있어서는 안 된다. 역설적이게도 모든 것의 이론 자체가 임의 요소일지 모른다. 모든 것의 이론

이 그것이 기술해야 할 어떤 이론이나 대상이 왜 존재하는지 설명할 것이라고 기대하는 과학자는 거의 없다. 모든 것의 이론도 "왜 우주는 [혹은 모든 것의 이론은] 굳이 존재하는가?"라는 호킹의 질문에 답을 내놓을 것 같진 않다.

■ 우리가 관찰하는 것과 같은 우주를 예측해야 한다. 아니면, 왜 불일치가 존재하는지 충분히 납득할 수 있게 설명해야 한다. 만약 빛의 속도가 초속 10km라고 예측하거나 펭귄이나 펄서의 존재를 부정하는 이론이라면 문제가 있다. 모든 것의 이론은 관찰 결과와 비교하는 검증에서 살아남는 방법을 찾아야 한다.

■ 비록 어마어마한 복잡성을 허용하긴 하지만, 이론은 아주 간단해야 한다. 프린스턴 대학의 물리학자 존 아치볼드 휠러 John Archibald Wheeler 는 이렇게 썼다:

> 모든 것 뒤에는
> 틀림없이 아주 간단한 개념이 있지.
> 그것은 너무나도 아름답고,
> 너무나도 그럴듯해서
> 10년이나 100년
> 혹은 1000년 만에
> 그것을 알아냈을 때,
> 우리는 모두 서로에게 이렇게 말할 테지.
> 이것이 달리 어떤 게 될 수 있었겠는가?
> 우리는 어떻게 그토록 어리석을 수가 있었을까?
> 그것도 그렇게 오랫동안 말일세.

뉴턴의 중력 이론이나 아인슈타인의 상대성 이론처럼 가장 심오한 이론도 휠러가 묘사한 방식에 따르면 아주 간단한 것이다.

■ 그것은 아인슈타인의 일반 상대성 이론(중력을 설명하는 이론)과 양자역학(나머지 세 힘을 성공적으로 설명하는 이론)을 결합하는 난제를 해결해야 한다. 호킹은 바로 여기에 도전하고 나섰다. 우리는 여기서 그 문제를 소개할 것이다. 이 장에서 양자역학의 불확정성 원리를 읽고, 나중에 일반 상대성 이론을 읽고 나면 여러분은 그 문제를 훨씬 이해하기 쉬울 것이다.

이론과 이론이 만나다

아인슈타인의 일반 상대성 이론은 별, 행성, 은하처럼 거대한 물체들을 다루는 이론이다. 일반 상대성 이론은 그러한 거시적 규모에서 중력이 어떻게 작용하는지 아주 훌륭하게 설명한다.

반면에 양자역학은 미시 세계를 다루는 이론이다. 양자역학은 자연의 힘들을 페르미온들(물질 입자들) 사이에 전달되는 메시지로 기술한다. 양자역학은 우리에게 큰 좌절을 안겨주는 원리를 하나 포함하고 있는데, 불확정성 원리가 바로 그것이다. 불확정성 원리는 어떤 입자의 '위치'와 '운동량'(움직이는 방식)을 둘 다 동시에 정확하게 아는 것은 불가능하다고 말한다. 이런 문제에도 불구하고, 양자역학은 미시적 규모에서 일어나는 일을 아주 훌륭하게 설명한다.

20세기의 두 위대한 이론을 하나의 이론으로 합치는 한 가지 방법은 중력을 나머지 세 힘과 마찬가지로 전령 입자들의 교환으로 설명하는 것이다. 또 다른 방법은 일반 상대성 이론을 불확정성 원리를 바탕으로 다시 생각하는 것이다.

중력을 전령 입자들의 교환으로 설명하는 데에는 여러 가지 문제가 따른다. 여러분을 지구에 붙들고 있는 힘을 몸을 이루는 물질 입자들과 지구를 이루는 물질 입자들 사이에 중력자(중력의 전령 입자)가 교환되어 일어난다고 생각하면, 중력을 양자역학적 방식으로 기술할 수 있다. 하지만 그 모든 중력자들도 서로 간에 중력자를 교환하기 때문에, 이것은 수학적으로 다루기가 거의 불가능한 일이 되고 만다. 수학적으로 다루기 힘든 무한을 다루어야 하기 때문이다.

물리 이론은 무한을 제대로 다룰 수가 없다. 다른 이론들에서는 무한이 나오면 이론물리학자들은 '재규격화 renormalization'라 부르는 방법을 사용한다. 리처드 파인먼은 전자기력을 설명하는 이론을 만들 때 재규격화를 사용했지만, 그 방법을 쓴 것에 대해 불만스럽게 생각했다. "이름이야 아무리 그럴싸하더라도, 난 그것을 불합리한 과정이라고 부르고 싶다!"[7] 재규격화 과정은 다른 무한들을 집어넣어 무한끼리 상쇄시키는 방법을 포함한다. 좀 의심스러워 보이긴 해도, 실제 상황에서는 효과가 있는 것처럼 보이는 경우가 많다. 그 결과로 나온 이론들은 실제 관찰 결과와 놀랍도록 잘 들어맞는다.

재규격화는 전자기력의 경우에는 잘 통하지만, 중력의 경우에는 통하지 않는다. 중력에서 나타나는 무한은 전자기력에서 나오는 무한보다 훨씬 까다로운 종류처럼 보인다. 이 무한은 쉽게 사라지지 않는다.

루카스 석좌교수 취임 강연에서 호킹이 언급한 초중력 이론과, 우주의 기본 요소가 점 같은 입자가 아니라 미소한 끈이나 끈의 고리라고 주장하는 초끈 이론이 20세기 후반에 유망한 이론으로 떠오르기 시작했다. 그리고 이 책 후반부에서 우리는 최근에 개발된 더 유력한 이론들도 살펴볼 것이다. 하지만 문제가 완전히 해결된 것은 아니다.

반면에, 중력이 절대적인 힘으로 군림하는 거시적 규모의 연구에 양자역학을 적용하면 어떨까? 일반 상대성 이론이 중력에 대해 알려주는 것을 불확정성 원리를 바탕으로 다시 생각하면 어떻게 될까? 호킹이 그런 방향으로 한 연구에서는 아주 기묘한 결과들이 나왔다. 즉, 블랙홀은 완전히 검은 것이 아니고, 경계 조건은 경계가 없는 것이 될 수도 있다는 결과가 나왔다.

이왕 역설적 상황에 대한 이야기가 나온 김에 하나를 더 추가하면, 텅빈 공간은 완전히 텅 비어 있지 않다. 어떻게 그런 결론이 나왔는지는 뒤에서 자세히 다룰 것이다. 여기서는 그저 불확정성 원리가 텅 빈 공간에도 입자와 반입자가 들끓고 있다고 말해준다는 것만 언급하고 넘어가기로 하자.

일반 상대성 이론은 물질이나 에너지의 존재가 시공간을 구부러지게 만든다고 말한다. 구부러진 시공간이 초래하는 한 가지 결과를 앞에서 이미 이야기했는데, 바로 먼 별에서 오는 빛이 태양처럼 질량이 큰 천체 곁을 지나갈 때 구부러지는 것이다.

이 두 가지 사실을 잘 기억해두자: (1) '텅 빈' 공간에도 입자와 반입자가 들끓고 있으며, 여기서 아주 큰 에너지가 나타날 수 있다. (2) 이러한 에너지의 존재는 시공간을 구부러지게 한다.

만약 이 두 가지가 다 사실이라면, 전체 우주는 작은 공처럼 뭉쳐져 있을 것이다. 하지만 그런 일은 일어나지 않았다. 일반 상대성 이론과 양자역학을 결합했을 때, 거기서 나오는 예측은 현실과 완전히 어긋나는 것으로 보인다. 일반 상대성 이론과 양자역학은 둘 다 아주 훌륭한 이론이며, 20

세기의 탁월한 지적 성과로 간주된다. 두 이론은 단지 이론적 측면뿐만 아니라 실용적 측면에서도 많은 성과를 낳았다. 그럼에도 불구하고, 두 이론을 결합하면 무한과 터무니없는 결과가 나온다. 모든 것의 이론은 이 모순을 어떻게든 해결하지 않으면 안 된다.

세부적인 것을 예측하는 문제

여러분이 우리 우주를 한 번도 본 적이 없는 외계인이라고 다시 상상해보라. 하지만 모든 것의 이론이 있으면, 여러분은 우리 우주에 관한 모든 것을 예측할 수 있어야 한다. 과연 그럴까? 별과 행성, 은하, 블랙홀, 퀘이사 등을 예측하는 것은 가능할 것이다. 하지만 내년 더비 경마의 우승마를 예측할 수 있을까? 예측한다면 얼마나 구체적인 내용까지 말할 수 있을까? 말할 수 있는 게 별로 없을 것이다.

우주의 모든 자료를 연구하는 데 필요한 계산은 상상 가능한 컴퓨터의 처리 능력을 훨씬 넘어선다. 호킹은 뉴턴의 중력 이론에서 두 천체의 운동을 알려주는 방정식은 풀 수 있어도, 세 천체의 운동을 알려주는 방정식은 정확하게 풀 수 없다고 지적한다. 그것은 뉴턴의 이론이 세 천체 사이의 운동에는 성립하지 않아서가 아니라, 그와 관련된 수학이 너무 복잡하기 때문이다. 말할 필요도 없지만, 우주에 존재하는 천체의 수는 3개보다 훨씬 많다.

설사 의학의 근본 원리와 화학과 생물학의 원리를 아주 잘 안다 하더라도, 우리는 자신의 건강조차 제대로 예측하지 못한다. 여기서도 문제는 계가 단 한 사람의 몸이라 하더라도 그 계의 세부 내용은 수십억 가지나 되기 때문이다.

설사 모든 것의 이론을 알아낸다 하더라도, 이처럼 모든 것을 예측한다는 것은 꿈도 꿀 수 없다. 근본 원리들이 아주 간단하고 우리가 그것들을 완전히 알아냈다 하더라도, 그것들이 서로 작용하며 만들어내는 현상은 감당할 수 없을 정도로 복잡하다. 유명한 광고 문구를 조금 바꾸어 표현한다면, "배우는 데에는 1분, 마스터하는 데에는 우주의 역사와 맞먹는 시간"이 필요하다. 심지어 '우주의 역사와 맞먹는 시간'마저도 아주 낮춰 잡은 것이다.★

그렇다면 어떤 결론을 내릴 수 있을까? 모든 것의 이론으로 내년 그랜드 내셔널(매년 3월에 영국 리버풀 근교에서 열리는 장애물 경마 대회)의 우승마를 예측하는 것은 가능하지만, 그 예측에 필요한 모든 자료와 수학 계산을 감당할 수 있는 컴퓨터는 없다. 이렇게 결론 내리면 될까?

하지만 이뿐만이 아니다. 양자역학의 불확정성 원리를 다시 들여다볼 필요가 있다.

아주 작은 세계의 모호성

아주 작은 세계, 즉 양자 차원의 우주에서 불확정성 원리는 우리의 예측 능력마저 제한한다.

양자 세계에 사는 기묘한 주민들, 페르미온과 보손을 생각해보라. 이들은 아주 인상적인 입자 동물원을 이루고 있다. 페르미온에는 전자, 양성자, 중성자가 포함돼 있다. 양성자와 중성자는 역시 페르미온인 쿼크 3개씩으로 이루어져 있다(양성자는 업 쿼크 2개와 다운 쿼크 1개, 중성자는 업

★ 오셀로 게임의 광고 문구는 "배우는 데에는 1분, 마스터하는 데에는 평생"이다.

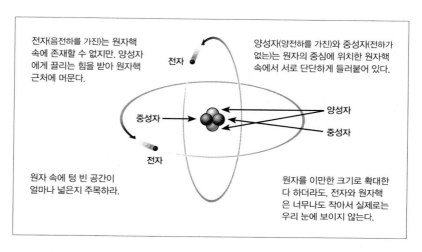

전자(음전하를 가진)는 원자핵 속에 존재할 수 없지만, 양성자에게 끌리는 힘을 받아 원자핵 근처에 머문다.

전자

양성자(양전하를 가진)와 중성자(전하가 없는)는 원자의 중심에 위치한 원자핵 속에서 서로 단단하게 들러붙어 있다.

중성자

양성자

중성자

전자

원자 속에 텅 빈 공간이 얼마나 넓은지 주목하라.

원자를 이만한 크기로 확대한다 하더라도, 전자와 원자핵은 너무나도 작아서 실제로는 우리 눈에 보이지 않는다.

〈그림 2-1〉 러더퍼드의 헬륨 원자 모형에서 전자는 행성이 태양 주위를 돌듯이 원자핵 주위의 궤도를 돈다. 하지만 지금은 양자역학의 불확정성 원리 때문에 전자가 이 모형에서처럼 정해진 궤도를 돌지 않는다고 알려져 있다.

쿼크 1개와 다운 쿼크 2개로). 보손에는 광자(전자기력의 전령 입자), 중력자(중력의 전령 입자), 글루온(강한 상호작용의 전령 입자), W 보손과 Z 보손(약한 상호작용의 전령 입자)이 있다. 이 모든 입자와 그 밖의 많은 입자가 어디에 있고, 어디로 가며, 얼마나 빨리 움직이는지 알면 큰 도움이 될 것이다. 그걸 알아내는 게 가능할까?

그림 2-1은 20세기 초에 러더퍼드가 캐번디시 연구소에서 제안한 원자 모형이다. 이 모형에서는 마치 행성이 태양 주위를 도는 것처럼 전자가 원자핵 주위의 궤도를 돈다. 오늘날 우리는 양자 차원에서 실제 원자의 모습은 이렇지 않다는 사실을 안다. 전자의 궤도는 행성의 궤도처럼 나타낼 수가 없다. 대신에 전자가 움직이는 궤적은 원자핵 주위에서 구름 모양으로 나타난다. 왜 이렇게 흐릿한 모양으로 나타나는 것일까?

불확정성 원리는 전자뿐만 아니라 모든 입자에 대해 양자 세계에서 일어나는 일을 모호하고 부정확하게 만든다. 어떤 방법을 써서 관찰하더라도, 어떤 입자의 '운동량'과 '위치'를 동시에 정확하게 아는 것은 불가능하다. 입자가 어떻게 움직이는지 더 정확하게 측정할수록 그 위치는 그만큼 더 부정확해지며, 그 반대도 마찬가지다. 그것은 시소와 비슷하다. 한쪽의 측정한 값의 정확도가 올라가면, 다른 쪽의 정확도는 떨어진다. 한 가지를 정확하게 알려면, 다른 쪽의 정보를 정확하게 알려는 희망을 포기해야 한다.

입자의 행동을 기술하는 최선의 방법은 입자가 움직일 수 있는 경우의 수를 모두 알아낸 뒤, 각각의 확률을 계산하는 것이다. 그러면 입자가 이렇게 움직일 확률이 얼마이고, 저기에 있을 확률이 얼마라고 이야기할 수 있다. 이렇게 확률로 나타낸 입자의 운동은 아주 유용한 정보가 된다.

이것은 선거 결과를 예측하는 것과 비슷하다. 여론 조사 전문가도 확률을 다룬다. 충분히 많은 유권자를 표본으로 선정해 조사하면, 그 통계 자료를 분석함으로써 각자가 누구에게 투표를 할지는 모르더라도, 누가 선거에서 어느 정도의 격차로 이길지 예측할 수 있다. 양자물리학자가 입자가 지나갈 수 있는 수많은 경로를 연구할 때에도 입자가 어떤 방식으로 움직일 확률이나 어느 장소에 있을 확률과 같은 결과는 신뢰할 만한 정보가 된다.

여론 조사 전문가들은 개인 인터뷰는 그 유권자에게 해당 문제에 대한 인식을 높임으로써 투표 행위에 영향을 미칠 수 있다고 인정하는데, 물리학자들도 이와 비슷한 딜레마에 맞닥뜨린다. 양자 세계를 조사하는 행동 자체가 얻고자 하는 답에 영향을 미치기 때문이다.

양자 세계의 연구를 선거 결과 예측에 비유해 설명한 것은 지금까지는 아주 적절했다. 하지만 이 비유는 그 이상으로는 적용할 수 없다. 선거일이 되면 각 유권자는 어느 쪽이건 분명한 선택을 한다. 남이 알지 못하게 비밀 투표를 하지만, 어느 후보를 찍는지 불확실한 것은 아니다. 만약 여론 조사 전문가가 투표소에 몰래 카메라를 설치한다면(그리고 들키지 않는다면), 각 개인이 어느 후보에게 투표했는지 알 수 있을 것이다. 물리학자도 이와 비슷하게 입자의 행동을 몰래 엿볼 수 있는 방법을 여러 가지 생각했지만, 어느 것도 성공하지 못했다. 소립자 세계는 우리가 제대로 관찰할 수 있는 방법을 발견하지 못해서 불확실한 것처럼 보이는 게 아니다. 루카스 석좌교수 취임 강연에서 호킹이 양자역학을 "우리가 알지 못하고 예측할 수 없는 이론"이라고 부른 것도 놀라운 일이 아니다.[8]

이러한 한계를 고려하여 물리학자들은 과학의 목표를 다시 정의했다. 즉, 모든 것의 이론은 "불확정성 원리가 설정한 한계까지" 사건을 예측하는 것이 가능한 법칙들이라고 정의했는데, 이것은 많은 경우에 특정 값이 아니라 통계적 확률로 만족해야 한다는 뜻이다.

호킹은 우리가 직면한 문제를 잘 요약해 표현했다. 모든 것이 모든 것의 이론이나 신에 의해 미리 정해져 있느냐는 질문에 대해 호킹은 그렇다고 생각한다고 말한다. "하지만 그렇지 않을지도 모른다. 우리는 무엇이 정해져 있는지 결코 알 수 없기 때문이다. 만약 그 이론이 우리가 교수형으로 죽게끔 정해져 있다고 말한다면, 우리는 익사할 리가 없을 것이다. 하지만 나는 결국 교수형으로 죽을 운명이니 익사하지 않을 거라는 절대적 확신이 있어야만 거센 폭풍이 몰아칠 때 겁 없이 작은 보트를 몰고 바다로 나아갈 수 있을 것이다."[9] 호킹은 자유 의지 개념을 "인간의 행동에 대한 아주 훌륭한 근사 이론"으로 간주한다.[10]

모든 것의 이론은 정말로 있을까?

모든 물리학자가 모든 것의 이론이 있다거나 설사 있더라도 우리가 그
것을 발견할 수 있다고 믿는 것은 아니다. 과학은 상자 속의 상자를 여는
식으로 계속 새로운 것을 발견하면서 기존의 지식을 개선해나갈 수는 있
지만, 아무리 많은 상자를 열더라도 마지막 상자는 결코 나오지 않을지
모른다. 사건은 완전히 예측 가능한 것이 아니라 임의적으로 일어난다고
주장하는 사람들도 있다. 어떤 사람들은 신과 인간은 이 세계에서 결정
론적인 모든 것의 이론이 허용하는 것보다 자유롭게 행동할 여지가 훨씬
많다고 믿는다. 오케스트라 음악을 연주할 때와 마찬가지로, 비록 연주할
곡은 이미 정해져 있더라도, 그 곡을 연주하는 데에서는 많은 창조성을
발휘할 수 있으며, 그것은 사전에 결정돼 있지 않다고 믿는 것이다.

우주를 설명하는 완전한 이론을 발견하는 일이 우리 눈앞에 있건 아
니면 먼 미래의 일이건 간에, 그것을 발견하려고 시도하는 사람들이 있
다. 인간은 채울 수 없는 호기심을 갖고 있고, 무모한 도전을 서슴지 않는
존재이다. 스티븐 호킹을 비롯해 일부 사람들은 특히 그 의지를 꺾기가
힘들다. 머리 겔만Murray Gell-Mann은 이 분야의 과학에 뛰어든 사람들을 대
변해 그러한 노력을 다음과 같이 표현했다:

> 우주가 어떻게 작용하고 어디서 왔는지 우주를 이해하려는 이 탐구는
> 인류의 역사에서 가장 집요하고 가장 위대한 모험이다. 어느 작은 은하
> 의 평범한 별 주위를 도는 작은 행성에 사는 주민 몇몇이 우주 전체를
> 완전히 이해하는 것을 목표로 정했다는 사실, 즉 창조의 사소한 티끌에
> 불과한 존재가 전체를 이해할 수 있다고 믿는다는 것은 상상하기조차
> 어렵다.

3

"어떤 것에도 굴하지 않다!"

호킹이 20세 때 두 친구가 그의 장래를 놓고 내기를 걸었다. 존 매클레너핸 John McClenahan 은 "절대로 대단한 인물이 되지 못할 것"이라는 데 내기를 걸었고, 배절 킹 Basil King 은 "예외적으로 유능한 사람이 될 것"이라는 데 내기를 걸었다.[1] 내기에 건 것은 사탕 한 봉지였다.

어린 시절의 호킹은 천재와는 거리가 멀었다. 나름의 총명함을 보였다는 보고도 있긴 하지만, 초등학교 시절에는 여느 학생과 다름없는 평범한 학생이었으며, 글을 늦게 깨쳤고, 글씨는 선생님들을 절망시켰다. 성적은 반에서 중간 정도였지만, 호킹은 "아주 우수한 학생들이 모인 반이었다."라고 변명한다.[2] 시계나 라디오 같은 물건이 작동하는 비밀을 알아내는 데 큰 관심을 보였다는 사실을 바탕으로 호킹이 장차 과학이나 공학 쪽으로 진출하지 않을까 하고 예상할 수는 있었을 것이다. 호킹은 그 비밀을 알려고 여러 가지 물건을 분해했지만, 제대로 조립한 적은 거의 없었다. 운동 신경도 별로 좋은 편이 아니었으며, 스포츠나 여타 신체적 활동에 별로 흥미가 없었다. 무슨 스포츠건 같은 팀으로 뛸 동료를 선택해야 할 일이 있을 때면, 호킹은 거의 항상 맨 마지막에 선택을 받았다. 그랬으니 존 매클레너핸이 내기에 자신이 이길 거라고 생각한 것도 무리가 아니다.

배절 킹은 그저 호킹과 아주 친했거나 의외의 결과에 내기를 걸길 좋아했을 수 있다. 어쩌면 교사들이나 부모, 그리고 호킹 자신도 보지 못한 것을 봤는지 모른다. 그동안 그는 사탕 봉지를 내놓으라고 하진 않았지만, 이제 충분히 그럴 자격이 있다. 왜냐하면, 호킹은 그 시작은 초라했지만 지금은 현대 세계에서 최고의 지성인(그리고 가장 영웅적인 인물) 중 한 명으로 인정받고 있기 때문이다. 어떻게 그러한 변신이 가능했는지는 그의 전기를 자세히 살펴보는 것만으로는 설명이 불가능한 불가사의로 남아 있다. 호킹은 자신이 여전히 "성장을 멈춘 어린이에 불과하다. 나는 아직도 왜라는 질문과 어떻게라는 질문을 계속 던진다. 그리고 가끔 답을 발견한다."라고 말할 것이다.[3]

1942~1959

호킹은 제2차 세계 대전 중이던 1942년 1월 8일에 옥스퍼드에서 태어났다. 실의와 공포의 겨울은 태어나기에 행복한 시기는 아니었다. 호킹은 자신이 태어난 날이 근대 과학의 아버지로 불리는 갈릴레오 갈릴레이Galileo Galilei가 죽은 지 정확하게 300년 뒤라는 사실을 즐겨 들먹인다. 하지만 1942년 1월의 추운 겨울에 갈릴레이를 생각한 사람은 거의 없었다.

부모인 프랭크 호킹Frank Hawking과 이소벨 호킹Isobel Hawking은 부유한 편은 아니었다. 프랭크의 할아버지는 요크셔 주에서 큰 부자였지만, 농경지를 사들이는 데 막대한 돈을 투자했다가 20세기 초에 농업 부문이 큰 불황에 빠지는 바람에 파산하고 말았다. 생활력이 강했던 프랭크의 할머니이자 스티븐 호킹의 증조할머니는 자기 집에 학교를 세움으로써 집안을 수렁에서 구해냈다. 할머니가 보인 그 능력과 의지는 옛날부터 호킹 가문이 독서와 교육을 아주 중시했음을 보여준다.

호킹의 어머니인 이소벨은 일곱 자녀 중 둘째로 태어났다. 아버지는 글래스고에서 가정의로 일했다. 이소벨이 12세 때 가족은 데번으로 이사했다.

양쪽 집안 다 자녀를 옥스퍼드 대학에 보낼 만한 형편이 되지 못했지만, 어찌어찌하여 양쪽 다 옥스퍼드 대학에 보냈다. 특히 이소벨의 부모가 그렇게 무리한 재정적 부담을 감수한 것은 그 당시로서는 이례적이었는데, 1930년대에는 여자가 대학에 들어가는 것 자체가 드물었기 때문이다. 비록 옥스퍼드 대학이 1878년부터 여학생의 입학을 허용하긴 했지만, 여자에게 학위를 주기 시작한 것은 1920년에 와서였다. 이소벨이 공부한 과목들은 미국의 자유인문대학Liberal Arts College(미국에만 거의 유일하게 존재하는 고등 교육 기관. 자유 인문 과목에 해당하는 교과 과정을 광범위하게 제공하는데, 직업적 목표와 관련이 없는 교과 과정을 아주 다양하게 이수하게 함으로써 '균형 잡힌' 교육을 지향한다.—옮긴이)에 비해 훨씬 전문화된 교육을 받는 경향이 있던 대학에서는 이례적일 정도로 광범위한 영역에 걸쳐 있었다. 이소벨은 철학, 정치학, 경제학을 공부했다.[4]

프랭크는 꼼꼼하고 단호한 젊은이였는데, 14세 때부터 매일 일기를 쓰기 시작하여 죽기 전까지 계속 썼다.[5] 프랭크는 이소벨보다 옥스퍼드 대학에 먼저 입학하여 의학을 공부했고, 열대의학을 전공했다. 제2차 세계 대전이 일어났을 때, 프랭크는 현장 조사차 동아프리카에 가 있었는데, 용감하게도 군인으로 자원하기 위해 산을 넘고 들을 건너 영국으로 가는 배를 탔다. 하지만 군은 그에게 의학 연구 임무를 맡겼다.

이소벨은 옥스퍼드 대학을 졸업한 뒤 여러 군데 직장을 전전했는데, 모두 그녀의 능력이나 자격보다 낮은 일자리였다. 그 중에는 세무 조사관 자리도 있었다. 이소벨은 그 일이 너무나도 싫어서 사표를 내고 햄스테드에 있는 의학 연구소에 비서로 들어갔다가 그곳에서 프랭크를 만났다. 두 사람은 전쟁 초기에 결혼했다.

1942년 1월에 두 사람은 런던 북부 지역의 하이게이트에서 살았는데, 런던 지역에서는 공습 경보 없이 지나가는 밤이 거의 하루도 없었기 때문에, 상의 끝에 안전한 출산을 위해 이소벨이 옥스퍼드로 가기로 했다. 독일은 영국의 양대 대학 도시인 옥스퍼드와 케임브리지는 폭격하지 않았는데, 영국이 하이델베르크와 괴팅겐을 폭격하지 않겠다고 한 약속에 대한 답례로 그랬다는 소문이 있다. 이소벨은 대학 시절부터 익숙한 도시인 옥스퍼드의 호텔에서 출산일을 앞둔 마지막 주를 보내다가 출산일이 다가오면서 호텔 측이 불안해하자 병원으로 옮겼지만, 무료할 때에는 여전히 밖으로 산책을 나다녔다. 그렇게 여유롭게 산책을 다니던 어느 겨울날, 이소벨은 우연히 서점에 들러 도서 상품권을 주고 성도를 샀다. 훗날 이소벨은 그 일을 예고적 사건으로 여겼다.[6]

태어난 지 얼마 지나지 않았을 때, 부모는 호킹을 하이게이트로 데려갔다. 그들의 집은 전쟁을 무사히 버텨냈다. 다만, 집에 사람이 없을 때 V-2 로켓이 몇 집 건너편에 떨어지는 바람에 집 뒤쪽 창문들이 박살났고, 유리 파편들이 반대편 벽에 작은 단도들처럼 뾰죽 튀어나와 있었다.[7] 다른 곳에 머무는 게 안전하던 시절이었다.

전쟁이 끝난 뒤, 호킹 가족은 1950년까지 하이게이트에서 살았다. 1943년에는 호킹의 여동생 메리Mary가 그곳에서 태어났고(호킹이 만 두 살이 안 되었을 때), 두 번째 여동생 필리파Philippa는 1946년에 태어났다. 호킹이 십대이던 1955년에 부모님은 에드워드Edward를 아들로 입양했다. 호킹은 하이게이트에서 바이런하우스 스쿨을 다녔는데, 훗날 호킹은 자신이 그 학교를 떠날 때까지 읽기를 깨치지 못한 이유를 그곳의 '진보적 교육 방법' 탓으로 돌렸다.

아버지가 자기 분야에서 뛰어난 지도자로 인정을 받아 국립의학연구소의 기생충학과 책임자로 임명되자, 가족은 세인트올번스로 이사했다.

세인트올번스의 괴짜

호킹 가족은 유대가 아주 돈독했다. 집에는 좋은 책과 좋은 음악이 넘쳤고, 전축에서는 종종 바그너의 오페라가 크게 울려퍼졌다. 부모님은 교육의 가치를 중요하게 여긴 분들이라 집에서도 자녀들을 가르치는 데 많은 시간을 투자했다. 프랭크는 천문학과 측량의 기초를 주로 가르쳤고, 이소벨은 아이들을 데리고 사우스켄싱턴에 있는 여러 박물관을 자주 방문했는데, 아이들마다 좋아하는 박물관이 제각각 달랐으며, 다른 사람이 좋아하는 박물관에는 전혀 관심이 없었다. 그래서 이소벨은 스티븐 호킹을 과학박물관에, 메리를 자연사박물관에 남겨두고, 혼자 남겨두기에 너무 어린 필리파와 함께 빅토리아 앨버트 박물관에서 시간을 보냈다. 그랬다가 어느 정도 시간이 지난 뒤에 다시 아이들을 모두 찾아 집으로 데리고 갔다.[8]

세인트올번스에서 호킹 가족은 매우 지성적이고 특이한 가족으로 취급받았다. 책에 대한 사랑이 강박적인 독서 습관으로 발전했는데, 호킹의 친구들은 식탁에서 일절 대화도 없이 책에 코를 박고 있는 그의 가족을 특이하고 다소 무례하게 여겼다. 호킹 가족이 타고 다닌 차가 중고 영구차라는 소문은 사실이 아니다. 호킹 가족은 오랫동안 검은 상자처럼 생긴 중고 런던 택시를 여러 차례 교체하며 타고 다녔다. 사람들의 눈길을 끈 것은 단지 차가 이상해서가 아니라 전후에는 어떤 종류의 차든지 자가용을 몬다는 게 쉬운 일이 아니었기 때문이다. 상당히 부유한 가정만 자가용을 소유할 수 있었다. 프랭크는 자녀들이 카드놀이나 게임을 할 수 있도록 차 뒤편의 벤치형 좌석과 접이식 좌석 사이에 탁자를 설치했다. 이 자가용과 게임 탁자는 휴가 여행을 떠날 때 특히 편리했는데, 그들이 자주 간 휴가 장소는 도싯 주 오스밍턴밀스의 들판에 세워진 집시 캐러밴과 거대한 군용 텐트였다. 호킹 가족의 야영 장소는 해변에서 불과 100m거리에 있었다. 그곳은 모래 해변이 아닌 암석 해변이었지만, 과거에 밀수꾼들이 이용하던 곳이라 그 일대의 해안에서는 흥미로운 장소였다.

전후 시기에는 대부분의 사람이 사치품을 거의 쓰지 않고 검소하게 살았다. 집 수리를 할 엄두도 못 냈고, 관대함에서건 경제적 사정에서건 한 지붕 아래 두 세대 이상이 함께 사는 일이 흔했다. 하지만 세인트올번스의 집은 많은 영국인 가정에 비해 훨씬 컸는데도, 호킹 가족은 극단적일 정도로 검약하게 살았으며 수리해야 할 곳도 방치했다. 기묘한 모습의 3층짜리 붉은 벽돌집에서 프랭크는 지하실에 벌을 길렀고, 스코틀랜드 출신의 호킹 할머니는 고미다락방에서 살면서 규칙적으로 피아노를 연주했는데, 현지 주민들이 포크 댄스를 출 때면 특히 멋진 선율을 선사했다. 호킹 가족이 처음 이사를 왔을 때 집은 손볼 데가 아주 많았지만, 그 뒤에도 그냥 그 상태로 방치했다. 입양된 스티븐 호킹의 남동생 에드워드는 "아주 크고 어두운 집이었다. ……정말로 다소 으스스하고 악몽에 나오는 것과 비슷한 집이었다."라고 말했다.[9] 현관문에 있는 레디드 스테인드글라스는 원래는 아주 아름다웠겠지만, 떨어져 나간 조각들이 많았다. 현관 홀의 조명은 백열전구 하나뿐이었고, 진품 윌리엄 모리스 벽지는 칙칙하게 변색되었다. 썩어가는 돌출 현관 뒤편에 있던 온실은 바람이 불 때마다 창유리가 떨어져 나갔다. 중앙 난방도 없었고, 카펫은 드문드문 깔려 있었으며, 깨진 유리창도 교체하지 않은 채 내버려두었다. 집 안 곳곳의 선반 위에 두 줄로 늘어선 책들이 보온에 약간 도움을 주었다. 아버지는 불평을 전혀 용납하지 않았다. 겨울에는 옷을 더 껴입으면 된다고 말했다. 정작 자신은 추운 계절에는 연구차 아프리카로 여행을 떠났다. 호킹의 여동생 메리는 아버지들이 철새 같다는 생각을 했다고 회상한다. "그들은 크리스마스에는 집에 함께 있다가 그 다음에는 날씨가 따뜻해질 때까지 사라졌다."[10] 메리는 사라지지 '않는' 친구 아버지를 '다소 이상'하다고 생각했다.[11]

집은 상상력을 자극하는 탈선 행위를 부추겼다. 호킹은 메리와 함께 집으로 몰래 침입하는 방법을 발견하느라 경쟁했는데, 그 중에는 아주 은밀한 것들도 있어 메리는 호킹이 사용한 열한 가지 방법 중 열 가지밖에 찾아내지 못했다. 그 집만으로는 만족하지 못했는지 호킹은 드레인이라고 부른 상상의 장소에 상상의 집을 하나 더 만들었다. 호킹은 그 집이 존재한다는 것만 알 뿐, 어디에 있는지 모르는 것처럼 보였다. 호킹이 그곳을 찾길 간절히 원해 버스를 타고 가려 했기 때문에 어머니는 불안해했으나, 나중에 햄프스테드히스의 켄우드 하우스를 방문했을 때, 호킹은 그곳이 꿈에서 본 바로 그 집이라고 말했다.[12]

호킹의 친구들은 호킹 가족이 쓰는 방언을 '호킹 어'라고 불렀다. 아버지는 말을 더듬는 버릇이 있었고, 호킹과 형제들도 집에서 말을 너무 빨리 하는 바람에 말을 더듬는 경우가 있었으며 나름의 축약어를 만들어냈다.[13] 그래도 어머니의 말에 따르면, 호킹은 "늘 말을 아주 잘 했다." 호킹은 "상상력이 아주 뛰어났고…… 음악과 연기를 좋아했으며, 다소 게을렀지만 처음부터 스스로 배워나가는 능력이 있었다……. 마치 압지처럼 모든 것을 빨아들였다."[14] 학교 성적이 좋지 않았던 일부 이유는 아마도 이미 아는 것을 다시 배우고 싶지 않았거나 알 필요가 없다고 판단했기 때문일 것이다.

호킹은 대부분의 급우보다 체격이 작았는데도 불구하고 남들을 지배하려는 기질이 있었다. 자기 관리 능력이 뛰어났고, 다른 사람들을 조직하고 관리하는 능력도 있었다. 코미디언 기질도 다분했다. 덩치 큰 아이들에게 맞거나 괴롭힘을 당하는 건 대수롭지 않게 넘겼지만, 참는 데에도 한계가 있어 더 이상 못 참겠다 싶으면 사납고 위협적인 아이로 변했다. 친구인 사이먼 험프리Simon Humphrey는 호킹보다 덩치가 더 컸지만, 사이먼의 어머니는 더 큰 애들이 괴롭힐 때 주먹을 쥐고 맞선 것은 사이먼이 아니라 호킹이었다고 기억했다. "호킹은 그런 아이였다. 어떤 것에도 굴하지 않았다."[15]

호킹이 8세 때 세인트올번스에서 처음 다닌 학교는 하이스쿨 포 걸스High School for Girls였는데, 이름이 좀 특이했다. 왜냐하면 학생 중에는 '하이스쿨', 즉 중고등학교에 다닐 연령대보다 훨씬 아래인 아이들도 포함돼 있었고, 이 학교 중 마이클 하우스에는 남학생이 다녔기 때문이다. 호킹보다 어린 학생들의 반에서 공부하던 7세의 제인 와일드Jane Wilde는 "헝클어진 황갈색 머리로 옆 교실 벽 옆에 앉아 있는"[16] 소년을 보았지만, 알고 지내지는 않았다. 제인은 훗날 호킹의 아내가 된다.

호킹은 그 학교를 몇 달만 다녔다. 아버지가 평소보다 오래 아프리카에 머물게 되자, 어머니는 대학생 시절 친구 베릴Beryl의 초대를 받아들여 애들을 데리고 에스파냐 동쪽의 지중해에 있는 마요르카 섬에 가서 몇 달을 지내기로 했기 때문이다. 베릴은 시인인 로버트 그레이브스Robert Graves와 함께 마요르카 섬에 살고 있었다. 날씨가 온화하고 아름다운 마요르카 섬은 겨울을 보내기에는 아주 매력적인 장소였다. 그렇다고 그들이 아이들의 교육을 등한시한 것은 아니었다. 호킹과 그레이브스의 아들 윌리엄을 위해 따로 가정 교사를 두었다.[17]

목가적인 휴가를 보내고 세인트올번스로 돌아온 호킹은 1년 동안 사립 학교인 래드렛을 다니다가 시험 성적이 충분히 좋게 나오자 들어가기가 더 어려운 세인트올번스 스쿨로 옮겼다. 세인트올번스 스쿨을 다닌 1년 동안 성적은 밑에서 세 번째에 지나지 않았지만, 선생님들은 호킹이 성적이 보여주는 것보다 훨씬 똑똑하다는 사실을 알아차렸다. 친구들은 호킹을 '아인슈타인'이라고 불렀는데, 자기들보다 아주 똑똑해서 그렇게 불렀거나 괴짜라고 생각해서 그렇게 불렀을 것이다. 어쩌면 둘 다일지도 모른다. 친구였던 마이클 처치Michael Church는 호킹이 일종의 "비길 데 없는 오만함…… 세계가 무엇인지에 대해 비길 데 없는 감각"을 갖고 있었다고 기억한다.[18]

얼마 지나지 않아 '아인슈타인'의 성적은 반에서 중간 정도로 올라갔다. 어느 해에는 디비니티상Divinity prize도 받았다. 호킹이 아주 어릴 때부터 아버지는 성경 이야기를 자주 읽어주었다. 훗날 이소벨은 인터뷰에서 "그 아이는 종교에는 아주 해박해요."라고 말했다.[19] 호킹 가족은 종종 신학 논쟁을 벌이는 걸 즐겼는데, 신의 존재 유무를 놓고도 열띤 논쟁을 벌였다.

호킹은 낮은 성적에 조금도 굴하지 않고 8세나 9세 무렵부터 과학자의 길을 걷는 것에 대해 점점 더 진지하게 생각하기 시작했다. 사물의 작용 방식에 대한 질문을 끊임없이 던지고 그 답을 알아내려고 노력했다. 시계나 라디오뿐만 아니라 주변의 거의 모든 것에 대한 답을 과학에서 발견할 수 있을 것처럼 보였다. 부모는 호킹이 13세 때 웨스트민스터 스쿨로 보낼 계획을 세웠다. 아버지는 자신이 부모의 가난과 명망 있는 학교를 다니지 못한 이유 때문에 성공하는 데 지장을 받았다고 생각했다. 능력이 모자란데도 사회적 지위가 높은 사람들이 자신보다 앞서갔다. 적어도 자신에게는 그렇게 보였다. 그래서 호킹에게는 더 나은 운명을 마련해주고 싶었다.

하지만 장학금을 받지 못한다면 호킹을 웨스트민스터 스쿨에 보낼 형편이 못 되었다. 그런데 그 나이 무렵에 호킹은 미열이 자주 발생했는데, 전염단핵구증이라는 진단을 받았다. 때로는 상태가 심각해서 학교를 며칠 동안 결석해야 했다. 불행하게도 하필 장학생 선발 시험이 있을 때 호킹이 또 아팠다. 아버지의 희망은 수포로 돌아가고, 호킹은 계속 세인트올번스 스쿨을 다녀야 했다. 하지만 호킹은 자신이 받은 교육이 웨스트민스터 스쿨에서 받았을 교육보다 적어도 못하지는 않았다고 생각한다.

1955년에 에드워드가 양자로 들어오자, 이제 호킹은 자녀 중에서 유일한 남자의 지위를 잃게 되었다. 호킹은 새로운 남동생을 따뜻하게 맞았다. 호킹은 에드워드가 온 것이 "필시 우리에게는 잘된 일이었다. 그는 다소 다른 아이였지만, 모두 그를 좋아하지 않을 수 없었다."라고 말했다.[20]

웨스트민스터 스쿨로 가지 않고 세인트올번스 스쿨에 계속 다닌 게 꼭 나쁜 것만은 아니었다. 낡은 온실에서 위험하게 폭죽을 만든다거나 아주 복잡한 보드 게임을 발명하는 일을 함께 하고, 광범위한 주제를 놓고 긴 토론을 나눌 수 있는 가까운 친구들과 함께 성장한 것은 분명히 큰 이점이었다. 그들이 만든 '리스크' 게임은 철도와 공장, 제조, 주식 거래 같은 요소를 포함했으며, 집중해서 게임을 하더라도 마치려면 며칠이 걸렸다. 봉건 시대 게임에는 여러 왕조와 복잡한 가계도가 등장했다. 마이클 처치의 말에 따르면, 호킹은 이러한 세계들을 생각해내고 그것들을 지배하는 법칙을 만드는 데 특별한 흥미를 느꼈다고 한다.[21] 존 매클레너핸의 아버지에게는 작업장이 있었는데, 그는 존과 호킹에게 그곳에서 모형 비행기와 배를 만드는 것을 허락했다. 호킹은 훗날 이렇게 회상했다.

"제대로 작동하면서 내가 제어할 수 있는 모형을 만들길 좋아했다. ……박사 학위를 시작하고 나서 우주론을 연구할 때에도 바로 그러한 욕구를 충족시킬 수 있었다. 우주가 어떻게 작용하는지 이해한다는 것은 어떤 의미에서 우주를 제어하는 것이니까."[22]

어떻게 보면, 호킹이 어른이 되고 나서 만든 우주 모형과 '실제 우주'의 관계는 어린 시절에 만든 모형 비행기와 실제 비행기의 관계와 같았다. 모형은 실제로는 제어를 전혀 하는 게 없으면서도 제어를 하는 듯한, 기분 좋고 만족스러운 느낌을 준다.

호킹은 15세 때 우주가 팽창한다는 사실을 배웠다. 그걸 안 호킹은 깜짝 놀랐다. "나는 뭔가 잘못되었으리라고 확신했다. 내게는 정적인 우주가 훨씬 자연스러워 보였다. 정적인 우주는 아득히 먼 과거부터 계속 존재해 왔고, 앞으로도 계속 영원히 존재할 수 있다. 하지만 팽창 우주는 시간이 지남에 따라 변한다. 계속 끝없이 팽창하다 보면 결국 우주는 사실상 텅 빈 상태로 변하고 말 것이다."[23] 그것은 실로 곤혹스러운 이야기였다.

그 당시의 많은 십대들과 마찬가지로, 호킹과 친구들은 초감각 지각(ESP)에 큰 흥미를 느꼈다. 그들은 주사위를 던진 결과를 염력으로 바꾸려고 시도했다. 하지만 호킹은 미국 듀크 대학에서 유명한 ESP 연구들을 조사한 사람의 강연을 듣고 나서 초감각 지각에 대한 흥미가 반감으로 바뀌었다. 강연자는 실험에서 주목할 만한 결과가 나왔을 때에는 항상 실험 방법에 문제가 있었고, 실험 방법에 문제가 없을 때에는 항상 주목할 만한 결과가 나오지 않았다고 말했다. 그래서 호킹은 ESP가 사기라는 결론을 내렸다. 심령 현상에 대한 의심은 그 후에도 결코 변하지 않았다. 호킹의 사고 방식에 따르면, 그런 주장을 믿는 사람들은 15세 시절의 호킹 수준에 머물러 있는 셈이다.

'우주'의 조상

호킹이 친구들과 벌인 모험 중 최고의 결과는 LUCE Logical Uniselector Computing Engine(논리적 회전 스위치 계산 기관)라는 컴퓨터를 만든 것이었다. 시계와 낡은 전화 교환대를 비롯해 여러 기계 장비와 전기 장비를 재활용해 만든 LUCE는 간단한 수학적 기능을 수행할 수 있었다. 애석하게도 십대 소년들이 만든 이 걸작은 오늘날 남아 있지 않다. 그 중에서 남아 있던 것마저 세인트올번스 스쿨에 새로 부임한 컴퓨터 책임자가 대청소를 할 때 모두 버리고 말았다.[24]

가장 개량된 버전의 LUCE는 호킹과 친구들이 대학에 가기 전 마지막 학년에 힘을 합쳐 만든 것이었다. 그들은 장래를 놓고 어려운 결정을 내려야 했다. 아버지는 호킹이 자기 뒤를 이어 의학을 공부하길 원했다. 여동생 메리도 의학을 공부하기로 결심했지만, 호킹은 생물학은 부정확한 측면이 많아 별로 마음에 들지 않았다. 생물학자는 사물을 관찰하고 기술하긴 하지만, 기본적인 차원에서 설명하지 않는 것처럼 보였다. 생물학을 하려면 그림도 자세하게 그려야 하는데, 호킹은 그림에 소질이 없었다. 호킹은 정확한 답을 찾을 수 있고, 사물의 근본 핵심을 파악할 수 있는 분야를 원했다. 만약 분자생물학이 어떤 것인지 알았더라면, 진로가 완전히 달라졌을지 모른다. 14세 때 특히 타타 Tahta 선생님에게 큰 영향을 받아 호킹은 자신이 원하는 것은 "수학, 더 많은 수학 그리고 물리학"이라고 결론을 내렸다.

아버지는 그 결정이 비현실적이라고 주장했다. 수학자가 되면 가르치는 일 외에는 일자리를 구하기 어렵지 않은가? 게다가 아버지는 호킹이 자신이 나온 옥스퍼드 대학의 유니버시티 칼리지에 가길 원했는데, 그곳에서는 수학을 전공할 수 없었다. 호킹은 아버지의 충고를 따라 옥스퍼드 대학에 들어가기 위해 화학과 물리학을 열심히 공부하면서 수학은 조금만 공부했다. 유니버시티 칼리지에 들어가 물리학과 화학에 중점을 두어 공부하려고 했다.

집을 떠나 대학에 들어가기 전의 마지막 해인 1959년, 어머니와 세 동생은 예외적으로 긴 연구 계획 때문에 인도로 가게 된 아버지를 따라갔다. 호킹은 친구인 사이먼 험프리의 집에서 살면서 세인트올번스 스쿨을 계속 다녔다. 호킹은 계속 LUCE를 개선하는 데 상당히 많은 시간을 보냈지만, 사이먼의 아버지가 종종 가족에게 편지를 쓰라며 호킹의 일을 방해했다. 그냥 내버려두었더라면, 필시 호킹은 편지 쓰는 일을 게을리했을 것이다. 하지만 그해에 호킹이 해야 할 가장 큰 일은 3월에 있을 대학 진학 및 장학생 선발 시험을 위해 열심히 공부하는 것이었다. 이 시험에서 아주 좋은 성적을 얻어야만 옥스퍼드 대학 진학에 일말의 기대라도 품을 수 있었다.

학교 성적이 중위권인 학생은 좋은 연줄이 없으면 옥스퍼드 대학에 들어가기가 어렵다. 호킹의 학교 성적이 썩 좋은 편이 아니었기 때문에, 아버지는 그러한 연줄을 이용해야겠다고 생각했다. 세인트올번스 스쿨의 교장은 호킹이 장학금을 받는 조건으로 옥스퍼드 대학에 들어가기 어렵다고 판단하고, 1년을 더 기다렸다 들어가라고 제안했다. 호킹은 대학에 응시하는 학생 중에서 나이가 어린 편이었다. 시험을 치를 준비를 하는 다른 두 소년은 호킹보다 나이가 한 살 더 많았다. 하지만 교장 선생님과 아버지는 둘 다 호킹의 지성과 지식과 도전 정신을 과소평가했다. 호킹은 대학 진학 시험 중 물리학 과목에서 거의 만점을 받았다. 유니버시티 칼리지의 학장이자 물리학 교수인 로버트 버먼Robert Berman과 한 면접도 아주 잘 치러 호킹이 옥스퍼드 대학에 입학해 물리학을 전공하리라는 것은 의문의 여지가 없었다. 우쭐해진 호킹은 인도에 있던 가족과 합류해 그 여행의 마지막 시간을 함께 보냈다.

공부벌레와는 거리가 먼

1959년 10월, 17세의 호킹은 옥스퍼드로 가 아버지가 다닌 대학인 유니버시티 칼리지를 다녔다. 유니버시티 칼리지는 옥스퍼드의 중심부인 하이스트리트에 있다. 1249년에 설립된 유니버시티 칼리지는 옥스퍼드 대학의 수많은 칼리지 중에서 가장 오랜 역사를 자랑한다. 호킹은 특히 물리학에 치중하면서 자연과학을 공부하려고 했다. 그 무렵 호킹은 수학을 그 자체만으로 연구할 가치가 있는 분야로 여기지 않고, 물리학을 하거나 우주의 작용 방식을 배우기 위한 도구로만 여겼다. 훗날 그는 그 도구에 통달하기 위해 더 많은 노력을 기울이지 않은 것을 후회한다.

옥스퍼드의 건축물은 케임브리지와 마찬가지로 중세 이후의 모든 양식이 뒤섞여 장엄한 분위기를 자아낸다. 지적 전통과 사회적 전통은 건축물보다 더 이전으로 거슬러 올라가는데, 훌륭한 대학들의 전통이 모두 그렇듯 지적 우수성과 허세를 부리기 위한 속임수, 순진한 바보짓, 퇴폐적 요소가 섞여 있다. 호킹이 맞이한 새로운 환경은 이런 것들 중 어느 하나에라도 관심을 가진 젊은이에게는 더할 나위 없는 기회를 제공했다. 하지만 일 년 반 동안 호킹은 외롭고 따분한 나날을 보냈다. 동급생들은 대부분 호킹보다 나이가 많았는데, 단지 호킹이 남들보다 어린 나이에 대학 진학 시험을 치러서 그런 것뿐만 아니라 병역의 의무를 마치고 온 학생들도 많았기 때문이다. 따분함을 떨치려고 공부에 열중하고 싶은 마음도 들지 않았다. 호킹은 공부를 사실상 전혀 하지 않고도 웬만한 학생들보다 더 좋은 성적을 얻는 방법을 터득했다.

소문과 달리 옥스퍼드 대학의 개별 지도는 일대일로 진행된 게 아니라, 교수 한 명이 학생 두세 명을 맡았다. 고든 베리Gordon Berry가 호킹과 함께 개별 지도를 받는 파트너가 되었다. 1959년 제1학기(가을 학기)에 유니버시티 칼리지에 입학한 물리학과 학생은 모두 네 명이었는데, 그 중 두 명이 고든과 호킹이었다. 이 네 명의 신입생 집단—고든, 호킹, 리처드 브라이언Richard Bryan, 데릭 포니Derek Powney—은 칼리지의 나머지 학생들과 따로 놀면서 자기들끼리 대부분의 시간을 함께 보냈다.

2학년이 절반쯤 지나고 나서야 호킹은 옥스퍼드 생활을 즐기기 시작했다. 로버트 버먼이 묘사한 그 시절의 호킹 이야기를 들으면 몇 년 전에는 그렇게 평범했고, 일 년 전에는 대학 생활을 몹시 따분해하던 그 호킹이 맞나 하는 의심이 든다.

"그는 [다른 학생들] 수준으로 내려와 그들과 같은 학생이 되려고 적극적인 노력을 기울였다고 나는 생각한다. 그는 자신의 물리학 지식과 수학 능력이 얼마나 뛰어난지 잘 모르는 사람에게는 그 이야기를 절대로 꺼내지 않았다. ……그는 인기가 아주 많았다."[25]

이렇듯 2학년과 3학년 시절의 호킹을 기억하는 사람들은 그를 활기가 넘치고 쾌활했으며 남들과 스스럼없이 잘 어울렸다고 이야기한다. 호킹은 머리를 길게 길렀고, 위트가 뛰어났으며, 클래식 음악과 공상과학 소설을 좋아했다. 호킹은 그 당시 옥스퍼드 학생들을 지배한 분위기는 대체로 '공부에 대한 강한 반감'이었다고 기억한다.

"노력을 하지 않고도 좋은 성적을 얻든가, 아니면 자신의 한계를 받아들이고 4등급으로 학위를 받는 걸 감수해야 했다. 좋은 성적을 얻기 위해 열심히 공부하는 것은 그레이 맨grey man의 징표로 간주되었다. '공부벌레'

란 뜻의 그레이 맨은 옥스퍼드에서 최악의 별명이었다."

자유분방하고 독립적인 기질과 공부에 무관심한 호킹의 태도는 학생들의 그런 분위기와 딱 들어맞았다. 개별 지도 시간에 호킹은 자신이 푼 답을 읽고 나서 그 종이를 경멸하듯이 구깃구깃 접어서는 방 건너편에 있는 쓰레기통을 향해 던지곤 했는데, 이것은 그 당시 호킹의 면학 자세를 잘 보여준다.

대학에서 가르치는 물리학 교과 과정은 호킹 정도의 능력을 가진 학생이라면 이렇게 건성으로 공부하더라도 충분히 따라갈 수 있었다. 호킹은 물리학 수업을 "식은 죽 먹기였다. 강의를 전혀 듣지 않고도 일주일에 개별 지도를 한두 번 받는 것만으로도 충분히 따라갈 수 있었다. 그저 방정식만 몇 개 외우면 되고, 외워야 할 것도 별로 없었다."라고 말했다.[26] 실험실에서 실험을 하는 데에도 그다지 많은 시간을 쓸 필요가 없었던 것으로 보인다. 호킹은 고든과 함께 편법으로 실험 자료를 얻거나 실험 결과 일부를 조작하는 방법을 발견했다. 고든은 "우리는 그저 최선을 다하지 않았을 뿐이다. 호킹 역시 최선을 다하지 않는 데 동참했다."라고 그 당시를 회상했다.[27]

데릭 포니는 네 학생이 전기와 자기에 관한 과제를 풀던 이야기를 들려준다. 문제는 모두 13개였고, 개별 지도 교수인 버먼 박사는 다음 번 개별 지도 시간 전까지 일주일 동안 문제를 할 수 있는 한 많이 풀어오라고 했다. 그 주가 끝날 무렵에 리처드 브라이언과 데릭 포니는 문제를 1개 반 풀었고, 고든은 1개만 풀었지만, 호킹은 시작도 하지 않았다. 개별 지도 시간이 다가온 날, 호킹은 그제야 문제를 푸느라 오전 강의 3개를 빼먹었고, 친구들은 호킹이 당연히 치러야 할 대가를 치른다고 생각했다. 그런데 정오에 친구들을 만난 호킹은 시무룩한 표정으로 문제를 열 문제밖에 못 풀었다고 말하는 게 아닌가! 처음에는 농담이겠거니 생각했지만, 정말로 호킹은 열 문제를 풀었다! 데릭은 그 순간 호킹의 친구들이 "우리가 같은 거리에 사는 사람이 아닐 뿐만 아니라, 같은 행성에 사는 사람도 아니란 사실"을 깨달았다고 말했다.[28] 그리고 "심지어 옥스퍼드에서조차 그의 기준에서 본다면 우리는 아주 어리석었다."[29]라고 덧붙였다.

호킹이 아주 똑똑하다는 사실을 가끔 알아챈 사람은 친구들뿐만이 아니었다. 버먼 교수와 다른 교수들도 호킹이 "동년배들과는 완전히 다른" 놀라운 지성을 지녔다는 사실을 알아채기 시작했다.

"대학 수준의 물리학은 그에게 아무것도 아니었다. 실제로 그는 공부를 거의 하지 않았는데, 풀 수 있는 문제라면 언제든지 풀 수 있었기 때문이다. 단지 풀 수 있는 문제인지 아닌지만 알면 되었다. 그러면 다른 사람들이 어떻게 하는지는 볼 필요도 없이 그것을 해결했다. 호킹이 어떤 책을 갖고 있었는지는 모르겠지만, 그다지 많이 가지지 않은 것은 분명했고, 필기도 전혀 하지 않았다."[30]

버먼 교수는 또한 "나는 그에게 뭘 가르친 게 있다고 생각할 만큼 자신을 과대평가하지 않는다."[31]라고 말했다. 또 다른 개별 지도 교수는 호킹을 문제를 푸는 것보다 교과서에서 오류를 찾아내는 걸 더 좋아하는 부류의 학생이었다고 말했다.

옥스퍼드 대학의 물리학 교과 과정은 당장 공부를 열심히 해야 할 필요성을 느끼기 힘들게 짜여 있었다. 총 3년 과정인 물리학 교과 과정은 끝날 무렵까지 시험이 전혀 없었다. 호킹은 자신이 공부한 시간이 하루 평균 한 시간 정도였으니, 3년 동안 약 1000시간이었다고 계산한다.

"공부를 게을리한 걸 자랑하는 게 아니다. 그저 그 당시 내 태도가 그랬다는 것뿐이다. 다른 학생들도 대부분 그랬는데, 그런 태도는 지독한 따분함과 노력할 가치가 있는 일이 없다는 느낌에서 비롯되었다. 내가 걸린 병이 초래한 한 가지 결과는 이 모든 것을 바꾸어놓은 것이다. 살 날이 얼마 남지 않았다는 사실을 알면 갑자기 삶이 소중해지고, 하고 싶은 일이 많아진다."

2학년 중반 무렵부터 호킹의 정신 상태가 극적으로 좋아진 것에 대해 여러 가지 설명이 있지만, 한 가지 중요한 이유로는 고든과 함께 보트 클럽에 가입한 것을 꼽을 수 있다. 둘 다 뛰어난 노잡이가 될 만큼 힘과 체격이 좋은 편은 아니었다. 하지만 두 사람은 몸이 가볍고 강인하고 똑똑하고 민첩했으며, 주위를 호령하는 큰 목소리를 갖고 있었다. 이것들은 대학 보트 클럽의 키잡이(노 젓는 사람 4명 혹은 8명 뒤에 앉아 앞쪽을 바라보면서 키를 움직여 보트를 조종하는 사람)에게 필요한 속성이었다. 키잡이의 임무는 바로 보트를 제어하는 것인데, 호킹은 그 점—가냘픈 체격의 남자가 근육이 잘 발달한 남자 8명에게 지시를 내리는—이 모형 비행기와 배와 우주처럼 마음을 끌었다고 말했다.

호킹은 대학 시절에 공부보다는 강에서 노를 젓고 키를 잡는 데 훨씬 많은 시간을 보냈다. 옥스퍼드에서 동료로 인정받기에 가장 확실한 방법은 바로 조정팀의 일원이 되는 것이었다. 다른 곳에서는 지독한 따분함과 노력을 쏟아부을 만한 일이 없다는 무력감이 지배적인 분위기였지만, 강으로 가면 모든 것이 확 달라졌다. 노잡이와 키잡이와 코치는 강에 얼음이 꽁꽁 언 날에도 동틀 녘이면 늘 규칙적으로 보트 창고에 모여 몸을 푸는 체조를 한 뒤, 코치가 자전거를 타고 배 끄는 길 옆에서 독려를 하면 나머지는 보트를 둘러메고 강으로 갔다. 조정 경기가 열리는 날이면 모두 흥분에 휩싸였고, 시끄러운 응원꾼들이 자신이 응원하는 칼리지의 보트와 보조를 맞춰 강둑 위를 달렸다. 안개가 자욱하게 끼어 보트가 유령처럼 나타났다가 사라지는 날도 있었고, 비가 흠씬 쏟아져 보트 바닥에 물이 흥건하게 고이는 날도 있었다. 보트 클럽의 저녁 식사는 칼리지 홀에서 정장 차림으로 밤늦게까지 이어졌고, 결국 와인에 적신 냅킨 싸움으로 끝났다.

이 모든 것에서 육체적 행복과 동지애, 혼신의 힘을 다하는 노력, 대학 생활의 즐거움을 최대한 느낄 수 있었다. 호킹은 조정을 좋아하는 사람들 사이에서 인기가 많았다. 칼리지 간 조정 대회에서도 멋진 활약을 보여주었다. 그 전까지는 어떤 스포츠에서도 좋은 모습을 보여준 적이 없었기 때문에 이것은 실로 감격적인 변화였다. 그 당시에 조정팀의 노잡이로 활약한 노먼 딕스Norman Dix는 호킹에 대해 "모험을 좋아하는 유형이었다. 무엇을 할지 짐작하기 어려웠다."라고 평했다.[32] 급커브 코스를 돌거나 다른 키잡이라면 아예 생각도 하지 않을 위험천만한 조종을 시도하다가 노가 부러지거나 보트가 부서지는 일도 종종 일어났다.

하지만 3학년 말이 다가오자, 조정 경기보다 시험을 통과하는 것이 훨씬 중요한 일로 떠올랐다. 호킹은 갈피를 못 잡고 허둥댔다. 그는 이론물리학을 전공으로 선택했다. 따라서 대학원에서는 거대한 우주를 연구하는 우주론이나 미시 세계를 연구하는 입자물리학 가운데 하나를 선택해야 했다. 호킹은 우주론을 선택했다.

"그냥 우주론이 더 재미있을 것 같았다. '우주는 어떻게 생겨났을까'라는 큰 질문에 답하려고 하는 것처럼 보였기 때문이다."[33]

그 당시 영국에서 가장 유명한 천문학자이던 프레드 호일Fred Hoyle은 케임브리지 대학에 있었다. 호킹은 특히 여름 학기 때 호일 밑에서 배우던 대학원생인 자얀트 날리카 Jayant Narlikar의 강의를 듣고 나서 호일 밑에 가서 함께 연구하겠다는 열정에 사로잡혔다. 호킹은 케임브리지 대학의 박사 과정에 응시했는데, 옥스퍼드 대학에서 최우수 등급인 1등급으로 졸업해야 한다는 조건으로 합격했다.

3년 동안 1000시간 공부한 실력으로 1등급을 받는다는 건 아무래도 무리처럼 보였다. 하지만 옥스퍼드 대학의 시험은 많은 질문과 문제 중에서 원하는 것을 선택할 수 있다. 호킹은 이론물리학 문제만 골라서 풀고 사실에 대한 지식을 묻는 질문을 피하면 충분히 좋은 점수를 얻을 수 있다고 생각했다. 하지만 시험 날짜가 다가올수록 자신감은 계속 떨어졌다. 그래서 만약 기대한 성적을 받지 못한다면, 공무원 시험에 응시해 건설부에서 일자리를 찾기로 그 대안까지 생각했다.

시험 전날 밤, 호킹은 너무 불안해 잠을 잘 수 없었다. 시험은 생각만큼 잘 치르지 못했다. 할 수 없이 다음 날 공무원 시험을 치러 가기로 마음먹었지만, 늦잠을 자는 바람에 응시 기회마저 놓치고 말았다. 이제 옥스퍼드 대학의 졸업 시험 결과에 모든 것을 맡길 수밖에 없었다.

호킹과 친구들이 초조하게 시험 결과가 게시되길 기다리는 동안 시험 결과를 자신한 사람은 오직 고든뿐이었다. 고든은 1등급은 따놓은 당상이라고 믿었다. 하지만 그건 오산이었다. 고든과 데릭은 2등급을 받았고, 리처드는 실망스럽게도 3등급을 받았다. 호킹은 애석하게도 1등급과 2등급의 경계선에 걸친 점수를 받았다.

경계선에 걸친 점수가 나오자, 시험관들은 구두 시험으로 최종 등급을 판정하기 위해 호킹을 불렀다. 그들은 호킹에게 장래 계획을 물었다. 자신의 장래가 달려 있는 긴박한 상황에서도 호킹은 친구들 사이에 길이 회자될 놀라운 답변을 했다.

"만약 1등급을 받는다면 케임브리지로 가겠지만, 2등급을 받는다면 옥스퍼드에 남겠습니다. 그러니 제게 1등급을 주시리라 믿습니다."

호킹은 1등급을 받았다. 버먼은 시험관들에 대해 "그들은 자신들보다 훨씬 똑똑한 사람과 이야기하고 있다는 사실을 알아챌 만큼 현명했다."[34]라고 평했다.

이러한 승리에도 불구하고 만사가 순조롭게만 풀려간 것은 아니었다. 그해에 처음 알아챈 뒤 사라지지 않고 계속 남아 있던 문제가 있었다. 단지 키잡이로 활약하면서 맛본 모험과 인기, 시험에 대한 불안이 그 문제를 뒤로 밀어놓았을 뿐이었다. 그는 "나는 갈수록 몸을 움직이는 게 서툴러졌고, 아무 이유 없이 넘어진 적도 한두 번 있었다."라고 기억했다.[35] 그 문제는 스컬링(1인승 보트의 노를 젓는 것)에 어려움을 느끼기 시작하면서 강에서 보내던 평온한 삶에까지 엄습했다. 마지막 학기에는 계단에서 구르면서 바닥에 머리를 찧은 적도 있었다. 친구들은 호킹이 일시적 단기 및 장기 기억 상실에서 회복하도록 돕느라 몇 시간을 보냈고, 심각한 손상을 입지 않았는지 병원에 가보라고 권유했다. 또 정신에 아무 이상이 없음을 입증하기 위해 멘사 지능 검사를 받아보라고 했다. 모든 검사 결과 아무 이상이 없는 것으로 나왔지만, 친구들은 호킹이 넘어진 걸 단순한 사고로 믿기 어려웠다.

정말로 뭔가 이상이 있었는데, 계단에서 굴렀기 때문은 아니었고…… 정신에 이상이 있어서도 아니었다. 그해 여름에 호킹은 한 친구와 함께 이란을 여행하다가 크게 아팠던 적이 있었다. 아마도 여행자가 흔히 겪는 복통이었거나 해외 여행 때 접종하는 백신의 부작용 때문이었을 것이다.[36] 그 여행은 다른 측면에서도 힘든 점이 많았는데, 호킹보다 가족에게 더 힘들었다. 여행 지역에 큰 지진이 발생해 3주일 동안 호킹과 연락이 끊긴 적이 있었다. 호킹은 몸이 너무 아픈데다가 울퉁불퉁한 길로 버스를 타고 가느라 지진이 일어난 줄도 몰랐다. 결국 기진맥진해 건강이 좋지 않은 상태로 집으로 돌아왔다. 훗날 여행을 떠나기 전에 접종한 천연두 백신의 부작용이 이란 여행 때 겪었던 증상과 근육위축가쪽경화증의 원인이 아닐까 하는 추측이 나왔지만, 사실은 근육위축가쪽경화증은 그보다 더 일찍부터 시작되었다. 어쨌든 이란 여행에서 걸린 병과 점점 심해가는 근육위축가쪽경화증 증상 때문에 케임브리지에 도착한 호킹은 그해 봄에 옥스퍼드에 있을 때보다 훨씬 불안정하고 허약한 20세 젊은이로 변해 있었다. 1962년 가을에 호킹은 가을 학기를 위해 트리니티 홀로 옮겨갔다.

호킹이 케임브리지로 떠나기 전 여름에 제인 와일드는 세인트올번스에서 친구들과 함께 길을 걸어가다가 호킹을 보았다. 그는 "머리를 숙이고, 헝클어진 갈색 머리카락으로 얼굴을 세상에 가리고…… 생각에 잠긴 채 왼쪽이나 오른쪽으로는 시선도 주지 않고…… 반대 방향을 향해 서투른 걸음걸이로 어정어정 걸어가는 젊은이였다."[37] 제인의 친구인 다이애나 킹 Diana King은 호킹의 친구인 배절 킹의 여동생이기도 했는데, 호킹과 데이트를 한 적이 있다고 말해 모두를 놀라게 했다.

"좀 이상하긴 하지만 아주 똑똑해. 나와 함께 극장에 간 적이 한 번 있어. 그는 핵무기 반대 시위에도 참가해."[38]

4

"내가 몇 년 안에 죽을지도 모르는
불치병에 걸렸다는 사실은 정말로 큰 충격이었다."

　케임브리지에서 보낸 첫해는 제대로 풀리는 일이 별로 없었다. 프레드 호일은 이미 받을 수 있는 대학원생 정원이 꽉 찼기 때문에 호킹의 지도 교수는 데니스 시아마 Denis Sciama로 정해졌다. 시아마는 물리학계에서 호일보다 덜 유명했지만(사실, 호킹은 그 이름조차 들어본 적이 없었다), 다른 사람들은 그를 학생을 아주 잘 가르치는 스승으로 알고 있었다. 또 국제적인 인물이어서 다른 나라 천문대를 방문하느라 자주 학교를 비우는 호일보다 만나기가 더 쉬웠다. 시아마와 호일은 둘 다 '정상' 우주론을 선호했다. 정상 우주론은 호일이 허먼 본디Hermann Bondi와 토머스 골드Thomas Gold와 함께 만든 이론이었다.

　정상 우주론은 우주가 팽창한다는 사실은 인정했지만, 빅뱅 이론과 달리 시간적으로 우주가 시작하는 시점이 있어야 한다고 보진 않았다. 대신에 우주가 팽창하면서 은하들이 서로 멀어져가면, 그 사이에 확대된 공간에서 새로운 물질이 나타나 결국 새로운 별과 은하가 생겨난다고 주장했다. 이 이론에 따르면, 우주의 모습은 지금까지의 전체 역사 중 어느 시점이나 미래의 어느 시점을 선택해서 보더라도, 나머지 시점에서 본 모습과 대동소이하다. 정상 우주론은 결국 빅뱅 이론과 경쟁하다가 밀려나고 말지만, 한동안은 경쟁 이론으로 인기를 끌었다.

　호킹처럼 수학적 배경이 빈약한 사람에게 일반 상대성 이론은 이해하기가 아주 어려웠는데, 호킹은 그제야 아버지의 충고를 따라 옥스퍼드에서 수학을 제대로 배울 수 없는 칼리지를 선택한 걸 후회했다. 시아마는 호킹에게 천체물리학에 몰두하는 게 좋겠다고 권했지만, 호킹은 일반 상대성 이론과 우주론을 연구하기로 목표를 정했다. 호킹은 간신히 그럭저럭 수업 진도를 맞추면서 열심히 독학을 하여 모자라는 부분을 빠른 속도로 보충해나갔다. 허먼 본디가 킹스 칼리지 런던(런던 대학의 한 칼리지)에서 일반 상대성 이론 강의를 시작하자, 호킹은 그 강의를 듣기 위해 케임브리지의 다른 대학원생들과 함께 정기적으로 런던을 오갔다.

일반 상대성 이론과 우주론은 수학 실력이 탄탄한 학생에게도 아주 큰 위험이 따르는 선택이었다. 과학계는 우주론을 의심과 불신이 섞인 눈초리로 대했다. 호킹은 훗날 "우주론은 젊은 시절에는 훌륭한 연구를 하다가 노망이 들어 신비주의에 빠진 물리학자들이나 하는 사이비과학으로 간주되었다."라고 회상했다.[1] 우주론은 추측에 의존하는 경우가 많았고, 추측을 제한하거나 뒷받침하는 관측 데이터가 부족했다.[2] 시아마 자신도 호킹을 만나기 2년 전에 우주론은 "논란이 아주 많은 분야로, 합의된 학설이 거의 혹은 전혀 없다."라고 썼다.[3]

호킹은 이러한 어려움을 잘 알고 있었지만, 과학의 최전선에서 미지의 영역을 탐구하는 도전 정신과 모험심을 억제하기 어려웠다. 우주론과 일반 상대성 이론은 "그 당시 방치된 분야였지만 발전 가능성이 아주 많았다. 입자물리학과 달리 우주론에는 잘 정의된 이론, 즉 불가능할 정도로 어려운 것으로 간주되던 아인슈타인의 일반 상대성 이론이 있었다. 사람들은 [아인슈타인의] 장 방정식의 해를 어떤 것이건 발견하길 좋아했다. 하지만 그것이 물리적으로 어떤 의미가 있는지는(만약에 있다면) 묻지 않았다."[4]

호킹이 지적한 것처럼 아인슈타인의 일반 상대성 이론은 실제로 잘 정의된 이론으로, 중력을 시공간의 곡률로 설명했지만, 우주론에 대한 시아마의 생각은 옳았다. 빅뱅 이론과 정상 우주론 중에서 우주의 역사를 제대로 설명하는 이론이 어떤 것인가를 놓고 아직도 격렬한 논쟁이 진행되고 있었다. 우주에는 시작이 있을까 없을까? 21세기의 관점에서 보면, 호킹이 케임브리지에 대학원생으로 왔던 1962년 당시에 이 문제가 아직도 해결되지 않고 치열한 논란이 되었다는 사실은 믿기 어렵다.

호일 교수 밑으로 들어가는 데 실패하고 수학 실력이 딸리는 것은 좌절을 안겨주었지만, 그것은 대학원 신입생이 흔히 겪는 좌절이었다. 일반 상대성 이론을 이해하느라, 그리고 그것을 이해하는 데 필요한 수학 실력을 갖추느라 애쓰던 1962년 가을에 예상치 못했던 문제가 닥쳤는데, 그것은 호킹의 모든 노력을 무용지물로 만들 만큼 심각한 것이었다. 옥스퍼드 대학 3학년 때 나타난 신체적 문제가 계속 악화되었다. 케임브리지에서 맞이한 첫 번째 가을에 호킹은 신발 끈을 묶는 데 어려움을 느꼈으며, 때로는 말하는 것도 어려웠다. 발음이 흐릿해져 처음 만나는 사람은 호킹이 언어 장애가 약간 있는 게 아닌가 생각했다.

케임브리지에서 첫 학기를 마치고 크리스마스에 집으로 돌아왔을 때에는 호킹의 신체 장애 문제가 너무나도 분명하게 드러났기 때문에 부모도 즉각 알아챘다. 아버지는 호킹을 가족 주치의에게 데려갔다. 주치의가 전문의를 소개해주어 휴일이 끝난 뒤에 전문의를 찾아가기로 예약을 했다.

1월에 스물한 번째 생일을 맞이하고 나서 얼마 후, 호킹은 봄 학기 수업을 받으러 케임브리지로 돌아가는 대신에 검사를 위해 런던의 세인트바솔로뮤 병원에 머물렀다. 아버지의 뒤를 이어 의학을 공부하기로 한 여동생 메리가 그 병원에서 수련을 받고 있었던 게 조금 위안이 되었다. 호킹은 '사회주의자 원칙'을 고수해 부모가 원하는 1인실을 거부했다. 의사들은 호킹의 팔에서 근육 시료를 채취하고, 몸에 전극을 붙이고, 척추에 방사성 액체를 집어넣었다. 그리고 호킹이 누워 있는 침대를 이리저리 기울이면서 X선을 비추어 방사성 물질이 위아래로 움직이는 것을 관찰했다. 2주일이 지나서야 그들은 호킹을 퇴원시켰는데, 모호하게 호킹은 '전형적인 사례'가 아니며, 다발경화증에 걸린 것도 아니라고 말했다. 의사들은 케임브리지로 돌아가 공부를 계속하라고 권했다. 호킹은 그때의 일을 이렇게 기억했다.

"내 추측으로는 그들은 내 상태가 더 악화될 걸로 보았고, 그들이 할 수 있는 일이라곤 비타민을 주는 것 말고는 아무것도 없다고 판단한 것 같았다. 물론 비타민이 효과가 있을 거라고 기대하지 않는 것도 분명했다. 나는 자세한 것을 묻고 싶지 않았는데, 상태가 매우 좋지 않다는 사실이 분명했기 때문이다."

어머니는 아들의 상태가 얼마나 심각한지 금방 알아채지 못했지만, 함께 스케이트를 타러 갔다가 호킹이 넘어져서 일어나지 못하자 비로소 심각성을 깨달았다. 빙판에서 나온 뒤에 어머니는 호킹을 카페로 데려가 호킹이 겪는 신체적 어려움과 의사들이 한 이야기에 대해 자세히 물었다. 의사를 직접 만난 어머니는 억장이 무너지는 이야기를 들었다.[5]

호킹이 걸린 병은 영국에서는 운동신경세포병, 미국에서는 흔히 루게릭병이라고 부르는 근육위축가쪽경화증(ALS)이라는 희귀 질환으로, 치료법이 없다고 했다. 이 병에 걸리면 수의근의 활동을 조절하는 척수와 뇌의 신경 세포가 계속 파괴된다. 처음에는 대개 기운이 없고 손에 경련이 일어나며, 발음이 불분명해지고 음식을 삼키기 어려운 증상이 나타난다. 신경 세포가 계속 죽어감에 따라 신경 세포가 조절하는 근육들도 위축된다. 그러다가 몸을 움직이는 게 불가능해진다. 언어 능력을 비롯해 모든 의사소통 기능도 잃게 된다. 호킹처럼 수십 년 동안 살아남는 환자가 간혹 있긴 하지만, 대개는 호흡에 관련된 근육들이 위축되면서 폐렴이나 질식으로 2~3년 안에 사망한다. 심장의 불수의근과 배뇨기 및 성기 근육은 영향을 받지 않으며, 뇌는 마지막 순간까지도 또렷한 상태를 유지한다. 이것은 어떤 사람에게는 다행이지만, 어떤 사람에게는 공포로 다가온다. 마지막 단계에 있는 환자에게 종종 모르핀을 투여하는데, 통증 때문에 그런 것이 아니라(통증은 전혀 없다) 공포와 우울증을 누그러뜨리기 위해서다.

호킹의 삶은 모든 것이 변했다. 그는 그때 자신이 보인 반응을 담담하게 묘사했다.

"내가 몇 년 안에 죽을지도 모르는 불치병에 걸렸다는 사실은 정말로 큰 충격이었다. 어떻게 내게 그런 일이 일어날 수 있단 말인가? 내가 왜 이렇게 죽어야 할까? 하지만 병원에 있을 때 나는 건너편 침대에 있는 소년을 보았다. 그 소년이 백혈병으로 죽어가고 있다는 사실을 어렴풋하게 알고 있었다. 그것은 결코 보기 좋은 광경이 아니었다. 분명히 나보다 불행한 사람들이 있었다. 최소한 나는 아프다는 건 느끼지 못했다. 내 운명이 원망스러울 때마다 나는 그 소년을 떠올린다."

하지만 처음에는 심한 우울증에 빠졌다. 무엇을 해야 할지, 앞으로 무슨 일이 일어날지, 상태가 얼마나 빠른 속도로 나빠질지, 나빠지면 어떻게 될지 전혀 알 수 없었다. 의사들은 박사 과정을 계속하라고 말했지만, 이미 그 전부터 공부도 지지부진한 상태였다. 이 사실도 불치병만큼이나 큰 좌절을 안겨주었다. 과연 생전에 받을 수 있을지조차 알 수 없는 박사 학위를 따려고 공부를 계속하는 것은 아무 의미가 없어 보였다. 육체가 죽어가는 동안 그저 정신을 다른 데로 돌리는 방편에 지나지 않을 것이다.

호킹은 비참한 심경에 사로잡혀 트리니티 홀의 자기 방에서 처박혀 지냈다. 하지만 그는 "잡지에 내가 술에 절어 지냈다는 이야기가 실린 적이 있는데, 그것은 과장된 것이다. 나는 비극의 주인공이 된 듯한 느낌이 들었다. 바그너를 자주 들었다."라고 주장한다.

"그 당시 내가 꾼 꿈들은 다소 불안했다. 진단을 받기 전에는 삶이 매우 지겨웠다. 심혈을 기울일 가치가 있는 일은 아무것도 없는 것처럼 보였다. 하지만 병원에서 나온 직후 나는 곧 처형을 당할 꿈을 꾸었다. 그러자 만약 형의 집행이 유예된다면, 내가 할 수 있는 가치 있는 일들이 아주 많다는 깨달음이 불현듯 떠올랐다. 다른 꿈도 여러 번 꾸었는데, 다른 사람을 구하려고 내 목숨을 희생하는 내용이었다. 어차피 죽어야 한다면, 뭔가 좋은 일을 하는 게 좋다고 생각했다."

아버지는 의학계에서 자신의 지위를 활용해 동원할 수 있는 연줄은 모두 동원했다. 아들이 걸린 병과 조금이라도 관련이 있는 질환을 아는 전문가가 있으면 다 접촉했지만, 모든 노력이 허사였다. 호킹의 담당 의사들은 상태가 안정되길 바랐으나, 병세는 아주 빨리 진행되었다. 결국 그들은 잘해야 앞으로 2년밖에 살지 못할 것이라고 통보했다. 그러자 아버지는 시아마 교수에게 아들이 박사 학위 논문을 빨리 마칠 수 있게 도와달라고 호소했다. 하지만 호킹의 잠재력을 잘 알고 있었고, 설사 죽는다 하더라도 그가 원칙을 저버리지 않길 원했던 시아마는 그 부탁을 거절했다.

그렇게 2년이 흘러갔다. 병의 진행 속도가 느려졌다. "난 죽지 않았다. 내 앞에는 검은 먹구름이 드리워져 있었지만, 놀랍게도 나는 이전보다 더 즐겁게 살고 있었다." 지팡이를 짚고 다녀야 했지만, 상태가 아주 나쁜 것은 아니었다. 전신마비와 죽음은 여전히 가까운 장래에 닥치고야 말 운명이었지만, 어쨌든 잠시 연기되었다. 시아마는 호킹에게 살 날이 좀더 남았다면 논문을 마치는 게 어떻겠냐고 충고했다. 호킹은 그토록 원하던 집행 유예를 얻었다. 비록 위태위태하고 임시적인 것이긴 했지만, 인생에는 소중하고 가치 있는 일들이 넘쳤다.

1963년 1월, 호킹이 검사를 받으러 병원에 가기 직전에 배절 킹과 여동생 다이애나가 세인트올번스에서 신년 축하 파티를 열었다. 그곳에서 호킹은 다이애나의 친구인 제인 와일드를 만났는데,[6] 제인은 세인트올번스 고등학교를 막 졸업하고 가을에 런던 대학의 웨스트필드 칼리지에 들어가 언어를 공부할 예정이었다. 훗날 제인은 파티에서 호킹을 본 인상을 이렇게 묘사했다.

"가냘픈 체격의 그는 구석에서 조명에 등을 돌린 채 벽에 몸을 기대고 서 있었는데, 길고 가느다란 손가락으로 제스처를 해가며 말을 했다. 머리카락은 안경 위까지 흘러내렸고, 먼지가 앉은 검은색 벨벳 재킷에 빨간색 벨벳 나비 넥타이 차림이었다."[7]

호킹은 옥스퍼드 대학에서 치렀던 구두 시험(1등급을 받게 해주었던 시험) 이야기를 조금 윤색해 들려주었는데, 시험관들에게 1등급을 주어 자신을 트로이 목마처럼 경쟁 대학인 케임브리지로 보내는 게 어떻겠냐고 유혹했다고 말해 제인과 옥스퍼드에 다니던 친구를 즐겁게 했다.[8] 제인의 눈에 헝클어진 머리의 이 대학원생은 놀랍도록 똑똑한 괴짜이자 다소 오만하게 보였다. 하지만 호킹은 재미있는 사람이었고, 제인은 자기를 비하하는 그의 위트가 마음에 들었다. 호킹은 우주론을 공부한다고 말했는데, 제인은 그게 무슨 뜻인지 잘 몰랐다.

호킹과 제인은 그 파티에서 이름과 주소를 교환했고, 며칠 뒤 제인은 1월 8일에 호킹의 스물한 번째 생일을 축하하는 파티에 초대를 받았다. 이때 제인은 세인트올번스 힐사이드 로드 14번지에 있는 호킹의 집을 처음 방문했다. 비록 호킹 가족과는 세인트올번스에서 서로 얼굴을 알고 지내는 사이였지만, 순진한 제인은 그들과 그 친구들 사이에서 어색함을 느낀 데다가 추운 집 안에서 몸을 따뜻하게 하려고 구석의 난롯가 근처에서 호킹의 남동생 에드워드를 무릎 위에 앉힌 채 그날 저녁 시간을 거의 다 보냈다. 그날 저녁은 호킹에게도 완전히 만족스럽지는 않았을 것이다. 신체적 문제를 감추기에는 역부족이어서 음료수를 따르는 데 애를 먹었다.

한 달쯤 뒤, 제인은 다이애나가 친구와 함께 나누는 대화를 들었다. 호킹이 "신체가 마비되는 끔찍한 불치병에 걸렸는데…… 다발경화증과 비슷한 것이지만 다발경화증은 아니며, 사람들은 그가 앞으로 살 날이 2년밖에 안 남았다고 생각한대."라고 했다.[9] 다이애나의 오빠인 배절 킹이 호킹을 만나러 병원에 다녀왔다고 했다.

일주일 뒤, 제인은 세인트올번스의 기차역 승강장에서 호킹을 보고 깜짝 놀랐다. 호킹의 모습은 이전과 별다를 바가 없었지만, 이전보다 평범한 옷을 입었고 머리도 훨씬 단정했다. 둘 다 런던으로 가는 기차를 기다리던 참이었다. 런던으로 가는 동안 두 사람은 같은 자리에 앉아 대화를 나누었다. 제인이 호킹이 병원에 입원한다는 이야기를 들었다며 안됐다고 하자, 호킹은 얼굴을 찡그리면서 아무 말도 하지 않았다.[10] 그래서 제인은 그 이야기를 더 이상 꺼내지 않았다. 호킹은 자신이 케임브리지에서 집에 올 때 주말에 함께 극장에 가지 않겠느냐고 물었다. 제인은 좋다고 대답했다.

두 사람은 첫 번째 데이트 때 런던에서 저녁을 먹고 연극을 보러 극장에 갔다. 그런데 데이트 비용이 너무 많이 드는 바람에 두 사람이 기차역으로 가는 버스에 올라탔을 때, 호킹은 수중에 돈이 거의 없다는 사실을 깨달았다. 그 당시에는 현금 자동 인출기도 없었다. 첫 번째 데이트에서 여자에게 근사한 대접을 한 뒤에 버스 값을 빌려야 하는 처지가 되고 말았다. 핸드백을 뒤지던 제인은 그 안에 지갑이 없다는 사실을 발견했고, 그렇게 해서 두 사람이 함께 한 첫 번째 모험이 시작되었다.

운전 기사가 운임을 내라고 말하기도 전에 두 사람은 버스에서 부리나케 내려 이미 문이 닫힌 어두운 올드빅 극장으로 돌아가 무대 출입구를 통해 안으로 들어갔다. 제인의 지갑은 좌석 아래에 떨어진 채 그대로 있었다. 일이 잘 풀린다 싶을 때 갑자기 불이 모두 다 꺼졌다. 호킹은 제인의 손을 잡았다. 두 사람은 어둠 속에서 앞을 더듬으며 무대 쪽으로 돌아간 뒤 칠흑같이 어두운 무대 위를 지나 무대 출입구를 통해 밖으로 나왔다. 제인은 호킹이 자신 있게 이끄는 대로 "묵묵히 감탄하면서" 따랐다.[11]

호킹은 피자와 영화를 즐기는 타입의 남자가 아닌 게 분명했는데, 다음 번 데이트 장소가 트리니티 홀의 메이 볼 May Ball (5월 무도회) 축제였기 때문이다. 런던에서 근사한 저녁 식사를 하고, 연극을 보고, 케임브리지 대학의 메이 볼에 참가하는 것은 여자라면 누구나 선망할 만한 데이트 코스일지 모른다.

6월*에 자신을 케임브리지로 데려가려고 호킹이 왔을 때, 제인은 그의 몸 상태가 악화된 것을 보고 충격을 받았다. "계기반 너머를 보기 위해 자신의 몸을 지탱하는 데 핸들을 사용하는 것처럼 보이는 이 왜소하고 허약하고 절뚝이는 사람"[12]이 과연 케임브리지까지 차를 운전할 수 있을까 하는 의문이 들었다. 하지만 정작 그 여행에서 위험했던 것은 호킹의 신체 장애보다는 무모한 운전 버릇과 속도였다. 케임브리지에 도착했을 때, 제인은 이러한 모험을 반복하느니 집으로 돌아갈 때에는 기차를 타겠다고

★ 케임브리지 대학의 메이 볼은 보통 6월에 열린다.

다짐했다.[13]

트리니티 홀은 트리니티나 세인트존스 같은 케임브리지의 다른 칼리지에 비교하면 작았지만, 그곳의 메이 볼만큼은 최고의 메이 볼로 손색이 없을 만큼 마법과 같은 경험을 선사했다. 더백스의 강과 초원을 향해 아래로 뻗어 있는 잔디와 화단은 낭만적으로 불이 밝혀져 있었고, 정장 차림을 한 사람들은 모두 다 평소보다 훨씬 멋져 보였다. 칼리지 곳곳에서 온갖 취향에 맞는 음악이 연주되었다. 우아한 패널 구조 방에서는 현악 4중주가 연주되었고, 홀에서는 카바레가 열렸으며, 재즈 밴드와 자메이카 스틸 밴드도 있었다. 샴페인은 욕조에 담긴 것을 서빙했고, 푸짐한 뷔페 음식이 준비돼 있었다. 축제는 새벽과 아침 식사 때까지 이어졌고, 다음 날에는 강에서 삿대로 젓는 작은 배를 타는 놀이가 있었다. 제인은 처음에는 어리둥절했지만, 친구들이 호킹과 어떤 주제를 놓고 한순간 아주 격렬하게 논쟁을 벌이다가도 곧 친절한 태도로 돌아가 호킹의 불편한 신체 상태를 배려해주는 걸 보고 감동을 받았다. 축제가 모두 끝나자, 호킹은 유감스럽게도 호킹의 차를 타는 대신에 기차로 돌아가겠다는 제인의 말을 들으려 하지 않았다. 호킹의 위험한 운전에 마음을 졸이고 식겁을 한 제인은 집에 도착하자, 차에서 내려 호킹을 길가에 내버려두고 혼자서 집으로 들어가버렸다. 하지만 어머니의 채근에 못 이겨 다시 나와 호킹에게 차를 마시고 가라고 권했다. 아주 멋진 데이트를 했음에도 불구하고, 두 사람은 아직 연인이라고 부를 만한 단계까지 발전하진 않았다. 그래도 호킹은 제인을 "아주 멋진 여자"라고 생각했다.[14] 오랫동안 알고 지내던 친구가 갑자기 존 돈John Donne의 엘레지, 그것도 지금까지 써진 것 중 가장 아름답고 노골적인 사랑의 시에 관심을 보이는 것을 보고 데릭 포니가 의아하게 생각한 것도 바로 이 무렵이었다.[15]

제인은 호킹을 양가 가족과 함께 몇 차례 더 만난 뒤 여름에 에스파냐로 떠났다. 그것은 웨스트필드 칼리지에서 언어 학위를 받으려면 꼭 거쳐야 하는 과정이었다. 다시 돌아왔더니 호킹은 케임브리지로 가고 없었고, 제인도 얼마 후 런던에서 공부하기 위해 세인트올번스를 떠났다. 호킹에게서 다시 연락이 온 것은 11월이 되어서였다. 치과 진료차 런던에 들른다면서 함께 월리스 컬렉션(유명한 미술·가구·자기·무기·갑옷 전시회)을 보고 저녁을 먹은 뒤에 바그너의 오페라 〈방황하는 네덜란드 인〉을 보러 가자고 했다. 데이트를 하던 도중 호킹은 로어리전트 스트리트 한복판에서 넘어졌다. 제인은 그를 일으켜세웠다. 제인은 호킹이 걸음걸이가 점점 불안정해질수록 고집이 더 세지고 더 반항적으로 변하는 것을 느꼈다. 미국의 케네디 대통령이 암살된 지 얼마 지나지 않았을 때였는데, 호킹은 케네디가 쿠바 미사일 위기에 대처한 방식을 비판했다.[16]

그해 겨울, 호킹은 세미나와 치과 진료를 위해 런던에 자주 왔는데, 어디서 오페라 관람권을 계속 얻는 데가 있는 것 같았다. 제인도 주말에 자주 케임브리지로 가 호킹을 만났다. 그 무렵에는 분명히 "호킹과 그의 놀라운 유머 감각과 사랑에 빠졌다. 그의 눈빛은 자석처럼 끌어당기는 마력이 있었다."[17] 하지만 제인은 호킹과 단기간의 관계를 맺기를 거부했다. 불행하게도 그 당시 호킹이 기대할 수 있는 것은 단기간의 관계뿐이었고, 두 사람이 함께 보낸 주말은 행복하지 않았다. 제인이 눈물에 젖은 채 런던으로 돌아온 적이 한두 번이 아니었다.

한 가지 문제는 호킹이 대부분의 일에 대해서는 수다스러울 정도로 말이 많았지만, 자신의 병에 대해 이야기하거나 그것에 관한 자신의 감정을 함께 나누려 하지 않는 데 있었다. 당시에 제인은 이 점이 불만스러웠지만, 그렇다고 호킹에게 모든 것을 다 털어놓으라고 강요하지는 않았다.

훗날에 가서야 제인은 그것이 장차 그들 사이의 관계를 나쁘게 만들 불통의 전례를 만들었다는 사실을 깨달았다.[18] 어느 늦겨울 날, 제인은 할리 스트리트의 담당 의사를 만나고 온 호킹을 만났다. 상태가 어떤지 묻자, 호킹은 얼굴을 찡그리면서 의사가 "자신이 할 수 있는 일이 없으니 이제 찾아오지 않아도 된다."라고 말했다고 대답했다.[19] 그걸로 대화는 끝났다.

웨스트필드에서 제인이 보낸 첫 1년은 영적 시련의 시기였다. 카리스마가 강하고 똑똑한 젊은이의 합리적이고 논리적인 설득에 넘어가 불가지론이나 심지어 무신론에 빠질 위험이 아주 컸다. 제인은 호킹 옆에 있으면 자신이 아직도 어색한 십대 소녀처럼 작게 느껴졌다. 하지만 제인은 어린 시절부터 어머니가 주입시킨 하느님에 대한 믿음과 어떤 불행이 닥쳐도 좋은 결과를 얻을 수 있다는 믿음을 버리지 않았다. 제인은 "우리의 슬픈 곤경에서 좋은 결과가 나오게 하려면, 우리 둘을 위해 충분한 믿음을 유지해야" 한다고 결론 내렸다.[20] 호킹은 결코 제인의 신앙을 함께 믿으려 하진 않았지만, 그녀의 에너지와 낙관주의를 존중했고, 점차 그것들에 전염돼갔다.

일이 늘 순조롭게 흘러갔던 것은 아니다. 겨울에는 서로 가깝게 지냈지만, 1964년 봄에 제인이 에스파냐에 가서 한 학기를 보내는 동안 호킹은 제인이 보낸 편지에 답장을 하지 않았다. 가족과 함께 여름 동안 유럽 여행을 떠나기 전에 세인트올번스에 잠깐 들른 제인은 호킹이 바그너를 크게 틀어놓고 들으면서 침울하고 냉소적인 성격으로 변한 것을 알아챘다. 기분 전환을 위해 무력감과 절망감을 감추려 노력하지도 않았고, 제인과 멀어지려고 최선을 다하는 것처럼 보였다. 제인은 나중에 인터뷰에서 이렇게 말했다.

"그는 정말로 매우 비참한 상황에 있었어요. 살려는 의지를 포기한 것처럼 보였어요. 큰 혼란에 빠져 있었지요."[21]

두 사람은 여름 동안 거의 내내 떨어져 지냈다. 호킹은 여동생 필리파와 함께 독일 바이에른 주의 바이로이트로 가 바그너의 〈니벨룽겐의 반지〉를 보았고, 거기서 철의 장막을 넘어 프라하를 여행했다.

가족과 함께 떠난 유럽 여행이 끝날 무렵, 제인은 투숙한 베네치아의 호텔에서 호킹이 보낸 우편 엽서를 발견했다. 호텔에서 우편 엽서가 자신을 기다리고 있었다는 사실만 해도 경이로웠는데, 엽서에는 유쾌한 정보가 많이 담겨 있었다. 엽서 사진은 오스트리아의 잘츠부르크를 굽어보는 성채였고, 호킹이 잘츠부르크 축제와 바이로이트, 프라하에 대해 감탄한 내용이 적혀 있었다. 제인은 엽서를 꼭 붙잡고 낭만적으로 안개가 낀 베네치아를 돌아다녔는데, 얼른 영국으로 돌아가 호킹을 만나고 싶은 마음이 간절했다.

세인트올번스로 돌아간 제인은 호킹을 만났다. 호킹은 비록 독일에서 기차로 여행하던 중에 넘어져서 앞니가 빠지긴 했지만(런던까지 가 그렇게 자주 치과 치료를 받았던 걸 생각하면 통탄할 일이지만), 초여름에 만났을 때보다 훨씬 기분이 좋아 보였다. 신체 상태도 안정적인 것처럼 보였다. 그는 과감하게 장래 계획을 세우려고 했다.

가을 학기가 시작될 무렵의 비 내리는 가을날 저녁, 호킹이 케임브리지에서 청혼을 하자 제인은 수락했다.

"나는 내 존재에서 어떤 목적을 찾고 싶었고, 그를 돌본다는 생각에서 그것을 찾았다고 생각한 것 같다. 하지만 우리는 서로 사랑해 결혼했으며, 그 문제에서는 선택의 여지가 별로 없었던 것 같다. 나는 그저 앞으로 내가 무엇을 할지 결정했고, 그 일을 했다."[22]

두 사람은 "함께 우리의 삶을 가치 있게 만들 수 있다는 사실"을 깨달았다.[23] 약혼은 호킹의 삶을 확 바꾸어놓았다.

"약혼은 내 인생을 바꾸어놓았다. 그것은 내게 살아야 할 목적을 주었다. 살아야겠다는 의지가 생겼다. 제인의 도움이 없었더라면, 살아갈 수도 없었을 것이고 그럴 의지도 없었을 것이다."

제인의 아버지는 제인이 대학을 마치고, 제인에게 불합리한 요구를 하지 않는다는 조건으로 결혼을 승낙했다. 호킹의 아버지는 아들이 오래 살지 못할 가능성이 높으니 아기를 빨리 가지라고 제안했다. 그는 의료인으로서 제인에게 호킹의 상태가 유전되지 않는다고 보증했다.[24]

결혼을 가로막는 한 가지 장애물을 먼저 처리해야 했다. 웨스트필드 칼리지는 대학생의 결혼을 허락하지 않았다. 다만, 결혼을 연기할 경우 배우자가 예정된 결혼식 날까지 살기가 어렵다면 예외적으로 허락해주었다. 하지만 대신에 결혼을 하면 제인은 칼리지에서 나와 런던 시내에 개인 거처를 마련해 살아야 했다. 주중에는 거기서 살다가 주말이 되면 케임브리지로 돌아가 호킹을 만나야 했다.[25] 호킹 역시 칼리지 숙소에서 나와 따로 거처를 마련해야 했다.

호킹은 타고난 쾌활함을 되찾았다. 그는 시내 전화 요금으로 런던까지 시외 전화를 걸 수 있는 천재적인 방법을 찾아냈다. 그리고 장거리 전화를 통해 "일자리 전망, 결혼 준비, 결혼식이 끝나고 불과 열흘 뒤에 떠날 첫 미국 여행 등에 대해 대화를 나누는 동안 질병은 그저 사소한 문제로밖에 여겨지지 않았다."[26] 호킹은 마침내 연구에서도 진전을 보이기 시작했다. 비록 병이 몸은 마비시킬지라도 정신만큼은 건드리지 않은 것에 대해서는 운이 아주 좋다고 여기기로 했다. 이론물리학 연구는 거의 전적으로 자신의 마음속에서 일어나기 때문이었다. 그것은 신체 장애가 심각한 결함이 되지 않는 극소수 직업 중 하나였다.

이런 자세는 매우 용기 있는 것으로 비치는데, 자신을 그런 식으로 묘사하는 이야기를 들으면 호킹은 부끄러워한다. 그렇게 어려운 분야를 일부러 선택하려면 상당한 용기와 의지가 필요하겠지만, 실제로 일어난 일은 그것과는 좀 달랐다. 호킹은 그저 자기가 할 수 있는 일이 그것밖에 없어서 그것을 선택했을 뿐이다.

"인생이 공평하지 않다는 걸 깨달으려면 나이를 충분히 먹고 성장해야 한다. 사람은 누구나 자신이 처한 상황에서 최선을 다할 수밖에 없다."[27]

1964년에도 그랬고 지금도 그렇지만, 호킹은 자신의 신체적 문제를 덜 언급할수록 더 좋아한다. 만약 이 책이 그의 과학적 업적만 다루고, 그가 이룬 업적이 다른 사람이 이룬 업적보다 더 대단한 것이라고 언급하지 않는다고 해도, 호킹은 아주 만족할 것이다. 호킹에게서 배울 수 있는 아주 중요한 교훈 한 가지는 신체 장애가 그에게는 아무 문제가 되지 않는다는 사실이다. 그를 환자라고 부르는 것은 정확하지 않다. 건강은 단지 신체 상태만 가리키는 게 아니며, 더 광범위한 의미에서 본다면 호킹은 전체 생애를 통해 주변 사람들보다 오히려 훨씬 건강했다. 이러한 메시지는 호킹 자신이 쓴 글과 다른 사람들이 그에 대해 쓴 글에서 강하고 분명하게 드러나며, 그와 함께 있으면 더욱 확실하게 알 수 있다. 그게 바로 호킹의 이미지인데, "읽은 것을 액면 그대로 다 믿어서는 안 된다."라는 그의 경고를 진지하게 받아들여야 하긴 하지만, 그러한 이미지는 가짜 이미지가 아니다.

한편, 결혼을 하려면 일자리를 구해야 했는데, 박사 학위를 받지 않으면 일자리를 구할 수 없었다. 그래서 호킹은 박사 학위 논문 주제를 찾기 시작했다.

미래에 대한 도전

1963년 겨울에 진단을 받은 뒤부터 호킹의 삶은 격랑에 휩싸였지만, 악화돼가는 신체 상태나 깊어가는 제인과의 사랑도 우주론에 대한 그의 관심을 수그러들게 하지는 못했다. 응용수학 및 이론물리학과에서 그의 연구실은 자얀트 날리카의 연구실 바로 옆에 있었는데, 호킹은 케임브리지에 오기 전에 여름 학기 때 날리카를 만난 적이 있었다. 날리카는 호일의 제자였는데, 최신 관측 결과가 정상 우주론과 잘 맞지 않자, 정상 우주론이 관측 사실과 모순이 없도록 하기 위해 일반 상대성 이론을 수정할 수 있는 방법을 호일과 함께 연구하고 있었다. 그 노력은 호킹의 호기심을 자극했다.

1964년 6월, 호일과 날리카는 자신들의 연구를 공식 발표하기 전에 호일이 왕립학회에서 그 내용에 대해 강연을 했다. 호킹은 런던까지 가서 그것을 들었다. 질문 시간이 되자, 호킹은 지팡이의 힘을 빌려 일어선 뒤, 호일의 결과 중 하나에 의문을 제기했다. 호일은 깜짝 놀라며 호킹에게 그 결과가 옳은지 틀린지 어떻게 아느냐고 물었다. 호킹은 "계산해보았으니까요."라고 대답했다. 호킹과 날리카가 그 결과를 여러 차례 토론한 적이 있고, 호킹이 또 혼자서 계산을 해본 적이 있다는 사실을 몰랐던 호일과 청중은 이 무명의 연구생이 그 자리에서 그것을 계산한 걸로 착각했다. 청중은 감탄했고, 호일은 분노했다. 놀랍게도 이 일 때문에 호킹과 날리카의 사이가 멀어진 것 같지는 않다. 어쨌든 이 일이 계기가 되어 호킹이 아주 똑똑하고 당차다는 소문이 퍼져나갔고, 호킹은 팽창 우주와 관련된 계산과 추측에 관심이 커졌다.

호킹은 영국의 수학자이자 물리학자인 로저 펜로즈Roger Penrose가 별이 핵연료가 바닥나 자체 중력을 못 이기고 붕괴할 때 어떤 일이 일어나는지 다룬 이론을 알게 되었다. 펜로즈는 자신보다 앞서 수브라마니안 찬드라세카르Subrahmanyan Chandrasekhar와 존 아치볼드 휠러 같은 물리학자들이 한 연구를 바탕으로 설사 붕괴 과정이 완벽하게 부드럽고 대칭적으로 일어나지 않는다 하더라도, 별은 밀도와 시공간의 곡률이 무한대인 아주 작은 점으로 압축될 것이라고, 즉 블랙홀의 중심에 해당하는 특이점이 될 것이라고 주장했다.

호킹은 거기서 시간의 방향을 거꾸로 돌려 밀도와 시공간의 곡률이 무한대인 점—특이점—이 바깥쪽으로 폭발하면서 팽창하는 상황을 상상해보았다. 그는 우주가 그런 식으로 시작되었다고 가정해보자고 제안했다. 차원이 없는 아주 작은 점 속에 **빽빽하게** 말려 있던 시공간이 빅뱅이라는 사건으로 폭발하면서 팽창하여 오늘날 우리가 보는 것과 같은 우주를 만들어냈다고 가정해보자. 우주의 시작이 이런 식으로 일어난 것은 아닐까? 반드시 그런 식으로 일어날 수밖에 없었던 것은 아닐까? 이런 질문들과 함께 호킹은 그 후 45년 이상 계속될 지적 모험을 시작했다.

"나는 평생을 살아오면서 처음으로 아주 열심히 일하기 시작했다. 놀랍게도 나는 그것이 즐거웠다. 그것을 일이라고 부르는 건 옳지 않을지도 모른다."

1965

1965년 겨울, 호킹은 케임브리지 대학의 칼리지 중 하나인 곤빌 앤드 키스 칼리지의 특별 연구원 자리에 지원했다. 제인은 학위를 마치느라 아직 런던에서 살았지만, 주말이면 케임브리지로 왔다. 호킹은 "나는 제인이 내 지원서를 타자해주길 바랐지만, 제인은 팔이 부러져 깁스를 하고 있었다. 솔직히 말하면, 제인의 다친 팔에 신경을 덜 쓴 것은 사실이다. 하지만 다친 팔은 왼팔이어서 제인은 내가 불러주는 대로 지원서를 쓸 수 있었고, 그것을 다른 사람에게 시켜 타자를 치게 했다."라고 말했다.

특별 연구원 자리에 지원하면서 마주친 최대의 장애물은 제인의 팔이 아니었다. 추천인을 두 사람 내세워야 했다. 시아마 교수는 허먼 본디를 제안했다. 호킹은 킹스 칼리지 런던에서 본디의 일반 상대성 이론 강연을 들은 적이 있었지만, 개인적으로 잘 알지는 못했다.

"나는 그를 두 번 만난 적이 있고, 내가 왕립학회에 제출한 논문에 대해 이야기를 나눈 적이 있었다. 그가 케임브리지에서 강연을 한 뒤에 나는 그에게 [추천서를 써달라고] 부탁했다. 그는 모호한 표정으로 나를 보면서 그러겠다고 대답했다. 하지만 그는 나를 기억하지 못한 게 분명했다. 왜냐하면 칼리지에서 추천장을 받기 위해 그에게 편지를 보냈을 때, 그는 나에 대해 들은 적이 없다고 대답했기 때문이다."

그걸로 일이 틀어졌을 수도 있었다. 특별 연구원 자리에 지원자가 많이 몰리는 오늘날이라면 분명히 그랬겠지만, 호킹은 운이 좋았다.

"그때는 지원자가 별로 몰리지 않던 시절이었다. 칼리지는 내게 편지를 보내 내 추천인에게 들은 당황스러운 대답을 전해주었다. 그러자 내 지도 교수가 본디에게 연락해 그의 기억을 되살렸다. 본디는 추천장을 써주었는데, 나를 실제보다 훨씬 좋게 평가했다. 어쨌든 나는 특별 연구원 자리를 얻었다."

1965년 봄에 호킹이 민간 부문이 수여하는 그래비티상 대회에서 '공로상'을 받은 것도 전문가로 자리를 잡는 데 도움이 되었다. 논문 제출 마감 시간을 넘기지만 않았더라면 공로상보다 더 높은 상을 받을 수도 있었겠지만, 결혼식을 앞둔 시점에서 100파운드의 상금은 작으나마 보탬이 되었다.[28] 그해 봄에 런던에서 일반 상대성 이론과 중력에 관한 국제 회의가 열렸을 때(호킹이 그런 국제 회의에 참석한 것은 처음이었다), 호킹은 칼텍(캘리포니아 공과대학)에서 온 킵 손 Kip Thorne을 만났다. 손은 이미 프린스턴 대학에서 박사 학위를 딴 뒤였다. 킵 손은 지팡이를 짚고 몸을 약간 비틀거리며 주저하는 태도로 말을 하는 이 젊은이가 로저 펜로즈가 일반 상대성 이론을 연구하는 데 도입한 방법을 우주의 구조와 역사를 연구하는 데 적용하는 것을 보고 깊은 인상을 받았다. 두 사람은 자리를 옮겨 차를 마시면서 대화를 나누었는데, 그것이 계기가 되어 평생지기가 되었다. 손은 호킹이 자신의 암울한 미래에 대해 솔직하게 마음을 털어놓은 몇 안 되는, 어쩌면 유일한 친구였다.

1965년 7월 14일, 호킹과 제인 와일드는 법적 결혼식을 올리고, 그 다음 날에 트리니티 홀 예배당에서 다시 기독교식으로 결혼식을 올렸다.

이론물리학은 도처에 역설이 널려 있다. 그러니 일자리를 얻고 결혼을 하기 위해 박사 학위 논문 주제를 찾아야 한다는 현실적 필요 때문에, 호킹이 그를 비참하게 만들고 주저앉힐 수도 있었던 비극을 떨치고 일어나 삶에 대한 열정을 되찾고, 과학자로서 혜성처럼 부상하게 되었다는 사실은 위대한 이론물리학자의 삶과 아주 잘 어울린다. 호킹은 그 당시의 심정을 아주 함축적으로 잘 표현했다. 바그너와 비극의 주인공이라는 자기 이미지, 그리고 꿈들에도 불구하고, 일 년, 어쩌면 더 긴 세월 동안 우울증에 빠져 있다가…… "이보다 더 행복했던 적이 없을 정도로 행복한 삶이 찾아왔다."

5

"정말로 큰 질문은
시작이 있었느냐 없었느냐 하는 것이다."

　　결혼식을 치르고 서퍽 주에서 짧은 신혼 여행(형편상 이 정도가 최선이었다)을 보낸 뒤에 호킹 부부는 뉴욕 주 코넬 대학에서 개최한 일반 상대성 이론 서머스쿨에 참석하기 위해 대서양을 건너 미국으로 갔다. 이 서머스쿨은 같은 분야의 최고 전문가들을 만날 수 있는 좋은 기회였다. 하지만 호킹은 그 경험을 '실수'였다고 기억한다.

　　"그것은 결혼 생활에 큰 부담을 주었다. 특히 시끄러운 아이들과 함께 온 부부들이 들끓는 기숙사에 머문 게 큰 원인이었다."[1]

　　코넬 대학에서 지내던 어느 날 저녁, 여름인데도 불구하고 쌀쌀한 밤 공기 속에서 친구들과 대화를 나누던 호킹에게 갑자기 질식 발작이 일어났다. 호킹 자신은 그런 일이 일어날 가능성을 충분히 알고 있었지만, 자신의 문제를 제인에게 털어놓으려 하지 않았기 때문에 제인은 마음의 준비가 전혀 되어 있지 않았고, 또 어떻게 대처해야 할지 몰라 허둥댔다. 마침내 호킹이 등을 세게 두드리라는 신호를 보냈다. 그러자 당장의 급한 불은 끌 수 있었지만, 이 일로 제인은 큰 충격을 받았고, 두 사람 앞에 닥친 운명을 생생하게 느끼게 되었다.

　　"그 질병에 숨어 있던 악마적 성격이 그 존재를 분명하게 드러냈다."[2]

　　1965년 10월, 23세의 호킹은 키스 칼리지에서 특별 연구원으로 일하기 시작했다. 제인은 학위를 따려면 런던 대학을 1년 더 다녀야 했다. 계획했던 대로 주중에는 호킹 혼자서 살아가고, 주말에 제인이 와서 돌봐주었다. 호킹은 멀리 걷거나 자전거를 탈 수 없었으므로, 연구소에서 가까운 곳에 집을 얻어야 했다. 미국에 가기 전에 시장 구역에 건설되던 아파트에 입주를 신청했다. 그 아파트의 실제 소유주가 호킹의 칼리지라는 사실을 아무도 알려주지 않았는데, 그것을 알았더라면 대학 측이 편의를 봐주었을 것이다. 하지만 그래도 별 도움은 되지 않았을 텐데, 그해 가을에는 입주할 만큼 공사가 충분히 진행되지 않았기 때문이다.

키스 칼리지의 회계 담당자는 앞서 호킹에게 키스 칼리지에는 특별 연구원의 주거를 지원하는 정책이 없다고 알려주었다. 그러면서 호킹의 처지를 조금 안쓰럽게 생각했는지 대학원생 기숙사 방을 하나 줄 수 있다고 제안했다. 다만, 주말에는 부부가 함께 생활하므로 두 배의 비용을 청구했다. 기숙사에 들어간 지 3일 뒤에 두 사람은 리틀세인트메리스 레인에서 석 달 동안 세들어 살 수 있는 작은 집을 발견했다. 리틀세인트메리 교회와 교회 묘지 정원 건너편 거리를 따라 늘어서 있는, 그림처럼 아름다운 시골집 중 하나였다. 그 집은 실버 스트리트에 위치한 응용수학 및 이론물리학과 건물에서 불과 100m밖에 떨어져 있지 않았다. 호킹은 젊은 물리학자 브랜던 카터Brandon Carter와 연구실을 함께 썼다. 그 정도 거리라면 충분히 걸어다닐 만했다. 교외에 위치한 천문학연구소에 갈 때 쓰려고 소형 삼륜차도 하나 샀다. 그해 늦가을에 3개월의 임차 기간이 끝나갈 때, 같은 거리에 위치한 또 다른 집이 비어 있다는 사실을 알게 되었다. 친절한 이웃이 도싯 주에 머물고 있던 집주인에게 연락해 젊은 부부가 살 곳이 없어 고생하는데 왜 집을 비워두고 있느냐며 나무랐다. 집주인은 기꺼이 세를 주기로 동의했다.

질식 발작이 점점 더 자주 일어났다. 런던 대학에서 의학을 공부하고 있던 여동생 메리가 날씨가 따뜻하고 건조한 환경에서 살면 도움이 될 거라고 알려주었다. 가을 학기가 끝난 12월에 호킹 부부가 대서양을 건널 두 번째 기회를 마다하지 않은 데에는 그 충고도 한몫을 했다. 호킹은 마이애미에서 열린 천체물리학 회의에 참석했다가 텍사스 주 오스틴으로 가 대학원 친구인 조지 엘리스George Ellis와 그 아내와 함께 일주일을 보냈다. 그리고 나서 크리스마스 무렵에 영국으로 돌아와 리틀세인트메리스 레인에 위치한 두 번째 집으로 이사했다.

호킹과 제인은 결혼하고 나서 일 년 동안 힘든 나날을 보냈다. 호킹은 아직도 수학의 기초가 약하다는 사실을 뼈저리게 느꼈다. 그래서 어머니의 입버릇처럼 '독학의 천재'였던 호킹은 대학원생이 돈도 벌면서 자신의 지식을 증진시키려고 할 때 전통적으로 사용해온 방법을 사용하기로 결심했다. 그것은 바로 자신이 자세히 알고자 하는 분야를 가르치는 방법이었다. 그래서 박사 학위 논문을 쓰기 위해 연구하는 와중에 키스 칼리지 대학생들의 수학을 지도하는 일을 맡았다.³ 제인은 매주 런던과 케임브리지를 왔다갔다하는 강행군 속에서 무사히 학위를 마치고, 집을 이사하는 일을 계획하고 관리했으며, 남편의 박사 학위 논문을 타자했다.

1966년 3월, 두 사람은 호킹의 박사 학위 수여를 축하했는데, 축하할 일이 더 기다리고 있었다. 호킹은 명성 높은 애덤스상에 도전해 「특이점과 시공간의 기하학」이란 논문을 제출한 적이 있었다. 애덤스상은 명왕성을 발견한 존 카우치 애덤스John Couch Adams의 이름을 딴 것으로, 케임브리지 대학의 세인트존스 칼리지에서 수여했다. 신청 자격은 영국에 거주하는 젊은 연구자로 제한되었고, 논문의 질이 국제적으로 인정받을 만큼 손색이 없어야 했다. 호킹의 논문은 로저 펜로즈의 논문과 함께 공동 수상의 영예를 안았다. 데니스 시아마는 이에 크게 기뻐하며 제인에게 개인적으로 호킹이 아이작 뉴턴에 버금가는 업적을 남길 수 있을 것으로 생각한다고 말했다.[4] 신체적 어려움과 암울한 장래 전망에도 불구하고, 이 무렵은 정말로 평온하고 행복한 시기였다. 1960년대의 케임브리지는 호킹과 같은 관심을 가진 사람에게는 정말로 자극적인 곳이었다. 불가능한 것이라곤 없어 보였다. 놀랍게도 정말로 많은 것이 그랬다![5]

그해 봄, 제인은 지적 정체성을 유지하고 자신의 목표를 달성하기 위해 런던 대학에서 박사 과정을 밟기로 결정했다. 논문 주제로는 기출간된 중세 에스파냐 어 텍스트의 비판적 분석을 선택했다. 이 주제는 1차 자료를 찾는 대신에 도서관에서도 충분히 연구를 할 수 있었다. 그렇다 하더라도 박사 과정을 밟기로 한 것은 과감한 결정이었는데, 호킹은 갈수록 타인의 도움이 더 필요했고, 또 이 무렵에 두 사람은 아기를 갖기로 결정했기 때문이다. 제인이 첫 아기를 임신한 1966년 가을 무렵에 호킹은 손가락이 뒤틀어지기 시작해 손으로 글씨를 쓰기가 거의 불가능해졌다. 이례적으로 응용수학 및 이론물리학과는 일주일에 두 차례씩 집에서 물리 치료를 받는 비용을 지원했는데, 시아마가 많은 힘을 써준 덕택이었다.

1967년 5월 28일, 첫 아기인 로버트Robert가 태어났다. 의사들이 호킹에게 살 날이 2년밖에 남지 않았다고 말한 지 4년이 지났을 때였다. 그는 아직도 살아 있었고, 이제 아버지가 되었다. 제인은 "그 일은 분명히 호킹에게 이 작은 생명을 책임져야 한다는 새롭고도 큰 자극을 주었다."라고 회상했다.[7]

로버트가 아직 갓난아기일 때 호킹 부부는 로버트를 데리고 미국으로 갔다. 미국 서해안 방문은 이번이 처음이었는데, 호킹은 워싱턴 주 시애틀에서 7주간 서머스쿨에 다녔다. 그것이 끝난 뒤에는 버클리의 캘리포니아 대학에서 2주일을 보냈다. 호킹은 애덤스 상을 수상하게 해준 '국제적 우수성'의 명성에 걸맞게 처신했다. 그러고 나서 미국 대륙을 가로질러 어릴 적 친구인 존 매클레너핸(호킹이 결코 대단한 인물이 되지 못할 것이라는 데 내기를 건 친구)과 미국 동부에서 의사로 일하던 여동생 메리를 만났다. 호킹 부부와 로버트는 미국에서 약 넉 달을 보내고 가을 학기에 맞춰 10월에 케임브리지로 돌아왔다. 키스 칼리지는 호킹의 특별 연구원 임기를 2년 더 연장했다.

1960년대 중후반에 응용수학 및 이론물리학과에서 연구하던 호킹을 기억하는 사람들은 지팡이를 짚고 복도를 걸어다니고, 벽에 몸을 기댄 채서 있고, 언어 장애가 있는 것처럼 말하던 모습을 떠올린다. 그리고 세계 최고의 과학자들이 일부 참석한 회의에서 그가 보여준 과감한 모습도 기억한다. 1964년에 프레드 호일에게 도전하면서 시작된 명성을 잇는 사건은 그 뒤에도 종종 일어났다. 다른 젊은 연구자들은 대체로 선배의 연구에 대해 존중하는 태도를 보이면서 침묵을 지킨 반면, 호킹은 대담하게도 예상 밖의 날카로운 질문을 던졌고, 자신이 말하는 내용을 정확하게 알았다. '천재'나 '제2의 아인슈타인'이라는 별명은 그때부터 나오기 시작했다. 호킹의 뛰어난 위트와 인기에도 불구하고, 그러한 명성과 신체적 문제 때문에 같은 학과의 일부 사람들과는 거리가 멀어졌다. 한 지인은 내게 이렇게 말했다.

"그는 항상 아주 친절했지만, 일부 사람들은 그에게 함께 퍼브에 가서 맥주를 마시자고 말하길 주저했지요."

호킹이 그것이 다른 사람들이 자신을 "단순한 인간 이상도 이하도 아닌 존재"로 여기지 못하게 하는 문제였다고 생각하는 것도 놀라운 일이 아니다.[8]

1960년대 후반에 호킹의 상태가 다시 악화하기 시작했다. 이제 목발을 사용해야 했다. 그러다가 목발로도 돌아다니기 힘들게 되었다. 그는 독립성 상실에 맞서려고 힘겨운 사투를 벌였다. 한 방문객은 호킹이 남의 도움을 받지 않고 자기 힘만으로 목발을 짚고 계단을 올라 침대까지 가려고 고집을 부리면서 15분 동안 고투를 벌이던 장면을 이야기해주었다. 결연한 의지는 가끔 옹고집을 부리는 것처럼 보였다. 호킹은 자신의 병에 양보하길 거부했는데, 심지어 그러한 양보가 현실적으로 자신에게도 편하고 다른 사람의 부담을 덜어줄 때에도 그랬다. 그것은 그에게 물러설 수 없는 전쟁이었고, 그는 나름의 방식으로 싸웠다. 그는 양보를 굴복과 패배를 인정하는 것으로 간주했고, 가능한 한 오래 저항하려고 했다. 제인은 "어떤 사람들은 그것을 결연한 의지라 부르겠지만, 어떤 사람들은 완고함이라 부를 것이다."라고 말한다. "나는 때에 따라 이렇게도 부르고 저렇게도 불렀다. 하지만 그를 버티게 해준 건 바로 그것이었다고 생각한다."[9] 1980년대에 호킹에 관한 책을 쓴 존 보슬로프 John Boslough는 그를 "내가 만난 사람 중 가장 강인한 사람"이라고 불렀다.[10] 호킹은 심한 감기나 독감에 걸리더라도 출근을 빼먹은 적이 거의 하루도 없었다. 한편, 병에 양보하길 거부하는 호킹에 맞서 제인은 호킹에게 양보해서는 안 된다는 교훈을 배웠다. 이것은 그녀가 터득한 나름의 투쟁 방법이자 호킹의 삶을 되도록 정상적으로 유지하기 위한 전략의 일환이었다.

보슬로프는 또한 호킹을 상대방에게 자신의 신체적 문제를 금방 잊게 만드는 "점잖고 위트가 넘치는 남자"라고 묘사했다. 그 '점잖은' 위트는 난센스와 허식을 무너뜨렸다. 자신과 자신의 문제, 심지어 자신이 통달한 과학조차 사소한 것으로 여기게 만드는 능력은 경외감을 자아냈다. 그런 태도는 다른 사람들이 그를 좋아하게 만드는 데 큰 도움이 되었으며, 대개는 그가 '다르다는' 느낌을 사라지게 했다. 호킹은 같은 학과의 일부 사람들에게 함께 지내기에 가장 유쾌한 사람이 되었다. 호킹은 필시 읽어본 적이 없을 테지만 루이자 메이 올콧Louisa May Alcott의 어머니가 극심한 고통의 시기에 가족들에게 했던 충고, 즉 "희망을 품고 바쁘게 일하라."라는 충고를 따르는 것처럼 보였다.

호킹의 미래를 더 크게 위협한 것은 신체 마비보다 의사소통 문제였다. 발음은 갈수록 알아듣기 힘들어져서 키스 칼리지와 케임브리지 대학은 호킹이 정규 강의를 할 수 없다는 현실을 참작해 대응 방안을 세워야 했다. 특별 연구원 임기는 1969년에 만료될 예정이었다. 데니스 시아마가 또 한 번 구원 투수로 나섰는데, 이번에는 허먼 본디도 도움을 주었다. 키스 칼리지 건너편에 위치한 킹스 칼리지가 호킹에게 선임 특별 연구원 자리를 제안할 것이라는 소문이 나돌았다(누가 그 소문을 처음 퍼뜨렸는지, 그리고 그것이 사실인지 아닌지는 아무도 모른다). 그러자 키스 칼리지는 호킹을 붙잡으려고 6년 임기를 보장하는 '과학 공로 특별 연구원'이라는 자리를 신설했다. 호킹은 중요한 물리학자로 떠오르고 있었기 때문에, 대학 측으로서는 무슨 일이 있더라도 붙들어두고 싶었다.

호킹의 마음속에는 늘 지팡이나 목발, 계단보다 과학이 훨씬 더 크게 자리잡고 있었다. 강박증에 가깝게 연구를 좋아하는 그의 태도가 삶의 분위기를 결정했다. 1960년대 후반에 호킹은 우주가 어떤 모습이며 처음에 어떻게 시작되었는지 알아내기 시작했다(그는 이것을 '우주의 게임'을 하는 것으로 묘사했다). 그런데 호킹이 몰두한 연구를 제대로 이해하려면, 여기서 35년 전으로 되돌아갈 필요가 있다.

우주의 게임

오늘날 우리는 우리가 레이스처럼 듬성듬성한 나선 은하(우리 은하라 부르는)에 살고 있으며, 우주에는 이런 은하들이 서로 간에 먼 거리를 두고 수많이 널려 있다는 사실을 당연하게 받아들인다. 하지만 20세기 초만 해도 모두가 그렇게 생각했던 것은 아니다. 미국 천문학자 에드윈 허블Edwin Hubble이 우리 은하 외에도 실제로 은하가 아주 많이 존재한다는 사실을 보여준 것은 1920년대였다. 그런데 혹시 은하들의 움직임에 어떤 패턴이 있는 것은 아닐까? 허블은 20세기의 혁명적 발견을 통해 실제로 그런 패턴이 있음을, 먼 은하일수록 더 빠른 속도로 우리에게서 멀어져가고 있음을 보여주었다. 즉, 우주가 팽창하고 있었다.

허블은 더 먼 은하일수록 더 빠른 속도로 멀어져간다는 사실을 발견했다. 즉, 2배 먼 거리에 있는 은하는 2배 빠른 속도로 멀어져간다. 그리고 아주 먼 거리에 있는 은하 광속의 3분의 2에 해당하는 어마어마한 속도로 멀어져간다. 그렇다면 우주에 존재하는 모든 은하는 우리에게서 멀어져가는 것일까? 그렇지 않다. 가까이에 있는 이웃 은하들은 서로의 주위를 빙빙 돌면서 가까이 다가오는 것도 있고 멀어져가는 것도 있다. 공간 팽창은 은하단들 사이에서 일어난다. 우주의 팽창은 은하들이 서로 멀어져가는 것으로 보기보다는 그 사이의 공간이 늘어나는 것으로 보는 게 적절하다. 너무 단순화한 비유이긴 하지만, 오븐 속에서 부풀어오르는 건포도 식빵을 상상해보라. 반죽이 부풀어오르면 건포도들 사이의 거리가 점점 벌어진다. "거리가 2배 멀면 2배의 속도로 멀어져간다."라는 법칙은 은하들뿐만 아니라, 건포도들 사이에도 정확하게 성립한다.

만약 은하들이 우리에게서 그리고 서로 간에 멀어져가고 있다면, 과거의 역사에 뭔가 극적인 사건이 일어나지 않는 한, 과거에는 은하들이 지금보다 훨씬 더 가까이 있었을 것이다. 그렇게 머나먼 과거로 한없이 시간을 거슬러 올라가다 보면, 마침내 모든 은하가 똑같은 장소에 모이지 않을까? 즉, 우주의 모든 물질이 밀도가 무한대로 높은 하나의 점에 뭉쳐 있지 않았을까?

팽창 우주의 역사에서 가능한 시나리오는 이것뿐만이 아니다. 어쩌면 과거에 우리 우주와 비슷한 우주가 있었는데, 그 우주가 수축하여 모든 은하들이 한 점을 향해 모여들면서 서로 충돌할 것처럼 보였을 수 있다. 하지만 은하들과 별들, 그리고 같은 맥락에서 원자들과 입자들은 서로를 향해 다가가는 움직임 외에 다른 움직임도 보인다. 예를 들면, 행성은 별을 향해 다가가 충돌하는 게 아니라 그 주위를 돈다. 따라서 우주 수축의 결과가 모든 은하들이 만나서 무한대의 밀도를 가진 한 점이 되는 게 아니라, 서로를 비켜가면서 다시 팽창을 시작해 오늘날 우리가 보는 것과 같은 모습이 되었을지도 모른다. 과연 그게 가능할까? 먼 과거에는 실제로 어떤 일이 일어났을까? 이것들은 바로 호킹이 박사 학위 논문에서 다룬 질문들이다. "큰 질문은 시작이 있었느냐 없었느냐 하는 것이다."[11]

그 답을 찾기 위한 노력은, 4장에서 언급했듯이, 1965년에 로저 펜로즈가 도입한 개념에서 시작되었다. 펜로즈의 개념은 일부 별이 생애를 마치는 방식—3년 뒤에 존 아치볼드 휠러가 '블랙홀'이라는 극적인 이름을 붙인—에 관한 것이었다. 이 개념은 우리가 중력에 대해 알고 있는 것과 일반 상대성 이론이 빛의 행동에 대해 알려주는 것을 합친 것이었다. 호킹의 친구인 킵 손은 훗날 1965~1980년의 시기를 블랙홀 연구의 황금기라고 불렀다. 그리고 위대한 연구 성과들이 쏟아져나오는 선봉에 호킹이 있었다.[12]

중력과 빛에 대해 우리가 알고 있는 것은 무엇인가?

중력은 자연의 네 가지 힘 중에서 우리에게 가장 친숙한 것이다. 우리는 어릴 때부터 아이스크림이 카펫 위에 떨어지거나 그네에서 떨어질 때마다 중력 때문이라고 배운다. 그런데 중력이 약한지 강한지 물어보면, 대부분의 사람은 아주 강하다고 대답할 것이다. 그렇게 대답했다면 틀렸다. 중력은 자연의 네 가지 힘 중에서 가장 약하다. 일상생활에서 우리가 중력의 영향을 아주 크게 느끼는 것은 우리가 살고 있는 행성을 이루는 모든 입자의 중력이 합쳐져 나타나기 때문이다. 각각의 입자가 나타내는 중력의 세기는 거의 무시할 정도로 작다. 우리가 일상생활에서 마주치는 작은 물체들 사이에 작용하는 미소한 중력을 감지하려면 아주 정밀한 측정 도구를 사용해야 한다. 하지만 중력은 항상 인력으로만 작용하고 척력으로는 작용하지 않기 때문에, 모든 물체의 중력이 서로 합쳐져 나타나는 특징이 있다.

물리학자 존 아치볼드 휠러는 중력을 일종의 우주적 민주주의로 생각하길 좋아한다. 모든 입자는 각각 한 표를 행사하며, 그것은 우주의 나머지 모든 입자에게 영향을 미친다. 입자들이 무리를 지어 집단으로 투표권을 행사하면(별이나 지구처럼) 더 큰 영향력을 미칠 수 있다. 지구처럼 큰 물체를 이루는 개개 입자의 중력은 아주 약하지만, 그것들이 모두 합쳐지면 우리가 일상생활에서 느끼는 큰 중력으로 나타난다.

물체를 이루는 물질 입자의 수가 많을수록 그 물체의 질량은 더 커진다. 질량은 크기, 즉 부피와 같은 말이 아니다. 질량은 어떤 물체 속에 들어 있는 물질의 양을 나타내는 척도이다. 즉, 그 덩어리를 이룬 물체에 얼마나 많은 표票가 들어 있는지(그 속에 물질이 얼마나 빽빽하게 혹은 느슨하게 분포하고 있느냐와는 상관 없이), 그리고 그 물체가 그 속도나 방향을 바꾸려는 외부의 시도에 얼마나 강하게 저항하는지를 나타내는 척도이다.

17세기에 케임브리지 대학의 루카스 수학 석좌교수였던 아이작 뉴턴은 정상적인 상황에서 중력이 작용하는 방식을 설명하는 법칙을 발견했다. 뉴턴에 따르면, 우주에 존재하는 물체들은 '정지' 상태에 있지 않다. 즉, 그 자리에 가만히 정지해 있다가 외부의 힘이 밀거나 끌어당길 때 움직이기 시작하고, 그 힘이 사라지면 다시 멈춰서는 것이 아니다. 대신에 외부의 힘을 전혀 받지 않는 물체는 계속 직선 방향으로 일정한 속도로 움직인다. 그러니 우주에 존재하는 모든 물체는 계속 운동 상태에 있다고 보는 게 좋다. 우리의 운동 속도나 방향은 다른 물체를 기준으로 측정할 수는 있지만, 절대적인 정지 좌표를 기준으로 측정할 수는 없다. 절대적인 북쪽이나 남쪽, 위쪽이나 아래쪽 같은 것도 없다.

예를 들어 달이 우주 공간에 홀로 있다면, 달은 그 자리에 가만히 정지해 있지 않고 직선 방향으로 움직일 것이다(물론 우주에 달만 있다면, 그상대 운동을 비교할 대상이 없기 때문에 달의 움직임을 알 방법이 없을 것이다). 하지만 우주에는 달만 있는 게 아니다. 다른 물체의 중력이 작용해 달의운동 속도와 방향을 변하게 한다. 그 힘은 어디서 나올까? 그것은 가까이에 있는 입자들의 집단, 즉 지구에서 나온다. 달은 그러한 변화에 저항하여 계속 직선 방향으로 움직이려고 한다. 달이 나타내는 저항의 세기는유권자 입자가 얼마나 많은가에, 즉 질량이 얼마나 큰가에 달려 있다. 한편, 달의 중력도 지구에 영향을 미친다. 그 결과로 가장 두드러지게 나타나는 효과는 조석이다.

뉴턴의 법칙은 두 물체 사이에 작용하는 중력의 세기가 두 물체의 질량에 비례한다고 말한다. 다른 요소들이 똑같다면, 질량이 클수록 중력의 세기도 커진다. 만약 지구의 질량이 현재의 2배라면, 지구와 달 사이에 작용하는 중력의 세기도 지금보다 2배로 커질 것이다. 지구나 달 중 어느 하나라도 질량에 변화가 생기면, 둘 사이에 작용하는 중력의 세기도 변한다. 뉴턴은 또한 두 물체 사이의 거리가 멀수록 그 사이에 작용하는 힘이 약해진다는 사실도 발견했다. 만약 달과 지구 사이의 거리가 지금보다 2배로 멀어지면, 둘 사이에 작용하는 중력의 세기는 지금보다 4분의 1로 줄어들 것이다. 뉴턴이 발견한 중력의 법칙(흔히 만유인력의 법칙이라고 부르는)은 흔히 다음과 같이 표현한다: 두 물체 사이에 작용하는 중력의 세기는 두 물체의 질량에 비례하고, 거리의 제곱에 반비례한다.

뉴턴의 중력 이론은 아주 훌륭한 이론이어서 200년이 지나도록 아무도 거기서 결함을 찾아내지 못했다. 비록 지금은 중력이 엄청나게 강하거나(예컨대 블랙홀 주변) 물체가 광속에 가까운 속도로 달리는 경우처럼 일부 상황에서는 그 법칙이 성립하지 않는 것으로 밝혀졌지만, 그 밖의 웬만한 상황에서는 여전히 뉴턴의 법칙이 잘 성립한다.

20세기 초에 아인슈타인이 뉴턴의 중력 이론에서 문제점을 발견했다. 만약 두 물체 사이에 작용하는 중력의 세기가 두 물체 사이의 거리와 관계가 있다면, 누가 태양을 갑자기 지구에서 아주 먼 곳으로 갖다놓을 경우, 지구와 태양 사이의 중력도 즉각 변해야 할 것이다. 그런데 과연 그것이 가능한가?

아인슈타인의 특수 상대성 이론은 빛의 속도는 우주의 어느 곳에서 측정하건 항상 똑같으며, 빛의 속도보다 더 빨리 달릴 수 있는 것은 없다고 말한다. 태양에서 출발한 빛이 지구에 도착하기까지는 약 8분 20초가 걸린다. 따라서 우리가 보는 태양의 모습은 실제로는 8분 20초 전의 모습이다. 만약 태양을 지구에서 멀리 옮겨놓는다면, 지구는 8분 20초 동안 그런 일이 일어났다는 사실을 전혀 알 수 없고, 그러한 변화의 효과도 느끼지 못할 것이다. 8분 20초 동안 지구는 태양이 여전히 그 자리에 있는 것처럼 궤도를 돌 것이다. 다시 말해서, 한 물체가 다른 물체에 미치는 중력 효과는 즉각적으로 변할 수가 없는데, 중력도 빛의 속도보다 더 빨리 전달될 수 없기 때문이다. 태양이 얼마나 멀리 옮겨갔는지 알려주는 정보는 공간에서 즉각적으로 전달될 수 없다. 즉, 빛의 속도인 초속 30만 km보다 더 빨리 전달될 수 없다.

따라서 우주에서 움직이는 물체에 대해 이야기할 때에는 3차원 공간만 생각해서는 안 된다. 만약 어떤 정보도 빛의 속도보다 더 빨리 전달될 수 없다면, 천문학적 거리만큼 떨어져 있는 물체들은 시간 요소를 감안하지 않고서 그 존재를 나타낼 수가 없다. 우주를 3차원으로 나타내려고 하는 것은 정육면체를 2차원으로 나타내려고 하는 것처럼 부적절하다. 대신에 시간 차원까지 포함해 4차원 시공간으로 나타내야 한다.

아인슈타인은 빛과 광속에 가까운 속도의 운동에 대해 알아낸 것을 설명하는 중력 이론을 발견하려고 몇 년을 애썼다. 그리고 1915년에 일반 상대성 이론을 발표했는데, 여기서 그는 중력을 두 물체 사이에 작용하는 힘 대신에 4차원 시공간 자체의 형태, 곧 곡률이라고 생각했다. 일반 상대성 이론에서는 중력을 우주의 기하학으로 다룬다.

텍사스 대학의 브라이스 드위트Bryce DeWitt는 시공간의 곡률을 이해하려면, 지구가 편평하다고 믿고서 지구 위에 격자를 그리려고 하는 사람을 상상해보라고 했다.

그 결과는 맑은 날에 그레이트플레인스의 농경지 상공에 띄운 비행기에서 볼 수 있다. 농경지는 동서 방향과 남북 방향으로 달리는 도로들에 의해 면적 1km²의 구획들로 나누어져 있다. 동서 방향의 도로는 아주 멀리까지 끊어지지 않는 직선을 이루며 뻗어 있지만, 남북 방향의 도로는 그렇지 않다. 북쪽으로 달리는 도로를 따라가 보면, 몇 km를 갈 때마다 도로가 동쪽이나 서쪽으로 급격하게 구부러진 부분이 나온다. 이 부분들은 지구의 곡률 때문에 생겨난다. 만약 구부러진 부분들을 없애고 도로를 반듯하게 만들면, 도로들은 북쪽으로 갈수록 점점 촘촘하게 접근하여 한 구획의 면적이 $1km^2$보다 작을 것이다. 3차원 공간의 경우에는 길이가 똑같은 직선 막대기들을 정확하게 90°와 180° 각도로 만나도록 우주 공간에 거대한 비계를 세우는 걸 상상할 수 있다. 만약 우주 공간이 평탄하다면, 비계를 만드는 작업은 별 탈 없이 순조롭게 진행될 것이다. 하지만 만약 우주 공간이 구부러져 있다면, 결국에는 각도를 제대로 맞추기 위해 막대기들을 짧게 하거나 잡아늘여야 할 것이다.[13]

아인슈타인에 따르면, 곡률은 질량이나 에너지의 존재 때문에 나타난다. 질량을 가진 물체라면 모두 시공간의 곡률을 만드는 데 기여한다. 그리고 우주에서 '직선으로' 곧장 나아가는 물체는 시공간의 곡률에 따라 구부러진 경로를 따라간다. 트램폴린을 상상해보자(그림 5-1 참고). 한가운데에는 볼링공이 놓여 있어 고무천이 푹 꺼져 있다. 골프공을 직선으로 굴리면서 볼링공 옆으로 지나가게 해보자. 골프공은 굴러가다가 볼링공 주변에 움푹 꺼진 부분을 만나면 경로가 약간 구부러질 것이다. 그것보다 더 많이 구부러져 타원을 그리면서 여러분에게 도로 돌아올 수도 있다. 달이 직선 방향으로 지구 주위를 지나가려고 할 때 이와 비슷한 일이 일어난다. 지구는 볼링공이 고무천을 구부러뜨린 것처럼 주변의 시공간을 구부러뜨린다. 그리고 구부러진 시공간에서는 달의 궤도가 직선에 가장 가까운 경로이다.

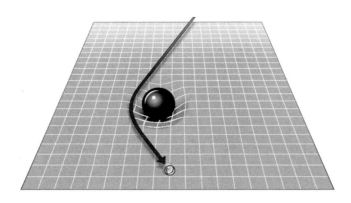

〈그림 5-1〉 볼링공은 고무천을 움푹 꺼지게 하면서 주변의 고무천을 구부러뜨린다. 작은 공을 볼링공 옆으로 굴리면, 볼링공 때문에 움푹 꺼진 부분 옆을 지나갈 때에는 작은 공의 경로가 구부러진다. 이것과 비슷한 방식으로 질량은 시공간을 구부러뜨린다. 시공간에서 물체가 나아가다가 더 큰 물체가 구부러뜨린 시공간의 곡률 부분을 만나면, 경로가 구부러진다.

아인슈타인은 뉴턴이 설명한 것과 똑같은 현상을 다르게 설명했다. 아인슈타인은 질량을 가진 물체가 시공간을 구부러뜨린다고 본 반면, 뉴턴은 질량이 있는 물체에서 중력이라는 힘이 작용한다고 보았다. 그 결과는 모두 그 근처를 지나가는 물체의 경로가 변하는 것으로 나타난다. 일반 상대성 이론에 따르면, '중력장'과 시공간의 '곡률'은 같은 것이다.

뉴턴의 이론을 사용해 태양계 행성들의 궤도를 계산한 다음, 일반 상대성 이론을 사용해 계산한 것과 비교해보면 두 가지 결과는 거의 똑같지만, 수성의 경우에는 눈에 띄게 차이가 난다. 수성은 태양에서 가장 가까운 행성이기 때문에, 다른 행성들보다 태양의 중력에 더 큰 영향을 받는다. 수성이 태양에 이렇게 가까이 위치한 것을 감안해 일반 상대성 이론으로 계산한 결과는 뉴턴의 이론으로 계산한 것과 조금 다르다. 관측 결과는 뉴턴보다는 아인슈타인의 이론이 예측한 것과 더 가깝다.

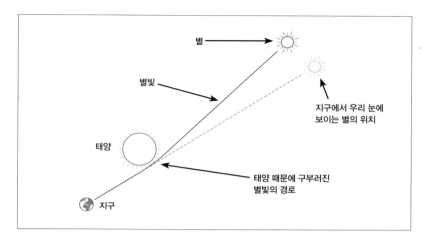

별

별빛

지구에서 우리 눈에
보이는 별의 위치

태양

태양 때문에 구부러진
별빛의 경로

지구

〈그림 5-2〉 질량은 시공간을 구부러뜨리기 때문에, 먼 별에서 날아오는 빛의 경로는
태양처럼 질량이 큰 천체 옆을 지나갈 때 구부러진다. 이 그림을 보면, 우리 눈에 보이는
별의 위치와 실제 위치 사이에 어떤 차이가 생기는지 알 수 있다.

일반 상대성 이론은 위성과 행성 외에 시공간의 곡률 때문에 생겨나
는 다른 물체들의 현상도 예측한다. 시공간이 구부러져 있으면, 질량이
없는 광자(빛의 입자)도 일직선이 아니라 구부러진 경로를 따라 나아가야
한다. 만약 먼 별에서 날아오는 빛이 태양 근처를 지나온다면, 태양 근처
의 시공간이 구부러져 있기 때문에 그 빛의 경로가 태양 쪽으로 약간 구
부러져야 할 것이다. 그리고 그렇게 구부러진 빛이 지구에 도착할 수 있
다. 따라서 그러한 빛을 관측한 뒤, 그 별이 태양에서 멀어졌을 때 날아
오는 빛을 관측해 비교하면, 정말로 별빛이 태양 근처를 지나올 때 구부
러졌는지 확인할 수 있다. 그런데 한 가지 문제가 있다. 태양은 너무 밝아
서 태양 옆에 있는 별은 평소에 볼 수가 없다. 하지만 그런 별을 볼 수 있
는 때가 드물게 있는데, 바로 개기 일식이 일어날 때이다. 만약 개기 일식
이 일어날 때 태양 근처의 별을 관측하면서 그 빛이 구부러졌다는 사실을

모른다면, 별빛이 날아오는 방향을 하늘에서 별이 실제로 있는 방향과 다른 곳으로 알 것이다(그림 5-2 참고). 실제로 개기 일식 때 태양 근처의 별들을 관측한 결과, 일반 상대성 이론이 옳음이 또 한 번 확인되었다. 천문학자들은 이 효과를 이용해 천체의 질량을 계산한다. 먼 별에서 날아오는 빛을 구부러뜨리는 정도를 측정함으로써 그 천체의 질량을 계산할 수 있는데, 질량이 클수록 별빛이 구부러진 각도가 더 커지기 때문이다.

우리는 지금까지 거시적 규모에서 관찰하는 것들을 대상으로 중력 이야기를 해왔다. 이것은 중력이 그 모습을 뚜렷하게 드러내는 영역(별, 은하, 전체 우주)이며, 호킹이 1960년대 후반에 다루던 영역이기도 하다. 하지만 2장에서 언급했듯이, 중력은 아주 미시적인 양자 차원에서 바라볼 수도 있다. 사실, 양자 차원에서 중력을 제대로 다루지 못한다면 나머지 세 힘과 통합하는 것이 불가능하다. 그 중 두 힘은 순전히 미시적 차원에서만 작용한다. 지구와 달 사이의 중력을 양자역학적으로 바라보는 방식은 두 물체를 이루는 입자들 사이에 중력자(중력을 전달하는 보손, 곧 전령 입자)가 교환되는 것으로 보는 것이다.

이런 지식들을 배경으로 공상 과학 이야기를 잠깐 살펴보자.

지구에 닥친 대재앙

지구에서 중력이 어떻게 느껴지는지 떠올린 다음(그림 5-3a), 여러분이 우주 여행을 떠난다고 가정해보자. 여러분이 여행을 떠난 동안 지구에는 아주 엄청난 일이 일어난다. 그 크기가(정확하게는 지름이) 원래의 절반으로 줄어든 것이다. 질량은 그대로지만 부피가 줄어들어 밀도가 더 커졌다. 우주 여행을 마치고 돌아온 여러분의 우주선은 이전에 지표면이 있던

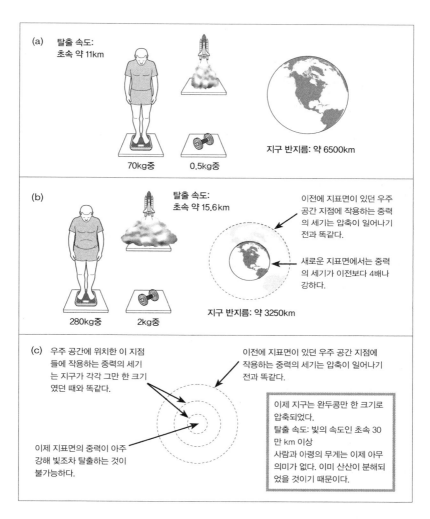

(b) 탈출 속도:
초속 약 15.6km

이전에 지표면이 있던 우주 공간 지점에 작용하는 중력의 세기는 압축이 일어나기 전과 똑같다.

새로운 지표면에서는 중력의 세기가 이전보다 4배나 강하다.

280kg중   2kg중

지구 반지름: 약 3250km

(c) 우주 공간에 위치한 이 지점들에 작용하는 중력의 세기는 지구가 각각 그만 한 크기였던 때와 똑같다.

이전에 지표면이 있던 우주 공간 지점에 작용하는 중력의 세기는 압축이 일어나기 전과 똑같다.

이제 지표면의 중력이 아주 강해 빛조차 탈출하는 것이 불가능하다.

이제 지구는 완두콩만 한 크기로 압축되었다.
탈출 속도: 빛의 속도인 초속 30만 km 이상
사람과 아령의 무게는 이제 아무 의미가 없다. 이미 산산이 분해되었을 것이기 때문이다.

〈그림 5-3〉 지구가 극도로 짜부라지는 날

지점의 허공에 잠시 머문다. 거기서 여러분은 우주 여행을 떠나기 전에 느꼈던 것과 똑같은 무게를 느낀다. 그곳에 작용하는 지구의 중력은 전과 다름이 없는데, 여러분이나 지구의 질량은 전혀 변하지 않았고, 여러분은 지구 중심에서 이전과 똑같은 거리에 있기 때문이다. 머리 위에 떠 있는 달도 이전과 다름없이 지구 주위의 궤도를 돈다. 하지만 새로운 지표면(지구의 무게중심에 한층 가까워진)에 착륙했을 때 느끼는 중력의 세기는 이전에 느꼈던 것보다 4배나 강하다. 몸무게도 4배나 더 나간다(그림 5-3b).

만약 이보다 더 극적인 일이 일어난다면 어떻게 될까? 만약 지구가 완두콩만 한 크기로 짜부라든다면, 즉 지구의 모든 질량(5.9736×10^{24}kg)이 완두콩만 한 부피 속에 들어간다면 어떻게 될까? 그 표면에 미치는 중력은 아주 커서 탈출 속도가 빛의 속도를 넘어서게 된다. 즉, 빛조차도 그 표면에서 탈출하는 것이 불가능하다. 지구가 블랙홀이 된 것이다. 하지만 압축이 일어나기 전에 지표면이 있던 우주 공간 지점에서는 오늘날 우리가 느끼는 것과 똑같은 세기의 중력이 미친다(그림 5-3c). 달도 이전과 다름없이 제 궤도를 계속 돌 것이다.

우리가 알고 있는 지식으로는 이런 일은 절대로 일어날 수 없다. 행성이 블랙홀이 될 수 있는 방법은 없다. 하지만 일부 별은 블랙홀이 될 수 있다. 그러면 이번에는 별을 가지고 다시 이야기해보자.

질량이 태양의 10배쯤 되는 별을 가지고 이야기를 시작하자. 이 별의 반지름은 약 300만 km로, 태양의 5배쯤 된다. 탈출 속도는 초속 약 1000km이다. 이런 별의 수명은 1억 년쯤 되는데, 그동안 그 내부에서는 생사를 건 치열한 싸움이 벌어진다.

한쪽에는 별을 이루는 모든 입자들과 나머지 모든 입자들이 서로 끌어당기는 힘인 중력이 있다. 애초에 가스 구름의 입자들을 뭉치게 함으로써 별을 탄생시킨 힘도 바로 중력이었다. 이제 그 힘은 훨씬 강해져서 입자들은 이전보다 훨씬 빽빽하게 모여 있다. 중력은 입자들을 계속 압축함으로써 별을 붕괴시키려고 한다.

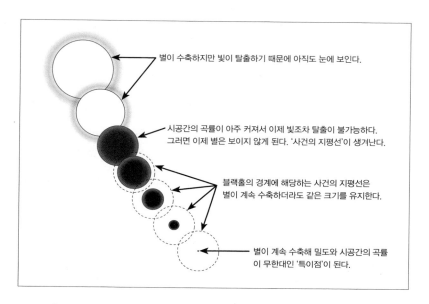

별이 수축하지만 빛이 탈출하기 때문에 아직도 눈에 보인다.

시공간의 곡률이 아주 커져서 이제 빛조차 탈출이 불가능하다. 그러면 이제 별은 보이지 않게 된다. '사건의 지평선'이 생겨난다.

블랙홀의 경계에 해당하는 사건의 지평선은 별이 계속 수축하더라도 같은 크기를 유지한다.

별이 계속 수축해 밀도와 시공간의 곡률이 무한대인 '특이점'이 된다.

〈그림 5-4〉 별이 붕괴해 블랙홀이 만들어지는 과정

한편, 별 내부에서 가스의 압력은 중력에 맞서 별을 팽창시키려고 한다. 이 압력은 수소 원자핵들이 충돌해 융합하면서 헬륨 원자핵을 만드는 반응에서 방출되는 열에서 나온다. 열은 별을 빛나게 하고, 충분히 큰 압력을 만들어내 중력에 맞섬으로써 별의 붕괴를 막는다.

이 싸움은 약 1억 년 동안 계속된다. 그러다가 결국은 연료가 바닥난다. 즉, 헬륨 원자핵을 만드는 수소 원자핵이 바닥난 것이다. 일부 별은 헬륨 원자핵들끼리 융합해 더 무거운 원자핵을 만드는 반응이 일어나지만, 그것도 종말을 잠시 늦추는 것에 불과할 뿐이다. 중력에 맞설 압력이 사라지면, 별은 짜부라들게 된다. 그러면서 수축하는 지구 이야기에서 지표면에 작용하는 중력의 세기가 변한 것과 똑같이 표면의 중력은 점점 더 강해진다. 별이 블랙홀이 되려면 완두콩만큼 작게 수축할 필요가 없다.

질량이 태양의 10배인 별은 반지름이 약 30km로 줄어들면, 표면의 탈출 속도가 빛의 속도인 초속 30만 km에 이른다. 표면에서 빛조차 탈출이 불가능해지면, 그 별은 블랙홀이 된다(그림 5-4).★

표면의 탈출 속도가 빛의 속도보다 커진 뒤에는 별이 계속 수축하는지 마는지는 물을 필요가 없다. 설사 더 이상 수축하지 않더라도 여전히 블랙홀은 블랙홀이기 때문이다. 지구가 수축하는 이야기에서 원래 지표면 지점에 작용하는 중력에는 변함이 없었다는 사실을 기억하라. 별이 밀도가 무한대인 점으로 계속 수축해가건 표면의 탈출 속도가 빛의 속도에 이르는 지점에서 수축을 멈추건 간에, 별의 질량이 변하지 않는 한 그 반지름에 작용하는 중력의 세기는 똑같다. 그 반지름에서의 탈출 속도는 빛의 속도이고, 그 별에서 나오는 빛은 탈출이 불가능하다. 머나먼 별에서 날아온 빛이 블랙홀 근처를 지나가면 단순히 경로가 구부러지는 것에 그치지 않는다. 그 빛은 블랙홀 주위를 몇 바퀴나 빙빙 돌다가 탈출하거나 블랙홀 속으로 빨려 들어갈 수 있다(그림 5-5). 블랙홀 속으로 들어간 빛은 탈출이 불가능하다. 빛의 속도보다 더 빨리 달릴 수 있는 것은 아무것도 없기 때문이다. 블랙홀 속에는 완벽한 어둠만이 존재한다! 빛, 반사광, 복사(전파, 마이크로파, X선 등), 소리, 광경, 우주선, 정보를 비롯해 그 어떤 것도 탈출이 불가능하다. 이름 그대로 모든 것을 빨아들이는 검은 구멍이다!

탈출 속도가 빛의 속도에 이르는 반지름이 블랙홀의 경계에 해당하는데, 이 지점을 '사건의 지평선'이라 부른다. 호킹과 펜로즈는 1960년대 후반에 블랙홀을 '일련의 사건들'이 멀리 탈출하는 것이 절대로 불가능한 우

★ 질량이 태양의 8배 미만인 별은 수축하더라도 블랙홀이 되지 않는다. 그보다 더 무거운 별만 블랙홀이 된다.

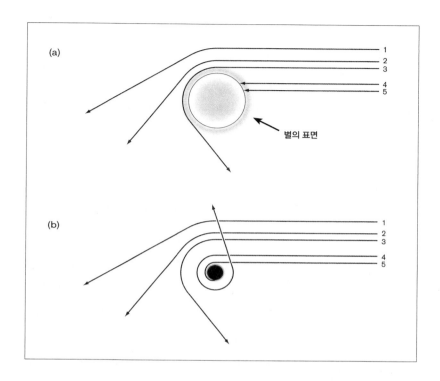

<그림 5-5> (a) 우주에서 날아온 입자들이 별을 향해 나아간다. 입자 1, 2, 3은 별을 지나갈
때 경로가 구부러진다. 별에서 더 가까운 곳을 지나갈수록 경로는 더 많이 구부러진다.
입자 4와 5는 별 표면에 충돌한다. (b) 별이 블랙홀로 변한 뒤에 똑같은 입자들이 별을
향해 나아간다. 입자 1, 2, 3의 경로는 이전과 똑같은데, 별 바깥쪽의 시공간은 질량이 같은
블랙홀 바깥쪽의 시공간과 똑같기 때문이다(수축하는 지구 이야기를 떠올려보라). 입자 4는
블랙홀 주위를 빙 돌다가 탈출한다. 탈출하기 전에 블랙홀 주위를 여러 바퀴 돌 수도 있다.
입자 5는 블랙홀에 붙들린다.

주 지역으로 정의하자고 제안했는데, 이것이 널리 받아들여진 정의가 되
었다. 사건의 지평선이 바깥쪽 경계선을 이루는 블랙홀의 모양은 구형이
지만, 회전을 할 경우에는 옆쪽이 불룩 튀어나온 타원체이다(만약 여러분
이 볼 수 있다면). 사건의 지평선은 시공간에서 블랙홀 속으로 빨려 들어
가지도 않고 밖으로 탈출하지도 못하고 구형 지역의 가장자리에 머무르

는 광선의 경로로 표시된다. 그 반지름에 작용하는 중력은 광선을 탈출하지 못하게 할 만큼 강하지만, 블랙홀 속으로 끌어당길 만큼 강하지는 않다. 그렇다면 우주 공간에서 거대한 구를 이루어 빛나는 사건의 지평선을 볼 수 있을까? 그렇지 않다. 광자들이 사건의 지평선에서 빠져나와 우리의 눈에 들어오지 않는 한, 우리는 그것을 볼 수 없다. 우리가 어떤 물체를 보려면, 그 물체에서 나온 빛이 우리 눈에 들어와야 하니까.

고전적 블랙홀 이론에서는 블랙홀이 우리에게 알려줄 수 있는 비밀은 세 가지밖에 없다고 말한다. 그것은 질량과 전하(만약 갖고 있다면)와 각운동량, 즉 회전 속도(만약 회전한다면)이다. 학생들의 이해를 돕기 위해 칠판에 분필로 그림을 그리길 좋아한 휠러는 텔레비전과 꽃, 의자, '알려진 입자들', 중력파와 전자기파, 각운동량, 질량, 심지어 '아직 발견되지 않은 입자들'이 깔때기 모양의 블랙홀 속으로 빨려 들어가고, 깔때기 바닥에서는 질량과 전하와 각운동량을 제외하고는 아무것도 나오지 않는 그림을 그렸다. 1970년대 초반에 호킹이 한 연구 중 일부[14]는 휠러가 "블랙홀은 털이 없다."라는 말로 요약한 사실을 입증하는 데 도움을 주었다.

블랙홀의 크기를 결정하는 요소는 그 질량이다. 블랙홀의 반지름(블랙홀 중심에서 사건의 지평선까지의 반지름)을 계산하려면, 질량이 태양만 한 블랙홀의 반지름이 3km라는 사실을 기준으로 삼으면 된다. 그렇다면 질량이 태양의 10배인 블랙홀은 그 반지름이 30km가 된다. 따라서 질량이 변하면 중심에서 사건의 지평선까지의 거리인 반지름도 변한다. 블랙홀도 시간이 지나면 크기가 변한다. 더 자세한 이야기는 나중에 하기로 하자.

사건의 지평선에서 장막을 친 별은 사생활을 절대로 노출하지 않는다. 거기서 나온 빛(우주의 다른 곳에서 볼 수 있는 그 별의 모습)은 도로 별 속으로 끌려 들어간다. 펜로즈는 별이 계속 붕괴를 하는지, 혹은 그 뒤에 무슨 일이 일어나는지 알고자 했다. 그는 붕괴하는 별은 모든 물질이 자체 중력 때문에 그 표면 안쪽에 갇혀 있다는 사실을 발견했다. 설사 붕괴가 완전히 구형으로 부드럽게 일어나지 않는다 하더라도, 별은 계속 붕괴해 간다. 표면은 결국 0의 크기로 줄어들지만, 여전히 모든 물질은 그 속에 갇혀 있다. 질량이 태양의 10배에 이르는 거대한 별은 반지름 30km의 지역 안에 갇혀 있는 게 아니라, 반지름과 부피가 0인 지역 안에 갇혀 있다. 수학자와 물리학자는 이 지역을 '특이점 singularity'이라 부른다. 특이점에서 는 물질의 밀도가 무한대가 된다. 시공간의 곡률도 무한대여서 광선은 단 지 그 주위를 빙빙 도는 데 그치지 않고, 무한히 점점 안쪽으로 휘말려들 면서 빙빙 돈다.

일반 상대성 이론은 특이점의 존재를 예측하지만, 1960년대 초반에 그 예측을 진지하게 받아들인 사람은 거의 없었다. 물리학자들은 질량이 충분히 큰 별이 중력 붕괴를 일으키면 특이점이 생길지도 모른다고 생각 했다. 펜로즈는 우주가 일반 상대성 이론을 따른다면 특이점이 반드시 생 긴다는 것을 보여주었다.

6

"우리의 과거에는 특이점이 있다."

질량이 충분히 큰 별이 중력 붕괴를 일으키면 특이점이 반드시 생긴다는 펜로즈의 발견에 호킹은 크게 흥분했다. 호킹은 로버트 게로치 Robert Geroch와 펜로즈와 함께 특이점에 관한 개념을 다른 물리학적, 수학적 사례들로 확대 적용하기 시작했다.[1] 이 발견은 우주의 시작에 대해 중요한 의미를 담고 있다는 확신이 들었다. 그것은 큰 흥분을 불러일으키는 연구였는데, "전체 분야가 사실상 우리 손에 달려 있다는 영광스러운 느낌"이 들었기 때문이다.[2] 호킹은 시간을 거꾸로 돌려 붕괴를 팽창으로 바꾸더라도, 펜로즈의 이론에 나오는 모든 것이 유효하게 성립한다는 사실을 깨달았다. 만약 일반 상대성 이론이 별이 어느 지점 이상으로 붕괴할 때 반드시 특이점이 생긴다고 말한다면, 팽창하는 우주는 반드시 특이점에서 '시작'해야 한다는 사실도 말해준다. 만약 이것이 사실이라면, 우주는 프리드만 모형과 같다는 말이 된다. 그런데 프리드만 모형이란 무엇인가?

여러 가지 우주 모형

허블이 우주가 팽창한다는 사실을 발견하기 이전에는 과학자들 사이에 정적 우주(크기가 변하지 않는 우주)에 대한 믿음이 아주 강했다. 아인슈타인이 1915년에 일반 상대성 이론을 발표한 뒤, 그 이론의 방정식을 풀다가 우주가 정적이 아니라는 결과가 나오자, 그 결과가 잘못되었다고 생각하고는 정적 우주라는 결과가 나오도록 방정식을 수정한 이유도 그런 믿음이 강했던 탓이었다. 아인슈타인은 중력과 균형을 이루도록 '우주 상수'라는 항을 방정식에 집어넣었다. 우주 상수를 집어넣지 않을 경우, 그 계산 결과는 오늘날 우리가 알고 있는 우주의 모습을 정확하게 예측했다. 즉, 우주의 크기가 시간에 따라 변하는 것으로 나왔다.

알렉산드르 프리드만Alexandr Friedmann이라는 러시아 물리학자는 우주 상수를 집어넣지 않고 일반 상대성 이론을 있는 그대로 계산하고 해석하기로 결심했다. 그렇게 해서 그는 허블이 1929년에 발견할 관측 결과, 즉 우주가 팽창한다는 사실을 예측했다.

프리드만은 다음 두 가지 가정을 바탕으로 계산을 시작했다. (1) 우주는 어느 방향을 바라보든지 간에 거의 똑같아 보인다(우리 은하나 태양계처럼 가까이 있는 것들을 제외한다면). (2) 우주의 어느 곳에서 바라보든지 간에 우주는 똑같이 이런 모습으로 보인다. 다시 말해서, 공간상에서 어디로 여행을 해서 바라보건, 그리고 어느 방향으로 바라보건 간에 우주는 여전히 똑같은 모습으로 보인다는 뜻이다.

프리드만의 첫 번째 가정은 쉽게 받아들일 수 있다. 하지만 두 번째 가정은 그렇지 않다. 그것을 뒷받침하거나 반증하는 과학적 증거가 전혀 없다. 호킹은 "우리는 오로지 겸허한 태도를 바탕으로 그것이 옳다고 믿는다. 만약 우주가 다른 곳에서는 그렇게 보이지 않는데 우리 주변에서만 어느 방향으로 바라보든 똑같은 모습으로 보인다면, 그것만큼 놀라운 일도 없을 것이다!"라고 말한다.[8] 놀랍긴 하더라도 불가능한 것은 아니지 않으냐고 말할 수도 있다. 무엇이 옳다고 믿는 근거로 자부심을 내세울 수 없는 것과 마찬가지로 겸허함도 그 근거로 내세울 수 없다. 하지만 물리학자들은 일반적으로 프리드만의 가정에 동의한다.

프리드만의 우주 모형에서는 모든 은하들이 서로 멀어져간다. 두 은하 사이의 거리가 멀수록 더 빠른 속도로 멀어져간다. 이것은 허블이 관측한 사실과 일치한다. 프리드만에 따르면, 우주에서 어디로 여행하더라도 모든 은하가 관측자에게서 멀어져가는 것으로 보인다. 이해를 돕기 위해 점들이 일정한 간격으로 찍혀 있는 풍선 위를 기어가는 개미를 상상해보자. 개미는 풍선 표면을 벗어난 차원을 볼 수 없다고 가정하자. 또한 풍선 안쪽 세계도 전혀 모르고, 오로지 2차원 풍선 표면만이 개미의 모든 세계라고 하자. 개미의 우주에서는 어느 방향을 바라보더라도 모두 똑같아 보인다. 풍선 위에서 어디로 기어가더라도, 개미의 앞과 뒤에는 똑같이 많은 점들이 보인다. 만약 풍선이 커진다면, 개미는 표면 위의 어느 곳에 있든지 간에 모든 점들이 자기에게서 멀어져간다. 풍선 '우주'는 프리드만의 두 가지 가정을 만족시킨다. 즉, 어느 방향을 바라보더라도 모두 똑같아 보이고, 풍선 위의 어느 지점에서 보더라도 역시 모두 똑같아 보인다.

풍선 우주에 대해 말할 수 있는 것은 또 무엇이 있을까? 풍선 우주는 크기가 무한대가 아니다. 그 표면은 지구 표면처럼 유한한 면적으로 측정된다. 지구 표면의 면적이 무한대라고 주장할 사람은 아무도 없을 것이다. 하지만 풍선 우주에는 경계, 즉 끝이 없다. 개미가 표면 위에서 아무리 멀리 기어가더라도 표면이 끝나는 지점이 나오거나 가장자리 너머로 떨어지는 일은 없다. 계속 나아가다 보면 결국은 출발점으로 되돌아온다.

프리드만의 원래 모형에서는 공간이 2차원이 아니라 3차원이긴 하지만 그 모습은 대체로 풍선 우주와 비슷하다. 중력이 공간을 구부러뜨려 스스로 닫히게 만든다. 우주는 크기가 무한대는 아니지만, 끝이나 경계가 없다. 우주선을 타고 아무리 멀리 나아가더라도 우주가 끝나는 지점은 나오지 않는다. 이것은 이해하기 어려울 수 있는데, 우리가 '무한'을 '끝이 없

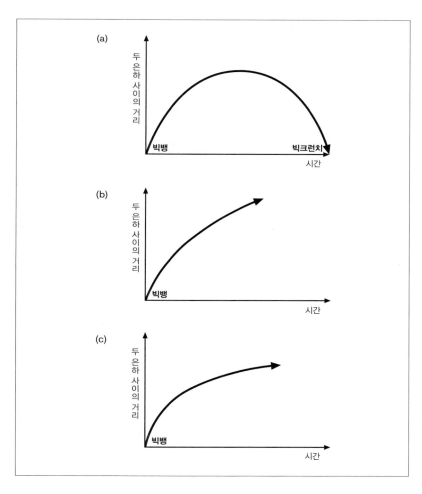

〈그림 6-1〉 우주에서 어느 방향을 바라보더라도 모두 똑같아 보이고, 우주의 어느 지점에서 보더라도 역시 모두 똑같아 보인다는 프리드만의 가정을 만족하는 세 가지 모형

음'으로 생각하는 경향이 있기 때문이다. 하지만 둘은 같은 뜻이 아니다.

호킹은 우주를 일주하여 출발점으로 되돌아온다는 개념은 공상 과학 소설의 소재로는 좋을지 몰라도, 적어도 프리드만 모형에서는 실현 가능성이 없다고 지적한다. 우선 우주가 끝나기 전에 우주를 일주하려면 우주의 속도 제한(빛의 속도)을 어겨야 하는데, 그것은 현실적으로 불가능하다. 그리고 우리가 살고 있는 우주는 엄청나게 큰 풍선인 반면, 우리는 엄청나게 작은 개미이다.

프리드만 모형에서는 시간도 공간과 마찬가지로 무한하지 않다. 그것은 측정 가능하다. 공간과 '달리' 시간은 경계가 '있다.' 즉, 시작과 끝이 있다. 그림 6-1a를 보자. 시간이 시작되는 시점에서 두 은하 사이의 거리는 0이다. 그리고 나서 서로 멀어지기 시작한다. 팽창 속도가 충분히 느리고, 우주 전체의 질량이 충분히 커 결국에는 중력이 우주의 팽창을 멈추게 하고 수축으로 돌아서게 한다. 이번에는 은하들 사이의 거리가 가까워진다. 시간이 끝나는 순간, 은하들 사이의 거리는 다시 0이 된다. 우리 우주의 운명도 실제로 이와 같은 것이 될지 모른다.

그림 6-1b와 그림 6-1c는 프리드만의 두 가지 가정을 만족하는 다른 모형 두 가지를 보여준다. 그림 6-1b는 팽창 속도가 훨씬 빠른 우주를 나타낸다. 그러면 중력은 팽창 속도를 좀 늦추긴 하지만 우주의 팽창을 막을 수가 없어 우주는 영원히 팽창한다. 그림 6-1c의 우주는 수축으로 돌아서지 않을 만큼 빨리 팽창하지만 그림 6-1b의 우주만큼 빨리 팽창하진 않는다. 은하들이 멀어져가는 속도는 점점 느려지지만, 그래도 계속 멀어져간다. 만약 실제 우주가 이 두 가지 모형 중 하나와 같다면, 공간은 무한하다. 즉, 그림 6-1a의 우주처럼 닫혀 있지 않다.

이 중 어떤 모형이 우리가 사는 실제 우주와 일치할까? 우주는 언젠가 붕괴할까, 아니면 영원히 팽창을 계속할까? 그 답은 우주에 존재하는 전체 질량의 양에 달려 있다. 닫힌 우주가 되려면 지금까지 관측된 물질의 양보다 훨씬 많은 질량이 있어야 한다. 하지만 실제 문제는 이보다 훨씬 복잡한데, 자세한 이야기는 나중에 하기로 하자.

붕괴하여 특이점을 만들어내는 별에 관한 펜로즈의 이론은 영원히 팽창하는 무한 공간의 우주(그림 6-1b와 그림 6-1c처럼)에서만 성립하고, 붕괴하는 우주(그림 6-1a)에서는 성립하지 않는다. 처음에 호킹은 무한 공간의 우주에 블랙홀의 특이점이 존재할 뿐만 아니라 우주 자체가 특이점에서 시작했음을 증명하려고 했다. 논문을 마칠 때쯤에는 확신에 가득 차 "우리의 과거에 특이점이 있다."라고 썼다.[3]

1968년, 호킹과 펜로즈가 시간의 시작에 관해 쓴 논문이 그래비티 연구재단상에서 2등을 차지했지만, 만약 프리드만의 첫 번째 모형이 옳다면, 즉 우주가 공간적으로 무한하지 않고 결국에는 다시 붕괴한다면(그림 6-1a) 어떻게 될까 하는 문제는 여전히 미해결 상태로 남아 있었다. 그런 우주도 특이점에서 시작했을까? 1970년 무렵에 호킹과 펜로즈는 반드시 그럴 수밖에 없음을 증명할 수 있었다. 이 문제에 대해 그들이 내놓은 결정적 답은 1970년에 발간된 〈왕립학회 회보〉에 공동 논문으로 실렸다. 그 논문은 만약 우주가 일반 상대성 이론을 따르고 프리드만의 모형 중 어느 하나와 일치한다면, 그리고 우리가 관찰하는 것만큼 많은 물질이 우주에 존재한다면, 우주에 존재하는 모든 질량이 무한대의 밀도로 압축되고, 시공간의 곡률도 무한대가 되고, 우주의 모든 물체 사이의 거리가 0인 특이점에서 우주가 시작했다는 것을 증명했다.

그런데 물리 이론은 무한이라는 수가 등장하면 큰 어려움에 봉착한다. 일반 상대성 이론이 밀도와 시공간의 곡률이 무한인 특이점을 예측하는 순간, 자신의 붕괴까지 예측한 꼴이 되고 말았다. 사실, 모든 과학 이론은 특이점에서 무너지면서 예측 능력을 상실한다. 물리 이론을 사용해 특이점에서 무엇이 나타날지 알 수 있는 방법은 없다. 거기서는 어떤 종류의 우주라도 나올 수 있다. 특이점 '이전'에는 어떤 일이 있었느냐 하는 질문은 또 어떤가? 이 질문 자체가 의미 있는 질문인지조차 확실치 않다.

우주가 특이점에서 시작했다는 사실은 우리의 과학, 그리고 모든 것의 이론이라고 주장하는 그 어떤 이론으로도 우주의 시작을 제대로 다룰 수 없음을 의미한다. 우리는 그저 시간이 시작되었으며(그렇게 관측되니까), 시간 자체는 아주 큰 임의 요소라고만 말할 수 있을 뿐이다. 특이점은 우리 눈앞에서 매정하게 쾅 닫힌 문과 같다.

잠자리에서 발견한 블랙홀 역학 제2법칙

물리학자는 자신의 물리학에 지나치게 몰입하는 것으로 유명하다. 호킹은 대다수 동료들보다 언제 어디서든지 연구를 더 많이 할 수 있었는데(신체 장애가 하나의 이유였다), 왜냐하면 연구가 거의 다 자신의 머릿속에서 일어났기 때문이다. 킵 손이 이야기한 것처럼 호킹은 물체와 곡선, 표면, 모양 등의 심상을 3차원뿐만이 아니라 4차원 시공간에서 조작하는 아주 특별한 능력을 발달시켰다.[5]

호킹의 작업 방식을 전형적으로 보여주는 사건은 『시간의 역사』에서 언급한 적이 있는 잠자리에서의 발견이다. "딸 루시가 태어나고 나서 얼마 지나지 않은 1970년 11월 어느 날 저녁, 침대에 누우면서 블랙홀에 대해 생각하기 시작했다. 신체 장애 때문에 침대에 눕기까지 시간이 좀 걸려서 생각할 시간이 많았다."[6] 다른 물리학자라면 침대에서 일어나 책상으로 달려가 메모를 하고 방정식을 썼겠지만, 호킹은 머릿속으로 일생일대의 중요한 발견을 한 뒤 침대에 누웠다. 그리고 어서 아침이 되어 펜로즈에게 전화를 걸어 새로운 개념에 대해 이야기하길 기다리면서 밤새도록 한숨도

자지 않았다. 펜로즈도 그 개념을 생각은 '했지만' 거기에 담긴 중요한 의미를 깨닫지 못했다고 호킹은 말한다.

그때 호킹에게 떠오른 개념은 사건의 지평선 면적이 줄어들 수 없기 때문에 블랙홀이 결코 작아지지 않는다는 것이었다.

간단히 요약해 설명해보자. 질량이 큰 별은 붕괴하다가 결국 표면의 탈출 속도가 빛의 속도와 같아지는 반지름에 이르게 된다. 그 반지름을 지날 때 붕괴하는 별에서 나오는 광자들은 어떻게 될까? 그 지점에 미치는 중력은 너무 강해서 광자가 탈출할 수 없지만, 블랙홀 속으로 광자를 빨아들일 만큼 강하지도 않다. 그래서 광자는 그 지점에 머물게 된다. 그 반지름이 바로 사건의 지평선이다. 그 지점을 넘어 별이 계속 수축하면, 이제 별에서 나오는 광자는 모두 블랙홀 속으로 빨려 들어간다.

호킹이 깨달은 사실은 사건의 지평선에 머무는 광선들의 경로는 서로 접근하는 경로가 될 수 없다는 것이었다. 경로들이 서로 접근하면 광자들이 서로 충돌해 블랙홀 속으로 빨려 들어가고, 사건의 지평선에 머무를 수가 없다. 사건의 지평선 면적이 줄어들려면(따라서 블랙홀이 작아지려면), 사건의 지평선에 머무는 광선들의 경로가 서로 접근해야 한다. 하지만 만약 그렇게 되면, 광자들이 블랙홀 속으로 빨려 들어가기 때문에 사건의 지평선이 줄어들 수 없다.

달리 생각하면, 블랙홀은 더 '커질' 수만 있다는 이야기가 된다. 블랙홀의 크기는 그 질량으로 결정되므로, 새로운 물질이 들어와 그 질량이 늘어나면 블랙홀은 더 커진다. 만약 블랙홀에서 아무것도 빠져나갈 수 없다면, 그 질량은 결코 줄어들지 않는다. 즉, 블랙홀은 절대로 작아질 수가 없다.

호킹의 발견은 블랙홀 역학 제2법칙으로 알려졌다. 이 법칙은 사건의 지평선 면적은 똑같게 유지되거나 증가할 수는 있어도 감소할 수는 없다고 말한다. 만약 2개 이상의 블랙홀이 충돌해 하나로 합쳐진다면, 새로운 사건의 지평선 면적은 이전 블랙홀들의 사건의 지평선 면적을 합친 것과 같거나 더 커진다. 블랙홀은 아무리 강한 힘을 사용하더라도, 더 작아지거나 파괴되거나 두 블랙홀로 나누어지지 않는다. 물리학을 어느 정도 아는 사람은 호킹이 발견한 법칙과 비슷한 법칙을 들어보았을 것이다. 그것은 바로 엔트로피에 관한 열역학 제2법칙이다.

엔트로피는 어떤 계에 존재하는 무질서도를 나타내는 값이다. 어떤 계 안에서 무질서는 증가하기만 할 뿐, 결코 감소하는 법이 없다. 제대로 맞춰 상자 속에 조심스럽게 넣어둔 조각 그림 맞추기 퍼즐은 마구 뒤섞여 엉망이 되기 쉽다. 하지만 마구 뒤섞인 퍼즐 조각들이 든 상자를 한 번 탁 쳤더니 모든 조각이 제자리로 가 완전한 그림을 이룬다면 아주 놀라운 일일 것이다. 우리 우주에서 엔트로피entropy(무질서도)는 늘 증가한다. 깨진 찻잔이 저절로 들러붙어 완전한 찻잔이 되는 일은 결코 일어나지 않는다. 엉망으로 어질러진 방이 저절로 깨끗해지는 일도 없다.

여러분이 깨진 찻잔 조각들을 일일이 이어붙이거나 어질러진 방을 청소한다고 가정해보자. 이제 이전보다 훨씬 질서가 있어 보인다. 그렇다면 엔트로피가 감소했을까? 그렇지 않다. 그 과정에서 여러분이 쓴 정신적, 육체적 에너지는 에너지를 덜 유용한 상태로 변화시킨다. 여러분이 부분적으로 질서를 회복하려고 쓴 에너지 때문에 우주 전체의 질서는 오히려 감소한다.

엔트로피와 사건의 지평선이 서로 비슷한 측면은 한 가지가 더 있다. 두 계가 합쳐질 때, 합쳐진 계의 엔트로피는 두 계의 엔트로피를 합친 것보다 더 크거나 같다. 우리에게 익숙한 예로 상자 속에 든 기체 분자들을 생각해보자. 기체 분자들을 서로 충돌하거나 상자 벽에 충돌하는 작은 공들이라고 상상하라. 상자 한가운데에는 칸막이가 가로지르고 있다. 상자 반쪽(예컨대 칸막이에서 왼쪽 칸)은 산소 분자들로 가득 차 있고, 나머지 반쪽(오른쪽 칸)은 질소 분자들로 가득 차 있다고 하자. 이제 칸막이를 없애면, 산소 분자들과 질소 분자들이 뒤섞이기 시작한다. 얼마 지나지 않아 상자 양쪽은 모두 산소 분자들과 질소 분자들이 균일하게 섞인 상태로 변하지만, 이것은 칸막이가 있을 때보다 질서가 낮은 상태이다. 즉, 엔트로피(무질서도)가 증가한 것이다.(열역학 제2법칙이 항상 성립하는 것은 아니다. 극히 희박한 확률이긴 하지만, 이렇게 산소 분자들과 질소 분자들이 뒤섞이다가 어느 순간 산소 분자들은 모두 왼쪽 절반에, 그리고 질소 분자들은 모두 오른쪽 절반에 위치하는 일이 일어날 수 있다.)

이번에는 분자들이 섞여 있는 상자나 엔트로피를 가진 어떤 물체를 블랙홀 속으로 던진다고 상상해보자. 그러면 그만큼의 엔트로피가 우주에서 사라질 거라고 생각하기 쉽다. 블랙홀 바깥쪽 우주에서는 분명히 그만큼의 엔트로피가 줄어들었다. 그렇다면 열역학 제2법칙이 깨지는 게 아닌가? 블랙홀 안쪽과 바깥쪽을 모두 포함한 전체 우주에서는 엔트로피가 전혀 줄어들지 않았다고 주장할 수도 있다. 하지만 블랙홀 속으로 들어간 물질이 우리 우주에서 사라진다는 건 사실이 아닌가? 과연 그럴까?

프린스턴 대학에서 휠러 밑에서 배우던 대학원생 데메트리오스 크리스토둘루 Demetrios Christodoulou는 열역학 제2법칙에 따르면 닫힌계의 엔트로피는 늘 증가하기만 할 뿐 감소하지 않으며, 마찬가지로 '감소 불가 질량 irreducible mass'(크리스토둘루가 블랙홀의 질량과 그 회전 속도의 수학적 결합을 나타내기 위해 만든 용어)은 블랙홀에 어떤 일이 일어나더라도 결코 감소하지 않는다고 지적했다. 이러한 유사성은 순전히 우연의 일치에 지나지 않을까? 크리스토둘루의 개념이나 호킹의 더 일반적이고 강력한 주장[7](사건의 지평선 면적이 결코 줄어들지 않는다는)은 엔트로피와 열역학 제2법칙과 무슨 관계가 있을까?

블랙홀에서 탈출하는 게 가능할까?

호킹은 1970년 12월에 텍사스 상대론적 천체물리학 심포지엄에서 블랙홀의 사건의 지평선 면적이 결코 줄어들지 않는다는 개념을 과학계에 처음 발표하면서[8] 비록 사건의 지평선 면적 증가가 엔트로피 증가와 닮긴 했지만, 이것은 그저 닮은 점에 지나지 않는다고 주장했다.

그런데 휠러의 대학원생 제자인 야코브 베켄슈타인 Jacob Bekenstein은 호킹과 의견을 달리했다. 베켄슈타인은 사건의 지평선 면적은 단지 엔트로피를 닮기만 한 게 아니라, 그 '자체'가 엔트로피라고 주장했다.[9] 사건의 지평선 면적을 측정하는 것은 곧 블랙홀의 엔트로피를 측정하는 것과 같다. 엔트로피를 블랙홀 속으로 던져넣는다고 해서 엔트로피가 사라지는 것은 아니다. 블랙홀 자체가 이미 엔트로피를 갖고 있다. 엔트로피를 던져넣는 것은 단지 블랙홀의 엔트로피를 증가시킬 뿐이다. 분자들이 든 상자가 블랙홀 속으로 들어가면, 블랙홀의 질량이 그만큼 늘어나고, 사건의 지평선이 더 커진다. 그것은 또한 블랙홀의 엔트로피도 증가시킨다.

이것은 당혹스러운 결론을 낳는다. 만약 어떤 물체가 엔트로피를 가지고 있다면, 그것은 곧 온도도 가지고 있다는 말이 된다. 즉, 완전히 차갑지 않다는 뜻이다. 만약 온도를 갖고 있다면, 에너지를 방출해야 한다. 만약 에너지를 방출한다면, 거기서 아무것도 나오지 않는다고 말할 수가 없다. 하지만 블랙홀에서는 아무것도 나올 수 없다고 하지 않았는가?

호킹은 베켄슈타인의 생각이 틀렸다고 생각했다. 사건의 지평선이 결코 줄어들지 않는다는 자신의 발견을 베켄슈타인이 잘못 사용했다고 생각하여 화가 났다. 1972년과 1973년에 호킹은 물리학자 제임스 바딘James Bardeen과 브랜던 카터와 공동으로 블랙홀 역학의 네 가지 법칙을 발표했다. 그것은 "'지평선 면적'을 '엔트로피'로 대체하고, '지평선 표면 중력'을 '온도'로 대체하면"[10] 널리 알려진 네 가지 열역학 법칙과 사실상 똑같아 보였기 때문에, 호킹이 한 발짝 물러선 것처럼 보였다. 그럼에도 불구하고, 세 저자는 이것들은 단지 서로 닮은 것에 불과하다고 강조했으며, 마지막 판의 논문[11]에서는 블랙홀 역학의 네 가지 법칙은 열역학의 네 가지 법칙과 비슷하지만 분명히 다르다고 다시 밝혔다. 엔트로피와 사건의 지평선 면적 사이에는 유사점이 많지만, 블랙홀은 아무것도 방출하지 않기 때문에 엔트로피를 가질 수 없다. 그것은 베켄슈타인도 부정할 수 없는 논리였다. 비록 베켄슈타인은 저명한 세 물리학자와 맞서기에는 벅찬 일개 대학원생에 불과했지만, 그래도 여전히 납득할 수 없었다. 결국은 호킹과 바딘과 카터의 생각이 틀린 것으로 밝혀졌다. 왜 틀렸는지 설명한 사람은 바로 호킹이었다.

1962년에 호킹은 케임브리지에서 대학원 과정을 시작하면서 미시 세계를 다루는 양자역학 대신에 거시 세계를 다루는 우주론을 선택했다. 그런데 1973년에 와서 호킹은 관점을 바꾸어 양자역학의 눈으로 블랙홀을 바라보기로 했다. 그것은 20세기의 위대한 두 이론인 상대성 이론과 양자역학을 결합하려는 시도가 최초로 성공을 거둔 사례가 되었다. 2장에서 이야기했듯이, 두 이론의 결합은 모든 것의 이론으로 나아가는 길에서 맞닥뜨리는 아주 큰 장애물이다.

1973년 1월, 호킹은 31세가 되었다. 그해에 조지 엘리스와 함께 쓴 자신의 첫 책이 출간되었는데, 호킹은 그 책을 데니스 시아마에게 헌정했다. 호킹은 『시공간의 대규모 구조 *The Large Scale Structure of Space-Time*』를 "매우 전문적이고 읽기가 아주 어려운" 책이라고 묘사했다.[12] 이 책은 지금도 전문 학술서를 다루는 서점에 가면 발견할 수 있는데, 책을 끄집어내 펼쳐본다면 전문 물리학자가 아닌 한 호킹의 말에 동의할 것이다. 이 책은 비록 『시간의 역사』에 비할 바는 못 되지만, 그래도 해당 분야에서 고전으로 자리잡았다.

그해 8월과 9월에 케임브리지의 긴 방학을 맞이한 호킹 부부는 니콜라우스 코페르니쿠스Nicolaus Copernicus 탄생 500주년을 기념해 바르샤바를 방문했고, 거기서 동쪽으로 모스크바까지 여행했다. 그들은 킵 손에게도 함께 가자고 청했는데, 손은 5년 전부터 소련 물리학자들과 공동 연구를 해왔고, 소련의 사정을 잘 알았기 때문이다. 호킹은 야코프 보리소비치 젤도비치Yakov Borisovich Zel'dovich와 그의 대학원생 제자인 알렉산데르 스타로빈스키Alexander Starobinsky를 만나 대화를 나누고 싶었다. 이 두 물리학자는 불확정성 원리를 이용해 회전하는 블랙홀이 그 회전 에너지로 입자를 만들어내고 방출할 수 있음을 보여주었다. 그 복사는 사건의 지평선 바로 바깥에서 나오며, 블랙홀의 회전을 늦추게 함으로써 결국에는 블랙홀의 회전을 완전히 멈추게 하고 복사 방출도 그치게 할 것이다. 호킹은 젤도비치와 스타로빈스키가 뭔가 대단한 걸 발견했다고 생각했지만, 그들의 계산이 만족스럽지 않았다. 방문 뒤에 케임브리지로 돌아오면서 호킹은 더 나은 수학적 계산 방법을 찾기로 마음먹었다.

호킹은 자신의 계산을 통해 회전하는 블랙홀이 러시아 물리학자들이 예측한 복사를 만들어낸다는 사실을 증명하길 기대했다. 그런데 실제로 발견한 것은 훨씬 극적이었다. "경악스럽고 당황스럽게도, 심지어 회전하지 않는 블랙홀도 끊임없이 입자를 만들어내고 방출해야 한다는 사실을 발견했다."[13] 처음에는 계산이 잘못되었겠거니 생각하고 오류를 찾으려고 많은 시간을 보냈다. 특히 베켄슈타인이 이 발견을 알아내 사건의 지평선과 엔트로피에 관한 자신의 주장을 뒷받침하는 근거로 사용하지 않을까 신경이 쓰였다. 하지만 더 자세히 검토할수록 계산에 잘못된 부분이 없다는 확신이 점점 커졌다. 논란에 마무리를 지은 결정타는 방출되는 입자의 스펙트럼이 여느 뜨거운 물체에서 방출되는 것과 정확하게 똑같다는 사실이었다.

베켄슈타인이 옳았다. 설사 그것이 쓰레기통이라 하더라도 엔트로피를 가진 물체를 블랙홀 속으로 던져넣음으로써 엔트로피를 감소시키고 우주의 질서를 높이는 것은 불가능하다. 엔트로피를 가진 물체가 블랙홀 속으로 들어가면 사건의 지평선 면적이 더 커지고, 블랙홀의 엔트로피가 증가한다. 블랙홀 안쪽과 바깥쪽을 모두 합친 우주 전체의 엔트로피는 전혀 줄어들지 않는다.

하지만 이제 호킹은 더 큰 수수께끼에 맞닥뜨렸다. 사건의 지평선 밖으로는 아무것도 빠져나올 수 없는데, 어떻게 블랙홀이 온도를 가지고 입자를 방출할 수 있단 말인가? 호킹은 양자역학에서 그 답을 찾았다.

우주 공간을 정말로 아무것도 없는 진공이라고 생각하는 사람이 있다면, 이제 생각을 바꾸는 게 좋다. 우리는 이미 앞에서 공간이 완전히 텅 빈 진공이 아니라는 것을 보았다. 여기서 그 이유를 자세히 알아보자.

불확정성 원리는 어떤 입자의 위치와 운동량을 동시에 정확하게 알 수 없다고 말한다. 그런데 불확정성 원리는 또 다른 것도 의미하는데, 어떤 장(예컨대 중력장이나 전자기장)의 값과 시간에 따른 그 장의 변화 속도를 동시에 정확하게 아는 것도 불가능하다. 장의 값을 더 정확하게 알수록 그 변화 속도에 대한 정보는 그만큼 부정확해지며, 그 반대도 마찬가지다. 여기서 중요한 결론은 어떤 장의 값이 0이 될 수 없다는 사실이다. 0은 장의 값이나 변화 속도를 아주 정확하게 나타내는 값이기 때문에 불확정성 원리에 따라 그런 값은 허용되지 않는다. 모든 장이 정확하게 0이 아니라면, 완전히 텅 빈 공간은 존재할 수 없다.

우리가 우주 저 밖에 있다고 생각하는 진짜 진공은 완전히 텅 빈 공간이 아니라, '텅 빈' 공간에 있는 어떤 장의 값에 최소한의 불확정성, 즉 모호함이 존재한다. 장의 값에 나타나는 이러한 요동, 즉 그 값이 결코 0이 되지 않도록 양의 값과 음의 값 사이에서 진동하는 현상을 이해하는 한 가지 방법은 다음과 같다.

텅 빈 공간에서 입자와 반입자의 쌍(예컨대 광자나 중력자의 입자 쌍)이 끊임없이 나타난다. 함께 생겨난 두 입자는 서로 멀어져간다. 그러고 나서 상상할 수 없을 정도로 짧은 찰나에 두 입자는 다시 만나 쌍소멸한다. 양자역학은 공간의 모든 '진공'에서 이러한 일이 항상 일어난다고 말한다. 이 입자 쌍들은 입자 감지기로 감지할 수 있는 '실제' 입자가 아닐 수 있지만, 그렇다고 상상의 존재만은 아니다. 설사 이 입자들이 '가상' 입자에 불과하다 하더라도, 우리는 이 입자들이 다른 입자들에 미치는 효과를 측정함으로써 존재한다는 걸 알 수 있다.

생성되는 입자 쌍 중에는 '물질' 입자 쌍, 곧 페르미온 쌍도 일부 있을 것이다. 물론 한 쌍의 입자 중 하나는 '반물질' 입자이다. 판타지 게임과 SF 작품(《스타 트렉》에서 반물질은 우주선 엔터프라이즈호의 추진 연료로 쓰인다)에 흔히 등장하는 반물질은 순전히 상상의 산물만은 아니다.

우주에 존재하는 전체 에너지의 양은 늘 똑같이 유지된다는 이야기를 들어보았을 것이다. 아무것도 없던 곳에서 갑자기 무엇이 툭 튀어나올 수는 없다. 그렇다면 새로 생성된 이 입자 쌍은 에너지 보존 법칙을 위배하는 것이 아닐까? 에너지 보존 법칙에 위배되지 않게 입자 쌍 생성을 설명하는 방법이 있을까? 새로운 입자 쌍은 에너지를 일시적으로(극히 짧은 찰나의 순간만) '빌려옴으로써' 생겨난다. 입자 쌍 중 하나는 양의 에너지를, 다른 하나는 음의 에너지를 가지며, 둘의 에너지를 합치면 0이 된다. 그러니 우주의 전체 에너지는 아무런 변화가 없다.

호킹은 블랙홀의 사건의 지평선에서는 입자 쌍이 많이 생겨날 것이라고 생각했다. 사건의 지평선에서 가상 입자 쌍이 한 쌍 생겨났다고 가정해보자. 이 입자 쌍이 다시 만나 쌍소멸되기 전에 음의 에너지를 가진 입자가 사건의 지평선을 건너 블랙홀 속으로 들어가 버린다면 어떻게 될까? 양의 에너지를 가진 입자는 불운한 짝을 만나 쌍소멸되기 위해 그 뒤를 따라 블랙홀 속으로 들어가야 할까? 꼭 그렇진 않다. 사건의 지평선 근처의 중력장은 엄청나게 강해서 가상 입자 쌍에 놀라운 일이 일어날 수 있다. 그것은 음의 에너지를 가진 불운한 입자도 마찬가지인데, '가상' 입자가 '실제' 입자로 변하는 일이 일어난다.

이러한 변환은 입자 쌍의 운명에 놀라운 변화를 가져온다. 이제 입자들은 서로의 짝을 찾아 반드시 쌍소멸하지 않아도 된다. 각자 따로 훨씬 오래 살아남을 수 있다. 물론 양의 에너지를 가진 입자도 블랙홀 속으로 들어갈 수 있지만, 반드시 그래야 하는 것은 아니다. 서로를 옭아맨 짝의 관계에서 벗어나 탈출할 수 있다. 멀리 있는 관측자에게는 그 입자가 블랙홀에서 나오는 것처럼 보인다. 실제로는 블랙홀 바로 바깥쪽에서 나온다. 한편, 그 짝은 음의 에너지를 가지고 블랙홀 속으로 들어간다(그림 6-2).

이런 방식으로 블랙홀에서 방출되는 복사를 '호킹 복사'라 부른다. 호

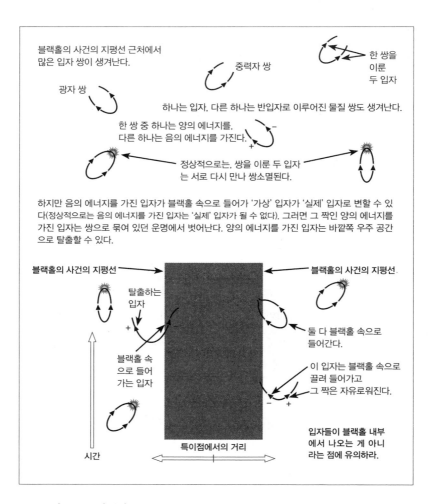

블랙홀의 사건의 지평선 근처에서
많은 입자 쌍이 생겨난다.

중력자 쌍

광자 쌍

한 쌍을
이룬
두 입자

하나는 입자, 다른 하나는 반입자로 이루어진 물질 쌍도 생겨난다.

한 쌍 중 하나는 양의 에너지를,
다른 하나는 음의 에너지를 가진다.

정상적으로는, 쌍을 이룬 두 입자
는 서로 다시 만나 쌍소멸된다.

하지만 음의 에너지를 가진 입자가 블랙홀 속으로 들어가 '가상' 입자가 '실제' 입자로 변할 수 있
다(정상적으로는 음의 에너지를 가진 입자는 '실제' 입자가 될 수 없다). 그러면 그 짝인 양의 에너지를
가진 입자는 쌍으로 묶여 있던 운명에서 벗어난다. 양의 에너지를 가진 입자는 바깥쪽 우주 공간
으로 탈출할 수 있다.

블랙홀의 사건의 지평선

탈출하는
입자

블랙홀의 사건의 지평선.

둘 다 블랙홀 속으로
들어간다.

블랙홀 속
으로 들어
가는 입자

이 입자는 블랙홀 속으로
끌려 들어가고
그 짝은 자유로워진다.

시간

특이점에서의 거리

**입자들이 블랙홀 내부
에서 나오는 게 아니
라는 점에 유의하라.**

〈그림 6-2〉 호킹 복사

킹 복사는 호킹이 블랙홀에 관해 알아낸 두 번째 유명한 발견인데, 호킹
은 이것을 사용해 자신의 첫 번째 유명한 발견인 블랙홀 역학 제2법칙(사
건의 지평선 면적이 결코 감소하지 않는다는)이 항상 성립하는 것이 아님을 보

여주었다. 호킹 복사는 블랙홀이 점점 작아지다가 결국은 완전히 증발할 수 있다는 것을 뜻한다. 그것은 정말로 획기적인 개념이었다.

호킹 복사가 어떻게 블랙홀을 작게 만들 수 있을까? 블랙홀은 가상 입자를 실제 입자로 변환시키는 과정에서 에너지를 잃는다. 사건의 지평선 밖으로는 아무것도 탈출할 수 없다고 했는데, 어떻게 그런 일이 일어날 수 있을까? 블랙홀에서 어떻게 무엇이 나올 수 있단 말인가? 그 답은 아주 교묘하다. 음의 에너지를 가진 입자가 '음'의 에너지를 블랙홀 속으로 가지고 들어가면, 블랙홀의 에너지가 그만큼 '줄어들기' 때문이다. '음'의 에너지가 추가되었으니 블랙홀의 에너지 중에서 그만큼의 에너지가 줄어드는 결과가 나타난다.

호킹 복사는 이와 같은 방식으로 블랙홀의 에너지를 빼앗는다. 에너지가 줄어들면 질량도 그만큼 줄어든다는 이야기가 된다. 아인슈타인의 유명한 방정식 $E=mc^2$이 그 사실을 분명하게 말해준다. 여기서 E는 에너지를, m은 질량을, c는 빛의 속도를 나타낸다. 에너지(등식의 좌변)가 줄어들면(블랙홀에서 일어나는 것처럼), 등식의 반대편인 우변에 있는 것도 줄어들어야 한다. 빛의 속도 c는 상수이니 변할 수가 없다. 따라서 질량이 줄어들어야 한다. 그러니 블랙홀에서 에너지가 빠져나가면 그만큼 질량이 줄어들었다고 말할 수 있다.

이것을 염두에 두고 뉴턴이 발견한 중력의 법칙을 생각해보라. 어떤 물체의 질량에 변화가 생기면 그 물체가 다른 물체에 작용하는 중력의 세기에 변화가 일어난다. 만약 지구의 질량이 줄어들면(이번에는 크기가 작아지는 게 아니라 질량이 작아진다), 달의 궤도에 미치는 지구의 중력도 그만큼 줄어든다. 만약 블랙홀이 질량을 잃는다면, 사건의 지평선에 작용하는 중력이 그만큼 약해질 것이다. 따라서 그 지점에서의 탈출 속도가 빛의 속도보다 작아진다. 탈출 속도가 빛의 속도와 같아지는 반지름, 즉 새로운 사건의 지평선은 이전보다 더 줄어든다. 우리가 아는 한, 블랙홀이 더 작아질 수 있는 방법은 이것뿐이다.

만약 별이 붕괴해 생긴 큰 블랙홀에서 방출되는 호킹 복사를 측정하려고 시도한다면 실망을 금치 못할 것이다. 이만한 크기의 블랙홀은 그 표면 온도가 절대 영도에서 100만분의 1도를 넘지 않는다. 블랙홀이 클수록 그 온도는 더 낮다. 호킹은 "질량이 태양의 10배인 블랙홀은 매초 수천 개의 광자를 방출하지만, 광자의 파장은 블랙홀만큼 길고 에너지가 아주 낮아 우리는 그것을 감지하지 못할 것이다."라고 말한다.[14] 질량이 클수록 사건의 지평선 면적도 더 크고, 사건의 지평선 면적이 클수록 엔트로피도 더 크다. 그리고 엔트로피가 클수록 표면 온도와 입자 방출 속도가 더 낮다.

폭발하는 블랙홀?

하지만 1971년에 호킹은 다른 종류의 블랙홀이 존재할 수 있다고 주장했다. 이 블랙홀은 크기가 아주 작은데, 가장 흥미로운 것은 원자핵만한 크기의 블랙홀이다. 이러한 블랙홀은 복사를 아주 많이 방출할 것으로 예상되는데, 블랙홀이 작을수록 표면 온도가 더 높기 때문이다. 이 미니 블랙홀들에 대해 호킹은 "그러한 블랙홀은 '검다'고 부르기 어렵다. 실제로는 '백열' 상태이기 때문이다."라고 말했다.[15]

호킹이 '원시 블랙홀'이라 부른 그러한 블랙홀은 별이 붕괴하면서 생겨나는 종류의 블랙홀이 아니다. 만약 원시 블랙홀이 존재한다면, 그것은 물질을 극도로 압축시킬 만큼 큰 압력이 존재했던 초기 우주에서 생겨나 오늘날까지 살아남았을 것이다. 그리고 원시 블랙홀은 그동안 계속 질량을 잃었을 것이기 때문에 처음에 생겨났을 때보다도 훨씬 작아졌을 것이다.

호킹 복사는 원시 블랙홀에 극적인 결과를 가져올 수 있다. 질량이 점점 줄어들면서 블랙홀이 작아짐에 따라 그 온도와 입자 방출 속도가 증가한다. 그러면 블랙홀은 질량을 잃는 속도가 점점 빨라지고, 질량이 작을수록 온도가 더 높아지는 악순환의 고리에 휘말리게 된다.

결국에는 어떻게 될까? 호킹은 작은 블랙홀이 마지막에는 폭발적인 입자 방출과 함께 사라질 것이라고 추측하는데, 그때에는 수소폭탄 수백만 개가 폭발하는 것과 같은 엄청난 에너지 방출이 일어날 것이다. 큰 블랙홀도 결국에는 폭발할까? 아마도 그런 단계에 이르기 전에 우주가 먼저 종말을 맞이할 가능성이 높을 것이다.

블랙홀이 점점 작아지다가 결국에는 폭발한다는 개념은 1973년 당시에는 블랙홀에 대해 알려진 상식과 완전히 위배되는 것이었기 때문에, 호킹도 자신의 발견에 의문을 품었다. 그래서 몇 주일 동안 그것을 비밀에 부치고 머릿속에서 계산 과정을 다시 검토했다. 자신조차 그 결과를 믿기가 힘들다면, 나머지 과학계가 어떻게 생각할지 두려웠다. 망신을 당하고 조롱을 받는 걸 좋아할 과학자는 없다. 반면에 만약 자신의 생각이 옳다면, 그 결과는 천체물리학에 혁명을 가져올 것이다. 한번은 욕실에 틀어박혀서 그 문제를 깊이 생각했다. "나는 크리스마스 내내 이 문제에 대해 고민했지만, [이 발견]을 버려야 할 설득력 있는 이유를 찾지 못했다."[16]

호킹은 시험삼아 가까운 동료들에게 이 개념을 이야기해 보았는데, 찬반이 뒤섞인 반응이 나왔다. 대학원생 시절부터 친구였던 마틴 리스Martin Rees는 옛 지도 교수인 데니스 시아마를 찾아가 "들으셨어요? 호킹이 모든 것을 확 뒤집어놓았어요!"라고 말했다. 시아마는 즉각 호킹을 지지하고 나서 발견한 결과를 발표하라고 종용했다. 호킹은 1974년 생일날 저녁에 거위 요리를 막 먹으려는 순간, 펜로즈가 잔뜩 흥분하여 전화를 한 일에 대해 불평을 털어놓았다. 펜로즈의 열정적인 관심은 고마웠지만, 일단 해당 주제에 대한 이야기로 불이 붙으면서 전화 통화를 너무 오래 하는 바람에 거위 요리가 차갑게 식고 말았다.[17]

호킹은 자신의 기묘한 발견에 대한 논문을 써서 2월에 옥스퍼드 남쪽에 위치한 러더퍼드–애플턴 연구소에서 발표하기로 동의했다. 그곳에서 열린 제2차 양자중력 회의를 주최한 사람은 바로 시아마였다. 호킹은 「블랙홀 폭발?」이라고 논문 제목에 물음표를 붙임으로써 충격을 약간 완화시키려고 했지만, 옥스퍼드로 가는 내내 자신의 발견을 발표하기로 한 결정을 놓고 여전히 고민을 계속했다.

방정식들을 소개하는 슬라이드와 함께 발표된 짧은 논문에 대해 청중 사이에서는 어색한 침묵이 흘렀고, 질문도 거의 없었다. 호킹의 주장은 많은 청중의 이해 범위를 넘어서는 것이었는데, 그럴 수밖에 없었던 것이 그들의 연구 분야가 달랐기 때문이다. 하지만 호킹의 주장이 기존의 이론을 완전히 뒤집어엎는 것이란 사실은 누구나 알아챘다. 제대로 이해한 사람들은 큰 충격에 사로잡힌 나머지 이의를 제기하거나 논쟁을 할 엄두를 내지 못했다. 회의실에 불이 다시 들어오자, 사회자인 런던 대학의 저명한 존 테일러 John G. Taylor 교수가 일어서더니 "스티븐, 유감스럽지만 이것은 완전히 헛소리군요."라고 선언했다.[18]

호킹은 이 '헛소리'를 그 다음 달에 저명한 과학 학술지 〈네이처 Nature〉에 발표했다.[19] 같은 호에서 테일러와 폴 데이비스 Paul C. W. Davies는 호킹의 주장에 반대하는 논문을 실었다.[20] 며칠이 지나기도 전에 전 세계의 물리학자들이 호킹의 충격적인 개념을 놓고 논쟁을 벌였다. 젤도비치는 처음에는 유보적 태도를 보였지만, 킵 손이 다음 번에 모스크바를 방문했을 때, 젤도비치에게서 꼭 만나자는 전갈을 받았다. 손이 도착하자, 젤도비치와 스타로빈스키는 양손을 하늘 높이 치켜든 채 그를 반겼는데, 그 모습이 꼭 총을 겨누자 항복의 뜻으로 손을 치켜드는 옛 서부 영화의 한 장면처럼 보였다.

"우리가 졌소. 호킹이 옳고, 우리가 틀렸소."[21]

일부 사람들은 호킹의 발견을 최근 수십 년 동안 이론물리학에서 일어난 발견 가운데 가장 중요한 발견이라고 불렀다. 시아마는 그 논문을 "물리학사를 통틀어 손꼽을 만큼 아름다운 논문"이라고 평했다.[22] 언제나 언어의 마술사인 휠러는 호킹의 아름다운 발견에 대해 이야기하는 것은 "혀 위에 사탕을 굴리는 것" 같다고 말했다.[23] 킵 손은 호킹이 손을 사용하지 못하게 되자 "머릿속에서 그림을 그려가며 할 수 있는 기하학적 논증…… 어느 누구도 갖지 못한 아주 강력한 도구를 개발했다. 만약 당신이 세상에서 이 새로운 도구를 자유자재로 다룰 수 있는 유일한 대가라면, 어느 누구도 풀 수 없지만 오직 당신만 풀 수 있는 종류의 문제들이 있을 것이다."라고 평했다.[24] 이러한 호평 속에서 호킹의 전망은 아주 밝아보였다.

호킹은 자신의 발견에 관한 두 번째 논문을 쓸 때에는 시간과 공을 좀 더 들였다. 호킹은 1974년 3월에 〈수리물리학 커뮤니케이션 *Communications in Mathematical Physics*〉에 논문을 제출했지만, 논문이 분실되는 바람에 실리지 못했고, 나중에 다시 제출한 논문이 1975년 4월에야 발표되었다.[25] 그동안에 호킹과 동료들은 여러 각도에서 '호킹 복사'를 계속 연구했다. 그로부터 4년이 지나자—그리고 호킹과 짐 하틀 Jim Hartle이 함께 쓴 논문이 1976년에 발표된 뒤[26]—호킹 복사는 이론물리학계에서 일반적으로 받아들여졌다. 대부분의 물리학자는 호킹이 아주 중요한 발견을 했다고 인정했다. 호킹은 가상 입자의 행동을 사용해 상대성 이론에서 탄생한 존재인 블랙홀의 행동을 설명했다. 그럼으로써 상대성 이론과 양자물리학을 결합시키는 길을 향해 한 발짝 더 나아갔다.

2부

1970~1990

내 우주에는 신이 들어설 자리가 없다

죽음의 계곡Death Valley 하늘을 가로지르는 은하수 ⓒ Dan Duriscoe, U. S. National Park Service

우리는 수천억 개의 은하 중 한 은하, 그리고 그 은하의 외곽에 위치한 아주 평범한 별 주위를
도는 작은 행성에 살고 있는 사소한 생물에 지나지 않는다.

7

"이 사람들은 우리가 천문학적인 생활 수준에 익숙하다고 생각하나 봐요."

1970년 11월 2일, 루시가 태어났다. 얼마 전에 호킹 부부는 리틀세인트메리스 레인에 세들어 살던 집을 샀다. 호킹의 부모가 융통해준 돈으로 집을 수리했고, 모자라는 돈은 주택 융자를 신청했다. 수리 작업은 제인이 임신 8개월이던 무렵에 마침내 완료되었다.

호킹은 계단을 오르내리고, 아침에 옷을 입거나 저녁에 옷을 벗는 일을 여전히 혼자 힘으로 하겠다고 고집을 부렸다. 호킹이 잠자리에 들기 전에 사건의 지평선에서 광자가 보이는 행동에 대해 생각할 시간이 충분히 많았다고 한 이야기는 그런 일들이 아주 느리고 힘들었다는 것을 인정한 극히 드문 사례 중 하나였다. 하지만 마침내 걷는 것이 너무 위험해지자 마지못해 휠체어를 사용하기로 동의했다. 호킹은 두 발로 걸어다니는 능력을 사수하려는 싸움에서 지고 말았다. 친구들은 슬픈 마음으로 지켜보았으나, 호킹은 유머와 의지력을 잃지 않았다.

손을 마음대로 사용하는 능력을 잃자 방정식을 쓰거나 다이어그램을 그릴 수 없게 되었는데, 물론 그 일이 하룻밤 사이에 일어난 것은 아니다. 몇 년에 걸쳐 그 능력을 서서히 잃어가는 동안 호킹은 "보통 물리학자와는 다른 방식으로 생각하도록 마음을" 적응시키고 훈련할 시간이 충분히 있었다. 킵 손은 "그는 마음속으로 새로운 종류의 직관적 그림과 방정식으로 생각하는데, 그것은 종이와 펜으로 그린 그림과 방정식을 대체했다."라고 말했다.[1] 호킹의 말을 들어보면, 설사 양손을 제대로 사용할 수 있더라도 그는 결국 이러한 작업 방식을 선택했을 거라고 믿는 것 같다.

"방정식은 수학에서 그저 지루한 부분에 지나지 않는다. 나는 사물을 기하학적으로 보길 선호한다."[2]

호킹 복사의 발견을 낳은 계산은 거의 대부분 머릿속에서 일어났다.

루시가 태어난 후, 제인은 거의 불가능할 정도로 바쁜 일정을 소화하면서 살아가야 했다. 박사 학위 논문을 마치기 위해 노력하는 동시에 호킹과 어린 로버트와 새로 태어난 딸을 돌봐야 했다. 친정어머니와 이웃집 유모가 틈틈이 아이들을 돌봐주었다. 그래도 리틀세인트메리스 레인의 아담한 집은 살기에 아주 좋았다. 아이들이 자라면서 루시가 아장아장 걷기 시작하자, 루시는 오빠와 함께 화단의 꽃들 사이에서, 그리고 길 건너 리틀세인트메리 교회 묘지의 오래된 표석들 사이에서 놀았다. 제인은 열린 창문으로 "교회 묘지에서 높은 소리로" 떠들어대는 아이들의 즐거운 목소리가 들려오던 여름날들을 기억한다.

호킹은 1971년 1월에 그래비티 연구 재단상에 「블랙홀Black Holes」 논문으로 도전하여 1등 상을 받았고, 그 상금으로 새 차를 샀다. 호킹은 키스 칼리지에서 봉급을 받았고, 응용수학 및 이론물리학과와 천문학연구소에서 연구 보조금을 받았다. 하지만 그래도 가계를 꾸려나가기가 빠듯했고, 로버트가 학교에 다닐 나이가 되자 사립학교에 보낼 형편이 못 되었다. 대신에 로버트는 괜찮은 지역학교인 뉴넘크로프트 초등학교에 들어갔는데, 내 딸도 15년 뒤에 같은 학교를 다녔다. 로버트는 수학을 잘하는 대신 읽기를 습득하는 데에는 느려 아버지의 뒤를 따르는 것처럼 보였지만, 이제 시대가 변해 읽기 습득이 느린 학생에게는 필요한 사전 대책을 강구하는 경향이 있었다. 제인은 로버트에게 읽기 장애가 있는 게 아닐까 의심했다.

호킹의 아버지가 사립학교로 가면 좀더 전문적인 도움을 받지 않을까 하는 기대에서 도움의 손길을 뻗었다. 로버트는 일곱 살 때 케임브리지의 퍼스 스쿨로 전학을 갔다.

호킹 부부는 호킹의 병을 그들의 일상생활에서 뒷전으로 밀어놓으려고 애썼고, 호킹 자신이나 그들에게 무엇보다 중요한 일로 부각되지 않게 하려고 노력했다. 그들은 미래를 생각하지 않는 게 습관이 되었다. 세상 사람들은 그들이 아주 성공적으로 역경을 헤쳐나가는 것으로 보였기 때문에, 제인이 가끔 그 어려움이 얼마나 견디기 힘들 정도로 컸는지 털어놓으면 깜짝 놀랐다. 제인은 어느 인터뷰에서 남편이 받은 영예에 대해 이렇게 말했다.

"저는 [이 놀라운 성공이] 그 모든 어두운 경험을 가치 있는 것으로 만든다고 보진 않아요. 블랙홀의 심연에 가라앉아 있다가 휘황찬란한 모든 영예의 정점으로 올라갈 때까지 우리가 경험한 진자의 요동을 속으로 영원히 감수할 수 있다고는 생각하지 않아요."[8]

호킹이 쓴 글로만 판단한다면, 그는 그 심연을 거의 알아채지 못한 것 같다. 무심코라도 그것을 언급하는 것은 호킹에게는 일종의 굴복이자 패배이며, 자신의 문제를 애써 묵살하려는 결의를 꺾는 것으로 비칠 수 있다. 호킹은 자신의 병에 대해 제인하고도 이야기하길 거부했지만, 그러한 태도는 당면한 문제를 방 안의 고릴라(유명한 실험에서 따온 말. 여러 사람이 공을 주고받게 하면서 거기에 열중해 있는 사람들 옆으로 고릴라 복장을 한 사람을 지나가게 하는 실험을 했더니, 대부분의 사람이 고릴라를 알아채지 못하는 결과가 나왔다.—옮긴이)로 만드는 것에 지나지 않았다.

제인은 호킹이 활동적 방식으로 아이들을 돕거나 함께 놀아줄 수 없다는 사실 때문에 특히 힘들어했다고 기억한다. 제인은 로버트에게, 그리고 나중에는 루시와 티모시에게도, 크리켓을 가르쳤고("난 걔들을 모두 이길 수 있어요!"라고 의기양양하게 말한다), 자신은 다른 아내들과 달리 남편이 가사를 돕지 못하거나 아이들을 돌보지 못해도 놀라거나 실망하지 않는다고 말하면서 호킹을 달랬다.

그런데 실생활에서 남에게 아무 도움을 줄 수 없다는 사실에는 긍정적 측면이 한 가지 있었다. 잠자리에서 일어나고 눕는 데 오랜 시간이 걸리긴 했지만, 대신에 심부름을 간다거나 집 수리를 한다거나 잔디를 깎는다거나 여행 계획을 세우고 준비를 한다거나 여행 가방을 싼다거나 강의 계획을 작성한다거나 응용수학 및 이론물리학과 또는 키스 칼리지에서 많은 시간을 잡아먹는 행정 업무를 처리한다거나 하는 등의 문제에 신경을 쓰지 않아도 되었다. 그런 문제는 동료나 조수 또는 아내에게 맡기면 되었다. 거기에 써야 할 시간을 오로지 물리학에 쏟아부을 수 있었는데, 이 점은 동료들이 부러워하는 호사였다.

제인은 일상적으로 처리해야 할 일을 대부분 자신이 떠맡기로 미리 각오했다. 심지어 결혼하기 전부터 두 사람 중 한 사람만 일자리를 가져야하며, 그 사람은 남편이어야 한다고 결정했다. 1970년대에 들어서는 그러한 희생을 받아들이기가 더 어려워졌는데, 여성의 역할에 대한 사회의 태도가 달라진 게 하나의 이유였다. 제인은 남편에게 절실히 필요한 격려와 도움을 제공하면, 자신의 삶도 나름의 목적과 의미가 있을 것이라고 생각했다. 하지만 그러한 희생은 제인에게 정체성까지 제공하지는 않았다. 모성 역시 마찬가지였다. 비록 제인은 아이들을 사랑했고, 그녀의 표현에 따르면 "다른 사람에게 맡기길 원치 않았지만, 유일한 정체성이 아이들의 어머니뿐이라면, 케임브리지는 살아가기에 아주 어려운 곳이었다."[3]

대학 공동체의 반응을 공정하게 이야기한다면, 케임브리지에서 아무나 붙잡고 호킹의 이름을 언급할 때마다 스티븐 호킹보다 제인 호킹이 더 놀라운 사람이라는 대답을 듣는 일이 많다. 하지만 제인은 그게 자신의 명성이라고 생각하지 않았다. 제인이 느낀 대로 케임브리지에서는 "학문적 성취를 이루어야 한다는 압박감이 강하다."[4] 그것은 물론 박사 학위를 따기 위해 대학으로 돌아가기로 결심한 이유이기도 했지만, 박사 학위 논문 초고는 책장에서 잠자고 있을 때가 많았다.

　　1970년대에는 제인에게 자랑스러워할 일이 많이 생겼다. 로버트와 루시가 학교에서 공부를 잘했고, 호킹은 물리학자로서 명성이 끝없이 치솟았다. 그 어려운 역경에도 불구하고 놀랍도록 강인하고 유머 감각이 뛰어난 사람이라는 명성은 전설적이 되었고, 루시도 성적이 올라갔다. 한편으로 제인은 호킹의 성공에 기여한 자신의 역할이 제대로 인정받지 못한다는 생각이 점점 강해졌다. 그것은 힘든 일도 쉽게 보이도록 만드는 재능을 가진 사람에게 흔히 나타나는 문제였다. 그래서 다른 사람들은 그 사람에게는 그 일이 별로 힘들지 않겠거니 여기고 그 사람의 희생과 노력을 제대로 알아주지 않는다. 두 사람은 제인이 없었더라면 호킹이 거둔 성공은(심지어 생존마저) 불가능했음을 잘 알았지만, 그 영광 중 제인에게 돌아간 것은 얼마 되지 않았다. 호킹을 찍은 사진에서도 제인은 휠체어를 미는 간호사로 간주돼 잘려나가기 일쑤였다. 제인은 호킹의 수학적 추론을 이해하지도 못했고, 그가 거기서 느끼는 즐거움을 함께 나누지도 못했다. 그럼에도 불구하고, 제인은 "호킹의 성공이 가져다준 즐거움과 기쁨은 아주 컸어요."라고 말한다.[5] 제인은 호킹과 결혼하기로 한 결정을 후회하지 않지만, 그 보상은 "매일 운동신경세포병과 맞서야 하는 가슴 찢어지는 어려움을 조금도 덜어주지 못했죠."[6]라고 말한다.

　　그런 어려움에도 불구하고, 호킹 부부가 함께 나눈 즐거움도 많았다.

둘 다 자식에게는 헌신적이었다. 그들은 클래식 음악을 좋아했고, 콘서트나 극장을 함께 다녔다. 크리스마스에는 로버트와 루시를 데리고 무언극을 보러 갔다. 그들은 손님을 초대하는 것도 좋아했다. 박사 후 연구원으로 호킹의 조수가 되어 호킹 가족과 3년 동안 함께 산 돈 페이지 Don Page 는 제인을 "매우 사교적이고…… 호킹에게 훌륭한 전문가적 자산"이었다고 기억한다.[7] 제인이 60인분의 파티를 준비하느라 시장에서 필요한 것을 사는 모습을 보았다는 이야기도 심심치 않게 들렸다. 호킹 가족은 손님을 후하게 대접하는 것으로 유명했다.

두 사람은 신체 장애자에게 필요한 것에 대해, 그리고 그들이 정상적인 삶, 심지어는 성공적이고 적극적인 삶을 살길 바란다는 사실에 대해 사회적 인식을 고취하는 데에도 큰 관심을 보였다. 1970년대만 해도 그러한 인식은 오늘날처럼 문화의 일부로 뿌리를 내리지 않은 상태였다. 1970년에 만성질환자 및 장애인법이 제정되긴 했지만, 그것이 실행에 옮겨지기까지는 시간이 많이 걸렸다. 가끔 제인은 분노를 느껴 항의를 하기까지 했다. 제인은 케임브리지 근처의 방문객들에게 개방하는 집과 정원인 앵글시 애비 Anglesey Abbey 측이 호킹 부부의 차를 앵글시 애비집에서 가까운 곳이 아니라 800여 m나 떨어진 주차장에 주차하라고 강요했다면서 내셔널 트러스트 이사회에 편지를 보냈다.[8] 제인은 그렇지 않아도 이미 많은 활동 내역이 올라 있는 자신의 운동 명단에 장애인의 권리를 옹호하는 운동을 추가했다.

호킹 부부는 휠체어 접근 권리를 쟁취하기 위한 일부 싸움에서 승리를 거두었다. 누가 비용을 부담하느냐를 놓고 오랜 행정 절차적 논란 끝에 마침내 응용수학 및 이론물리학과 건물 뒷문 쪽에 경사로가 설치되었다. 아츠 극장은 휠체어를 위한 공간을 따로 마련했고, 아츠 시네마도 같은 조처를 취했다. 콜리시엄 극장의 영국국립오페라도 휠체어의 통행을 가능하게 했다. 그런 시설이 마련되지 않은 곳에서는 근처에 있는 사람을 불러 호킹과 그의 휠체어를 들고 계단을 오르내리게 했다. 케임브리지 대학의 한 대학원인 클레어홀에서는 회의가 시작되기 전과 끝난 후에 천문학 그룹 회원들이 정기적으로 이 임무를 담당했다. 그것은 항상 안전이 보장되는 일은 아니었다. 코번트가든의 로열오페라하우스 안내원들은 다른 방법으로는 갈 수 없는 좌석으로 옮기기 위해 호킹을 들고 층계를 올라가다가 그만 떨어뜨리고 말았다.[9]

신앙과 물리학 법칙

제인은 1980년대 후반을 되돌아보면서 그렇게 오랫동안 특별하고도 어려움이 많았던 두 사람의 삶—긴 미래나 행복한 미래를 전혀 기대할 수 없었던 삶—을 버텨낼 수 있었던 이유로 신앙심을 꼽았다. 신앙심이 없었더라면 "나는 그런 상황에서 살 수 없었을 거예요. 무엇보다도 스티븐과 결혼하지도 않았을 거예요. 그 어려움을 극복하겠다는 낙관적 마음도 없었을 테고, 그것을 버텨낼 수도 없었을 테니까요."[10]

하지만 남편에게는 제인을 꿋꿋하게 지탱해준 신앙심이 없었다. 호킹의 동료 물리학자 중에는 신앙을 가진 사람이 일부 있긴 했지만, 신앙은 평소에 제인이 그들과 나누는 대화 주제가 아니었다. 호킹이 신체 장애와 이른 죽음의 위협에 대처하는 태도에 종교적이거나 철학적 측면이 있었다 하더라도, 그는 그것을 절대로 공개적으로 말하지 않았다. 하지만 『시간의 역사』나 『위대한 설계』를 보면, 신이 호킹의 마음에서 그렇게 멀리 떨어진 것은 아니라는 사실을 알 수 있다. 1980년대에 한 인터뷰에서 호킹은 이렇게 말했다.

"우주의 시작을 이야기하려면 신의 개념을 언급하지 않을 수 없어요. 우주의 기원을 다루는 내 연구는 과학과 종교의 경계선에 걸쳐 있지만, 그 경계선에서 [과학] 쪽에 머물려고 노력합니다. 과학 법칙으로 설명할 수 없는 방식으로 신이 행동할 가능성도 충분히 있습니다. 하지만 그럴 경우에는 개인적 믿음을 따르기만 하면 될 것입니다."[11]

자신의 과학이 종교와 대립한다고 생각하느냐고 묻자, 호킹은 "그런 태도를 가진다면, 뉴턴[신앙심이 아주 깊었던 사람]은 중력의 법칙을 발견하지 못했을 겁니다."라고 대답했다.[12]

호킹은 자신이 무신론자는 아니지만, "신이란 용어를 물리학 법칙의 구현으로 사용하는 쪽을" 선호한다고 대답했다.[13] 그는 "우주의 초기 조건을 설정하기 위해 신에게 간청할 필요가 없지만, 그렇다고 이것이 신이 존재하지 않음을 증명하지는 않는다. 다만 신이 물리학 법칙을 통해 작용한다는 것을 증명할 뿐이다."[14]라고 말했다. 하지만 호킹이 사람들을 개별적으로 돌보고, 강력하고도 놀라운 방식으로 이야기하고, 기적을 행하는 인격적 존재로서의 신을 믿지 않는다는 것은 분명하다.

"우리는 수천억 개의 은하 중 한 은하, 그리고 그 은하의 외곽에 위치한 아주 평범한 별 주위를 도는 작은 행성에 살고 있는 사소한 생물에 지나지 않는다. 따라서 우리에게 신경을 쓰거나 심지어 우리의 존재를 알아챌 신이 있다고는 믿기 어렵다."[15]

아인슈타인도 호킹과 같은 견해를 가졌다. 호킹의 동료 물리학자 일부를 포함해 다른 사람들은 제인의 생각에 동조하며, 호킹과 같은 견해를 애석하게도 신에 대한 제한적 견해라고 말한다. 그리고 지적이고 합리적인 사람들(그 중에는 훌륭한 과학자도 많이 포함돼 있다) 중에서 인격적 신을 경험했다고 말하는 사람들이 모두 착각을 한 것으로 믿기는 어렵다고 지적한다. 호킹과 제인의 견해 차이는 이러한 양측의 큰 견해 차이를 극명하게 보여주었다.

제인은 "나는 인격적 신을 믿지 않는다는 그의 주장에 늘 상처를 받았어요."라고 말했다.[16] 제인은 1988년에 한 인터뷰에서 이렇게 말했다.

"그는 생각이 깊은 사람들에게 정말로 중요한 영역들을 파고드는데, 그것도 사람들에게 아주 충격적인 효과를 줄 수 있는 방식으로 그렇게 해요. 그의 생각에는 나로서는 갈수록 점점 더 불쾌하고 참기 힘든 측면이 있어요. 그것은 모든 것을 합리적이고 수학적인 공식으로 환원했기 때문에 그것은 당연히 진리여야 한다는 생각이지요."[17]

제인이 보기에 남편의 마음에는 자신의 수학을 통해 드러난 진리가 완전한 진리가 아닐 수도 있다는 가능성을 수용할 여지가 전혀 없어 보였다. 일 년 뒤, 제인의 견해가 조금 변했다.

"나이가 들면 더 넓은 시야를 갖기가 쉬워요. ……거의 완전히 마비된 천재라는…… 자신이 처한 조건과 환경 때문에 남편이 보는 전체 그림은 다른 사람이 보는 전체 그림과 너무나도 달라…… 다른 사람들은 신에 대한 그의 견해나 그와 신의 관계가 어떤 것인지 이해할 수 없을 거라고 생각해요."[18]

진리는 수학적이어야 할지 모르지만, 호킹은 물리학이 삶의 전부가 아니라고 생각한다. 한 인터뷰에서 그는 이렇게 말했다.

"물리학은 아주 훌륭하지만 너무 차갑지요. 만약 제게 있는 게 물리학뿐이었다면 살아갈 수 없었을 것입니다. 다른 사람들과 마찬가지로 저도 따뜻함과 사랑과 애정이 필요합니다."[19]

특별한 자산

1960년대 후반에 호킹의 칼리지와 대학의 해당 학과들이 살 날이 얼마 남지 않아 강의나 수업을 통한 기여를 거의 기대할 수 없는 젊은 물리학자에게 계속 자리를 보전해준 것은 관대한 태도라 할 수 있다. 응용수학 및 이론물리학과는 처음부터 호킹에게 과중한 수업 부담을 면제해주고, 연구와 일부 세미나와 대학원생 지도에만 전념하도록 배려했다. 하지만 1970년대 중반이 되자, 키스 칼리지와 케임브리지 대학은 호킹이 머물러 있는 것이 오히려 자신들에게 큰 득이 된다는 사실을 깨달았다. 호킹이 아주 귀한 자산이 되었기 때문이다.

하지만 케임브리지에서 비범한 능력과 인격을 가진 사람은 드물지 않다. 그런 사람은 이 학과 아니면 저 학과에 거의 정기적으로 나타난다. 케임브리지는 천재의 출현을 부추기는 환경이었다. 더 넓은 바깥 세계에서는 아무리 경이로운 인물로 대접받더라도, 대학 공동체 내에서는 대개는 그저 그런 인물로 여기는 경우가 많다. 호킹이 거의 전설에 가까운 인물이 된 1970년대 후반에도 그와 그의 특수 장비—그를 위해 페이지를 넘기는 장비, 칠판처럼 사용할 수 있도록 특수 제어 장치가 달린 컴퓨터 터미널—는 좁은 연구실을 다른 연구자와 함께 썼다.

의사소통 문제는 갈수록 심각해졌다. 1970년대 초반까지만 해도 호킹과 정상적인 대화를 하는 게 가능했다. 하지만 1970년대 후반과 1980년대 초반에 이르자, 발음이 너무 불분명해져서 오직 가족과 가까운 친구만 알아들을 수 있었다. 그래서 조수로 일하는 대학원생이 '통역자' 역할을 맡을 때가 많았다. 훗날 〈뉴욕 타임스*The New York Times*〉를 대표해 호킹과 인터뷰를 한 마이클 하우드Michael Harwood는 그 과정을 다음과 같이 이야기했다.

"옆에 앉은 돈 페이지가 불분명한 말을 들으려고 몸을 바싹 붙이고 각각의 구절을 제대로 들었는지 확인하기 위해 큰 소리로 말한다. 가끔은 말을 중단하고 다시 반복해달라고 요구하며, 때로는 확인을 위해 호킹에게 들은 말을 다시 들려준 뒤에 자신의 말을 정정한다."[20]

또 다른 인터뷰어는 호킹이 한 문장을 다 마쳤겠거니 여겼는데, '통역'을 통해 겨우 한 단어만 말했다는 걸 알아차릴 때가 종종 있었다고 회상했다. 과학 논문을 쓸 때에도 이렇게 힘겹게 비서에게 구술하는 방법을 사용했다. 하지만 호킹은 개념을 최소한의 단어로 표현하는 방법과 과학 논문과 대화에서 정곡을 찌르는 방법을 터득했다.

최소한의 단어로 표현한 그의 발언은 전 세계의 주목을 끌었다. 호킹이 폭발하는 블랙홀 개념을 발표하고 나자 상과 표창이 쏟아졌다. 1974년 봄에 호킹은 세계적으로 유명한 과학자들의 단체인 왕립학회 회원이 되었다. 32세의 젊은 과학자로서는 파격적인 영예였다. 17세기부터 이어져온 입회식에서는 신입 회원이 연단까지 걸어가 맨 첫 페이지에 아이작 뉴턴의 이름이 적혀 있는 책에 자기 이름을 쓰는 게 전통이었다. 하지만 호킹의 입회식에서는 왕립학회 회장인 앨런 호지킨Alan Hodgkin(노벨생리의학상 수상자)이 그 전통을 깨고 첫줄에 앉아 있던 호킹에게 책을 들고 갔다. 호킹은 아직까진 힘겹게 자기 이름을 쓸 수 있었지만, 시간이 많이 걸렸다. 그 자리에 모인 저명한 과학자들은 경의를 표하며 기다려주었다. 호킹이 마침내 이름을 다 쓰고 나서 고개를 들어 활짝 웃자, 모두 박수갈채를 보냈다.

같은 해 봄에 호킹 부부는 킵 손이 교수로 있던 칼텍의 초청을 받아들여 1974~1975학년도를 그곳에서 보내기로 했다. 호킹은 셔먼 페어차일드 석좌교수 자리를 제의받았다. 두둑한 봉급과 주택, 자동차, 거기다가 신형 전기 휠체어까지 제공하고, 로버트와 루시의 교육비는 물론이고 의료비도 전액 지불하는 조건이었다(영국 국민 의료 보험은 해외에서 사용하는 의료비는 지원하지 않는다).

제의가 들어온 봄은 호킹 부부가 리틀세인트메리스 레인의 집을 구입해 개조한 지 거의 4년이 지났을 때였다. 이 무렵에 계단을 오르내릴 때에는 난간을 지탱하는 짧은 기둥들을 붙잡고 오로지 팔힘만으로 계단을 하나하나 올라갔는데, 한동안은 물리 치료 효과가 꽤 있었다. 하지만 결국에는 그마저도 불가능하게 되었다. 키스 칼리지는 호킹 부부가 결혼할 당시보다 주택을 구하는 데 더 많은 도움을 주려고 했다. 새 회계 담당자는 킹스 칼리지 뒷문에서 멀지 않은 웨스트 로드에 칼리지 소유의 벽돌집 맨션이 있다면서 그곳의 널따란 1층 아파트를 권했다. 그 당시 케임브리지에서는 구석진 곳이 좀 낡긴 했지만 우아한 아래층에는 교직원 가족이 살고, 위층 방에는 대학원생이 사는 일이 흔했다. 키스 칼리지가 권한 아파트는 천장이 높고 창문이 컸으며, 조금만 개조하면 가족이 살기에 쾌적하고 휠체어가 다니기에도 편리할 것 같았다. 개조 작업은 호킹 가족이 캘리포니아 주에 가 있는 동안 완료하기로 해 미국에서 돌아오는 대로 언제든지 이사할 수 있었다. 앞쪽의 주차 구역에만 자갈이 깔려 있을 뿐, 집 주변은 정원으로 둘러싸여 있었다. 정원은 키스 칼리지의 정원사들이 돌봤는데, 그들은 제인의 제안과 정원 관리 계획을 최대한 존중했다. 자녀들에게는 아주 이상적인 집이 될 것 같았다.

비록 계단을 오르내리는 것은 포기했지만, 음식을 먹고 침대에 눕고 일어나는 것은 아직까지 호킹 혼자서 할 수 있었다. 하지만 이마저도 갈수록 점점 힘들어졌다. 제인은 여전히 외부의 도움 없이 혼자서 모든 일을 처리했다. 호킹의 상태가 악화돼 가는데도 그의 삶을 최대한 정상적으로 유지하려고 노력했고, 그와 동시에 로버트와 루시가 정상적인 어린이의 삶을 살아가도록 배려하느라 몸이 닳도록 일했다. 그 와중에 짬을 내 자신의 박사 학위 논문도 써야 했다. 하지만 호킹 부부는 이제 변화가 필요하다고 느꼈다.

부활절 휴가 동안 캘리포니아 여행을 계획하던 제인은 호킹을 돌보는 방법에 대해 새로운 해결책을 제안했다. 그것은 양보와 패배라는 느낌이 들지 않으면서 호킹이 받아들일 수 있는 방법이었는데, 대학원생이나 박사 후 연구원이 호킹과 함께 살면서 여행하고 그를 돌보는 방법이었다. 숙식을 제공하고 호킹에게 별도의 지도를 받는 대신에 그 학생은 호킹이 침대에 눕고 일어나는 것을 도와주기로 했다. 호킹 가족이 캘리포니아로 갈 때에는 버나드 카Bernard Carr라는 대학원생이 동행하기로 했다.

제인은 항공권을 예매하고, 카의 도움을 받아 이삿짐을 포장하고, 그 이삿짐을 아이 둘과 남편과 특수 장비들과 함께 대서양 건너 캘리포니아 주 남부로 옮겼는데, 친구들은 그 일을 아주 효율적으로 처리하는 제인을 보고 감탄했다.

늘 햇빛이 비치는 땅

1974년 8월, 킵 손은 미국에 체류하는 동안 호킹 가족이 사용할 번쩍이는 스테이션왜건을 로스앤젤레스 공항으로 몰고 와 호킹 가족을 맞이했다. 런던에서 출발해 북극 상공을 지나오는 긴 여행을 했지만, 손이 차를 몰고 고층 건물과 키 큰 야자수들이 늘어선 도시를 지나 로스앤젤레스 도심에서 북동쪽으로 16km 지점에 위치한 패서디나를 향해 고속도로를 달리는 동안 호킹 가족은 캘리포니아 주 남부의 나른한 공기 속에서

활기를 되찾았다.[21]

어둑어둑해질 무렵에 그들을 위해 마련한 집에 도착했다. 벽이 하얀색 물막이판으로 덮여 있고, 모든 창문에 밝은 조명이 환하게 빛나는 멋진 집이었다. 집은 칼텍 캠퍼스 앞을 지나가는 도로 건너편에 위치해 있었고, 멀리 산들이 보였다. 제인은 도착한 그날 영국의 부모에게 편지로 이렇게 묘사했다. "밖에서 보아도 예쁘지만 실내도 우아해요. 이 사람들은 우리가 천문학적인 생활 수준에 익숙하다고 생각하나 봐요! 만약 그들이 진실을 알았더라면!"[22]

호킹 가족은 옥외 테라스에서 벌새를 발견했다. 정원에는 기어오를 수 있을 만큼 큰 떡갈나무가 있었고, 집 안에는 욕실이 여러 개 있었으며, 거실에는 텔레비전도 있었다. 집에서 가까운 캠퍼스에는 수영장이 있었다. 디즈니랜드도 차로 가까운 거리에 있었다. 최첨단 전기 휠체어도 준비돼 있었다. 호킹은 경주용 자동차 운전자처럼 더 빠르고 성능이 좋은 신형 모델을 타고 이리저리 돌아다니면서 그걸로 어떤 일을 할 수 있는지 확인하고, 때때로 멈춰서 기술자에게 필요한 조정을 하게 했다.

미리 예상하긴 했지만, 호킹 가족이 캘리포니아에 정착하면서 맞닥뜨린 다소 불안한 새 경험은 자주 일어나는 진동과 가끔 일어나는 지진이었다. 이웃과 동료들은 아무렇지도 않게 여겼으며, 작은 진동이 자주 일어나면 큰 지진이 일어날 가능성이 낮다고 안심시켜 주었다. 실제로 호킹이 사는 집과 가족은 일 년 동안 아무런 피해도 입지 않았다.

로버트와 루시는 패서디나 타운 앤드 컨트리 스쿨에 다녔다. 세 살인 루시는 첫날부터 학교가 무척 마음에 들어 원래는 반나절만 학교에 있기로 돼 있었지만 하루 종일 학교에 있다 집에 가기로 마음먹었다. 제인이 데리러 왔을 때 루시는 어디에서도 보이지 않았다. 직원이 공황 상태에 빠져 허둥대며 온 학교를 뒤졌더니, 루시는 나이가 많은 아이들과 함께 식당에서 평온하게 식사를 하고 있었다. 로버트는 자신의 새로운 역할을 발견했다. 어머니는 일곱 살 소년의 머릿속에 자세한 지도를 입력했고, 로버트는 제인이 로스앤젤레스 고속도로를 달릴 때 소중한 내비게이터가 돼주었다. 버나드 카는 칼텍의 학생 생활을 정열적으로 즐겨 거의 매일 저녁마다 호킹이 잠자리에 들고 나면 파티에 참석했다. 파티가 끝나면 공포 영화를 보면서 밤을 지새웠다. 다행히도 호킹은 아침에 일찍 일어나는 것을 좋아하지 않았다.

제인은 연속적인 사교 모임에 시달렸는데, 호킹 부부도 거의 늘 손님을 초대해 대접했다. 케임브리지에서는 클레어홀을 제외하고는 칼텍에서처럼 사교 모임에 부부가 꼭 함께 참석하는 경우는 드물었다. 제인은 이런 변화가 비록 조금 피곤하긴 했지만, 신선하고 즐거웠다. 그 지역의 새 친구들 외에 제인의 부모, 호킹의 어머니와 숙모를 비롯한 친지처럼 해외에서 찾아오는 손님들도 있었다. 호킹의 여동생 필리파도 살고 있던 뉴욕에서 찾아왔다. 캠퍼스에서 가까운 거리에 있던 호킹의 집에는 칼텍 상대성 그룹 회원들이 자주 찾아와 파티를 열었다.

캘리포니아 사람들의 자발적이고 직설적인 태도는 영국 사람들에게서 흔히 보던 수줍어하거나 때로는 철저하게 회피하는 태도와 너무나도 달랐는데, 제인은 그것을 놀라우면서도 즐거운 변화로 받아들였다. 호킹의 언어 문제 때문에 그들을 잘 모르는 사람들과 함께 대화를 나누는 건 쉽지 않았지만, 그래도 캘리포니아 사람들은 적극적으로 대화를 시도하려고 노력하는 것처럼 보였다. 칼텍에 도착했을 때 호킹은 자기 분야에서 세계적인 유명 인사였고, 그에 합당한 스타 대우를 받았다. 공정하게 말하자면, 만약 호킹이 케임브리지에 처음 갔을 때부터 이와 비슷하게 세계적인 유명 인사였다면, 필시 그곳 대학 공동체에서도 이곳 패서디나에서 경험한 것과 비슷한 특별 대우와 관심을 받았을 것이다.

외국에서 안식년 휴가를 보내는 교수에게 집을 떠나 보내는 시간은 종종 그의 창조성과 지적 에너지에 큰 도움이 될 뿐만 아니라, 다른 가족에게도 중요한 계기가 된다. 호킹 가족 역시 마찬가지였다. 로버트는 여덟 살짜리 컴퓨터 천재를 사귀었는데, 그 덕분에 그 분야에 큰 흥미를 가져 결국에는 나중에 정보기술 분야로 진출했다. 제인은 어느 교수 아내의 권유로 저녁 시간에 합창반에 참석하기 시작했는데, 처음으로 시작한 이 취미 활동에 푹 빠져 다년간 열심히 계속했다.

호킹에게는 에어컨이 설치된 연구실이 배정되었고, 칼텍 캠퍼스 모든 곳에 경사로가 설치되었다. 그는 유명한 연구자들과 함께 햇볕을 쬐고, 학생 기숙사에서 영예로운 손님으로 즐겁게 식사를 했다. 칼텍은 물리학 분야에서는 세계적으로 손꼽히는 대학이었다. 케임브리지나 옥스퍼드보다 규모는 작지만, 교수진 중에는 자기 분야에서 최첨단을 달리는 세계적인 학자가 많았다. 새로운 동료들과 자극적인 개념들을 만난 호킹은 그때까지 탐구하지 않았던 분야들에도 관심을 보이게 되었고, 이미 연구하고 있던 문제들에 대해서도 새로운 접근 방법에 눈을 돌렸다. 돈 페이지도 여기서 처음 만났는데, 그 당시 칼텍의 대학원생이던 페이지는 호킹의 장래에 중요한 역할을 하는 사람이 된다. 페이지와 호킹은 그해에 원시 블랙홀의 폭발이 감마선 버스트로 관측될지 모른다는 논문을 함께 썼다.[23] 전설적인 경쟁자인 리처드 파인먼Richard Feynman과 머리 겔만도 칼텍에 있었는데, 호킹은 그들의 강연을 들었다. 두 사람은 우주론자가 아니라 입자물리학자였지만, 호킹은 블랙홀을 연구하는 데 입자물리학에 대한 전문지식이 갈수록 더 많이 필요하다는 걸 느꼈는데, 이곳에서 아주 소중한 기회를 얻었다. 얼마 뒤, 호킹은 우주의 기원을 기술하는 방법을 연구하면서 파인먼의 '역사 총합sums-over-histories' 개념을 새로운 방식으로 사용했다. 호킹과 케임브리지에서 만난 뒤 캘리포니아 대학 샌타바버라 캠퍼스에서 근무하던 짐 하틀도 그해에 칼텍에 좀 있다 갔는데, 그는 호킹과 함께 6장에서 언급한 호킹 복사를 기술하는 방법을 개발했다.[24]

호킹이 일 년 내내 패서디나에서만 지냈던 것은 아니다. 크리스마스 직전에는 친구이자 동료인 조지 엘리스와 함께 댈러스에서 열린 회의에 참석했고, 4월에는 로마로 가 교황 바오로 6세에게서 "탁월한 업적을 남긴 젊은 과학자"에게 수여하는 교황 비오 12세 메달을 받았다. 호킹은 바티칸 도서관에서 갈릴레이가 심한 압력과 고문 위협에 못 이겨 지구가 태양 주위를 돈다는 주장을 철회한 문서가 몹시 보고 싶었다. 호킹은 그 기회를 이용해 로마 가톨릭 교회가 350년 전에 부당한 대우를 한 갈릴레이에게 공식 사과를 하라고 로비를 했다. 실제로 로마 교황청은 얼마 후 공식 사과를 발표했다.

호킹이 장차 일부 동료들과 다년간 다투게 될 문제를 진지하게 생각하기 시작한 것도 캘리포니아에서였는데, 그것은 바로 블랙홀에서 정보가 상실되는 문제였다. 여기서 말하는 '정보'가 정확하게 무슨 뜻인지는 나중에 자세히 다룰 것이다. 여기서는 그저 블랙홀이 생성될 때 관여한 모든 것과 블랙홀이 만들어진 이후에 그 속으로 빨려 들어간 모든 것에 관련된 정보라고 생각하면 된다. 이렇게 상실된 정보는 영영 돌이킬 수 없을까? 이 사실은 우주를 이해하고 예측하는 우리의 능력에 어떤 의미를 지닐까? 그것은 정말로 물리학의 붕괴를 뜻할까? 그것은 호킹이 그해에 쓴 논문에 붙인 제목—「중력 붕괴 시에 일어나는 물리학의 붕괴」—이기도 했다. 1976년 11월에 논문을 발표할 때에는 충격을 조금 줄이도록 제목을

「중력 붕괴 시에 일어나는 예측 가능성의 붕괴」로 바꾸었다.[25]

한편, 캘리포니아 방문을 주선하는 데 결정적 역할을 한 절친한 친구이자 동료인 킵 손은 호킹과 유명한 내기를 걸었는데, 그 내용을 문서로 작성해 서명을 했다(호킹은 서명 대신 지장을 찍었다). 그 내기는 백조자리 X-1에 블랙홀이 있느냐 없느냐 하는 것이었다.

〈펜트하우스〉 대 〈프라이비트 아이〉

손과 호킹이 내기를 하기 전, 그 내기의 근원이 된 사건은 휠러가 '블랙홀'이란 이름을 만들기도 전인 1964년에 일어났다. 그해에 모스크바의 응용수학연구소에서 연구하던 야코프 젤도비치와 그의 대학원생 제자 옥타이 구세이노프 Oktay Guseinov는 천문학자들이 이미 관측하여 목록에 올린 쌍성계 수백 개의 명단을 검토하기 시작했다. 그들은 질량과 밀도가 아주 커서 블랙홀 외에는 절대로 다른 것일 수 없는 천체 후보를 찾으려고 했다. 즉, 블랙홀 후보를 찾는 작업을 시작한 셈인데, 그것은 결코 쉬운 일이 아니었다. 블랙홀 후보는 본질적으로 광학 망원경으로는 발견할 수가 없기 때문이다.

쌍성계(쌍성과 같은 말이지만, 태양계처럼 일종의 천체계로 보아 부르는 이름)가 무엇이고, 왜 그곳이 블랙홀을 찾기에 좋은 장소인지 이해하려면, 휠러가 설명한 장면을 상상하는 게 좋다. 조명이 어두운 무도장에서 여자들은 모두 흰 드레스를 입고 춤을 춘다. 남자들도 대부분 흰 옷을 입었지만, 일부는 검은색 정장을 입었다. 이렇게 짝을 지어 춤을 추는 사람들을 멀리 발코니에서 내려다보면, 두 사람씩 짝을 지어 춤을 추는 모습이 보이지만, 간혹 흰 드레스를 입은 여자 혼자서 춤을 추는 모습도 보인다.

쌍성계는 휠러가 설명한 무도장에서 춤을 추는 남녀처럼 서로의 주위를 빙빙 도는 두 별로 이루어져 있다. 그런데 일부 쌍성계는 광학 망원경에는 별이 하나만 관측된다. 그렇다면 그곳에 별이 2개 있다는 사실을 어떻게 알 수 있을까? 무도장에서는 흰 드레스를 입어 눈에 잘 띄는 여자가 춤을 추는 모습을 자세히 관찰하면, 짝이 있는지 없는지 분명히 알 수 있다. 마찬가지로 별의 움직임을 자세히 관측하면, 그 별이 독립적인 별인지 짝이 있는 별인지 알 수 있다.

광학 망원경에는 하나만 보이지만 짝이 있는 것처럼 움직인다고 해서 그 별의 짝이 반드시 블랙홀이라고 할 수는 없다. 보이지 않는 짝별(동반성)은 블랙홀 외에도 작고 희미하고 온도가 낮은 별일 수도 있다. 즉, 백색왜성이나 중성자별일 수도 있다. 그런 별의 질량을 계산하는 것은 아주 복잡한데, 질량은 그 천체가 블랙홀인지 아닌지 판단하는 데 핵심 근거가 된다. 1960년대에 천문학자들은 보이는 별의 움직임에서 짝별의 질량을 알아내는 천재적인 방법을 발견하기 시작했다.

1966년, 젤도비치는 동료 이고르 노비코프 Igor Novikov와 함께 유력한 블랙홀 후보를 확인하려면 광학 망원경과 X선 망원경을 모두 사용해야 한다는 결론을 얻었다. X선 방출원은 그곳에서 강한 에너지가 나온다는 것을 뜻하는데, 그렇게 강한 에너지는 블랙홀이나 중성자별로 물질이 빨려 들어갈 때 나온다. 쌍성계에서 질량이 아주 큰 별이나 블랙홀 쪽으로 짝별의 물질이 끌려 들어갈 때 바로 그렇게 강한 에너지가 나온다. 그래서 천문학자들은 한 별은 가시광선 스펙트럼에서 밝고 X선 영역에서는 어두운 반면, 짝별은 그 반대인 쌍성계를 찾기 시작했다.

백조자리 X-1은 아주 유력한 블랙홀 후보였다. 백조자리 X-1이 속한 쌍성계에서는 광학적으로는 밝지만 X선 영역에서는 어두운 별과 광학적으로는 어둡지만 X선 영역에서는 밝은 짝별이 함께 서로의 주위를 돌고 있다. 이 쌍성계는 우리 은하 안에 있으며, 지구에서 약 6000광년 떨어져 있다. 두 별은 5.6일을 주기로 서로의 주위를 돈다. 광학 망원경으로는 청색거성 하나만 보인다. 물론 그 빛은 너무 희미해서 맨눈으로는 보이지 않는다. 그 빛에 나타나는 도플러 효과를 분석한 결과, 청색거성에는 짝별이 딸려 있는 게 분명하다. 그 짝별에 붙여진 이름이 바로 백조자리 X-1이다. 백조자리 X-1은 광학 망원경에는 전혀 보이지 않지만, X선으로 본 하늘에서는 손꼽을 만큼 밝은 X선 방출원이다. 방출되는 X선은 격렬하고 혼돈스러운 요동을 보이는데, 이것은 물질이 블랙홀이나 중성자별로 끌려 들어갈 때 나타나는 패턴이다. 백조자리 X-1의 질량은 최소한 태양 질량의 3배이고, 태양 질량의 7배 이상일 가능성이 높았다. 가능성이 가장 높은 추정치는 태양 질량의 16배였다. 1974년 12월 당시에는 그 질량을 계산하는 데 이러한 불확실성이 존재했기 때문에, 호킹과 손의 내기가 성사되었다. 백조자리 X-1은 유력한 블랙홀 후보인 건 사실이지만, 전문가들도 그것이 중성자별이 아니라 블랙홀이라고 100% 확신하지는 못했고, 확신 정도를 비율로 나타낸다면 80% 정도였다.

계약서에 명시된 내기 조건은 다음과 같았다: 만약 백조자리 X-1이 블랙홀로 판명된다면, 호킹이 손에게 잡지 〈펜트하우스*Penthouse*〉 1년치 정기 구독권을 선물한다. 만약 백조자리 X-1이 블랙홀이 아닌 것으로 판명된다면, 손이 호킹에게 〈프라이비트 아이*Private Eye*〉 4년치 정기 구독권을 선물한다. 호킹은 백조자리 X-1이 블랙홀이 아니라는 데 걸었던 이 내기를 '보험'이라고 불렀다. "나는 블랙홀에 대해 많은 연구를 했는데, 만약 블랙홀이 존재하지 않는 것으로 밝혀진다면, 그 모든 노력은 허사가 되고 말 것이다. 하지만 그럴 경우, 내기에 이겼다는 데서 위안을 얻을 수 있을 것이다." 과학에서 중요한 발견이 일어날 때까지 내기 계약서는 액자에 넣어 칼텍에 있는 손의 연구실 벽에 걸어놓기로 했다.

캘리포니아에 머무는 시기가 거의 다 끝나갈 무렵, 안타깝게도 제인은 케임브리지에서 자신을 괴롭혔던 우울증과 뭔가 부족한 듯한 느낌, 그리고 낮은 자존감에 다시 휩싸였다. 패서디나에서 보낸 사교 생활을 돌이켜 보고는, 그런 생활은 기존의 문제들을 외면하기 위한 광적인 현실 도피에 지나지 않는다고 판단했다. 일자리가 없는 여성은 개인적 성취를 이루지 못한 패배자로 간주해야 한다는 여성 해방 운동가들의 주장에 넘어간 것 같은 기분이 들었다.[26] 제인은 실제로 자신이 만난 교직원 부인들 중 일자리를 갖지 않은 사람들은 보편적으로 그렇게 느낀다고 결론 내렸다. 그들과 함께 미술관이나 갤러리 또는 연극을 보러 돌아다닌 생활도 이제 와서 생각하니 그들과 자신의 쓸쓸한 삶을 보상하기 위한 슬픈 시도에 지나지 않는 것으로 보였다. 생각이 깊고 분별력이 있던 한 친구는 제인이 얼마나 놀라운 여성인지 알아챘는데, 어쩌면 제인 자신은 이 사실을 인식하지 못하리라고 생각하고는, 호킹이 교황에게서 메달을 받던 날, 제인도 뭔가를 받아야 한다면서 제인에게 진주 브로치를 선물했다.[27]

8

**"과학자들은 흔히 과거와 미래, 원인과 결과 사이에
특별한 연결 관계가 있다고 가정한다. 만약 정보가
상실된다면, 그러한 연결 관계가 존재하지 않는다."**

캘리포니아에서 케임브리지로 돌아온 호킹 가족은 웨스트 로드의 새 집으로 이사했다. 속도가 빠르고 실내와 실외에서 모두 사용할 수 있는 전기 휠체어를 1년 동안 사용하고 돌아온 호킹은 옛날의 낡은 휠체어를 사용하고픈 마음이 전혀 들지 않았다. 영국 보건부에 자신이 캘리포니아에서 사용한 것과 똑같은 휠체어를 제공해달라고 요청했지만 거절당하자, 할 수 없이 저금한 돈을 털어 개인적으로 구입해야 했다.

새로운 이동 수단을 이용해 실버 스트리트에 있는 응용수학 및 이론물리학과 건물까지 가는 데에는 가장 가까운 길이 아니라 교통이 덜 혼잡하고 더 쾌적한 길로 가더라도 약 10분밖에 걸리지 않았다. 호킹은 킹스 칼리지를 지나가는 나무가 우거지고 구불구불한 보도를 이용했는데, 그러려면 먼저 소들이 풀을 뜯는 '더백스'의 초원과 말쑥하게 손질된 잔디밭을 지나 킹스 칼리지 예배당 뒤편의 석조 홍예다리로 캠 강을 건너야 했다. 그 다음에는 두 가지 길 중에서 하나를 선택할 수 있었다. 하나는 킹스 칼리지의 옆문으로 나가 퀸스 칼리지의 중세풍 대문들이 그림자를 드리우고 있고 통행이 적은 뒷길인 퀸스 레인을 따라 실버 스트리트로 가는 길이었다. 아니면, 킹스 칼리지의 정문으로 혼잡한 킹스 퍼레이드로 나가서 오른쪽으로 방향을 틀어 실버 스트리트에 갈 수 있었다. 어느 쪽을 선

택하건, 좁고 혼잡한 실버 스트리트를 지나는 순간은 여태까지의 평온한 여행에 약간의 위험과 흥분을 느끼게 해주었다. 건물 뒤편에는 호킹이 사용하는 경사로가 있었다. 호킹은 대체로 오전 11시경에 연구실에 도착했다. 새 대학원생 조수인 앨런 러페이드스 Alan Lapades가 가끔 호킹과 함께 올 때도 있었지만, 호킹은 종종 적절한 독립성을 제공하는 최첨단 휠체어에 의지해 혼자서 출근했다.

1975년 가을에 호킹은 과학 공로 특별 연구원 임기가 종료되었다. 비록 강의는 할 수 없었지만 그는 훌륭한 스승이었고, 학생들과 토론하는 데 기꺼이 많은 시간을 할애했기 때문에 일부 동료들은 호킹이 자기 연구를 어떻게 하는지 의문스럽게 생각할 정도였다. 케임브리지 대학은 '준교수' 자리와 주디 펠라 Judy Fella라는 비서를 제공함으로써 호킹이 미국으로 영구 이주할지 모른다는 소문을 잠재웠다. 주디는 응용수학 및 이론물리학과에서 쾌활하고 매력적인 비서였으며, 호킹 부부에게는 실로 큰 선물이나 다름없었다. 개인 비서가 생기자 제인은 호킹의 일정 관리와 여행 예약을 모두 처리해야 하는 부담에서 벗어났다. 그래서 그동안 게을리한 박사 학위 논문을 다시 쓰기 시작했고, 또 새로 생긴 음악 취미를 살려 성악 레슨도 받기 시작했다.

1975년 여름, BBC 텔레비전 방송 차량이 호킹이 사는 웨스트 로드의 집 앞마당으로 들어와 집 안으로 케이블을 연결했다. 〈우주의 열쇠〉라는 다큐멘터리를 제작할 때 호킹을 촬영하기 위해서였다. 그 다음에는 실버 스트리트로 이동해 응용수학 및 이론물리학과에서 열린 세미나도 촬영했다. 나중에 더 자주 일어나게 되지만, 이와 같은 언론 매체의 침입은 동료들과 학생들과 직원들과 가족의 이익과 우선 사항을 무시하면서 일어났다. 나중에는 성가신 일로 취급되었지만, 그래도 처음 몇 번은 사람들이 큰 흥미를 보였다.

　제인이 대학원생 조수를 집에 함께 살게 한 계획은 성과가 좋았고, 호킹은 칼텍에서 만난 돈 페이지가 케임브리지에 와서 그 자리를 채웠으면 하고 바랐다. 페이지는 가까운 친구가 되었을 뿐만 아니라, 장래가 촉망되는 동료 물리학자이기도 했다. 그는 박사 학위를 마치고 박사 후 연구원 자리를 생각하고 있었는데, 호킹이 3년짜리 NATO 특별 연구원 자리를 얻는 데 도움을 주었다. 1975년 크리스마스 직전에 키가 아주 크고 낭랑한 목소리를 가진 이 젊은이는 웨스트 로드의 집으로 옮겨와 살았다.

　무신론에 가까운 불가지론자인 호킹이 페이지를 선택한 것은 예상 밖이었다. 페이지는 지적으로 똑똑하고 아주 도덕적이며 독실한 기독교인이었기 때문이다. 그는 실버 스트리트를 오가는 동안 대화 주제를 물리학에만 한정하지 않고 종종 그날 아침에 읽은 성경 구절에 대한 이야기로 옮겨가기도 했다. 호킹은 의심을 담은 가벼운 농담으로 응수했지만, 페이지의 의견과 신앙을 존중했다. 페이지는 조수로서의 일이 끝난 뒤에도 오랫동안 호킹에게 개인적인 친구이자 학계의 소중한 협력자로 남았다.

　연구실에서는 비서인 주디 펠라가, 집에서는 돈 페이지가 호킹을 돌봐준 덕분에 제인은 부담이 크게 줄어들었다. 1977년 여름, 몇 년 만에 처음으로 호킹은 제인 없이 여행을 떠났는데, 몇 주일 동안 칼텍을 재방문한 이 여행에는 페이지가 동행했다.

　그 무렵에 호킹과 젊은 회원들은 런던에서 열린 찰스 왕세자의 왕립 학회 입회식에 참석해달라는 초청을 받았다. 왕세자는 호킹의 휠체어에 흥미를 느꼈는데, 호킹은 휠체어의 성능을 보여주기 위해 그것을 타고 돌아다니다가 그만 바퀴로 왕세자의 발을 치고 말았다. 얼마 후, 호킹이 다른 사람의 발을 치는 일이 항상 우연만은 아니라는 소문이 나돌았다. 심지어 호킹이 평생의 한으로 여기는 일 중 하나가 마거릿 대처Margaret Thatcher의 발을 칠 기회를 얻지 못한 것이라는 소문까지 나돌았다. 그의 비위를 상하게 한 사람은 그 표적이 된다는 이야기까지 있었다. 호킹은 "악의적인 소문이에요. 그 이야기를 반복하는 사람은 누구든지 휠체어로 칠 겁니다."라고 말했다.[1]

준교수 자리에 임명된 지 막 2년이 지난 1977년 가을, 케임브리지 대학은 호킹을 중력물리학 교수로 승진시키고 봉급도 인상했다. 케임브리지와 대부분의 영국 대학에서 교수가 되는 것은 미국 대학들에 비해 훨씬 어렵다.

그해 12월, 제인은 크리스마스 시즌의 특별한 음악을 위해 바턴 로드에 있는 세인트마크 교회 성가대에 들어가 오르간 연주자이던 조너선 헬리어 존스Jonathan Hellyer Jones를 처음 만났다. 조너선은 재능 있는 음악가였고, 제인과 호킹보다 몇 살 더 어렸다. 얼마 전에 그는 결혼한 지 불과 1년 만에 아내를 백혈병으로 잃었다. 호킹의 집은 그에게 안식처가 되었다. 제인과 호킹은 둘 다 그에게 정서적으로 도움을 주었고, 조너선은 자기 몫이상의 역할을 했다. 일곱 살이던 루시에게 피아노를 가르치는가 하면, 호킹에게 육체적으로 필요한 일을 자발적으로 도와주었다. 제인은 세인트마크 교회의 교인 집회에 참석했다. 그리고 마침내 학위 논문의 마지막 장에 몰두할 수 있는 시간을 얻었다.

호킹 가족과 친밀하고 관대한 관계를 맺고, 제인의 신앙과 음악에 대한 사랑을 공유한 이 젊은이가 제인과 단순히 도움을 주고받는 친구 이상의 관계로 발전한 것은 어쩌면 불가피한 일이었는지도 모른다. 솔직한 성격의 제인은 두 사람의 관계가 연애 감정으로 발전하자, 굳이 그 사실을 호킹에게 숨기지 않았다. 호킹은 아무 말도 하지 않았지만, 제인이 "내가 그를 사랑하는 한 그도 반대하지 않을 것이다."라고 썼듯이 그도 그 사실을 받아들인 것으로 보인다.[2] 그 후로 두 사람은 그 문제를 거의 언급 하지 않았으며, 제인과 조너선의 관계는 오랫동안 정신적 사랑에 머물렀 다. 두 사람은 "호킹과 자녀들 앞에서는 애정 표현을 삼가는 행동 수칙을 지키기로" 선택했다. 따로 나가 함께 살려고 하지도 않았다. "조너선과 나 는 우리의 양심과 싸웠으며, 우리 관계보다 더 큰 선―가족 단위의 생존, 그 가족 단위 안에서 편안히 살 호킹의 권리, 자녀의 행복―이 더 중요하 다고 판단했다."[3] 두 사람의 관계는 철저히 비밀에 부쳐져 극소수 가족과 친구만 알았으며, 제인과 조너선에게 얼마나 큰 상처를 받았는지는(혹은 받 지 않았는지는) 모르지만, 호킹도 그 사실을 자신의 가슴속에 묻어두었다.

1978년 가을에 제인이 다시 임신했다. 돈 페이지와 주디 펠라뿐만 아 니라 조너선의 도움까지 받을 수 있었던 제인은 봄에 아기가 태어나기 전 에 박사 학위 논문을 마치기로 계획을 세웠다. 지금 그것을 끝마치지 못 하면 영영 못 할 것 같았다. 겨울에 제인은 새로 설립된 운동신경세포병 협회의 기금 마련 자선 콘서트를 조직하기 위해 잠깐 동안만 그 일을 쉬 었다. 제인은 케임브리지 음악계에서 고정 멤버로 출연하기 시작했다.

호킹의 셋째 아이 티모시 Timothy는 4월 부활절에 태어났다. 호킹과 베 르너 이스라엘 Werner Israel은 100년 전 비슷한 시기에 태어난 아인슈타인의 생일(1879년 3월 14일)을 기념해 동료들에게 일반 상대성 이론과 관련이 있 는 현재의 연구를 반영한 책에 글을 기고하라고 권했다. "물리학의 모든 법칙을 통합할 완전하고 일관성 있는 이론을 추구한 아인슈타인의 꿈"을 언급한 그 서론은 장차 루카스 석좌교수 취임 강연의 주제를 예고하는 것 이었다.[4]

호킹은 1970년대 중반과 후반에 국제적으로 중요한 상과 명예 박사 학위를 여러 개 받았다. 그 중에는 "일반 상대성 이론을 천체물리학에 응용한 발군의 업적"으로 "자연과학에서 창의적인 발견"을 한 것을 치하하는 왕립 학회의 휴즈 메달과 미국의 루이스 앤드 로자 스트라우스 기념 기금이 수여하는 알베르트 아인슈타인 상도 포함돼 있었다. 알베르트 아인슈타인 상은 매년 수여하는 상이 아니며, 미국에서 물리학자에게 수여하는 상 중 가장 명예로운 상이다. 명예 박사 학위 중 하나는 1978년 여름에 모교인 옥스퍼드 대학에서 받았다. 하지만 호킹의 장래를 위해 가장 중요한 사건은 무엇보다도 1979년 가을에 케임브리지 대학에서 루카스 수학 석좌교수에 임명된 일이었다. 이제 마침내 개인 연구실을 쓰게 되었다. 대학의 새 교직원이 자신의 이름을 적는 두툼한 책은 일 년도 더 지난 다음에 호킹에게 왔다. 무슨 영문인지 관계자들이 그동안 이 공식 절차를 등한시했던 것 같다.

"나는 아주 어렵게 서명을 했다. 내 이름을 서명한 것은 그것이 마지막이었다."[5]

1980년, 독립을 위한 호킹의 투쟁이 중대 국면에 이르렀다. 마틴 리스는 그 당시 케임브리지에서 또 하나의 명망 높은 자리인 플룸 천문학 석좌교수를 맡고 있었다. 그는 결혼 전부터 호킹 부부를 알았고, 호킹이 과학자로서 성공 가도를 달리는 모습과 신체적으로 점점 악화돼가는 모습을 모두 가까이에서 지켜보았다. 늦겨울인지 초봄인지 확실치 않지만 어쨌든 그 무렵에 리스는 제인에게 잠시 이야기를 나누게 물리학연구소로 오라고 했다. 그보다 앞서 겨울에 호킹은 독감에 걸려 증상이 더욱 심해졌고, 제인도 몸이 아파 쉽게 회복되지 않았다. 의사의 권유로 두 사람 다회복할 때까지 호킹은 잠시 동안 병원에 입원했다. 리스는 그것이 호킹 부부가 외부의 도움 없이 대처할 수 없는 많은 사건 중 최초의 사건이 되지 않을까 염려했다. 그래서 그는 제한적인 가정 간호를 받을 수 있도록 예산을 지원해주겠다고 제의했다.

그것은 호킹에게는 생각도 하지 못할 일이었다. 그것에 동의하는 것은 곧 자신의 병에 굴복하는 것이고, 자신의 삶에 반갑지 않은 비개인적인 침입을 허용하는 것이라고 생각했다. 자신은 환자 신세가 되고 말 테니까. 하지만 곰곰이 생각을 한 끝에 호킹은 생각을 바꾸었다. 제의를 받아들이면 여러 가지 이점이 있을 것이라고 판단했다. 무엇보다도 아내나 친구나 학생에게 의존하지 않고도 더 자유롭게 여행을 할 수 있을 것 같았다. 처음에는 독립성 상실로 간주했던 일이 사실은 큰 이익이 될 것이라고 생각했다.

N=8 초중력

호킹이 루카스 수학 석좌교수에 취임하면서 "이론물리학의 끝이 보이는가?"라는 제목으로 한 강연은 1980년 4월 29일에 있었다. 이 강연에서 호킹은 N=8 초중력을 모든 것의 이론 후보 가운데 가장 앞서 가는 것으로 꼽았다. 비록 호킹이 만든 것이 아니었지만, 호킹과 많은 물리학자들은 이 이론을 아주 유망하다고 여겼다. 초중력은 우리가 아는 모든 입자는 자신과 질량은 같지만 '스핀'이 다른 초대칭 짝이 있다는 초대칭 개념에서 나왔다.

『시간의 역사』에서 호킹은 스핀은 입자를 회전시킬 때 입자가 나타내는 모습을 뜻한다고 생각하면 이해하기 쉽다고 말한다. 스핀이 0인 입자는 점과 같다. 이 입자는 어느 방향에서 보건, 그리고 얼마나 많이 회전시키건 간에 항상 똑같아 보인다. 스핀이 1인 입자는 화살과 같다. 완전히 한 바퀴(360°)를 돌려야만 처음의 모습과 똑같아 보인다. 스핀이 2인 입자는 양쪽 끝에 화살촉이 2개 달린 화살과 같다. 이 입자는 반 바퀴(180°)만 돌려도 처음과 똑같아 보인다. 지금까지는 비교적 간단했지만, 여기서 다소 기묘한 입자가 등장한다. 이 입자는 스핀이 $\frac{1}{2}$이다. 이 입자는 처음과 똑같은 모습이 되려면 두 바퀴를 돌려야 한다.

2장에서 우주에 존재하는 모든 입자는 페르미온(물질을 이루는 입자)이거나 보손(전령 입자)이라고 이야기했다. 알려진 페르미온은 모두 스핀이 $\frac{1}{2}$이다. 예를 들면, 전자는 두 바퀴를 돌아야 원래의 모습으로 돌아온다. 반면에 보손은 모두 정수 값의 스핀을 가진다. 광자, W 보손과 Z 보손, 글루온은 스핀이 1(화살촉이 1개뿐인 화살)이어서 한 바퀴를 돌면 원래의 모습으로 돌아온다. 중력자는 이론적으로 스핀이 2(화살촉이 2개인 화살)이기 때문에, 반 바퀴만 돌면 원래의 모습으로 돌아온다.

초대칭 이론은 이들 각각의 입자에 대해 '초대칭 짝'이 존재한다고 가정하면 물질들과 힘들을 통합할 수 있다고 주장한다. 즉, 각각의 페르미온에 대응하는 짝입자가 보손으로 존재하고, 각각의 보손에 대응하는 짝입자가 페르미온으로 존재한다고 주장한다. 보손에 대응하는 짝입자들의 서양식 이름은 보손의 이름을 라틴 어식으로 변화시킨 것처럼 보인다. 광자photon의 이론적 초대칭 짝은 초광자photino라 부르고, 중력자 graviton의 초대칭 짝은 초중력자gravitino라 부른다. 페르미온의 초대칭 짝은 모두 페르미온 이름 앞에 s를 덧붙인다. 그래서 전자 electron의 초대칭 짝은 초전자selectron이고, 쿼크quark의 초대칭 짝은 초쿼크squark이다.

호킹이 루카스 수학 석좌교수 취임 강연을 할 무렵에 초중력 이론은 여러 가지 버전이 나와 있었다. N=8 초중력은 유일하게 4차원(공간 3차원과 시간 1차원으로 이루어진)에서 성립하는 이점이 있었고, 또 아직 발견되지 않은 입자가 상당히 많이 있어야 한다고 가정하긴 했지만, 양자중력 이론을 추구하는 다른 이론들과는 달리 무한히 많은 입자가 존재해야 한다고 요구하지는 않았다. N=8이라는 이름은 이 이론에서 중력자의 초대칭 짝이 하나가 아니라 8개가 존재한다는 사실에서 유래했다. 수가 많아서 다소 거추장스럽긴 하지만, 이론적으로는 아주 잘 성립했다.

그러나 강연을 하고 나서 얼마 지나지 않아 호킹과 그 밖의 물리학자들은 아주 유망해 보이던 그 이론을 사용해 어떤 계산을 실제로 한다는 게 엄청나게 어렵다는 사실을 깨달았다. 중력자와 8종의 초중력자 외에도 150종의 입자가 있었다. 설사 컴퓨터를 사용한다 하더라도, 모든 입자를 고려하고, 어딘가 아직 숨어 있을지 모르는 무한들을 찾아내고, 실수를 저지르지 않았음을 확인하면서 한 가지 계산을 마치는 데에는 약 4년이 걸린다는 결론이 나왔다!

또 한 가지 문제는 초대칭 입자 중에서 발견되거나 발견될 가망이 있어 보이는 게 하나도 없다는 점이다. 이론에 따르면 초대칭 입자는 짝을 이루는 '정상' 입자와 질량이 같아야 하지만, (우리가 관찰하는 세계에서는) 이 대칭이 '파괴돼' 초대칭 입자는 짝입자에 비해 수백 배에서 수천 배나 더 무겁다. 실험실에서 그런 초대칭 입자를 발견하려면 어마어마한 에너지가 필요하다. '대칭 파괴'는 나중에 다른 맥락에서 다시 자세히 살펴볼 것이다.

1964년에 에든버러 대학의 피터 힉스Peter Higgs가 제안한 '힉스장'은 이론적으로 우주 전체에 퍼져 있고, 초대칭 입자를 실험적으로 발견하기 어렵게 만드는 대칭 파괴를 일으키고, 입자들에게 질량을 부여한다. 만약 이 이론이 옳다면, 힉스장은 스핀이 0인 '힉스 입자'로 나타날 것이다. 힉스 입자 자체는 아주 무겁고 한 번도 관측된 적이 없지만, 만약 실제로

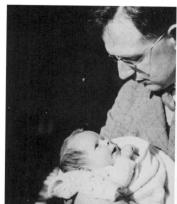

"평범한 영국인 소년 시절"
—하이게이트와 세인트올번스

위 왼쪽 갓 태어난 호킹을 안은 아버지 프
랭크 호킹
위 오른쪽 호킹과 두 여동생 필리파와 메리
가운데 새 자전거를 자랑스러워하는 호킹
아래 휴가 때 집시 캐러밴 계단에서 두 여
동생과 함께 노는 모습

"공부벌레하고는 거리가 먼"—옥스퍼드 대학 시절

위 대학 보트 클럽의 키잡이로 활약하던 모습
아래 보트 클럽의 파티에서 흥겹게 노는 장면(손수건을 흔드는 사람이 호킹)

action:
$$A = \sum_{a \neq b} \sum \iint G(a,b)\,da\,db,$$

where the integration is over the world-lines of particles $a, b.$ . . In this expression G is a Green function that satisfies the wave equation:

$$G(x, x')_{;ij}\, g^{ij} + \tfrac{1}{6} R\, G(x,x') = \frac{S^4(x,x')}{\sqrt{-g}}$$

where g is the determinant of g_{ij}. Since the dou in the action A is symmetrical between all pairs particles a, b , only that part of $G(a,b)$ that symmetrical between a and b will contribute to t i.e. the action can be written

$$A = \sum_{a \neq b} \sum \iint G^*(a,b)\,da\,db$$

where $G^*(a,b) = \tfrac{1}{2} G(a,b) + \tfrac{1}{2} G(b,a).$

Thus G^* must be the time-symmetric Green functio

"이보다 더 행복했던 적이 없을 정도로 행복한 삶"—1960년대 초반에 케임브리지에서

위 왼쪽 우산을 지팡이 삼아 짚고서 어머니 이소벨과 함께
위 오른쪽 박사 학위 논문의 한 페이지. 방정식들은 직접 손으로 쓴 것이다.
가운데 리틀세인트메리스 레인에 있던 교회 묘지와 호킹의 집
아래 왼쪽 아들 로버트를 안은 호킹
아래 오른쪽 결혼식 날의 호킹과 제인

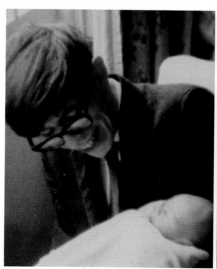

"내게는 아름다운 가족이 있다"—1970년대

위 왼쪽 웨스트 로드의 집 **위 오른쪽** 현관 앞에 놓인 최첨단 휠체어
위 오른쪽 아래 루시, 제인, 로버트와 함께
아래 로버트와 체스를 두는 모습

위 로버트, 루시, 호킹, 제인과 함께 새 가족이 된 티모시가 모래 상자에 서 있다.
아래 제인이 새로운 열정을 느낀 음악

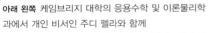

아래 왼쪽 케임브리지 대학의 응용수학 및 이론물리학과에서 개인 비서인 주디 펠라와 함께

아래 오른쪽 비가 내리는 가운데 킹스 퍼레이드에서 간호사 일레인 메이슨과 함께

"국제적 우수성"

위 왼쪽 말하는 능력을 잃기 직전인 1983년 봄에 연구생인 크리스 헐과 대화를 나누는 모습. 헐은 호킹의 말을 이해하려고 귀를 기울이고 있다.

위 오른쪽 돈 페이지와 함께 킹스 칼리지를 관통하는 길을 따라 집으로 가는 길

위 왼쪽 아래 케임브리지에서 동료들과 학생들과 차를 마시는 모습

"나는 베스트셀러를 썼다!"
—1980년대 후반

위 시카고에서 『시간의 역사』를 축하하는 스티븐 호킹 팬 클럽
가운데 캘리포니아 주 버클리의 한 술집에서 최초 버전의 컴퓨터 언어 프로그램을 보여주면서 동료들과 함께
아래 로저 펜로즈와 킵 손과 함께

"거인들의 어깨 위에 올라서서"—1980년
케임브리지 대학 트리니티 칼리지에서 이전의 석좌교수였
던 아이작 뉴턴의 상 앞에 자리한 루카스 수학 석좌교수
위 명성 높은 이스라엘의 울프상을 수상하는 장면

존재한다면 제네바 근처의 스위스와 프랑스 국경 지역에 위치한 CERN의 대형강입자충돌기(LHC)에서 발견될지 모른다. 호킹은 힉스 입자를 놓고도 내기를 건 것으로 유명한데, 그는 힉스 입자가 결코 나타나지 않을 것이라는 쪽에 내기를 걸었다. 호킹은 대형강입자충돌기에서 일부 초대칭 입자가 발견되거나 미니 블랙홀이 만들어질 가능성에 더 큰 관심을 보인다. (2012년 7월 4일, CERN은 힉스 입자로 추정되는 소립자를 발견했다고 발표했다. 발견된 새 입자의 질량은 125GeV(기가전자볼트)로 측정되었는데, 이것은 양성자 질량의 125배에 해당한다. 물리학계는 이번 발견을 면밀히 검토한 뒤에 힉스 입자의 존재를 공식 발표할 것으로 보인다.—옮긴이)

호킹이 루카스 석좌교수 취임 강연을 한 1980년 봄에 제인은 6월로 예정된 박사 학위 구두 시험을 준비했다. 제인이 시험에 합격한 것에 놀란 사람은 아무도 없었다. 공식적인 졸업은 1981년 4월에 하게 되지만, 이제 학위를 딴 것이 확실했기 때문에 제인은 동네 어린이들에게 프랑스 어를 가르치기 시작했고, 케임브리지 식스스 폼 센터Cambridge Center for Sixth form Studies, CCSS에서 학생들에게 식스스 폼 시험에 합격해 대학 입학 자격을 얻도록 돕는 파트타임 일자리를 얻었다.(영국에서는 중등학교를 마친 뒤 대학 입학 시험을 준비하는 2년 과정을 A—level 혹은 Sixth Form이라 한다. 12~13학년에 해당한다.—옮긴이) 시간이 좀 지난 뒤 학위를 따고 나서는 식스스 폼 과정을 가르치는 교사가 되었다. 직업 경력의 시작은 학위 논문을 마치기 위해 다년간에 걸친 노력 끝에 찾아온 일종의 반절정anticlimax에 해당했다. 아직도 자신이 이룬 대단한 지적 성취와 남편의 괄목할 만한 성공 사이에는 낙담할 정도로 큰 간극이 존재했다. 그럼에도 불구하고, 제인은 "그것은 오랫동안 억눌려왔다고 느꼈던 나 자신의 일부를 성취하는 것이었고, 무엇보다 경이로운 사실은 집에서 하는 일과 완전히 양립할 수 있었다는

점이다."라고 말했다.[7]

티모시는 아장아장 걸어다니는 아기였고, 로버트는 퍼스 스쿨을 잘 다니고 있었으며, 루시는 초등학교에서 인기 있는 학생이었다. 호킹 가족에 대해 내가 맨 처음 들은 이야기는 뉴넘크로프트 초등학교 교장에게서 들은 것인데, 여섯 살짜리 내 딸을 보면 루시 호킹이 떠오른다고 했다. 이것은 칭찬으로 한 말이 분명했다. 루시를 만난 나는 실제로 그렇다는 걸 확인했다. 그때에는 이미 학교를 졸업했지만, 잠시 학교를 방문한 루시는 운동장에서 작은 아이들을 도와주었다. 광채가 나는 용모를 지닌 16세의 금발 소녀는 지성과 개성이 넘쳤고, 나이에 어울리지 않게 신중함과 침착함까지 보였다. 루시는 아버지가 케임브리지 대학의 물리학과 교수이지만, 자신은 평생 케임브리지에서 살아왔기 때문에 환경 변화를 위해 옥스퍼드에 가고 싶다고 말했다. 루시는 인터뷰에서 자신은 아버지와 다르다고 말했다.

"전 과학을 잘한 적이 없어요. 수학은 더욱 절망적이었는데, 그 때문에 다소 창피했어요."[8]

하지만 루시는 훌륭한 학생이자 첼로 연주자였다. 루시나 그 형제들이 성공하지 못할 거라는 데 사탕 한 봉지를 걸 사람은 거의 없었을 것이다.

다락방에서 제기한 문제

1974~1975학년도에 칼텍에서 보낸 1년은 호킹이나 초대자의 입장에서는 아주 큰 성공이었기 때문에, 호킹은 거의 매년 습관처럼 칼텍으로 돌아가 한 달쯤 지내다 왔다. 칼텍은 이를 위해 호킹의 셔먼 페어차일드 석좌교수 자리를 갱신하고 연장해주었다.

1980년 무렵에 킵 손은 호킹의 연구 태도에 변화가 생긴 것을 눈치챘다. 호킹은 손에게 "나는 엄밀함보다 옳은 것을 추구하겠네."라는 말로 그 태도 변화를 요약했다. 다소 수수께끼 같은 이 말은 바로 대부분의 수학자가 자신의 생각이 옳음을 뒷받침하는 엄밀한 수학적 증명에 만족한다는 사실과 관련이 있다. 1960년대와 1970년대에는 호킹도 그런 태도를 보였다. 그런데 이제 와서 호킹은 그러한 엄밀함이 반드시 '옳은' 것에 이르는 최선의 길이 아니라고 말한 것이다. 그러한 태도는 나무를 보느라 숲을 보지 못하는 우를 범할 수 있다고 보았다. 호킹은 더 사변적으로 변했고, 어떤 것을 95% 확신할 수 있다면 만족하고 계속 나아갔다. 〈뉴욕 타임스〉의 칼럼니스트 데니스 오버바이Dennis Overbye는 호킹을 "철저하게 직관적"이라고 묘사했다.[9] 호킹의 직관은 종종 정확하게 적중하긴 했지만, 확실성을 추구하던 이전의 태도는 "우주의 본질을 이해하기 위한 궁극적 목표를 향해 높은 확률과 빠른 움직임"을 추구하는 것으로 바뀌었다.[10]

호킹의 캘리포니아 경험은 로스앤젤레스와 패서디나를 벗어난 지역까지 외연을 확장했다. 그는 샌프란시스코의 경사가 가파른 거리들과 그런 거리가 동력 휠체어를 탄 저돌적인 남자에게 제공하는 기회를 좋아했다. 호킹은 1963년 메이 볼 축제 때 제인을 트리니티 홀로 데려갔을 때와 마찬가지로 여전히 무모한 운전자였다. 동료인 레너드 서스킨드Leonard Susskind는 한 언덕에서 가장 가파른 부분 꼭대기에 휠체어를 타고 서 있던 호킹을 기억한다. 그곳은 브레이크도 효과가 없어 차가 공중제비를 넘지 않을까 하고 운전자들이 걱정할 정도로 비탈의 경사가 급했다. 호킹은 동료들에게 짓궂은 미소를 씩 짓더니 모습이 사라졌고, 거의 자유 낙하에 가까운 속도로 언덕을 굴러 내려갔다. 동료들이 언덕 밑에서 호킹을 따라잡았을 때, 그는 만족스러운 웃음을 지으면서 더 높은 언덕으로 데려다 달라

고 했다.[11]

그런데 1981년에 호킹이 샌프란시스코에서 발표한 선언은 가파른 거리들을 무분별하게 질주하는 것보다 동료 물리학자들을 훨씬 더 큰 불안으로 몰아넣었다. 선언 장소가 특이했는데, EST라는 대중 심리학 창시자인 워너 에하드Werner Erhard가 살던 맨션의 다락방이었다. EST는 스스로 자신감이 부족하다고 느끼고 도움을 받기 위해 수백 달러의 비용도 기꺼이 지불하려고 하는 사람들을 표적으로 삼는다. 많게는 한 번에 천여 명이 호텔 무도장에 모여 2주간 집중 치료를 받았는데, 그 치료 방식은 권위적이고 모욕적일 뿐만 아니라 언어적 학대나 육체적 학대를 포함했다. 이 치료 방법을 사용하면, 최소한 일시적으로 개인적 변형을 경험하면서 깨달음을 얻고 자신감이 넘치고 사교적인 사람으로 변할 수 있다고 주장했다. 실제로 효과를 본 사람들도 일부 있었다.

이 사업으로 에하드는 큰돈을 벌었다. 물리학 애호가이기도 했던 그는 자신의 부를 이용해 자기 분야에서 최고의 경지에 도달해 자신감이 넘치는 이론물리학자들과 친분을 맺었는데, 그 중에는 리처드 파인먼도 포함돼 있었다. 에하드는 그들을 위해 최고급 식사를 대접하고, 자기 저택의 다락방을 소규모 물리학 회의를 열 수 있는 장소로 개조했으며, 회의 개최 비용도 자신이 댔다. 비록 에하드는 비판자들이 기만적이고 폭력적인 대중 심리학이라고 부르는 분야를 창시한 사람이긴 했지만, 유쾌하고 흥미롭고 아주 지적인 사람이었다. 최고 물리학자들은 에하드의 첫 번째 페르소나 persona(심리학에서 타인에게 비치는 외적 성격을 나타내는 용어. 원래 페르소나는 그리스의 고대극에서 배우들이 쓰던 가면을 일컫는데, 카를 구스타프 융Carl Gustav Jung이 심리학 이론에 사용했다. 그는 인간은 천 개의 페르소나, 즉 가면을 갖고 있으며, 상황에 따라 적절한 페르소나를 쓰고 관계를 유지한다고 주장했다.—옮긴이)를 무시하고 두 번째 페르소나만 즐기기로 선택했으며, 에하드가 제공하는 것을 거절하지 않았다.[12]

1981년에 에하드의 다락방에서 열린 회의에서 선언을 할 때만 해도 호킹은 자기 목소리로 말은 할 수 있었지만, 이미 몇 년 전부터 아주 가까운 사람 외에는 그의 말을 제대로 알아들을 수 없었다. 그때 통역자로 나선 사람은 응용수학 및 이론물리학과의 전임 연구원이던 마틴 로첵Martin Rocek 이었다. 로첵은 훗날 끈 이론과 초대칭 이론 분야에서 중요한 공헌을 한다. 로첵은 호킹의 캘리포니아 여행에 동행했으며, 그의 말을 이해하고 다른 사람들에게 분명하게 전달하느라 애썼다. 그 과정을 촬영한 필름을 보면, 거기에 얼마나 많은 노력이 필요한지 여실히 드러난다. 루카스 석좌교수 취임 강연과 같은 대부분의 강연에서는 대학원생 조수가 대신 낭독하고, "[호킹은] 그냥 옆에 앉아 있다가 조수가 잘못 말하는 것이 있으면 짧게 언급했다."[13] 비록 그 과정이야 난마처럼 복잡하다 하더라도, 에하드의 다락방에서 한 호킹의 선언은 아주 명백했다.

약 15년 동안 블랙홀을 집중적으로 연구한 끝에 발견한 방정식들이 너무나도 명쾌하고 우아하여 호킹은 그것이 옳을 수밖에 없다고 생각했다. 그리고 그 결과는 자연 속에 숨어 있는 깊은 조화를 드러낸다고 주장했다.[14] 1981년 무렵에는 호킹 복사를 의심스러운 개념으로 간주하는 사람은 거의 없었다. 하지만 일찍이 1974~1975학년도에 패서디나에서 안식년을 보낼 무렵부터 호킹은 그 발견을 이끈 방정식들의 중심에 물리학 전체를 뒤흔들 위험을 지닌 역설이 숨어 있다는 사실을 깨닫기 시작했다. 그것은 블랙홀에서 정보가 상실된다는 사실과 이 정보 상실이 물리학의 한 가지 기본 법칙—우주에서 정보가 절대로 상실되지 않는다는 법칙—에 제기하는 위협과 관련이 있었다.

이 맥락에서 이야기하는 정보가 정확히 무슨 뜻인지 이해하는 게 중요하다. 여기서 상실된 정보는 블랙홀을 만들 때 관여한 모든 것에 관한 정보와 그 후에 블랙홀 속으로 빨려 들어간 모든 것에 관한 정보라고 생각할 수 있다. 그런데 이론물리학자들이 말하는 '정보'란 정확히 무엇일까? "우주를 이루는 입자들에 암호화된 정보"라는 표현에 그 단서가 있다.

이론물리학자에게 '정보'가 의미하는 바를 설명하는 데 도움을 주는 사례 하나를 블랙홀 연구사에서 찾을 수 있다. 레너드 서스킨드는 『블랙홀 전쟁 *The Black Hole War*』이라는 책에서 야코브 베켄슈타인이 블랙홀의 엔트로피 문제를 생각하면서 아인슈타인과 비슷한 사고 실험을 한 이야기를 들려준다(베켄슈타인은 1972년에 호킹의 이론에 이의를 제기하는 주장을 펼친 적이 있었다). 블랙홀 속으로 떨어지는 어떤 물체가 광자 하나보다도 더 적은 정보를 가진다고는 상상하기 어렵지만, 광자 하나도 상당히 많은 정보를 지닐 수 있다. 베켄슈타인에게 무엇보다 중요했던 사실은, 광자가 블랙홀 속으로 자신이 떨어진 장소에 관한 정보를 갖고 들어간다는 점이었다.

베켄슈타인은 자신의 사고 실험을 위해 그것보다 더 적은 양의 정보를 생각하는 게 필요했다. 정보의 양을 '1비트'로 축소하길 원했는데, 비트 bit는 휠러가 우주에서 가장 작은 정보 단위로 제안한 것으로, 20세기 초에 막스 플랑크 Max Planck가 계산한 양자 거리에 해당한다. 이를 위해 베켄슈타인은 하이젠베르크의 불확정성 원리를 이용해 광자가 떨어진 장소가 '퍼져나간다고' 상상했다. 그 진입점의 분포 확률이 사건의 지평선 전체에 퍼져 있을 정도로 파장이 아주 긴 광자를 상상했다. 그러면 그 위치에 대한 정보를 최대한 불확실하게 만듦으로써 단 1비트의 정보—즉, 그 광자가 블랙홀 내부에 있다는 정보—만 지니게 할 수 있다. 광자의 존재는 극히 작긴 하지만 블랙홀의 질량과 사건의 지평선 면적을 그만큼 늘리게 되는데, 베켄슈타인은 그 값을 계산했다.

여기서 말하는 '정보'는 여러분과 내가 일상생활에서 사용하는 일반적인 '정보'보다 약간 미묘한 의미를 지닌다. 그것은 휠러의 텔레비전이 블랙홀 속으로 들어갈 때 어떤 채널에 맞춰져 있었느냐와 같은 정보뿐만이 아니다.

블랙홀 속으로 사라지는 정보와 그것이 외부에 있는 사람에게는 접근 불가능해진다는 개념은 그때 회의에 참석한 사람들에게 새로운 게 아니었다. 그런 식으로 갇히는 정보는 정보 보존 법칙을 위배하는 게 아니었다. 블랙홀 속에 갇힌 정보는 외부에 있는 사람에게는 접근 불가능할지 몰라도, 여전히 우주 안에 존재한다. 하지만 호킹은 훨씬 극적인 것을 생각했다. 만약 블랙홀이 결국 자신의 질량을 모두 방출하고 사라진다면, 블랙홀을 만들 때 관여한 모든 것과 그 후에 블랙홀 속으로 빨려 들어간 모든 것은 어떻게 될까?

만약 이 책을 처음부터 꼼꼼하게 읽어온 사람이라면 그 모든 것은 호킹 복사로 재활용된 게 아니냐고 물을 것이다. 물론 그 복사는 예컨대 운 나쁘게 블랙홀 속으로 끌려 들어간 우주 비행사 같은 형태는 아니겠지만, 그래도 위의 질문에 대한 답이 되지 않을까? 정보 보존 법칙은 우주에 존재하는 모든 것을 이루는 입자에 암호화된 정보는 뒤섞고 토막내고 파괴할 수 있지만, 우리가 아는 물리학의 기본 법칙들이 옳다면, 그것들을 이루는 입자들로부터 항상 회수할 수 있다고 말한다. 원칙적으로, 우리가 가진 정보로부터 어떤 것이든지 복원할 수 있다.[15]

예를 들어 여러분이 이 책을 태웠다고 하자. 그러면 이제 이 책을 끝까지 읽는 것은 불가능하다고 생각할 것이다. 하지만 '원리적으로는' 만약 연소 과정을 아주 자세히 조사하여 책을 재로 만드는 분자 차원의 모든 상호작용을 추적한다면, 그 과정을 거꾸로 일어나게 함으로써 원래의 책을 복원할 수 있다. 물론 서점에 가서 같은 책을 한 권 더 사는 게 훨씬 쉽겠지만, '원리적으로는' 그 책을 '복원할 수' 있다.[16]

하지만 호킹은 그렇게 생각하지 않았다. 호킹 복사는 블랙홀에 갇힌 정보를 외부 우주로 돌려보내는 탈출 차량 역할을 할 수 없다고 주장했다. 만약 이 책을 블랙홀 속으로 집어넣는다면, 그러한 복원이 일어나는 것은 불가능하다. 호킹 복사는 블랙홀 속으로 들어간 물체의 '재'나 그것이 뒤섞인 것이나 토막난 것이 아니다. 호킹 복사에서 입자 쌍 중 '탈출하는' 입자가 블랙홀 속에서 나오는 게 아니라고 한 사실을 떠올려보라. 그것은 블랙홀의 경계선 바로 바깥쪽에서 나온다. 탈출하는 입자는 블랙홀 속에 우주 비행사나 외짝 양말이나 곰돌이 푸 할머니의 꿀단지가 들어 있는지 없는지에 대해 어떤 정보도 담고 있지 않다. 탈출하는 입자는 그것을 절대로 알 수 없다. 호킹 복사는 블랙홀을 만들 때 관여한 모든 것과 블랙홀 속으로 빨려 들어간 모든 것과 직접적 관계가 전혀 없다. 그런 정보가 호킹 복사에 어떻게든 암호화돼 있을 것이라는 기대를 버리지 않는 물리학자가 일부 있긴 하지만, 호킹은 그렇지 않다. 호킹은 정보는 탈출하지 못하며, 블랙홀이 증발하면 완전히 사라진다고 생각한다. 그 정보는 원리적으로도 복원할 수 없다. 호킹은 자신이 제기한 이 딜레마를 '정보 역설 information paradox'이라고 이름 붙였다.

이 문제는 블랙홀을 넘어 더 널리 확대될 것처럼 보였다. 그때 에하드의 다락방에 있었던 레너드 서스킨드는 2005년에 〈호라이즌 Horizon〉이라는 BBC 프로그램과 한 인터뷰에서 호킹의 선언을 듣는 순간 받은 충격과 함께, 만약 호킹이 옳다면—블랙홀에서 정보가 영영 사라져서 복구 불가능하다면—블랙홀에서 사라지는 건 비단 정보뿐만이 아니라는 사실을 깨닫고 받은 충격에 대해 이야기했다. 만약 그렇다면 우주의 일부도 함께 상실되고 말 것이다. 그곳에서는 예측 가능성을 포기해야 한다. 인과 관계도 잊어야 한다. 우리가 과학에서 안다고 생각하는 것은 그 어떤 것도 신뢰할 수 없다.[17]

호킹은 그 자리에 모인 사람들 중 선언의 의미를 제대로 이해한 사람은 서스킨드뿐이라는 사실을 알아챘다. 그는 "레너드 서스킨드는 매우 당혹해했다."라고 기억한다. 과학자들뿐만 아니라 우리 모두는 과거와 미래, 원인과 결과 사이의 연결 관계에 의존해 모든 것을 생각한다. 하지만 정보가 상실된다면, 그러한 연결 관계도 끊어지고 만다.

"우리는 미래를 예측할 수 없게 될 것이다. 과거의 역사 역시 믿을 수 없다. 역사책과 우리의 기억은 그저 환상에 불과한 것일 수 있다. 과거는 우리가 누구인지 말해준다. 그 정보가 없다면 우리는 정체성을 잃고 말 것이다."[18]

킵 손은 원자보다 작은 블랙홀들이 도처에 존재하면서 정보 조각들을 먹어치울지도 모른다는 추측을 한 사람들이 있다고 지적했다.[19]

이 문제는 여러분이나 나에게는 그다지 심각한 것이 아닐 수도 있다. 블랙홀 속으로 떨어지는 물체는 가진 정보와 함께 사라진다고 하자. 외짝 양말 몇 개의 색이나 크기? 혹은 불운한 우주 비행사의 신체 크기? 그런 것은 여러분이나 나에게는 아무 쓸데없는 정보에 불과할 수 있다. 하지만 이 정보는 양자역학이 허용하는 훨씬 제한된 종류의 예측에 필요하다.

호킹은 미래나 과거를 예측하는 능력에 관한 논의를 먼 과거까지 추적하여 18세기 후반과 19세기 초반에 살았던 프랑스 수학자 피에르-시몽 드 라플라스Pierre-Simon de Laplace에게서 그 뿌리를 찾았다. 라플라스는 무한한 계산 능력을 가진 전지적 존재가 우주의 모든 법칙과 어느 순간 우주 속에 존재하는 모든 물체의 상태(즉, 우주에 존재하는 모든 입자의 위치와 운동량)를 안다면, 과거나 미래의 어느 순간에 대해서건 우주에 존재하는 모든 것의 상태를 계산할 수 있을 것이라고 주장했다. 그런 지식을 전부 얻고 필요한 계산을 모두 하는 데 따르는 현실적 어려움이 얼마나 큰지는 아무도 부인하지 않았지만, 라플라스식 과학적 결정론은 19세기와 20세기 초까지 절대적 교리처럼 통했다. 나는 호킹이 케임브리지에서 이 주제로 강연을 하는 걸 들었는데, 그는 라플라스가 한 말을 프랑스 어로 인용하면서 이곳은 케임브리지이니만큼 번역을 제공해 우리의 지성을 모욕하고 싶지 않다고 말했다. 하지만 얼마 지나지 않아 슬그머니 슬라이드 스크린에 번역문이 나타났다.

라플라스의 전지적 존재는 우주에 존재하는 '모든' 입자의 위치와 운동량을 알아야 한다. 양말 발가락 부분의 입자들도 빼먹어서는 안 된다. 양말이 블랙홀 속으로 들어가면, 그 정보는 우리가 존재하는 우주 지역에서 사라진다. 만약 블랙홀이 영원히 존재한다면, 사라진 정보는 완전히 사라진 것이 아니다. 접근하는 것은 불가능하지만, 어쨌든 블랙홀 속에 존재한다. 하지만 만약 블랙홀이 증발하면서 우주에서 사라진다면, 문제가 생긴다.

호킹과 다락방에 모인 동료들은 '정보 역설'은 라플라스식 과학적 결정론에 제기된 최초의 도전이 아님을 알고 있었다. 1920년대 중반에 하이젠베르크가 '불확정성 원리'를 발표하자, 이제 모든 논란이 끝난 것처럼 보였지만…… 그것도 잠시였다. 불확정성 원리의 해석과 의미를 놓고 최고 수준의 물리학자들까지 뛰어들어 논쟁이 계속 이어졌지만, 호킹이 블랙홀을 연구할 무렵에는 라플라스의 전지적 존재도 어떤 입자의 위치와 운동량을 동시에 정확하게 알 수 없다는 데 대체로 의견 일치가 이루어졌다.

하지만 불확정성 원리는 과학적 결정론이라는 도그마에 대한 믿음을 완전히 꺾는 데 성공하진 못했다. 얼마 지나지 않아 양자 차원에서 우주를 지배하는 법칙들이 다른 방식으로 결정론적이라는 사실이 명백해졌다. 위치와 운동량을 어느 정도의 정확도로 계산할 수 있는 '양자 상태'를 예측하는 것은 가능하다. 라플라스의 전지적 존재가 어느 순간 우주의 양자 상태와 과학의 법칙들을 모두 안다면, 과거나 미래의 어느 순간에 대해서건 우주의 양자 상태를 예측할 수 있다.[20]★

이제 호킹은 새로운 문제를 발견했고, 그것은 아주 심각한 문제처럼 보였다. 앞서 한 연구에서는 블랙홀이 영원히 지속되지 않음을 보여주었다. 호킹 복사가 계속 일어나면 블랙홀은 점점 작아지다가 결국은 아무것도 남지 않게 된다. 호킹은 그와 함께 처음에 블랙홀을 만들 때 관여한 모든 것과 블랙홀 속으로 빨려 들어간 모든 것은 돌이킬 수 없게 영원히 사라진다고 주장했다.

하지만 정보 상실에 대해 물리학자들이 그토록 불안해한 이유는 무엇일까? 다소 불가사의한 이 정보가 조금 사라진다 하더라도 우주는 얼마든지 잘 굴러가지 않는가?

그렇지 않다. 실제로는 잘 굴러갈 수 없는 것으로 보인다. 정보가 상실

★ 1980년대에 결정론을 심각하게 위협한 것은 호킹의 개념뿐이 아니었다. 카오스 이론도 결정론에 심각한 위협을 제기했다. 일리야 프리고진Ilya Prigogine과 이사벨 스탕제르Isabelle Stengers는 1985년에 출간된 『혼돈으로부터의 질서*Order out of Chaos*』라는 책에서 "이러한 불안정한 계들에 직면했을 때, 라플라스의 [전지적 존재는] 우리만큼 무력한 존재가 되고 만다."라고 썼다(Ilya Prigogine and Isabelle Stengers, *Order out of Chaos*, London: Heinemann, 1985).

된 우주는 더 이상 우리가 알고 있는 우주가 아니기 때문이다. 정보 보존 법칙은 물리학의 기본 원리 중 하나이다. 정보는 '절대로' 상실되지 않는다. 뒤섞이고 변형되어 처음 모습을 전혀 알아볼 수 없을 수는 있어도, 결코 사라지지는 않는다. 만약 이 법칙이 틀렸다면, 우주는 사실상 라플라스와 그가 옳다고 가정한 모든 사람들을 조롱하는 셈이다.

서스킨드의 표현에 따르면, 에하르트의 다락방에 모였던 호킹의 동료들은 '멍한 혼란'에 빠진 채 서 있었지만, 그들 대부분과 다른 이론물리학자들은 여전히 현재가 과거에서 진화했고 미래로 진화할 것이며, 원인과 결과의 관계는 계속 성립할 것이고, 어떤 사건의 과거와 미래를 추적하는 게 의미가 있으며, 입자가속기의 충돌에서 생긴 파편들을 분석하면 충돌 과정에서 어떤 일이 일어났는지 알 수 있다고 믿을 것이다. 호킹이 이 모든 가정 위에 다모클레스의 칼을 매달지 않은 것처럼. (다모클레스^{Damokles}는 기원전 4세기 전반에 시칠리아 시라쿠사를 다스리던 디오니시오스 1세의 측근이다. 어느 날 디오니시오스는 다모클레스를 호화로운 연회에 초대한 뒤, 한 올의 말총에 매달린 칼 아래에 앉혔다. 참주의 권좌가 언제 떨어질지 모르는 칼 밑에 있는 것처럼 항상 위기와 불안 속에 유지되고 있음을 가르쳐주기 위해서였다고 한다. ― 옮긴이) 하지만 호킹은 자신의 견해를 고수했고, 정보 역설은 사라지지 않았다. 그는 블랙홀이 증발할 때 정보는 정말로 완전히 사라지며, 이것은 우리가 양자론을 기반으로 생각할 때보다 예측할 수 있는 것이 훨씬 적음을 의미한다고 주장했다.

양자역학에도 옥에 티 같은 게 있을까? 아주 잘 확립되고 신뢰할 수 있는 이 분야의 기초를 개조해야 할까? 호킹은 그래야 한다고 생각한다. 킵 손이 말한 것처럼, 호킹은 자연의 작용 방식에 관해 자신의 견해를 아주 완강하게 주장하며, 다른 사람들에게 자신이 틀렸음을 증명해보라고 도발하길 좋아한다.[21] 그는 자신 있으면 도전해보라고 자극했다. 서스킨드는 에하드의 다락방에서 "그는 '호킹' 특유의 표정을 지어보였다. 그것은 '믿기 힘들겠지만 내 주장이 옳다. 거기에는 아무런 하자도 없다.'라고 말하는 작은 미소였다. 우리는 호킹이 틀렸다고 확신했지만, 왜 그런지는 알 수 없었다."라고 말한다.[22]

9

"우리와 같은 생명을 만들어낸 우주가
생겨나지 않았을 확률은 아주 크다."

1981년은 정보 역설로 관심을 끈 일 외에도 호킹에게는 획기적인 한 해였다. 호킹은 우주가 어떻게 시작되었고 어떻게 끝날 것인가 하는 문제를 새로운 방식으로 탐구하기 시작했다.

9월에 바티칸에서 열린 회의에서 교황 요한 바오로 2세는 호킹을 비롯해 참석한 과학자들에게 인간이 창조의 순간을 조사하려고 하는 것은 필시 헛된 노력이 될 것이라고 말하면서 그 지식은 "하느님의 계시를 통해 나온다."*라고 했다. 주로 호킹의 연구를 바탕으로 우주가 특이점에서 시작했다고 본 그 당시의 지식과 이론의 발전 상태를 감안하면, 아무도 교황의 말이 명백히 틀렸다고 반박할 수 없었다. 필시 호킹의 동료들은 대부분 교황의 말에서 첫 번째 부분에는 마지못해 동의했겠지만, 하느님이 자신의 카드를 보여줄 것이라는 주장은 의심했다. 호킹은 얼마 전에 존 보슬로프에게 "빅뱅과 같은 것에서 우리 우주와 비슷한 우주가 생겨나지 않을 확률은 엄청나게 높아요. 나는 우주의 기원에 대한 논의는 항상 종교적 함의를 포함한다고 생각합니다."라고 말했다.[1]

★ 『시간의 역사』에서는 교황이 과학자들은 "창조의 순간을 조사하려고 해서는 안 된다."라고 말했다고 나오는데, 이것은 교황의 말을 잘못 인용했거나 잘못 해석한 것으로 보인다.

174

교황과 교황에게 과학을 간략하게 설명한 사람들이 한 가지 간과한 게 있었는데, 바로 자신이 이전에 발견한 것을 뒤집는 호킹의 성향이었다. 바티칸 회의에서 호킹이 발표한 논문의 제목은 「우주의 경계 조건」이었는데, 이것만 보고서는 호킹이 우주에 '시작'이 없었을 가능성—우주에 '경계'가 없을 가능성—을 제기함으로써 조물주의 역할이나 설 자리를 남기지 않으리라고는 전혀 예상할 수 없었다. 교황과 과학 자문 위원들이 그것을 미리 알았더라면, 또 충분히 지혜롭고 현명했더라면, 호킹의 개념에 대해 시간을 초월해 존재하는 신이라는 유대-기독교 개념(고대 알렉산드리아의 유대 인 철학자 필론Philon과 기독교 철학자 아우구스티누스Augustinus의 주장을 바탕으로 한)으로 응수할 수 있었을 것이다. 그러한 신의 개념에서는 우리의 시간과 비슷한 시작이나 끝 또는 그 어떤 것도 존재하지 않는다. 시간을 그런 식으로 바라보는 방법은 호킹의 '무경계 가설'에서 중요한 부분을 차지한다. 그것은 철학이나 신학에서는 새로운 개념이 아니었지만, 물리학에서는 새로운 개념이었다.

호킹이 1960년대 후반에 박사 학위 논문을 쓰면서 한 연구와 그 이후에 한 연구는 우주가 밀도와 시공간의 곡률이 무한대인 특이점에서 시작했음을 증명하는 것처럼 보였다. 특이점에서는 모든 물리학 법칙이 무너지고 말기 때문에, 교황이 말한 것처럼 창조의 순간을 조사하려고 노력하는 것은 아무 쓸데없는 일이 될지도 모른다. 특이점에서는 어떤 종류의 우주라도 생겨날 수 있다. 그 우주가 우리 우주와 같은 것이 되리라고 예측할 수 있는 방법은 전혀 없다. 호킹이 우주의 기원에 대한 논의가 필연적으로 종교적 함의를 포함하게 마련이라고 말한 것은 바로 이러한 맥락에서였다.[2]

인류 원리

대부분의 사람은 태양과 행성을 비롯해 모든 천체가 지구 주위를 돌지 않는다고 확신한다. 과학은 또한 우주는 어디서 보든지 간에 그 모습이 똑같아 보인다고 말한다. 우리가 살고 있는 지구는 만물의 중심이 아니다.

그럼에도 불구하고, 미시 세계와 넓은 우주에서 더 많은 것을 발견할수록 우리는 뭔가 신중한 계획과 믿기 힘든 미세 조정이 일어나지 않았더라면 우리가 존재하는 우주가 절대로 나타날 수 없었을 거라는 느낌이 강해진다. 1980년대 초반에 호킹은 "나타날 가능성이 있는 모든 상수와 법칙을 고려할 때, 우리와 같은 생명을 만들어낸 우주가 생겨나지 않았을 확률은 아주 크다."라고 말했다.[3]

이 불가사의한 미세 조정 사례는 아주 많다. 호킹은 전자의 전하가 조금만 달랐더라면, 별들은 핵융합 반응을 일으키면서 타오르지 않아 우리에게 빛을 주지 못했거나, 초신성이 되어 폭발하지 않아 우주 공간에 태양 같은 새로운 별이나 지구 같은 행성을 만드는 원재료를 뿌리지 않았을 것이라고 지적한다. 만약 중력이 조금만 약했더라면, 물질들이 뭉쳐서 별이나 은하를 만들지 못했을 테고, 또한 중력이 네 가지 힘 중에서 가장 약한 힘이 아니었다면, 은하와 태양계가 생겨나지 못했을 것이다. 현재 우리가 발견한 이론 중에서 중력의 세기나 전자의 전하를 예측할 수 있는 것은 없다. 이러한 값들은 오직 관측으로만 발견할 수 있는 임의 요소이지만, 우리가 알고 있는 생명의 발달을 가능하게 하도록 미세 조정돼 있는 것처럼 보인다.

그렇다면 모든 것이 처음 만들어질 때, 누군가 혹은 무엇이 우리를 염두에 두고 그 모든 것을 만들었다고 결론 내릴 수 있을까? 천문학자 프레드 호일이 표현한 것처럼 우주는 "사전에 누가 주도면밀하게 꾸민 일"일까? 즉, 지능 생명체가 존재할 수 있도록 우주를 만들려는 거대한 음모가 있었을까? 아니면 우리가 다른 설명을 놓치고 있는 것일까?

"우주가 지금 이 모습으로 보이는 것은 우리가 존재하기 때문이다."라거나 "사물이 이런 식으로 존재하는 것은 우리가 존재하기 때문이다."라거나 "만약 우주가 현재의 모습과 달랐더라면, 우리가 이곳에 존재하면서 그런 우주를 보고 있을 리가 없다."라는 말들은 모두 '인류 원리anthopic principle'를 각각 다르게 표현한 것이다.

호킹은 인류 원리를 다음과 같이 설명한다. 서로 다른 우주들이 아주 많이 존재하거나 같은 우주에서 서로 다른 지역이 아주 많이 존재한다고 상상해보라. 이 우주들 중 대부분 혹은 같은 우주의 많은 지역들 중 대부분은 조건이 나빠 지능 생명체가 발달할 수 없다. 하지만 그 중 극히 일부 우주나 지역은 별과 은하와 태양계가 생겨나고, 우주를 탐구하면서 왜 우주는 우리가 보는 것과 같은 모습을 하고 있을까 하는 질문을 던질 지능 생명체가 발달하고 진화할 수 있는 조건을 갖추고 있다. 인류 원리에 따르면, 그 질문에 대한 유일한 답은 만약 우주의 모습과 조건이 현재 우리가 보는 것과 다르다면, 우리가 여기에 존재하면서 그런 질문을 던질 리가 없다는 것이다.

그런데 인류 원리는 정말로 뭔가를 설명해주는가? 일부 과학자는 그렇지 않다고 말한다. 그들은 인류 원리는 단지 미세 조정처럼 보이는 것이 순전히 우연한 행운에 불과한 것일 수 있음을 보여줄 뿐이라고 주장한다. 그것은 충분히 많은 원숭이들을 타자기 앞에 앉혀놓으면, 순전히 우연의 법칙에 따라 그 중에서 셰익스피어의 『햄릿』에 나오는 처음 다섯 행을 정확하게 타자하는 원숭이가 한 마리쯤 나올 수 있다는 이야기와 비슷하다.

설사 우리가 살고 있는 우주가 나타나기 매우 어려운 종류의 우주라고 하더라도, 우주가 충분히 많이 존재한다면, 그 중에서 우리 우주와 아주 비슷한 우주가 하나쯤 나타나는 것은 조금도 이상한 일이 아니다.

인류 원리는 신의 존재를 배제하는가? 그렇지 않다. 하지만 인류 원리는 신이 없더라도 우리를 위해 맞춤 제작된 우주가 나타날 수 있음을 보여준다.

휠러는 인류 원리를 한 단계 더 확대 적용할 수 있다고 생각했다. 그는 어쩌면 물리 법칙을 발견할 관찰자가 없으면, 물리 법칙이 전혀 없을 수도 있다고 주장했다. 이 경우, 모든 대체 우주들은 존재하지 않을지도 모르는데, 관찰자의 발달을 허용하지 않는 우주는 사실상 존재하지 않기 때문이다.

만약 이게 사실이라면, 우리가 멸망하면 우주도 멸망한다는 뜻일까? 마지막 관객이 극장을 떠나면, 무대 설치 담당자들이 나와 세트를 모두 해체해버리고 말까? 사실, 만약 우주가 존재했다는 사실을 기억하는 사람이 아무도 없다면, 그것은 과연 존재한 것일까? 우주의 존재 중 아주 짧은 부분을 우리가 관찰했다면, 우리가 모두 사라진 뒤에도 우리가 관찰했다는 사실 때문에 우주는 계속 존재할 수 있는 힘을 얻을까?

일부 물리학자는 '관찰자 의존적' 우주를 힌두교나 불교, 도교 같은 동양의 신비주의적 개념과 연결짓는다. 하지만 호킹은 이들을 호의적으로 보지 않으며, "동양 신비주의의 우주는 환상이다. 그것을 자신의 연구와 연결지으려고 시도하는 물리학자는 물리학을 버린 것이다."라고 말한다.[4]

인류 원리라는 개념은 호킹이 만든 것이 아니지만 가끔 호킹과 연관이 있는 것처럼 언급된다. 인류 원리와 관련해서는 호킹 외에도 다른 동료들이 여럿 거론되는데, 특히 1960년대 중반에 호킹과 연구실을 함께 썼고,

1972년에 블랙홀과 엔트로피에 관해 베켄슈타인의 주장을 반박하려고 함께 노력했던 브랜던 카터가 유명하다. 호킹과 대부분의 물리학자들은 우리가 살고 있는 우주가 왜 다른 우주가 아니고 이런 우주인지 설명하기 위해 인류 원리에 의존하는 것 외에 다른 방법이 없는 처지가 되지 않길 바란다. 호킹은 "모든 것은 그저 운 좋은 우연에 지나지 않을까?"라고 묻는다. "그것은 우주의 숨어 있는 질서를 이해하려는 우리의 모든 희망을 부정하는 궁여지책으로 보인다."[5] 이 말은 나중에 일종의 예언이었던 것으로 밝혀진다.

한편, 교황은 그럴 리가 없다고 말했다. 인류 원리는 우리 우주가 그저 주사위를 던져서(거의 무한에 가까운 던지기 중 한 번) 우리에게 딱 알맞은 눈이 나온 것에 불과하다고 말한다. 어떤 사람들은 신은 언제든지 자신의 마음을 바꾸고 우주의 법칙을 포함해 사물을 조정할 능력이 있다고 주장했다. 하지만 호킹은 전능한 신이라면 마음을 바꿀 필요가 없을 것이라고 생각했다. 그는 우리가 시작 혹은 창조—우리 우주를 다른 방식이 아니라 지금과 같은 방식으로 만들어낸—라고 부르는 순간에 성립한 법칙들이 있으며, 우리가 그것을 이해할 능력이 있다고 믿었다. 그리고 그 법칙들이 무엇인지 알길 원했다. 그것은 궁극적인 고르디우스의 매듭—특이점—을 잘라야 한다는 것을 의미했다.

호킹은 2년 뒤에 그러한 영웅적 업적을 이루는 방법을 완전히 알아낸다. 하지만 그러기 전에 바티칸을 방문한 지 얼마 지나지 않은 1981년 10월에는 '인플레이션 이론'이라는 새로운 이론의 눈으로 우주의 시작을 바라보느라 바빴다.

빅뱅의 증거와 문제

1960년대에 빅뱅 이론 지지자들에게는 모든 것이 딱 들어맞는 것처럼 보이는 증거들이 나왔다. 1964~1965년에는 우주의 역사를 이해하고 빅뱅 이론과 정상 우주론 중 어느 것이 옳은지 판단하려는 노력에서 아주 흥미진진한 진전이 일어났는데, 그 이야기는 지금은 고전이 되었다. 아무도 찾고 있지 않던 곳에서 소중한 자료가 튀어나온 그 사건은 과학사에서도 비교적 드문 사례에 속한다. 뉴저지 주의 벨 연구소에는 에코 1호와 텔스타 통신 위성과 교신할 용도로 설계된 혼 안테나가 한 대 있었다. 그런데 안테나에 배경 잡음이 많이 잡히는 바람에 우주에서 날아오는 신호를 연구하는 데 방해가 되었다. 그 안테나를 가지고 연구하던 과학자들은 필요한 조정을 하고, 배경 잡음보다 더 강한 신호를 연구하는 데 매달렸다. 대부분의 사람들은 배경 잡음이라는 성가신 문제를 대체로 무시했지만, 두 젊은 과학자 아노 펜지어스^{Arno Penzias}와 로버트 윌슨^{Robert Wilson}은 그것을 꼭 해결하기로 마음먹었다.

펜지어스와 윌슨은 안테나를 하늘에서 어느 쪽으로 향하든지 간에 상관 없이 배경 잡음의 강도가 거의 똑같다는 사실을 발견했다. 그렇다면 배경 잡음의 원인이 지구 대기가 아닌 게 분명했다. 안테나를 위로 향했을 때보다 지평선 쪽으로 향했을 때 대기의 영향이 더 크게 나타나야 하기 때문이다. 그렇다면 배경 잡음은 대기권 밖에서 날아오거나 안테나 자체에서 발생하는 게 분명했다. 펜지어스와 윌슨은 안테나 안에 둥지를 튼 비둘기가 원인일지 모른다고 생각했지만, 비둘기를 쫓아내고 비둘기 똥을 깨끗이 치운 뒤에도 배경 잡음은 그대로였다.

전파천문학자 버나드 버크^{Bernard Burke}도 펜지어스와 윌슨의 배경 잡음 미스터리에 대한 이야기를 들었다. 펜지어스와 윌슨은 몰랐지만 버크는 프린스턴 대학에서 로버트 디키Robert Dicke가 시작한 연구에 대해 잘 알고 있었다. 디키는 1940년대에 러시아 출신의 미국 천문학자 조지 가모프George Gamow와 미국 천문학자 랠프 앨퍼Ralph Alpher와 로버트 허먼Robert Herman이 제안한 빅뱅 이론을 바탕으로 우주가 탄생한 직후 아주 뜨거웠던 시기에 우주를 가득 채웠던 복사를 찾기 위한 안테나를 만들고 있었다. 가모프와 앨퍼와 허먼은 그 복사가 틀림없이 오늘날까지 살아남아 있을 것이며, 그동안 우주가 팽창했기 때문에 지금은 절대 영도보다 불과 5도 정도 높은 온도로 식었을 것이라고 계산했다. 버크는 펜지어스와 윌슨과 디키의 만남을 주선했고, 그들은 펜지어스와 윌슨이 디키가 발견하고자 했던 바로 그 복사를 우연히 발견했다고 결론 내렸다.

'우주 마이크로파 배경 복사'(흔히 줄여서 우주배경복사라고 함)라고 불리게 된 이 복사는 빅뱅 이론을 뒷받침하는 강력한 증거가 되었다. 우주배경복사는 우주가 한때 지금보다 아주 뜨겁고 밀도도 매우 높았음을 알려주는 증거였기 때문이다. 호킹은 친구인 조지 엘리스와 함께 1968년에 이 증거가 빅뱅 이론을 얼마나 강력하게 뒷받침하는지 강조하는 논문을 썼다.[6] 하지만 우주배경복사는 빅뱅 이론에 골치 아픈 문제를 한 가지 제기했다. 모든 방향에서 아주 멀리까지 우주배경복사를 반복해서 측정하던 연구자들은 이 복사의 온도가 놀라울 정도로 균일하다는 사실을 발견했다. 오늘날 우리가 보는 것과 같은 우주의 구조들을 만들어내려면 그 온도 분포에 작은 차이들이 있어야 하는데, 그런 것이 전혀 발견되지 않았다.

이 문제를 제외하고는, 빅뱅 이론을 뒷받침하는 증거가 속속 나왔다. 은하 생성에서 초기 단계에 해당하는 것으로 간주된 퀘이사들이 지구에서 엄청나게 먼 거리에서만 발견되는 것으로 밝혀졌다. 만약 정상 우주론이 옳다면, 은하들이 점점 멀어져가는 와중에 그 사이의 빈 공간을 새로운 은하들이 생겨나서 채워야 한다. 퀘이사가 은하 생성 과정의 일부라면, 퀘이사는 아주 먼 곳뿐만 아니라 가까운 곳에서도 발견되어야 할 것이다. 하지만 관측 결과는 그렇지 않았다. 퀘이사가 지구에서 아주 먼 거리에서만(따라서 시간상으로도 아주 먼 과거에서만) 발견된다는 사실은 퀘이사가 우주의 나이가 지금보다 아주 어릴 때 존재했다는 것을 의미한다. 이 특별한 은하 생성 단계는 아주 먼 과거에만 일어났으며, 우주의 역사에서 그 후의 시기에는 일어나지 않았고, 오늘날에도 일어나지 않는 게 분명하다.

1973년에 정상 우주론의 관에 못을 박는 사건이 또 하나 일어났다. 버클리에서 기구를 이용해 측정한 관측 결과에서 우주배경복사의 스펙트럼이 빅뱅 이론이 예측한 것과 정확하게 똑같은 것으로 드러났다. 그리고 우리 은하와 다른 은하들에 존재하는 다양한 원소들의 분포 비율을 조사한 결과도 빅뱅 이론이 예측한 것과 일치했다.

그럼에도 불구하고, 1970년대에 빅뱅 이론은 아직도 넘어야 할 장애물들이 남아 있었다. 비록 호킹은 블랙홀로 관심을 돌리긴 했지만, 우주가 어떻게 시작되었을까 하는 질문이 그의 마음에서 멀어진 적은 결코 없었다. 빅뱅 이론에 남아 있는 문제들을 해결하는 것은 전 세계의 많은 동료들 사이에서 우선순위를 차지하는 과제였다. 그 문제들은 '지평선 문제', '평탄성 문제', '균일성 문제'라 불리게 되었다.

지평선 문제는 우주배경복사가 모든 방향에서 그리고 빅뱅 직후의 순간에도 복사가 한 곳에서 다른 곳으로 전달될 수 없을 만큼 아주 멀리 떨어진 우주 지역들에서도 모두 똑같은 세기로 관측된다는 사실과 관계가 있다. 이렇게 서로 멀리 떨어진 지역들에서도 우주배경복사의 세기가 거의 똑같다는 사실은 이 지역들 사이에 어떤 방식으로 에너지 교환이 일어 남으로써 평형에 도달했다고밖에는 달리 설명할 길이 없다. 그렇다면 어 떻게 그런 일이 일어날 수 있었을까?

평탄성 문제는 우주가 왜 오래전에 붕괴하여 빅크런치가 일어나거나 중력의 힘으로도 물질들을 뭉쳐 별을 만드는 일이 일어나지 못하도록 급 팽창이 일어나지 않았을까 하는 질문과 관계가 있다. 우주가 이 두 가지 가능성 사이에서 균형을 잡고 존재할 확률은 상상할 수 없을 정도로 작 다. 빅뱅에서 10^{-43}초가 지나기도 전에 팽창 에너지(빅뱅에서 나온)와 중력 이 10^{60}분의 1 이상 차이가 나지 않을 정도로 엇비슷해야만 오늘날 우리 가 보는 것과 같은 우주가 존재할 수 있다.

균일성 문제는 우주배경복사로 판단할 때 초기 우주가 덩어리진 부분 이나 울퉁불퉁한 부분이 없이 아주 매끈했을 것이라는 사실과 관계가 있 다. 이 질문은 빅뱅 이론의 '잃어버린 고리'라고 불리며 천체물리학의 최대 난제 중 하나가 되었다. 우주배경복사가 처음 생겨난 시점, 그러니까 우 주의 나이가 약 30만 년쯤 되었을 때 그토록 균일해 보였던 우주가 어떻 게 그 후에 별과 은하, 은하단, 행성, 심지어 여러분과 나 같은 작은 물질 덩어리를 만들어낼 만큼 다양하고 울퉁불퉁한 모습으로 진화했을까? 왜 우주배경복사에서는 그러한 차이의 출현을 시사하는 희미한 흔적조차 찾 아볼 수가 없을까?

마지막 문제가 왜 문제가 되는지 이해가 가지 않는다면, 휠러의 민주 주의를 생각해보라. 입자들의 거리가 가까울수록 서로에게 미치는 중력 의 세기는 그만큼 더 커진다. 만약 우주의 모든 물질 입자가 서로 똑같은 거리만큼 떨어져 있고, 일부 입자가 서로 끌어당기면서 모여 조금이라도 밀도가 더 높은 지역이 전혀 없다면, 모든 입자는 모든 방향에서 정확하게 똑같은 중력을 받을 것이고, 어떤 입자도 다른 입자를 향해 더 가까이 다가가지 않을 것이다. 연구자들이 초기 우주에서 발견한 상태는 바로 이처럼 꼼짝달싹도 못 하는 상태였다. 즉, 물질들이 아주 균일하게 분포되어 오늘날 우주에서 보는 것과 같은 뚜렷한 구조들을 만들어낼 수 없었다.

호킹이 칼텍을 처음 방문한 1970년대 중반만 해도 이론물리학자들은 이 세 가지 난제를 전혀 해결하지 못하고 있었다.

구원 투수로 나선 인플레이션!

1970년대 후반에 캘리포니아 주의 스탠퍼드 선형가속기에서 연구하던 젊은 입자물리학자 앨런 구스Alan Guth가 그때까지 우주론자들이 만든 우주의 역사를 대폭 수정한 이론을 들고 나왔다. 그것을 떠올리자마자 획기적인 개념을 발견했다고 생각한 구스는 공책에 'SPECTACULAR REALIZATION(극적인 깨달음)'이라고 적고는 그 단어 주위에 동심원 박스 2개를 그렸다. 구스의 깨달음은 빅뱅 이론에서 걸림돌로 남아 있던 문제들에 획기적인 해결책을 제공했고, 초기 상태를 그토록 정밀하게 미세조정하지 않더라도 빅뱅에서 탄생한 우주가 현재의 우주와 비슷하게 진화할 수 있는 방법도 제시했다.

구스는 우주의 역사 초기에 잠깐 동안 급팽창하는 시기가 있었으며, 그 후 오늘날과 같은 속도로 팽창 속도가 느려졌다고 주장했다. 구스의 이론에서 특이한 점은 바로 팽창 속도가 '느려졌다'는 데 있다. 다른 물리학자들이 아인슈타인의 방정식들을 푼 결과에서는 전 역사를 통해 팽창이 가속되는 우주 아니면, 팽창 속도가 감속되는 것으로 시작해 가속되면서 결코 멈추지 않는 우주만 나왔다. 반면에, 구스의 우주는 초기에 아주 짧은 시간 동안만 급팽창이 일어났다.

구스는 빅뱅에서 10^{-30}초가 지나기 전에 아주 짧은 시간 동안 우주가 거대한 반발력(아인슈타인의 우주 상수와 같은 역할을 하는)을 받는 과정이 일어나는 결과를 얻었다. 상상할 수 없을 정도로 짧은 시간 동안 지속된 이 시기에 이 힘이 우주의 팽창을 가속시킴으로써 우주는 양성자보다 작던 크기에서 골프공만 한 크기로 급팽창했다.

구스가 이 이론을 처음 제안한 후 30여 년이 지나는 동안 물리학자들은 이 과정이 왜 그리고 어떻게 일어났는지 알아내려고 노력하면서 이 이론을 손질해 새로운 버전들을 내놓았다. 이 이론을 이해하려면 몇 가지 전문 용어에 친숙해질 필요가 있다.

대칭 파괴부터 시작하기로 하자. 간단한 예로는 수직으로 세운 막대를 들 수 있다. 막대는 어느 방향으로건 넘어질 수 있다. 막대를 넘어지게 만드는 중력은 '대칭적'이다. 중력은 막대가 넘어지는 방향에 대해 어떤 선호가 없다. 그래서 각각의 방향으로 넘어질 확률이 모두 똑같다. 하지만 막대가 넘어질 때에는 어느 한 방향으로만 넘어지지 다른 방향으로는 넘어지지 않는다. 동시에 모든 방향으로 넘어지지는 않는다. 막대가 넘어지는 순간 대칭이 파괴된다. 호킹은 『시간의 역사』에서 다른 예를 들었다. 룰렛을 상상해보라. 딜러가 룰렛을 돌리면 공이 그 위에서 구르면서 빙빙 돈다. 이 상황은 '대칭적'이다. 어딘가에 돈을 건 여러분은 선호하는 결과가 있겠지만, 이 상황의 물리학은 선호하는 결과가 없다. 룰렛의 회전 속도가 점점 느려지면서 공의 속도(큰 에너지를 가졌던)도 떨어진다. 그러나 결국 공이 어느 칸으로 들어간다. 대칭이 깨진 것이다.[7]

'가짜 진공'과 '진짜 진공'은 인플레이션을 이해하는 데 필요한 개념인데, 물리학자들은 그 의미를 설명하기 위해 남자용 모자를 예로 든다. 그러니까 주위에 챙이 있고, 꼭대기 부분에 움푹 꺼진 부분이 있는 모자를 상상하라고 한다. 움푹 꺼진 부분에 구슬을 놓아보라. 그러면 그 안에서 가장 낮은 곳으로 가서 자리를 잡을 것이다. 이곳은 구슬이 모자에서 차지할 수 있는 가장 낮은 곳이 아니지만, 움푹 꺼진 부분에서는 가장 낮은 곳이다. 마찬가지로, 소립자는 많은 일시적 에너지 준위에 '착륙'할 수 있다. 이렇게 소립자가 머무는 장소들이 바로 '가짜 진공'이다. 모자를 흔들거나 구슬들을 서로 충돌시키면, 구슬이 모자 꼭대기 부분에서 챙으로 떨어질 수 있다. 이 비유에서 챙은 '진짜 진공'을 나타낸다. 챙은 이 계에서 도달할 수 있는 에너지 준위 중 가장 낮은 곳이다.

우주가 식어가면서 바로 이와 같은 일이 일어났을 수 있다. 일부 물질은 에너지가 더 낮은 새로운 상태를 향해 움직이기 시작했고, 그 과정에서 인플레이션이라는 급팽창의 원인이 된 중력적 반발력이 나왔다. 하지만 다시 비유를 사용해 설명하면, 구슬들은 모두 동시에 아래로 떨어지지는 않았을 것이다. 구슬들은 어떻게 굴렀고, 얼마나 빨리 굴렀으며, 어떻게 꼭대기 부분의 가장자리 너머로 혹은 가장자리를 통과해 떨어졌을까? 아니면, 인플레이션은 이것과는 완전히 다른 방식으로 일어났을까? 물리학자들은 수십 년 동안 이 질문들에 대한 답을 찾느라 애썼다. 하지만 거의 모든 물리학자는 인플레이션이 일어났다는 사실에는 동의한다. 인플레이션은 '표준 모형'의 일부가 되었다.

'상전이phase transition'라는 용어도 알아두는 게 좋다. 일상적으로 볼 수 있는 '상전이'의 예로는 물이 어는 것(여기에는 대칭 파괴도 포함된다)을 들 수 있다. 액체 상태의 물은 모든 방향으로 어디서나 똑같으므로 대칭적이다. 온도를 충분히 낮추면 얼음 결정이 생긴다. 그러면 이제 모든 곳이 다 똑같지 않다. 어떤 곳에는 결정들이 생기는 반면 어떤 곳에는 생기지 않기도 하고, 결정들이 어느 방향으로 늘어서는 반면 다른 방향으로는 늘어서지 않는다. 대칭이 깨진 것이다. 하지만 물의 온도를 아주 조심스럽게 낮추면, 온도가 어는점 아래로 내려가더라도 얼음이 생기지 않을 수 있고, 따라서 대칭이 깨지지 않을 수 있다. 이런 상태를 '과냉각'이라고 부른다. 자연에서도 가끔 이런 일이 일어나는데, 겨울철 폭풍우 구름 속에서 빗방울이 떨어질 때 기온이 어는점 아래인데도 액체 상태를 유지하다가 나무나 지면 같은 물체에 부딪치는 순간에 즉각 어는데, 이런 비를 얼음 비라고 한다.

구스의 이론은 빅뱅 직후의 우주가 엄청나게 뜨거웠으며 모든 입자들이 아주 높은 에너지를 가지고 매우 빠르게 돌아다녔다는 개념을 바탕으로 한다. 자연의 네 가지 힘은 아직도 서로 분리되지 않고 하나의 초힘으로 통일되어 있었다. 우주는 약간 팽창하면서 조금 냉각되었다. 입자들의 에너지도 약간 낮아졌고, 우주가 식어감에 따라 힘들이 서로 분리되었다. 최초의 대칭이 깨어진 것이다. 힘들은 하나씩 하나씩 '얼면서' 분리돼 나왔다. 하지만 이 모든 일이 즉각 일어나지는 않았는데, 바로 과냉각이 일어났기 때문이다. 그리고 상전이가 일어났는데, 전체 우주 중 일부가 거품의 형태로 각각 별도로 상전이가 일어났다. 즉, 온도가 어느 값 아래로 떨어졌는데도(앞의 예에서 기온이 어는점 아래로 내려가는 것에 해당) 힘들 사이의 대칭이 깨어지지 않은 것이다. 그 결과로 우주는 불안정한 과냉각 상태가 되었고, 힘들 사이의 대칭이 깨어졌더라면 가졌을 에너지보다 훨씬 큰 에너지를 가지게 되었다.

거품, 구슬, 모자, 언 물…… 어쨌든 초기의 인플레이션 이론에서 핵심은 이 동안에 우주의 모든 지역—평균보다 입자를 더 많이 포함한 지역과 더 적게 포함한 지역을 모두 포함해—이 엄청난 속도로, 심지어 빛의 속도보다 더 빠르게 팽창했다는 사실이다. 평균보다 물질 입자가 훨씬 많이 모여 있어 당연히 중력의 작용으로 서로 끌어당기는 일이 일어날 것이라고 예상되는 곳에서도 실제로는 그런 일이 일어나지 않았다. 물질 입자들이 서로 뭉치지 않고 계속 멀어짐에 따라 그 결과 우주는 모든 입자들이 드문드문 흩어진 채 계속 팽창했다. 우주의 팽창은 불균일한 구조를 반반하게 만들었을 것이다. 즉, 오늘날 우주에서 관측되는 매끄럽고 균일한 상태는 아주 다양한 종류의 초기 상태들에서 진화할 수 있었다. 팽창 속도는 자동적으로 임계 속도에 가까워졌을 것이다. 그러면 초기의 팽창 속도가 아주 정밀하게 선택되지 않았더라도 '평탄성 문제'가 해결된다.[8]

그렇다면 어떻게 팽창 속도가 다시 느려졌을까? 어느 것에 저항하지만 결국엔 얼고 마는 빗방울처럼 우주는 일시적으로 억제된 상전이를 완료하지 않을 수 없었다. 구스가 처음 내놓은 인플레이션 이론에서는, 전체적으로 대칭이 '깨지지 않은' 환경에서 과냉각이 일어났을 때 대칭이 '깨진' 거품들이 생겨났고, 이 거품들이 팽창하면서 서로 합쳐져 모든 곳에서 모든 것이 대칭이 깨진 새로운 상으로 변했으며, 이제 우주는 오늘날 우리가 보는 것과 비슷한 속도로 팽창하기 시작했다고 주장했다.

이 개념에는 문제점이 하나 있었다. 거품들이 너무나도 빨리 팽창하는 바람에 서로 충돌하여 불규칙한 구조가 많이 나타났을 것이고, 우주의 각 부분에 따라 밀도와 팽창 속도에도 큰 차이가 나타났을 것이다. 이런 환경은 절대로 오늘날의 우주와 같은 것으로 발달할 수 없다.

그럼에도 불구하고, 구스는 자신의 이론을 발표했다. 인플레이션 이론이 너무나도 매력적이어서 작은 결함 때문에 머뭇거릴 수 없다고 판단했다. 그런 결함은 나중에 자신이나 다른 물리학자가 해결할 수 있으리라고 생각했다. 인플레이션은 빅뱅 이론에서 남아 있던 문제들에 훌륭한 해결책을 제시했다. 오늘날 우리 눈에 보이는 우주는 인플레이션이 일어나기 전에 평형에 도달할 기회가 충분히 있을 만큼 아주 작았던 지역에서 발달했을 수 있다. 인플레이션은 팽창 에너지와 중력 사이의 불균형을 없앴을 수 있다. 인플레이션이 밀도가 약간 높은 지역과 약간 낮은 지역—미래의 은하와 초은하와 그 밖에 우주에서 진화한 모든 구조—을 만들어 낼 수 있다는 예측은 특히 매력적이었다. 우주배경복사를 관측하는 기술은 아직 그러한 '밀도 섭동'을 드러낼 만큼 충분히 발전하지 않은 상태였지만, 호킹과 그 밖의 과학자들은 펜지어스와 윌슨이 우주배경복사를 발견한 1960년대 중반부터 그것과 균일성 문제를 계속 생각하고 있었다. 인플레이션 이론은 우주론자들이 찾던 답을 제공할 수 있을까?

호킹도 구스와 마찬가지로 인플레이션 이론을 만족스럽게 여기지 않았다. 호킹이 인플레이션 이론에 반대한 이유는 거품들이 충돌하여 균일한 우주 대신에 큰 혼란을 일으키기 때문이 아니라, 인플레이션 단계에서 우주가 너무 빨리 팽창하여 대칭이 깨진 거품들이 서로 합쳐질 수가 없다고 보았기 때문이다. 거품들은 설사 빛의 속도로 성장한다 하더라도, 너무 빨리 흩어져갈 것이라고 생각했다. 그 결과는 일부 지역에서는 네 가지 힘 사이의 대칭이 깨진 반면, 다른 지역들에서는 깨지지 않은 우주가 되는데, 이것은 오늘날의 우리 우주와는 확연히 다르다. 1981년 10월, 이런 것들을 생각하면서 호킹은 회의에 참석하기 위해 모스크바로 갔다.

모스크바에서 벌어진 논쟁

모스크바 대학 대학원생이자 P. N. 레베데프 물리학연구소에서 일하던 33세의 러시아 물리학자 안드레이 린데Andrei Linde는 그 모스크바 회의에서 호킹을 처음 만났다.

구스가 인플레이션 이론을 개발해 발표하기 몇 년 전에 린데도 같은 생각을 했지만, 그 이론에 문제점이 있다는 사실을 알아차렸다. 물론 구스도 같은 문제점을 알았지만, 린데처럼 신중하지 않았던 구스는 과감하게 그리고 현명하게도 계속 밀고 나가 논문을 발표함으로써 린데보다 선수를 쳤다. 그런 좌절에도 불구하고, 린데는 얼마 지나지 않아 인플레이션 이론 분야에서 가장 앞선 연구를 하는 우주론자로 부상했다. 1990년대 이후에는 빠른 손놀림을 이용한 마술과 곡예와 최면 때문에 스탠퍼드 대학의 동료들 사이에서 유명해지지만, 1981년에 호킹을 만났을 때에는 미국이나 유럽에 한 번도 가본 적이 없고 서구 세계에 거의 알려지지 않은 무명의 풋내기 물리학자였다. 반면에 호킹은 명성이 자자한 거물이었다.

린데와 호킹은 둘 다 논문을 제출했다. 호킹은 자신이 최근에 한 연구에 대해 이야기하면서 인플레이션은 너무 큰 밀도 섭동을 일으켜 오늘날 보는 것과 같은 우주를 만들 수 없다고 말했다. 린데는 여름 동안 연구 끝에 자신과 구스의 원래 인플레이션 모형에 포함된 문제들을 해결하는 방법을 발견했는데, 논문을 발표하면서 그것을 설명했다. 소련의 검열제도로 인해 논문이 발표되기까지 지체되는 바람에 린데의 「새로운 인플레이션」 논문은 1982년 초에 가서야 발표되었다. 린데는 그 회의에서 자신의 생각을 호킹과 논의할 기회가 없었지만, 회의가 끝난 뒤에 주변 상황의 도움으로 두 사람은 가까워졌다. 2002년에 호킹의 60회 생일을 축하하는 자리에서 린데는 첫 번째 만남이 남긴 트라우마와 결국엔 성공으로 이어진 이야기를 생생하게 묘사했다.[9]

회의가 끝난 다음 날, 모스크바의 시테른베르크 천문학연구소(러시아

천문학자 파벨 카를로비치 시테른베르크Pavel Karlovich Shternberg의 이름을 딴)는 호킹을 초청해 강연을 부탁했는데, 호킹은 강연 주제로 구스의 인플레이션 이론에 나타나는 문제점을 선택했다. 그리고 마지막 순간에 영어와 러시아 어에 모두 능숙했던 린데는 통역을 해달라는 부탁을 받았다. 그 무렵 호킹은 강연을 할 때, 학생에게 대신 낭독하게 하고 자신은 옆에 앉아서 듣고 있다가 간간이 평을 하거나 수정을 하는 게 관행처럼 자리잡았다. 그런데 이번 강연은 무슨 이유에서인지 그런 식으로 준비가 되지 않았다. 린데는 지루했던 2단계 통역 과정을 떠올리며 다음과 같이 설명했다. 호킹이 불분명한 목소리로 뭔가를 말하면, 호킹의 학생이 그것을 알아들으려고 애쓰다가 다시 영어로 분명하게 말했다. 그러면 린데가 그것을 러시아 어로 통역했다. 그렇게 강연은 답답할 정도로 느릿느릿 진행되었다. 하지만 그 주제에 대해 잘 알고 있던 린데는 러시아 어로 설명을 추가하기 시작했다. 호킹이 뭐라고 말을 하면 학생이 그것을 반복했고, 그러면 린데가 소상한 설명을 곁들여 통역함으로써 호킹에게 자신이 말한 것을 다시 설명해야 할 수고를 덜어주었다. 호킹은 린데의 통역과 설명에 이의가 없는 것처럼 보였고, 강연은 아주 순조롭고 빠르게 진행되었다. 적어도 구 인플레이션 이론에 대해 이야기할 때까지는 그랬다.

하지만 학생이 호킹을 대신해 안드레이 린데가 얼마 전에 "인플레이션 이론의 문제점을 해결할 수 있는 흥미로운 방법을 제안했습니다."[10]라고 말하자, 린데는 깜짝 놀랐다. 린데는 흥분에 휩싸여 그 말을 러시아 어로 옮겼다. 러시아의 최고 물리학자들 앞에서 호킹이 자신(린데)의 이론을 설명하려 하지 않는가! 이론물리학 분야에서 자신의 장래에 서광이 비치는 것 같았다. 그러나 황홀한 순간은 금방 지나가고 말았다. 호킹은 그러고 나서 린데의 새로운 인플레이션 이론을 통렬하게 비판하기 시작했다. 고

통스럽고 창피스러운 30분 동안 린데는 "호킹을 대신해 내 시나리오의 문제점과 왜 그것이 성립할 수 없는지를 통역하면서 모두에게 설명했다."[11] 강연이 끝날 무렵, 린데는 용기를 내 자신이 호킹의 강연을 통역하긴 했지만 호킹의 견해에 동의하지 않는다고 말하면서 그 이유를 설명했다. 그러고 나서 호킹에게 둘이서 개인적으로 토론을 계속하자고 제안했다. 호킹은 그 말을 "밖으로 나가서 한판 뜹시다!"라는 뜻으로 해석할 수도 있었다. 하지만 두 사람은 빈 방을 찾았고, 천문학연구소 직원들이 "불가사의하게 사라진 유명한 영국 과학자"[12]를 찾느라 난리가 벌어진 것에는 아랑곳하지 않고 두 시간 동안 토론을 했고, 다시 호킹의 호텔로 자리를 옮겨 논쟁을 계속했다. 그러고 나자 분위기가 좋아졌다.

"호킹은 내게 가족 사진들을 보여주면서 케임브리지를 방문하라고 초대했다. 우리 사이의 아름다운 우정은 이렇게 시작했다."[13]

호킹이 린데의 '새로운 인플레이션'에 만족하지 못한 것은 틀린 생각이 아니었다. 린데는 대칭이 깨진 거품들이 서로 합치지 못하는 문제에 대해 해결책을 제안했는데, 훗날 우리가 사는 우주 지역으로 발달할 부분이 모두 하나의 거품 속에 들어 있을 정도로 거품이 충분히 크다고 가정하면 된다고 했다. 이것이 가능하려면, 대칭 상태에서 대칭이 깨지는 상태로 변하는 과정이 거품 속에서는 훨씬 느리게 일어나야만 한다. 호킹은 린데의 '새로운 인플레이션' 이론에서 거품들이 너무 커야 한다는 사실에 반대했다. 그것은 이 모든 일이 일어날 당시의 우주 전체보다도 커야 했다. 이 이론은 또한 우주배경복사의 온도에 그때까지 관측된 것보다 훨씬 큰 변이가 나타나야 한다고 예측했다.

모스크바 회의가 끝나고 나서 얼마 후 호킹은 필라델피아를 방문했다. 프랭클린 연구소에서 벤저민 프랭클린 물리학 메달을 수상하면서 한 강연에서는 평소의 과학적 주제에서 벗어나 결혼 이후 자신과 제인이 진지한 관심을 기울인 주제에 대해 이야기했다. 그것은 바로 점점 증대되는 미국과 소련의 핵무기 비축이 지구상의 모든 생명에게 제기하는 위협에 관한 이야기였다. 이미 1962년에 다이애나 킹은 제인 와일드가 듣는 데서 "그는 핵무기 반대 시위에 참가해."라고 말했다. 호킹은 아직도 반대 시위를 계속하고 있었다.

하지만 케임브리지로 돌아오자마자 호킹은 다시 인플레이션 이론에 대한 논의에 뛰어들었다. 〈피직스 레터스 *Physics Letters*〉가 호킹에게 린데의 「새로운 인플레이션 논문」을 심사해달라고 부탁하는 편지를 보내왔다.[14] 호킹과 린데 둘 다 그 이론에 약간의 결함이 있다는 걸 알고 있었지만, 호킹은 그 논문을 게재하라고 권했다.[15] 그 논문은 그 자체로 충분히 중요해 널리 읽힐 만한 가치가 있었고, 만약 린데가 필요한 수정을 다하고 나서 소련의 검열 절차를 통과할 때까지 기다리려면 시간이 너무 지체될 게 뻔했다. 그와 동시에 호킹은 이언 모스 Ian Moss라는 대학원생과 함께 인플레이션 시대를 더 만족스럽게 끝낼 수 있는 방법을 제안한 논문을 제출했다. 만약 대칭이 거품 내부뿐만 아니라 모든 곳에서 동시에 깨진다면(하지만 린데가 제안한 것처럼 느리게), 그 결과는 오늘날 우리가 살고 있는 것과 같은 균일한 우주가 될 수 있었다.[16] 이 모든 개념들이 널리 알려진 가운데 호킹은 응용수학 및 이론물리학과 동료인 게리 기번스 Gary Gibbons와 함께 여름에 인플레이션을 중심 주제로 워크숍을 열기로 결정했다. 호킹의 유능한 비서 주디 펠라가 필요한 준비를 했다.

1982년 1월, 호킹은 40세 생일을 맞이했다. 살아서 맞이하리라고는 전혀 기대하지 않았던 생일이었다. 축하할 일이 또 있었다. 영국의 신년 서작 및 서훈자 명단에 호킹이 포함되어 CBE Commander of the British Empire 라

는 작위를 받게 된 것이다. 2월 23일, 버킹엄 궁에서 벌어진 작위 수여식
에는 로버트가 아버지의 종자로 나섰다. 이제 호킹은 이름 뒤에 CBE라
는 칭호를 쓸 수 있게 되었다.(대영 제국 훈장 Order of the British Empire은 1917
년 6월 4일 영국 왕 조지 5세가 설립한 기사단 훈장이다. 1등급부터 5등급까지
있는데, CBE는 그 중에서 3등급에 해당한다. 1, 2등급 훈장은 작위급 훈장으로,
기사 작위에 해당하므로 이 훈장을 받은 사람은 이름 앞에 Sir라는 칭호를 붙인
다.—옮긴이)

인플레이션의 문제점을 해결하다

1982년 6월 21일부터 7월 9일까지 케임브리지에서 초기 우주를 주제
로 열린 너필드 워크숍에 인플레이션 이론의 대가들이 모여 함께 머리를
짜냈다. 안드레이 린데는 러시아에서 왔고, 앨런 구스와 펜실베이니아 대
학의 물리학자인 폴 스타인하트 Paul Steinhardt는 이미 그곳에 와 있었다. 스
타인하트는 동료인 안드레아스 알브레히트 Andreas Albrecht와 함께 린데와는
독립적으로 거의 같은 시기에 린데의 것과 거의 같은 '새로운 인플레이션'
이론을 발견했다.★ 호킹은 인플레이션이 일어나는 동안 우주의 온도가 어
떻게 작은 밀도 섭동을 낳을 수밖에 없는지 보여줌으로써 그 모임에 기여
했다.[17]

그해 늦여름, 호킹은 다시 캘리포니아 주로 날아가 이번에는 샌타바버
라에 있는 캘리포니아 대학의 새 이론물리학연구소에서 몇 주일을 보냈

★ 지금은 린데, 스타인하트, 알브레히트, 이 세 명이 모두 '새로운 인플레이션 모형'을 만
든 사람으로 인정받는다.

다. 이곳은 짐 하틀의 본거지였는데, 거기서 두 사람은 1981년 9월에 호킹이 바티칸에서 소개한 개념에 대해 의견을 나누었다. 인플레이션 이론을 논의하는 동안 '무경계 가설'은 뒷전으로 밀려났지만, 호킹은 무경계 가설에 대한 생각을 멈춘 적이 없었다. 그 다음 2년 동안 호킹과 하틀은 그 가설을 제대로 만들었다.

10

"나는 모든 여행에서 세계의 가장자리 밖으로 떨어지는 것을 피하지 못했다."

블랙홀에서 복사가 나온다는 호킹의 주장은 처음에는 의심스럽다는 반응을 받았지만, 얼마 지나지 않아 대부분의 물리학자는 그것이 터무니없는 생각이 아니라는 데 의견을 같이했다. 일반 상대성 이론과 양자역학에 관한 다른 개념들이 아주 틀린 것이 아니라면, 블랙홀도 여느 뜨거운 물체와 마찬가지로 복사를 방출해야 한다. 원시 블랙홀은 지금까지 발견된 적이 없지만, 만약 발견되었는데도 거기서 감마선과 X선이 쏟아져 나오지 않는다면 물리학자들은 크게 놀랄 것이다.

호킹 복사를 통해 블랙홀에서 방출되는 입자들에 대한 이야기로 다시 돌아가보자. 사건의 지평선에서 한 쌍의 입자가 생겨난다. 음의 에너지를 가진 입자는 블랙홀 속으로 들어간다. 음의 에너지를 더하면 그만큼 블랙홀의 질량은 줄어들 것이다. 한편, 양의 에너지는 어떻게 될까?(에너지는 우주에서 그냥 사라지는 법이 없다고 한 말을 기억하기 바란다.) 그 에너지는 양의 에너지를 가진 입자와 함께 우주 공간으로 나온다(6장 참고).

이것은 블랙홀의 질량이 줄어들고, 사건의 지평선 면적이 줄어드는 결과를 낳는다고 이야기했다. 원시 블랙홀의 경우, 블랙홀이 완전히 사라지는 것으로(필시 매우 인상적인 불꽃놀이와 함께) 모든 이야기가 끝날지 모른다. 그런데 블랙홀에서는 아무것도 탈출할 수 없다고 했는데, 어떻게 무엇이 탈출할 수 있을까? 그것은 모든 시대를 통틀어 최대의 '밀실 미스터리'

중 하나였지만, 결국 'S. H.'가 해결했다.

블랙홀 속에 들어간 물질이 반드시 특이점에서 시간의 절대적 끝에 이르지는 않는다는 개념은 또 다른 특이점에 대한 의심을 낳았다. 그 특이점은 시간의 절대적 '시작' 지점에 있었다고 호킹이 이야기한 바로 그 특이점이다. 양자론이 새로운 가능성을 제공했다. 호킹의 표현을 빌리면, 어쩌면 빅뱅의 특이점은 '널리 퍼져 있었는지도' 모른다. 어쩌면 그 문은 우리 눈앞에서 쾅 닫히지 않았을지 모른다.

호킹은 20세기 초에 양자론이 해결한 비슷한 문제를 지적한다. 그것은 러더퍼드의 원자 모형과 관련된 문제였다. "마치 행성들이 태양 주위를 도는 것처럼 중심의 원자핵과 그 주위의 궤도를 도는 전자들로 이루어져 있다고 본 원자의 구조에 관해 한 가지 문제가 있었다."(그림 2-1 참고) "이전의 고전 물리학 이론에 따르면, 각각의 전자는 그 움직임 때문에 광파를 방출해야 했다. 광파에는 에너지가 실려 있으므로, 광파를 방출하는 전자는 점점 안쪽으로 나선을 그리면서 궤도가 낮아지다가 결국에는 원자핵과 충돌할 것이다."[1] 하지만 원자는 이런 식으로 붕괴하지 않기 때문에, 이 모형에 뭔가 잘못이 있는 게 분명했다.

양자역학이 불확정성 원리를 휘두르면서 구원에 나섰다. 전자의 확실한 위치와 운동량을 동시에 정확하게 아는 것은 불가능하다. "만약 전자가 원자핵에 위치한다면, 그 전자는 확실한 위치와 운동량을 갖게 된다."라고 호킹은 지적한다. "대신에 양자역학은 전자는 확실한 위치를 가질 수 없지만, 그것이 있는 위치를 찾을 확률은 원자핵 주위의 특정 지역에 퍼져 있다고 예측한다." 그래서 전자는 나선을 그리며 궤도가 점점 낮아지다가 원자핵과 충돌하는 일은 일어나지 않으며, 원자는 붕괴하지 않는다.

호킹에 따르면, "고전 물리학 이론의 예측[전자들이 원자핵으로 떨어질 것이라는]은 밀도가 무한대인 빅뱅의 특이점이 존재해야 한다는 고전 일반 상대성 이론의 예측과 다소 비슷하다."[2] 빅뱅이 일어나는 순간이나 블랙홀에서 모든 것이 밀도가 무한대인 한 점에 있는 상황은 불확정성 원리에 어긋나는 너무나도 정확한 측정이다. 호킹의 생각에 따르면, 이 원리는 전자들의 위치를 퍼져나가게 한 것처럼 일반 상대성 이론이 예측한 특이점을 '퍼져나가게' 해야 한다. 호킹은 원자가 붕괴하지 않는 것처럼 우주가 시작할 때나 블랙홀 속에는 특이점이 없는 게 아닐까 의심했다. 그곳에서 공간은 크게 압축되겠지만, 밀도가 무한대인 점으로 압축되는 게 아니지 않을까?

일반 상대성 이론은 블랙홀 내부나 빅뱅의 순간에 시공간의 곡률이 무한대가 된다고 예측했다. 만약 그런 일이 일어나지 않는다면, 호킹은 "시간과 공간은 곡률이 무한대인 점 대신에 어떤 형태"로 존재했는지 알아내고자 했다.[3]

시간은 시간이요, 공간은 공간인 때

아래에 이어지는 이야기가 너무 어렵다고 느껴진다면, 건너뛰어도 무방하다. 꼭 모든 단어를 다 이해해야만 호킹의 이론을 이해할 수 있는 것은 아니지만, 그래도 다 이해할 수 있다면 훨씬 흥미로울 것이다. 물론 호킹이 그것을 기술하기 위해 사용한 수학과 호킹의 생각을 제대로 이해하려면 여러분과 내가 이해할 필요가 있는 수학은 여기에 소개한 간단한 수학보다 훨씬 복잡하다.

상대성 이론은 시간과 공간을 4차원 시공간으로 결합한다. 시공간 다이어그램이 어떻게 생겼는지 살펴보자. 내가 직접 그린 그림 10-1은 내 딸

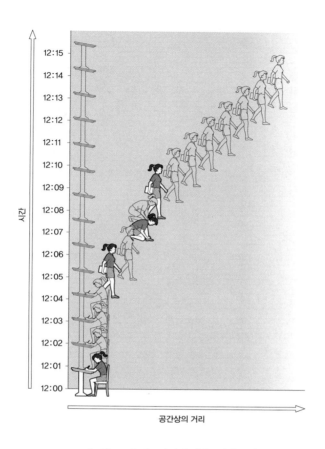

<그림 10-1> 시공간에서 케이틀린의 움직임

케이틀린이 점심을 먹으러 교실에서 식당까지 가는 행동을 보여준다. 왼쪽의 수직선은 시간의 경과를 나타낸다. 아래쪽의 수평선은 모든 공간 차원을 나타낸다. 이 시공간 다이어그램에서 하나의 점은 공간상의 어떤 위치와 시간상의 어느 순간을 나타낸다. 그러면 자세히 살펴보자.

위 그림의 시공간 다이어그램은 정오에 케이틀린이 교실의 자기 책상 앞에 앉아 있는 것에서 시작한다. 가만히 앉아 있는 동안 케이틀린은 시

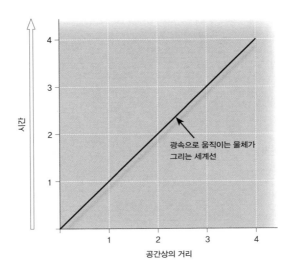

시간

공간상의 거리

광속으로 움직이는 물체가
그리는 세계선

〈그림 10-2〉 시간과 공간의 단위로 모두 1m를 사용한 시공간 다이어그램. 어떤 물체가 공간상으로 4m, 시간상으로 4m 이동한다면, 시공간 다이어그램에서 그 '세계선'은 45° 각도를 이룰 것이다. 광자처럼 빛의 속도로 움직이는 물체는 이와 같은 세계선을 그린다.

간상에서는 계속 앞으로 나아가지만, 공간상에서는 아무 데도 가지 않고 정지해 있다. 다이어그램에서는 작은 '케이틀린' 무리가 시간 축에서 앞으로 이동한다. 12시 05분에 벨이 울린다. 케이틀린은 식당을 향해 움직인다.(책상은 여전히 시간 방향으로만 앞으로 나아갈 뿐, 공간상에서는 움직이지 않는다.) 케이틀린은 시간뿐만 아니라 공간에서도 움직인다. 12시 07분에 케이틀린은 운동화 끈을 묶으려고 멈춰섰다. 1분 동안 케이틀린은 시간상으로는 계속 앞으로 나아가지만, 공간상에서는 움직이지 않는다. 12시 08분에 케이틀린은 다시 식당을 향해 움직이기 시작하는데, 음식이 다 떨어질까 봐 걸음을 아까보다 더 재촉한다. 그리고 12시 15분에 식당에 도착한다. 물리학자는 우리가 케이틀린의 '세계선'(점 입자가 시간에 따라 움직이면

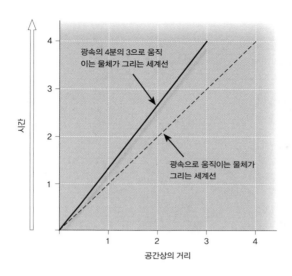

광속의 4분의 3으로 움직이는 물체가 그리는 세계선

광속으로 움직이는 물체가 그리는 세계선

시간

공간상의 거리

〈그림 10-3a〉 공간상으로 3m, 시간상으로 4m 이동하는 물체, 즉 광속의 4분의 3으로 움직이는 물체가 그리는 세계선을 보여준다.

서 시공간 속에 남기는 궤적―옮긴이)을 그렸다고 말할 것이다.

이 시공간 다이어그램은 아주 대충 그린 것이다. 물리학자가 시공간 다이어그램을 그릴 때에는 흔히 시간과 공간 모두에 공통의 단위를 사용한다. 예를 들면, 시간과 공간의 단위로 모두 1m를 쓸 수 있다.(시간 1m는 수억분의 1초에 불과할 정도로 아주 짧은 시간이다. 이것은 빛의 속도로 달리는 광자가 1m를 달리는 데 걸리는 시간이다.) 그런 시공간 다이어그램에서는 어떤 물체가 공간상으로 4m, 시간상으로 4m 이동한다면, 그 세계선은 45° 각도를 이룰 것이다. 이것은 광자처럼 빛의 속도로 움직이는 물체의 세계선이다(그림 10-2).

만약 어떤 물체가 공간상으로 3m, 시간상으로 4m 이동한다면, 그 물체는 광속의 4분의 3에 해당하는 속도로 움직인다(그림 10-3a). 또 만약

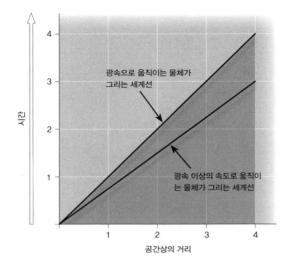

시간

공간상의 거리

광속으로 움직이는 물체가
그리는 세계선

광속 이상의 속도로 움직이
는 물체가 그리는 세계선

이것처럼 시간 축에서 45° 이
상 기울어진 세계선은 허용
되지 않는다. 이것은 원점에
서 출발한 세계선이 다이어
그램에서 짙은 영역으로 움
직이는 것이 허용되지 않는
다는 말과 같다. 그러한 세계
선은 빛보다 더 빨리 달려야
가능하기 때문이다.

〈그림 10-3b〉 공간상으로 4m, 시간상으로 3m 이동하는 물체가 그리는 세계선. 이
경우처럼 시간상에서보다 공간상에서 이동한 거리가 더 멀 때, 그 물체는 광속보다 더
빠른 속도로 달린다.(물론 이것은 허용되지 않는다!)

어떤 물체가 공간상으로 4m, 시간상으로 3m 이동한다면, 광속보다 빠른
속도로 달리는 셈인데, 상대성 이론에 따라 이것은 허용되지 않는다(그림
10-3b). 그림 10-4의 다이어그램은 두 사건이 동시에 일어나는 것을 보여
준다. 두 사건이 처음 일어나는 순간에는 서로 알 방법이 전혀 없다. 그러
려면 그 정보가 시간 축과 90° 각도를 이루는 세계선으로 달리면서 전달
되어야 하기 때문이다. 그런 세계선을 그리며 여행하려면 광속보다 더 빨
리 달려야 한다. 우주에서 빛보다 더 빨리 달릴 수 있는 것은 없으며, 광
속으로 달리더라도 다이어그램에서는 시간 축에서 45° 이상 기울어질 수
없다.

이제 세계선의 '길이'에 대해 이야기해보자. 4차원 모두를 포함한 세계

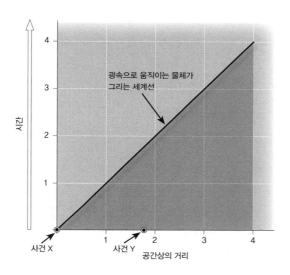

〈그림 10-4〉 공간상으로 서로 멀리 떨어진 곳에서 동시에 일어난 두 사건(X와 Y)을 보여주는 시공간 다이어그램. 두 사건이 일어난 순간에는 두 사건이 서로를 알 방법이 없다. 그러려면 정보가 시간 축에서 45° 이상 기울어진 세계선을 그리며 달려서 다른 쪽에 전달되어야 하기 때문이다. 시간 축에서 45° 이상 기울어진 세계선을 그린다는 것은 빛보다 빠른 속도로 달린다는 것을 의미하지만, 우리 우주에서 그것은 허용되지 않는다.

선의 길이는 무엇을 의미할까?

케이틀린보다 훨씬 빨리 움직이는 물체의 세계선을 살펴보자. 그림 10-5에서 물체는 공간상으로 4m, 시간상으로 5m 움직인다. 즉, 광속의 5분의 4에 해당하는 속도로 움직인다. 다이어그램에서 '공간' 방향으로 움직이는 거리를 삼각형의 한 변(변 A)이라고 생각하자. 그리고 다이어그램에서 '시간' 방향으로 움직이는 거리를 삼각형의 또 다른 변(변 B)이라고 생각하자. 두 변은 직각삼각형의 두 변을 이룬다. 그러면 움직이는 물체의 세계선은 이 삼각형의 빗변(변 C)이 된다.

직각삼각형에서 빗변을 제곱한 값은 나머지 두 변을 각각 제곱해 더한

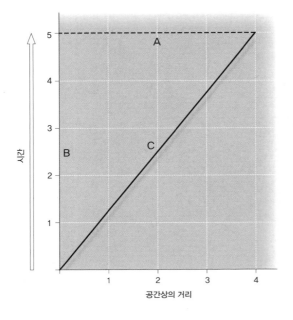

학교에서 배우는 기하학에 따르면, 변 C를 제곱한 값은 변 A와 변 B를 각각 제곱해 더한 값과 같다.

하지만 시공간 기하학에서는 변 C(빗변)를 제곱한 값은 변 A를 제곱한 값과 변 B를 제곱한 값의 차이와 같다.

〈그림 10-5〉 공간 방향으로 여행한 거리를 변 A, 시간 방향으로 여행한 거리를 변 B, 시공간에서 여행한 세계선을 빗변인 변 C로 삼으면 직각삼각형이 그려진다.

값과 같다는 사실은 다 알고 있을 것이다. 4(변 A)의 제곱은 16이고, 5(변 B)의 제곱은 25이다. 16과 25를 더하면 41이 된다. 따라서 빗변인 변 C의 길이는 $\sqrt{41}$이다.

제곱근의 값이 정확하게 얼마인지 계산하려고 노력할 필요까진 없다. 그것은 다른 문제니까. 만약 우리가 학교에서 배운 기하학을 다룬다면, 당연히 그 값을 구하려고 노력해야 할 것이다. 하지만 시공간에서는 사정이 다르다. 빗변(변 C)의 제곱은 나머지 두 변을 각각 제곱해 더한 값과 같지 않다. 그 값은 나머지 두 변을 제곱한 값의 차이와 같다. 물체는 공간상으로 4m(삼각형에서 변 A), 시간상으로 5m(삼각형에서 변 B) 움직인다. 4

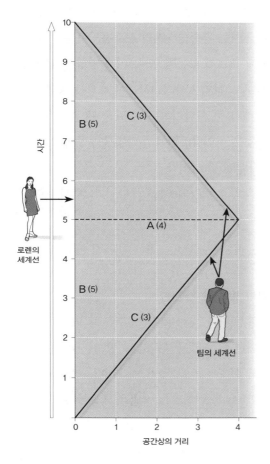

10

9

8

B (5)   C (3)

7

시간

6

로렌의
세계선

5 - - - - - - - - - - - - - - - - A (4)

4

B (5)

3

C (3)

2

팀의 세계선

1

0   1   2   3   4

공간상의 거리

팀은 광속의 5분의 4에 해당하는
속도로 바깥쪽으로 3시간 동안
(자신의 시계로 측정했을 때) 여
행한다. 쌍둥이인 로렌은 지구에
머물면서 공간상에서 전혀 움직
이지 않는다. 두 사람이 다시 만
났을 때, 로렌의 시계는 10시간이
흘렀지만 팀의 시계는 6시간밖에
흐르지 않았다. 즉, 팀이 로렌보
다 나이를 4시간 덜 먹은 것이다.

〈그림 10-6〉 쌍둥이 역설

의 제곱은 16이고, 5의 제곱은 25이다. 그리고 25와 16의 차이는 9이고,
9의 제곱근은 3이다. 따라서 삼각형의 세 번째 변인 변 C, 즉 세계선은 시
공간에서의 길이가 3m이다.

그 물체가 시계를 찬 사람이라고 상상해보자. 시계는 그 길이(3m)를

'시간'으로 보여줄 것이다. 그림 10-6에서 공간상에서 정지해 있는 로렌의 시계는 5시간이 흐른다. 한편, 광속의 5분의 4로 움직이는 쌍둥이 팀의 시계는 그동안 3시간밖에 흐르지 않는다. 팀은 이제 방향을 되돌려 출발점으로 돌아오는데, 이때에도 팀의 시계가 3시간이 흐르는 동안 로렌의 시계는 5시간이 흐른다. 그래서 두 사람이 다시 만났을 때 팀은 로렌보다 나이를 조금 덜 먹었다. 이것은 아인슈타인이 우리에게 우주에 대해 가르쳐준 놀랍고도 믿기 힘든 사실 중 하나이다.

이번에는 훨씬 작은 물체인 소립자의 시공간 다이어그램과 세계선을 살펴보자.

'역사 총합' 또는 금성을 방문할 가능성

원자 모형에서 전자들의 위치가 넓게 퍼져 있다고 한 이야기를 떠올려보라. 전자들의 위치가 퍼져 있는 것은 우리가 어떤 전자의 위치와 운동량을 동시에 아주 정확하게 측정할 수 없기 때문이다. 리처드 파인먼은 이 문제를 다루기 위해 '역사 총합'이라는 방법을 내놓았다.

빨간 두건(우리나라에는 흔히 '빨간 모자'로 소개됨)이 집에서 할머니 집까지 가는 경로를 모두 생각해보자. 가장 빨리 갈 수 있는 직선 경로나 늑대가 도사리는 숲을 피해 가는 안전한 경로뿐만 아니라, 그 밖에 빨간 두건이 택할 수 있는 수많은 길을 모두 다 생각해보자. 가능한 경로는 수십억 가지나 될 수 있다. 결국 빨간 두건이 택할 수 있는 모든 경로를 그림 위에 나타내면, 아주 거대하고 흐릿한 그림이 될 것이다. 하지만 그 중에서 어떤 경로는 다른 경로보다 빨간 두건이 택할 가능성이 훨씬 높다. 빨간 두건이 다양한 경로를 택할 확률을 조사해보면, 빨간 두건이 자기 집에서 할머니 집으로 가는 도중에 예컨대 금성에 들를 가능성은 극히 희박하다고 결론 내릴 수 있다. 하지만 파인먼은 그 가능성을 완전히 배제할 수는 없다고 말한다. 비록 그 확률은 불가능에 가까울 정도로 낮긴 하지만, 0은 아니다.

이와 비슷하게, 어떤 입자가 시공간에서 움직일 가능성이 있는 모든 경로, 즉 입자가 가질 가능성이 있는 모든 '역사'를 고려하는 것이 바로 역사 총합이다. 그러면 빨간 두건이 도중에 금성을 거칠 확률을 계산하는 것과 마찬가지로 어떤 입자가 특정 점을 지날 '확률'을 계산하는 것이 가능하다.

호킹은 역사 총합을 다른 용도로 사용하기로 결정했는데, 우주가 거칠 수 있는 모든 역사를 연구하고, 그 중에서 어느 것이 더 확률이 높은지 알아내는 데 사용하기로 했다.

이야기를 계속하려면, 비록 상대성 이론에서는 3차원 공간과 1차원 시간을 결합해 4차원 시공간으로 생각하라고 가르치긴 하지만, 공간과 시간은 물리적 속성이 엄연히 다르다는 사실을 알 필요가 있다. 그러한 차이 중 하나는 시공간에서 두 점 사이의 4차원 간격, 즉 앞에서 언급한 삼각형의 빗변 길이를 측정하는 방법과 관계가 있다.

그림 10-7a는 별개의 사건 두 가지(X와 Y)를 시공간 다이어그램에 나타낸 것이다. 두 사건은 시간 축에서 45° 이상 기울어진 세계선으로 연결돼 있다. 광속보다 빨리 달리지 않는 이상 이 두 사건 사이에서는 어떤 정보도 전달될 수 없다. 이처럼 두 사건 사이의 거리에서 공간상의 거리가 시간상의 거리보다 큰 경우에는 삼각형의 빗변(변 C)은 '양'의 값이다. 물리학 용어를 써서 표현하면, 사건 X와 사건 Y 사이의 '4차원 간격'의 제곱은 양수이다.

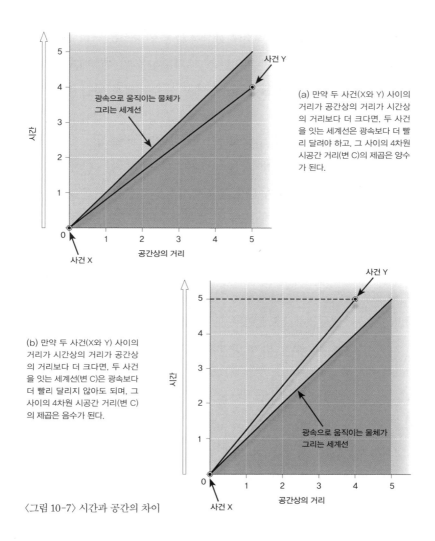

(a) 만약 두 사건(X와 Y) 사이의 거리가 공간상의 거리가 시간상의 거리보다 더 크다면, 두 사건을 잇는 세계선은 광속보다 더 빨리 달려야 하고, 그 사이의 4차원 시공간 거리(변 C)의 제곱은 양수가 된다.

(b) 만약 두 사건(X와 Y) 사이의 거리가 시간상의 거리가 공간상의 거리보다 더 크다면, 두 사건을 잇는 세계선(변 C)은 광속보다 더 빨리 달리지 않아도 되며, 그 사이의 4차원 시공간 거리(변 C)의 제곱은 음수가 된다.

〈그림 10-7〉 시간과 공간의 차이

그림 10-7b도 두 사건을 보여준다. 두 사건 사이의 거리는 시간상의 거리가 공간상의 거리보다 크다. 두 사건을 잇는 세계선은 시간 축에서 45°보다 작은 각도로 기울어져 있다. 그래서 광속보다 늦게 달리는 정보가

X에서 Y로 전달될 수 있다. 이 경우, 삼각형의 빗변(변 C)은 '음'의 값이다. 물리학자들은 사건 X와 사건 Y 사이의 '4차원 간격'의 제곱이 음수라고 말한다.

　마지막 두 문장을 읽고 무슨 소리인지 이해가 안 가는 독자가 있을지 모르겠다. 제곱하면 음수가 된다고? 과연 그런 수가 있는가? 그렇다면 음수의 제곱근은 어떤 수란 말인가? 예를 들어 −9의 제곱근은 어떤 수인가? 양수든 음수든 제곱을 하면 양수가 되지 않는가? 즉, 3을 제곱해도 9가 나오고, −3을 제곱해도 9가 나온다. 하지만 우리가 알고 있는 어떤 수를 제곱해도 −9가 나오지는 않는다. 따라서 어떤 수를 제곱해서 음수가 나온다는 것은 현실적으로 불가능하다.

　하지만 수학자들은 이 문제를 해결할 수 있는 묘안을 찾아냈다. 즉, 제곱하면 음수가 나오는 수가 있다고 상상하고, 그런 수를 '허수'라고 부른 것이다. 제곱하면 −1이 나오는 수를 허수 i라고 정의한다. 즉, −1의 제곱근을 i라고 정한 것이다. 따라서 $2i$를 제곱하면 −4가 나오고, $3i$를 제곱하면 −9가 나온다. 그렇다면 허수를 사용해 입자의 역사 총합과 우주의 역사 총합을 계산할 수 있다. '실수' 시간 대신에 '허수' 시간을 사용해 계산하는 것이다. 그림 10-7b에서 점 X에서 점 Y로 가는 데 걸리는 시간은 허수 시간인 $3i$(즉, −9의 제곱근)이다.

　허수는 현실적으로 도저히 계산이 불가능해 보이는 상황에서 계산을 해 답을 얻도록 도와주는 수학적 장치(원한다면 속임수라고 불러도 좋다)이다. '허수 시간'은 물리학자들이 양자 차원에서 중력을 연구하는 데 도움을 주며, 초기 우주를 새로운 각도에서 바라보는 방법을 제시한다.

광속도 퍼져 있다?

초기 우주로 되돌아갈수록 공간이 점점 압축되므로 특정 시간에 어떤 입자가 존재할 수 있는 위치는 선택의 폭이 점점 줄어든다. 그 위치는 갈수록 점점 더 정확하게 측정될 것이다. 대신에 불확정성 원리 때문에 그 입자의 운동량에 대한 정보는 점점 부정확해질 것이다.

먼저 빛의 입자인 광자를 좀더 정상적인 상황에서 살펴보자. 광자는 초속 약 30만 km로 달린다. 그런데 항상 그런 것은 아니다! 앞에서 전자를 발견할 확률은 원자핵 주변 지역에 넓게 퍼져 있다고 말했다. 물론 어떤 지점들은 다른 지점들보다 발견할 확률이 더 크겠지만, 어쨌든 전자가 존재할 수 있는 위치는 원자핵 주위에 구름처럼 넓게 퍼져 있다. 불확정성 원리 때문에 광자도 전자처럼 그 위치와 운동량을 동시에 정확하게 알 수가 없다.

리처드 파인먼과 여러 물리학자들은 만약 그렇다면 광자가 초속 30만 km로 달릴 확률은 그 속도 주변의 어느 '지역'에 퍼져 있을 것이라고 말한다. 다시 말해서, 광자의 속도가 우리가 광속이라고 부르는 속도 주변에서 다소 요동한다는 이야기나 마찬가지다. 먼 거리에서는 확률들이 상쇄되어 광자의 속도가 초속 30만 km로 측정되지만, 양자 차원의 아주 짧은 거리에서는 광자가 광속보다 좀더 빨리 혹은 좀더 느리게 움직일 확률이 존재한다. 그러한 요동은 직접 관측할 수는 없지만, 시공간 다이어그램에서 광자의 경로(앞에서 우리가 45° 각도로 그은)는 다소 흐릿해진다.

공간이 극도로 압축된 초기 우주를 연구할 때에는 그 직선이 '아주 흐릿하게' 변한다. 불확정성 원리는 광자의 위치를 정확하게 측정할수록 그 운동량은 더 부정확하게 측정된다고 말한다. 탄생 직후의 우주에서는 모든 것이 밀도가 무한대에 가까운 지점(특이점은 아니지만 특이점에 가까운 상태)에 **빽빽**하게 뭉쳐 있었으므로, 광자와 같은 입자의 위치를 아주 정확하게 측정할 수 있다. 위치에 대한 정보가 아주 정확해질수록 운동량에 대한 정보는 무한히 부정확해진다. 따라서 밀도가 무한대인 점을 향해 다가갈수록 광자의 속도가 가질 수 있는 가능성도 무한대에 가까워진다. 그렇다면 시공간 다이어그램에는 어떤 일이 일어날까? 그림 10-8을 보자. 정상적인 상황에서는 45° 각도로 그어진 광자의 세계선이 심하게 요동치며 퍼져 있다.

이러한 요동을 일으키는 원인을 다른 각도에서 본 설명을 살펴보자. 이 설명은 이 효과를 이 책에 소개된 다른 개념들과 더 분명하게 연결시켜준다. 빅뱅 직후의 초기 우주로 돌아가는 것은 극도로 작은 공간에서 일어나는 일을 볼 수 있을 정도로 우리 자신이 상상할 수 없을 정도로 작은 크기로 축소되는 것과 같다. 이렇게 생각해보라. 만약 이 페이지를 보면 반반해 보일 것이다. 종이를 조금 말더라도 종이는 여전히 반반할 것이다. 마찬가지로 비록 약간의 곡률이 있긴 하지만, 우리 주변의 시공간은 반반해 보인다. 반면에 이 페이지를 현미경으로 본다면, 울퉁불퉁한 부분들이 드러날 것이다. 마찬가지로 극도로 작은 차원에서 시공간을 본다면, 시공간의 기하학에 심한 요동이 드러날 것이다(그림 10-9 참고). 이 것은 12장에서 다시 다룰 텐데, 여기서 '웜홀'이 생길 가능성도 살펴볼 것이다. 여기서 핵심은 모든 것이 극도로 작은 공간에 압축된 초기 우주에서 그와 똑같이 심한 요동이 나타난다는 사실이다.

이 극심한 카오스적 상황을 어떻게 설명할 수 있을까? 다시 불확정성 원리로 돌아가보자. 6장에서 불확정성 원리는 한편으로는 전자기장이나 중력장 같은 장이 확정된 값을 가질 수 없고, 시간에 따른 변화 속도도 확정될 수 없음을 의미한다고 말했다. 0은 확정적인 측정값이기 때문에

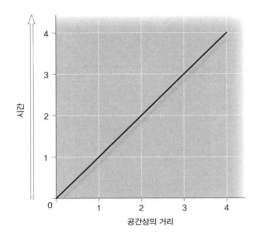

정상적으로는 시공간 다이어
그램에서 광속으로 달리는 광
자의 세계선은 45° 각도로 나
타난다.

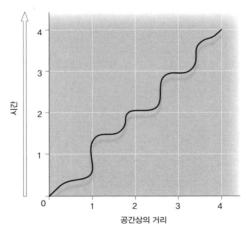

빅뱅 직후의 초기 우주에서는
공간이 극도로 압축돼 있어 불
확정성 원리 때문에 광자의 세
계선이 심한 요동을 나타낸다.
시간과 공간 사이의 기본적인
구분조차 사라지고 만다.

〈그림 10-8〉 초기 우주의 불확정성 원리

어떤 장이 0의 값을 가질 수는 없다. 하지만 텅 빈 공간에서는 모든 장은
정확하게 0으로 '측정되어야' 한다. 따라서 0의 값이 존재할 수 없으니, 텅
빈 공간도 존재하지 않는다. 그렇다면 텅 빈 공간 대신에 무엇이 있는가?

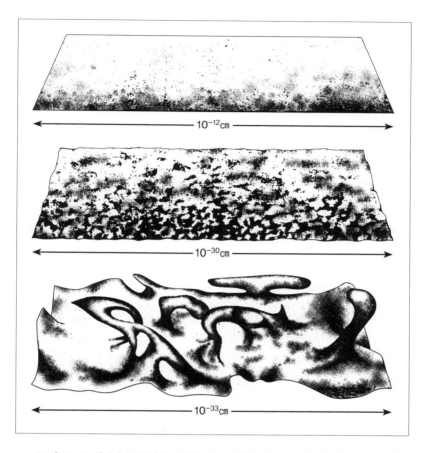

〈그림 10-9〉 휠러가 1957년에 상상한 양자 진공은 더 작은 공간을 살펴볼수록 점점 더 카오스적으로 변해간다. 원자핵 크기(위)에서는 공간은 여전히 아주 반반해 보인다. 그것보다 더 작은 크기(가운데)를 자세히 들여다보면, 울퉁불퉁함이 나타나기 시작한다. 그것보다 1000배 더 작은 크기(아래)에서는 곡률이 심한 요동을 보인다.

모든 장의 값에 끊임없는 요동이 일어난다. 즉, 0의 값에서 좌우로 요동이 일어나 평균적으로는 0이 되지만 0에 머물러 있지는 않는다. 이러한 요동 은 호킹 복사로 나타나는 입자 쌍으로 생각할 수 있다. 입자 쌍 생성은 시공간의 곡률이 가장 크고 가장 빠르게 변하는 곳에서 더 많이 일어난다. 입자 쌍 생성이 블랙홀의 사건의 지평선에서 많이 일어나리라고 예상되는 것은 이 때문이다.

초기 우주에서는 시공간의 곡률이 극도로 크고 그러한 곡률이 빠르게 변하는 상황이 펼쳐진다. 중력장을 포함한 모든 장에서 양자 요동이 아주 격렬하게 일어난다. 만약 중력장에 격렬한 요동이 일어난다면, 그것은 시공간의 곡률에 격렬한 요동이 일어난다고 말하는 것과 같다. 곡률의 격렬한 요동은 단지 바다에 이는 너울처럼 큰 곡선을 말하는 게 아니다. 끊임없이 변하는 온갖 종류의 주름과 잔물결과 소용돌이를 말하는 것이다. 그렇게 사납고 기묘한 환경에서는 광자의 세계선에 기이한 일이 일어난다. 그림 10-8과 그림 10-9를 다시 보라.

이 설명들 중 어느 것을 선호하건 간에, 요점은 시간 방향과 공간 방향 사이의 차이가 사라진다는 사실이다. 시간이 공간처럼 보이는 곳에서는 시간 방향은 항상 45° 이내의 각도에 있고, 공간 방향은 항상 45° 밖의 각도에 있는 상황이 더 이상 성립하지 않는다.

우리가 방금 살펴본 것을 호킹은 다음과 같이 요약한다. "공간이 극도로 압축된 초기 우주에서 불확정성 원리의 퍼짐 효과는 시간과 공간의 기본적인 구별을 변화시킬 수 있다." 두 점 사이의 거리가 시간상의 거리가 공간상의 거리보다 더 멀 경우 두 점 사이의 4차원 시공간 간격을 제곱한 값은 항상 음수가 된다는 명제는 더 이상 성립하지 않는다. "그 간격을 제곱한 값이 어떤 상황에서는 양이 되는 것도 가능하다. 만약 그렇다면 시간과 공간은 남아 있던 차이마저 잃게 되는데—시간이 완전히 공간화되었다고 말할 수도 있다—그렇다면 시공간 대신에 4차원 공간이라고 이야기하는 게 더 적절하다."[4]

시간이 공간화될 때

그것은 어떤 모습으로 보일까? 4차원 공간이라는 이 기묘한 상황은 우리가 알고 있는 시공간, 즉 시간이 독립적으로 흐르는 시공간과 어떻게 부드럽게 연결될 수 있을까? 허수 시간을 사용하면 4차원 공간을 그려보는 게 가능하다. 4차원 공간에서 시간은 우리가 아는 시간으로 존재하지 않고 빙 구부러져 닫힌 표면, 즉 가장자리나 경계가 없는 표면을 이룬다. 만약 이것이 4차원에서 일어나는 걸 마음속으로 그려볼 수 있다고 생각한다면, 그 사람은 잘못 생각한 게 아니라면 뇌가 새로운 진화 단계로 발달한 게 분명하다. 대부분의 사람들은 그보다 낮은 차원에서만 보고 생각하는 운명을 타고났다. 더 낮은 차원에서 가장자리나 경계가 없는 대상을 그려보기는 훨씬 쉽다. 공이나 지구 표면이 그런 예이다.

프리드만의 첫 번째 우주 모형에서 우주의 크기는 무한대가 아니라 유한했다. 하지만 그 모형은 경계가 없었다. 그 공간에는 경계도 가장자리도 없었다. 구면처럼 가장자리는 없지만 크기는 무한이 아니었다. 호킹은 우주가 공간과 '시간상으로 유한하지만 경계가 없을지 모른다고 생각한다. 시간은 시작과 끝이 없을지 모른다. 시간과 공간은 빙 돌면서 지구 표면처럼 닫힌 표면을 이룬다.

이 개념은 우리를 당혹스럽게 한다. 우리는 지구 표면을 그리면서 그 크기는 유한하지만 경계가 없음을 확인할 수 있다. 그렇다면 시간과 공간상으로 유한하지만 경계가 없는 '우주'란 도대체 어떤 모습일까? 마음속에서 공 모양과 3차원 우주 개념을 아무리 연결시키려 해봐도 방법이 보이지 않는다. 캄캄한 어둠 속에서 앞을 더듬는 것 같은 기분밖에 들지 않는다. 그것을 이해하는 데 도움을 줄 만한 게 뭐가 있는지 살펴보자.

먼저, 그것이 어떤 모양이 아닐지 생각해볼 수 있다. 그런 우주에는

'경계 조건'—시작점에서 사물들의 조건—이 없을 것이다. 왜냐하면, 그런 우주에는 시작하는 점도 경계도 없기 때문이다. 모든 것은 곡선을 그리며 빙 둘러 있을 것이다. 호킹은 이것을 "우주의 경계 조건은 경계가 없는 것"이라고 표현할 수 있다고 제안한다. 우주가 시작하는 지점이나 끝나는 지점은 그 어디에도 없다. 그러니 우주가 탄생하기 '전'에는 무엇이 있었느냐와 같은 질문은 아예 성립하지 않는다. 그런 질문은 남극점보다 더 남쪽에는 무엇이 있느냐 하는 질문과 같다. 시간 차원이 '공간화'되면, '이쪽이 과거로 향하는 방향'과 같은 시간의 화살은 아무 의미가 없다.

우주가 시간 차원에서 이전과 이후가 없다면, 공간 차원에서는 그런 우주 바깥에 '다른 곳'이 있을까? 호킹의 모형은 없다고는 말하지 않는다. 경계가 없는데 바깥이 존재할 수 있을까? 공 모형을 생각한다면, 바깥이 존재할 수도 있을 것 같다. 6장에 나온 풍선 표면의 개미가 만약 표면에서 '바깥쪽'을 쳐다볼 수만 있다면—실제로는 그럴 수 없지만—눈에 보이는 그 방향이 바로 바깥쪽이다. 그 차원은 개미에게는 존재하지 않지만, 그렇다고 해서 존재하지 않는다고 말할 수는 없다. 공간상으로는 '다른 곳'이 있지만 시간상으로는 다른 시간(이전이나 이후)이 없다는 개념은 우리가 살고 있는 시간이 실제로는 네 번째 공간 차원이 일시적으로 변한 것이라는 개념과 잘 맞아떨어진다.

이 모든 것이 너무 복잡해서 과연 실제로 무슨 의미가 있을까 하는 생각이 든다면, 좀더 실용적인 방식으로 살펴보자. 시간과 공간상으로 모두 유한하지만 경계가 없는 우주는 어떤 모습일까라는 질문을 다시 해보자. 그 계산은 엄청나게 난해하다. 하지만 계산 결과는 그것과 같은 우주는 바로 우리가 살고 있는 우주와 비슷한 것일 수 있다고 말해준다.

호킹은 그것을 다음과 같이 설명했다.

계산 결과는 우주는 아주 반반하고 균일한 상태에서 시작된 게 틀림없다고 예측한다. 우주는 그 크기가 엄청나게 커졌지만 밀도는 똑같이 유지된 기하급수적 또는 '인플레이션' 팽창 시기를 거쳤을 것이다. 그러고 나서 우주는 아주 뜨거워졌고, 오늘날 우리가 보는 것과 같은 상태로 팽창했으며, 팽창하면서 점점 식어갔다. 큰 규모에서 볼 때에는 모든 방향으로 균일하고 똑같았지만 국지적으로 불균일한 부분들이 포함돼 있었는데, 이것들이 별과 은하로 발달했다.[5]

실수 시간—우리가 살고 있는—에서는 여전히 우주가 시작되는 지점과 블랙홀 내부에 특이점이 있는 것처럼 보일 것이다.

호킹과 짐 하틀은 1983년에 이 무경계 우주 모형을 물리학계에 발표했다. 호킹은 그것이 가설에 불과하다는 점을 강조하길 좋아한다. 이 경계 조건은 다른 원리에서 도출한 것이 아니다. 호킹은 이 모형이 아주 마음에 들었다. 그는 "이것은 실제로 과학의 기반을 이루는데, 과학 법칙들이 모든 곳에서 성립해야 한다는 명제와 같기 때문이다."라고 생각한다.[6] 이 법칙들이 붕괴하는 특이점은 존재하지 않는다. 이런 종류의 우주는 자기 충족적이다. 그것이 어떻게 만들어졌는지 설명해야 할까? 그런 우주는 만들어내야 할 필요가 있을까? 호킹은 "그것은 그냥 존재할 뿐이다."라고 썼다.[7]

그렇다면 조물주가 설 자리는 어디에 있는가?

이것은 골치 아픈 철학적 문제를 몇 가지 제기한다. 호킹의 말대로 "만약 우주가 경계가 없지만 자기 충족적이라면…… 신은 우주를 어떻게 시작하게 할지 선택할 자유를 잃게 된다."[8]

　호킹은 무경계 가설이 신의 존재를 배제한다고 말하지는 않았으며, 다만 신도 우주가 시작하는 방법을 선택할 수 없다고 말했을 뿐이다. 다른 과학자들은 이에 동의하지 않는다. 그들은 무경계 가설이 신을 그렇게 많이 제약하지 않는다고 생각한다. 만약 신에게 선택권이 없다면, 누가 그렇게 정했는가 하는 질문이 여전히 남는다. 물리학자 카렐 쿠차 Karel Kuchar 는 그것은 신이 정한 선택일 것이라고 주장한다. 영국에서 〈네이처〉에 『시간의 역사』를 비평한 글을 쓴 돈 페이지도 비슷한 견해를 갖고 있다. 1970년대 후반에 대학원생으로서 호킹의 조수를 지낸 페이지는 그 후에 캐나다 에드먼턴에 있는 앨버타 대학의 교수가 되었다. 페이지는 여전히 호킹과 좋은 친구 사이로 지냈으며, 과학 논문을 쓸 때에도 계속 협력 관계를 유지했다. 호킹은 또한 페이지가 무경계 가설이 조물주의 필요성을 부인한다는 개념을 논박할 가능성이 높다는 사실을 잘 알고 있었다. 실제로 그랬다.

　"그렇다면 조물주가 설 자리는 어디에 있는가?"라는 호킹의 질문에 대해 페이지는 유대-기독교의 견해에 따르면 "신은 단지 시작뿐만 아니라 전체 우주를 창조하고 유지한다. 우주에 시작이 있느냐 없느냐 하는 것은 우주의 창조에 대한 질문과는 아무 관계가 없다. 그것은 화가가 그린 선이 시작과 끝이 있느냐 아니면 끝이 없이 원을 이루느냐 하는 질문이 그 선이 그려졌느냐 마느냐 하는 질문과 아무 관계가 없는 것과 마찬가지다."라고 대답했다.[9] 우리 우주와 우리 시간 밖에 존재하는 신은 창조를 위해 '시작'이 필요하지 않을 테지만, '실수' 시간에서 우리의 관점에서 본다면 우주는 여전히 마치 '시작'이 있는 것처럼 보일 수 있다.

　『시간의 역사』에서 호킹 자신도 조물주의 역할이 필요할지도 모른다고 말했다. "통일 이론은 스스로의 존재를 만들어낼 만큼 강력한가?" 만약 그렇지 않다면, "방정식들에 불을 불어넣고, 그 방정식들로 기술할 수 있는 우주를 만든 것은 무엇일까?"[10] 다큐멘터리 영화 〈시간의 역사〉와 함께 만든 책인 『시간의 역사: 독자를 위한 안내서A Brief History of Time: A Reader's Companion』(1992)에서 호킹은 만약 무경계 가설이 옳다면, 우주가 어떻게 시작했는지 발견하는 데 성공한 셈이라고 말한다. "하지만 나는 아직도 우주가 왜 시작했는지 모른다."[11] 그는 할 수만 있다면 그것을 알아내길 원한다.

하지만 여기서 한 가지 주의할 게 있다. 비록 이론물리학자들은 도전적이고 핵심을 꿰뚫는 질문을 던지고, 놀라운 가설과 이론을 내놓지만, '궁극적인 답'을 제시한다고 주장하진 않는다. 과학은 '답'을 제시하고 나서 그 '답'을 혹독하게 비판하면서 틀렸다고 증명함으로써 발전한다. 가장 대담하고 상상력이 뛰어난 과학자들은 자신의 장난감 배를 띄운 뒤에 그것을 가라앉히려고 갖은 애를 다 쓰는 것처럼 보인다.

호킹의 연구가 대표적인 예이다. 먼저 그는 우주는 특이점에서 시작한 게 틀림없다고 증명했다. 그러고 나서는 무경계 가설로 특이점이 아예 존재하지 않을 수도 있음을 보여주었다. 그 사이에 블랙홀은 절대로 작아질 수 없다고 주장한 뒤에 다시 작아질 수 있다는 사실을 발견했다. 빅뱅의 특이점에 관한 그의 연구는 성경에 나오는 창조 이야기와 일치하는 것처럼 보였지만, 무경계 가설은 조물주의 역할을 부정하거나 최소한 그 역할을 변화시켰다. 『시간의 역사』에서 그는 우리는 그래도 조물주가 필요할지 모르며, "인간 이성의 궁극적 승리"는 "신의 마음을 아는 것"이라고 주장했다.[12] 위대한 사상가들이 모두 그런 것처럼 호킹도 도발적이고 편견이 없다. 그는 명확하게 정의되고 확실한 근거가 있는 결론에 도달한 뒤, 곧 바로 그 결론에 가차없이 의문을 제기하고 그것을 허물어뜨리려고 한다. 앞서 내린 결론이 틀렸거나 불완전하다는 걸 인정하길 주저하지 않는다. 이것은 그의 과학이 발전을 거듭하는 이유이며(훌륭한 과학이라면 모두 그럴 테지만), 물리학에 역설이 넘쳐나는 것처럼 보이는 이유이기도 하다.

그 과정에서 호킹은 정반대의 철학적 관점을 지지하는 데 사용할 수 있는 인용들을 풍부하게 제시했다. 그래서 신을 믿는 사람이나 믿지 않는 사람이나 그의 말을 인용하거나 잘못 인용하는 사례가 많다. 그는 양 진영에서 영웅으로 받아들여지기도 하고 악당으로 받아들여지기도 했다. 하지만 호킹이 한 말—혹은 다른 과학자들이 한 말—을 자신의 믿음이나 불신을 뒷받침하는 근거로 삼으려고 하는 사람들은 언제든지 그 말이 뒤집힐 위험을 감수해야 한다.

한편, 우리가 볼 때 호킹이 무경계 가설로 기존의 자기 주장을 완전히 뒤집은 것처럼 보이지만, 호킹 자신은 그렇게 보지 않는다. 그는 특이점에 대한 자신의 연구에서 가장 중요한 사실은 거기서는 중력장이 너무나도 강해서 양자 효과를 무시할 수 없음을 보여준 것이었다고 말했다. 그리고 양자 효과를 무시하지 않는다면, 우주는 허수 시간에서 유한하면서 경계나 특이점이 없을 수 있다는 사실을 발견하게 된다.

혼돈에 빠진 인플레이션

호킹과 짐 하틀이 무경계 가설을 발표한 1983년, 안드레이 린데가 새로운 개념을 들고 나와 인플레이션 이론에서 여전히 골칫거리로 남아 있던 문제를 몇 가지 해결했다. 린데에게서 '혼돈 인플레이션 chaotic inflation'이라는 용어를 처음 들은 서방 과학자는 바로 호킹이었다. 호킹은 열정적인 반응을 보였다.

'구' 인플레이션 이론과 '신' 인플레이션 이론은 모두 인플레이션이 초기 우주의 역사에서 아주 짧은 단계에 불과했으며, 인플레이션이 시작되기 전에는 우주가 열평형 상태에 있었고(즉, 모든 곳의 온도가 똑같았고) 비교적 균일했으며, 인플레이션 과정이 시작되기 전까지 살아남을 만큼 충분히 컸다고 가정했다. 린데는 자신의 혼돈 인플레이션 시나리오에서 이 가정들을 모두 버렸다. 그의 시나리오에서는 열평형 상태가 꼭 필요하지 않으며, 인플레이션 과정이 빅뱅에 더 가까운 훨씬 이른 시기에 시작되었을 수 있다고 가정했다.

인플레이션이 일어나기 이전의 우주는 혼돈 상태였을 수 있다. 필요한 것은 그러한 혼돈 상태에서 미소한 부분들이 인플레이션을 일으키면서 더 매끄럽고 등방성(모든 공간 방향으로 사물의 속성이 똑같은 것)이 증가하는 것뿐이다. 쭈글쭈글한 고무 조각으로 시작했다가 매끈한 공으로 변해가는 풍선처럼 말이다. 우리가 아는 한, 비록 그럴 확률은 극히 낮지만, 그 혼돈 속에서 그러는 데 성공한 부분은 아주 작은 한 부분뿐이었다. 어쨌든 우리의 풍선은 급팽창하면서 급팽창하는 다른 부분들을 우리의 잠재적 시야 밖으로 아주 멀리 밀어냈다. 아마도 우주의 다른 부분들은 여전히 혼돈 상태에 있을 것이다. 아니면 모든 곳에서 모든 것이 매끈할지도 모른다.

혼돈 인플레이션에서는 상전이나 과냉각 같은 게 전혀 일어나지 않는다. 대신에 우주의 일부 지역들에서는 큰 값을 가진 장이 있는 반면, 다른 지역들에서는 그런 장이 없는데, 린데는 이것을 일종의 "다행스러운 조물주의 태만"이라고 표현했다.[13] 큰 값을 가진 지역들은 그 에너지가 반중력 효과를 나타낼 만큼 충분히 커서 인플레이션 방식으로 급팽창한 반면, 값이 너무 작은 지역들은 그 에너지가 작아서 그런 일이 일어날 수 없었다. 그런 일이 일어난 지역들에서는 인플레이션의 결과로 원래의 혼돈 상태에서 균일한 상태의 거대한 섬들이 생겨났는데, 각각의 섬은 우리의 가시 우주보다 훨씬 크다. 이들 지역에서는 장의 에너지가 서서히 감소하는데, 일부 지역에서는 결국 팽창 속도가 오늘날 우리가 관측하는 값에 이르게 된다. 그런 지역들이 주변에 충분히 많이 존재하면, 우리가 아는 것과 같은 우주를 만들어낼 수 있는 조건을 갖춘 지역이 존재할 가능성이 아주 높다. 그런 지역에서는 우리의 이론들에서 임의 요소로 나오는 기본 상수들이 결국 여러분과 나를 탄생시키기에 딱 알맞도록 정해져 있다. 어쩌면 그런 지역은 딱 하나만 존재할지도 모르는데, 물론 이 경우에 그것은 바로 우리가 살고 있는 우주이다.

이것은 전체 이야기에 만족스러운 해결책이긴 하지만…… 이걸로 이야기가 다 끝난 것은 아니다. 혼돈 인플레이션 이론은 훨씬 나중에 일어난 '두 번째 단계의 인플레이션'도 예측한다. 즉, 우주의 팽창이 가속되는 일이 다시 일어난다는 것인데, 어쩌면 우리가 사는 현대에 일어날지도 모른다. 1980년대 초반에 이 개념은 린데와 호킹이 보기에도 SF처럼 들렸다. 하지만 20세기 말에 이르자 더 이상 아무도 이 개념을 SF로 여기지 않게 되었다.

한편, 1980년대 초반에 논의되기 시작할 무렵 인플레이션 이론에서 가장 놀라운 측면은, 비록 이론가들은 인플레이션이 시작된 방식에 대해 의견이 갈렸지만, 오늘날 우리가 아는 전체 가시 우주가 가능하리라고 상상한 것보다 훨씬 작은 질량과 에너지의 불균일성에서 시작될 수 있다는 데 의견 일치가 이루어졌다는 사실이다. 존 배로 John Barrow 는 『우주들의 책 The Book of Universes』에서 이 사실을 다음과 같이 표현했다.

"인플레이션은 [불균일성을] 없애는 대신에 단지 오늘날의 우주에서 가시 지평선 너머로 밀어냈다. 그것들은 저 멀리 어딘가에 여전히 있지만, 우리가 사는 전체 가시 우주에는 인플레이션을 겪은 아주 작은 공간 부분의 높은 등방성과 균일성이 반영돼 있다."[14]

물론 우리 우주는 완전히 균일한 것이 아니다. 우리 우주에는 태양계도 있고, 은하도 있고, 은하단도 있다. 심지어 인플레이션 직후에도 장차 우리의 가시 우주로 팽창할 부분은 상상 속의 급팽창한 풍선처럼 완벽하게 균일하지 않았을 것이다. 그것은 아주 크게 늘어나지만, 여전히 작은 변이들이 남아 있어 그것들이 장차 놀라운 구조—오늘날 대규모적으로 나타나는 밀도 변이—로 성장하는 씨앗이 되었다.

이미 1982년 여름에 케임브리지에서 호킹과 기번스가 조직한 회의에 참석한 사람들은 인플레이션이 특정 변이 패턴을 만들어낼 수 있다는 사실을 깨달았다.[15] 그것은 우주배경복사에서 눈에 띄는 변이 패턴으로 나타날 것이다. 하지만 그 당시의 관측에서는 그러한 패턴을 발견할 수 없었다. 그럼에도 불구하고, 인플레이션 이론을 둘러싼 찬반 논쟁에서, 비록 우주를 탄생시킨 사건들을 목격한 사람은 아무도 없었지만, 그들은 인플레이션 이론이 옳은지 틀린지 밝혀줄 증거가 언젠가 나올 것이라는 기대를 버리지 않았다.

11

"끝없이 겹쳐 있는 거북들"

11세 때 루시는 1982년 봄에 뉴넘크로프트 초등학교에서 마지막 학년을 마쳤다. 루시와 부모는 그 다음 단계는 케임브리지에 있는 퍼스 여학교가 최선의 선택이라고 판단했다. 오빠 로버트는 7세 때부터 퍼스 남학교를 다녔다. 1960년대에 호킹은 결혼을 하기 위해 일자리를 얻어야 한다는 현실적 필요 때문에 특이점을 탐구하는 모험에 나섰다. 이번에는 또 다른 현실적 필요—루시의 학비를 마련해야 한다는—때문에 새로운 일을 시작했는데, 이것은 호킹 가족과 전 세계의 많은 사람에게 큰 영향을 미치게 된다. 그 일은 우주에 관한 책을 써서 돈을 벌어보자는 호킹의 결정에서 시작되었다. 그것은 학술적인 책이 아니라 과학 교육을 전문적으로 받지 않은 독자들을 겨냥한 책이었다.

물론 우주와 블랙홀에 관한 책은 이미 여러 권 나와 있었다. 하지만 호킹은 가장 흥미로운 질문들, 자신에게 우주론과 양자론을 공부하게 만든 질문들을 충분히 자세히 다룬 책은 없다고 생각했다. 그 질문들이란, 우주는 어디서 왔을까, 우주는 어떻게 그리고 왜 생겨났을까, 우주에는 종말이 있을까, 있다면 그 종말은 어떤 모습으로 다가올까, 우주와 그 속에 있는 모든 것을 설명하는 완전한 이론이 있을까, 우리는 그 이론에 가까이 와 있는가, 조물주의 존재가 필요한가와 같은 것들이었다.

이 질문들은 비단 과학자뿐만 아니라 모든 사람들의 흥미를 끌 것이라고 생각했다. 하지만 그동안 과학은 너무 어렵고 전문화되어 일반 대중은 그런 논의에서 제외돼온 것이 사실이었다. 그런 책을 쓰려면 비전문가도 충분히 이해할 수 있는 방식으로 쓰는 게 비결인데, 그러려면 수학을 사실상 전혀 사용하지 않아야 한다. 어쨌든 호킹은 구술 작업을 시작해 1984년에 초고를 완성했다.

그만한 분량의 책을 구술하여 완성하는 데에는 아주 많은 공이 들었기 때문에 호킹은 되도록 많은 사람이 그 책을 읽길 원했다. 그 전에 호킹이 쓴 책들은 학술 서적 출판사로 세계적인 명성을 지닌 케임브리지 대학 출판부에서 출판했다. 하지만 출판사 측이 새 책에 대해 논의하면서 전 세계에서 일 년에 2만 부 정도 팔릴 것이라고 예상하자, 호킹은 일반 대중 독자를 겨냥한 출판사를 선택하는 게 낫겠다고 판단했다. 자신의 책이 공항 서점에서도 팔리는 걸 보고 싶었기 때문이다. 하지만 미국인 에이전트는 그러한 기대에 찬물을 끼얹었다. 학자나 학생은 그 책을 사 보겠지만, 일반 대중은 그러지 않을 것이라고 말했다. 하지만 호킹의 생각은 달랐다.

영국의 여러 출판사는 호킹의 출판 제안을 거절했는데, 훗날 이 일을 크게 후회하게 된다.[1] 하지만 솔깃한 제안을 해온 출판사가 몇 군데 있었다. 호킹은 그 중에서 밴텀 출판사의 제안이 가장 마음에 들었다. 그는 에이전트의 충고를 무시하고 밴텀을 선택했다. 밴텀은 과학책 출판을 전문으로 하는 출판사는 아니었지만, 공항에서 많은 책을 팔았다. 미국의 밴텀은 미국 판권을 사는 조건으로 25만 달러를 제시했고, 영국의 밴텀-트랜스월드는 영국 판권을 얻는 조건으로 3만 파운드를 제시했다. 과학책에 그런 거금을 지불하는 것은 일종의 도박이었다. 하지만 그것은 지금까지 양 출판사가 벌인 도박 가운데 손꼽을 만큼 큰 이익을 가져다준 도박이 되었다.

아슬아슬한 위기를 넘기다

1985년은 호킹 가족에게 힘든 한 해였다. 그해 여름에 호킹은 제네바의 CERN에서 한 달을 보낼 계획을 세웠다. 무엇보다도 돈 페이지와 레이먼드 라플람 Raymond LaFlamme이 시간의 화살과 관련해 최근에 한 계산이 무슨 의미가 있는지 알고 싶었다. 그래서 호킹은 간호사와 비서 로라 젠트리 Laura Gentry와 학생 몇 명을 데리고 케임브리지를 떠나 곧장 스위스로 갔고, 제인은 조너슨과 루시와 티모시와 함께 야영을 하면서 벨기에와 독일을 경유하는 더 우회적이고 모험적인 여행 경로를 선택했다. 그들은 바이로이트 축제에서 호킹을 만나기로 했고, 바그너의 〈니벨룽겐의 반지〉 시리즈를 보기 위해 야영장에서 정장으로 갈아입었다. 그때에는 모두가 안전하고 건강에 좋은 스위스에서의 호킹보다 벤처 스카우트 탐사 여행에 나서 아이슬란드를 도보 여행하고 북해안에서 카누를 타고 있던 로버트를 더 걱정했다.[3]

바이로이트에 도착하기 전날 밤, 제인은 만하임에서 공중전화를 발견하고 다음 날 일정을 상의하기 위해 스위스에 있는 남편에게 전화를 걸었다. 그런데 전화를 받은 로라 젠트리가 다급한 목소리로 제인에게 즉시 제네바로 달려오라고 하는 게 아닌가! 호킹은 폐렴에 걸려 병원에 입원해 있다고 했다. 아주 심각한 상황처럼 들렸다. 도착해서 보니 로라가 다급하게 자신을 부른 것은 충분히 그럴 만했다. 호킹은 인위적 혼수 상태에서 생명 유지 장치에 의지해 간신히 있었다.

근육위축가쪽경화증에 걸린 호킹의 상태가 장차 어떻게 진행될지는 잘 알지만 살려는 호킹의 의지가 아주 강하다는 사실을 몰랐던 의사들은 제인에게 생명 유지 장치를 뗄지 말지 선택하라고 했다. 제인으로서는 아주 어려운 결정이었다. 목숨을 건질 수 있는 유일한 방법은 기관 절제

술뿐이었다. 기관을 떼어내고 나면 기침을 하거나 숨이 막히는 문제는 더 이상 없겠지만, 대신에 말을 하거나 소리를 내는 게 이제 불가능해진다. 대가치고는 너무 가혹해 보였다. 비록 호킹의 말은 느리고 알아듣기 힘들긴 했어도, 어쨌거나 말을 할 수는 있었고, 그것이 그때까지 유일한 의사소통 방법이었다. 말을 하지 못하면 물리학자의 경력을 계속 이어가는 것은 물론 심지어 대화조차 불가능할 것이다. 과연 그렇게 하면서까지 살아야 할 가치가 있을까? 하지만 제인은 큰 불안을 떨치지 못하면서도 지체 없이 호킹의 목숨을 살려달라고 부탁했다. 제인은 그때의 일을 다음과 같이 기억한다.

"미래는 아주 암담해 보였어요. 우리가 어떻게 살아갈 수 있을지 혹은 과연 그가 살아남을지도 알 수 없었지요. 그것은 내가 내린 결정이었어요. ……하지만 나는 가끔 내가 무슨 짓을 한 걸까 하고 생각해요. 내가 그를 어떤 종류의 삶으로 밀어넣은 것일까 하고요."[4]

호킹의 건강 상태가 호전되자, 케임브리지 대학은 호킹을 케임브리지로 실어오도록 항공 앰뷸런스 비용을 지불했고, 호킹은 케임브리지의 애덴브룩 병원에서 집중 치료를 받았다. 의사들은 가능하면 수술을 피하려고 마지막 노력을 기울였지만, 인공 호흡 장치를 떼려는 시도는 질식 발작을 일으켰다. 이제 남은 방법은 기관 절제술밖에 없었다. 호킹은 그때 열기구를 타고 하늘을 나는 꿈을 꾸었는데, 그것이 기억에 생생하게 남았다. 그는 이 꿈을 희망을 상징하는 것으로 간주하기로 마음먹었다.

병원에서 서서히 회복한 호킹은 이제 더 이상 입이나 코로 숨을 쉬지 않고, 와이셔츠 칼라 높이에 뚫은 작은 구멍을 통해 숨을 쉬었다. 이제 의사소통 방법은 다른 사람이 철자 카드에서 원하는 문자를 가리키면 눈썹을 치켜뜨는 방법으로 철자 하나하나를 가리켜 단어를 알려주는 수밖에 없었다.

집중 치료를 받은 지 몇 주일이 지나자, 일요일 오후에는 집에 가서 지내도 좋다는 허락을 받았다. 제인은 호킹이 요양원에서 지내는 대신에 집에서 자신과 자녀들과 대학원생 조너선과 함께 지내게 했다. 1980년부터 마틴 리스가 취한 조처 덕분에 개인 간호사들이 매일 오전과 오후에 한두 시간 와서 도와주었다. 하지만 이제부터는 호킹이 살아 있는 한 24시간 내내 옆에서 간호사가 돌봐주는 게 필요했다. 그 비용은 호킹의 수입으로는 감당할 수 없을 만큼 비쌌다. 공공 기금으로 운영되는 영국 국민의료 보험은 요양원 비용은 전액 지불했겠지만, 호킹의 집을 방문하는 간호사에게는 몇 시간의 간호와 목욕을 도와주는 비용만 지불했다. 제인은 "집에서 개인적으로 쓰는 간호사의 비용을 감당할 방법이 전혀 없었어요." 라고 말한다. 이제 호킹은 물리학자로서 하는 연구뿐만 아니라 의미 있는 삶은 어떤 것이라도 다 끝난 것처럼 보였다. 비록 처음에 예상했던 것보다 일찍 찾아온 것은 아니었지만, 그렇다고 해서 덜 비통한 것은 아니었다.

제인은 결혼 생활을 시작할 때 가졌던 낙관주의를 약간 되찾으면서 이렇게 평했다. "때로는 모든 것이 너무나도 암담해 보였다가 그러한 위기 상황에서 돌파구가 열리곤 했지요."[5] 캘리포니아 주에 있던 킵 손은 친구의 곤경을 전해 듣고는 즉각 제인에게 연락해 존 & 캐서린 맥아더 재단에 지원을 요청해보라고 권했다. 또 다른 친구인 머리 겔만이 그 재단의 이사로 있었다. 맥아더 재단은 처음에는 시험삼아 도움을 주기로 하고 간호 비용을 대주기로 했다. 호킹은 입원한 지 석 달이 지난 11월 초에 웨스트로드의 집으로 돌아왔다.

그때, 먹구름으로 뒤덮인 지평선 위로 예기치 못했던 희망의 서광이 비쳤다. 캘리포니아 주의 컴퓨터 전문가 월트 월토즈Walt Woltosz가 장애가 있는 장모를 위해 만든 컴퓨터 프로그램을 보내온 것이다. '이퀄라이저 Equalizer'라는 그 프로그램은 컴퓨터 화면에서 단어들을 선택할 수 있었고, 거기다가 음성 합성 장치까지 내장돼 있었다. 호킹의 한 학생이 컴퓨터 마우스 비슷한 장치를 고안하여 아직은 호킹이 할 수 있는 미소한 동작(이 스위치를 손으로 누르는 것)으로 프로그램을 조작할 수 있게 해주었다. 만약 그마저 힘들다면, 머리나 눈의 움직임으로 스위치를 작동할 수 있었다.

아직 연구를 다시 할 만큼 건강이 완전히 회복되지 않은 호킹은 컴퓨터 조작을 익히는 데 몰두했다. 많은 노력 끝에 컴퓨터에게 합성 목소리로 '헬로'라고 말하게 하는 데 성공한 뒤에 맨 처음 만든 메시지는 대학원생 조수인 브라이언 휘트Brian Whitt에게 일반 대중을 대상으로 쓰기로 한 책을 끝마치도록 도와달라는 부탁이었다.[6] 그러려면 호킹이 이퀄라이저를 더 능숙하게 다룰 때까지 기다려야 했다. 하지만 얼마 지나지 않아 분당 열 단어 정도를 만들 수 있었는데, 아주 빠른 것은 아니더라도 그만하면 필요한 연구나 일을 하는 데 지장이 없겠다는 자신감이 생겼다. "그것은 다소 느리지만, 그때 나는 생각을 느리게 했으므로 아주 만족했다." 시간이 좀 지나자 속도가 더 빨라졌다. 한동안은 분당 열다섯 단어 이상의 속도로 문장을 만들 수 있었다.

이 프로그램의 작동 원리는 다음과 같다(지금은 약간 수정되었지만 기본 원리는 같다). 컴퓨터에 프로그래밍된 어휘는 약 2500단어였고, 그 중 약 200개는 과학 전문 용어였다. 화면에 단어들이 꽉 찬 채 나타난다. 화면의 위쪽 절반과 아래쪽 절반이 교대로 밝아지는데, 호킹이 찾는 단어가 어느 쪽 절반에 있는지 확인하고 스위치를 눌러 그것을 선택할 때까지 계속 그런다. 그러면 반쪽 화면에 있는 단어들의 행이 차례로 밝아지면서 강조된다. 원하는 단어가 포함된 행이 밝아지면서 강조될 때 다시 스위치를 누른다. 이번에는 그 행에 있는 단어들이 차례로 밝아진다. 원하는 단어가 밝아졌을 때 다시 스위치를 누르면 된다. 때로는 실수를 해 단어나 행을 다시 선택해야 할 때도 있다. 그리고 "Please turn the page(페이지를 넘기세요)."나 "Please switch on the desk computer(데스크 컴퓨터의 전원을 켜세요)."처럼 자주 쓰는 구절, 프로그램에 포함되지 않은 단어 철자를 입력하기 위한 알파벳도 있으며, 호킹이 그런 말을 사용하는 걸 본 적은 없지만 모욕적인 말을 모아놓은 특수 파일도 있다고 한다.

단어를 하나하나 선택해 문장을 만들면, 화면 아래쪽에 그 문장이 나타난다. 그 결과를 음성 합성 장치로 보내면, 그 장치는 그것을 크게 발음하거나 전화 너머로 이야기한다.(이 과정에서 기묘한 결함 한 가지는 '광자'라는 뜻의 단어 photon을 영국식으로 정확하게 '포우톤'이라고 발음하지 못하고, '포우-튼'이라고 발음한다는 점이다.) 어떤 결과를 디스크에 저장했다가 나중에 인쇄하거나 다시 고칠 수도 있다. 논문을 쓰기 위한 서식 작성 프로그램도 있는데, 방정식을 단어로 쓰면 프로그램이 그것을 기호로 바꾸어준다.

호킹은 이런 방법으로 강연 원고를 써서 디스크에 저장한다. 그리고 음성 합성 장치가 강연을 낭독하는 걸 미리 들으면서 편집을 하고 다듬을 수 있다. 청중 앞에서는 한 번에 한 문장씩 음성 합성 장치로 보낸다. 그리고 조수가 슬라이드를 보여주면서 호킹의 방정식들을 칠판에 적고 일부 질문에 대답을 한다.

호킹의 컴퓨터 합성 음성은 억양이 변하기 때문에 단조로운 로봇 음성처럼 들리지 않는데, 이 점은 호킹에게 아주 중요한 특징이다. 처음에 호킹은 영국식 억양을 원했지만, 얼마 후 컴퓨터 합성 음성과 일체감을 느껴 "설사 영국식 억양의 음성을 제공할 수 있다 하더라도 나는 이 음성을 바꾸고 싶지 않다. 그러면 내가 딴 사람이 된 것 같은 기분이 들 것이다."라고 말했다.[7] 컴퓨터 합성 음성의 억양이 정확하게 어떤 것인지는 불확실하다. 어떤 사람들은 미국식 억양이라고도 하고, 스칸디나비아식 억양이라고도 한다. 내게는 동인도 사람의 억양처럼 들리는데, 아마도 음악적 억양이 약간 섞여 있기 때문이 아닐까 싶다. 합성 음성에 감정을 실을 수는 없다. 그 효과는 신중하고 사려 깊고 초연한 느낌을 주는 것으로 나타난다. 호킹의 아들인 티모시는 아버지의 목소리를 마음에 들어 한다. 티모시는 아버지의 원래 목소리에 대한 기억이 거의 없다. 1979년에 태어났을 당시 호킹의 목소리는 남아 있는 게 거의 없었으니까.

그렇다면 호킹과 대화를 나누면 기계(그러니까 SF에 나오는 외계 로봇 같은 것)와 대화를 나누는 기분이 들까? 처음에는 약간 그런 기분이 들지만, 그런 기분은 금방 사라진다. 호킹은 이 기묘한 상황을 편안하게 느끼며, 상대방이 처음에 좀 불편해하더라도 참고 기다린다. 호킹이 내가 펼쳐서 보여준 이 책의 일부를 읽을 때, 호킹이 "페이지를 넘기세요."라는 문장을 선택할 때까지 기다리지 않아도 된다고 알려준 사람은 그가 아니라 간호사였다. 그걸 선택하려면 컴퓨터 화면에서 여러 가지 조작이 필요하다. 호킹이 클릭을 시작하려는 기미가 보이는 순간 페이지를 넘기면 호킹의 수고와 시간을 덜어줄 수 있다는 것이다. 하지만 그때까지 호킹은 한 시간 반 동안이나 내 방식대로 일을 하는 것을 묵묵히 참아주었다. 내 방식이 좀 불편하다는 이야기는 단 한 마디도 않고서. 다음 번에 호킹이 '클릭'을 막 하는 순간 내가 페이지를 넘기자, 과연 호킹은 페이지를 넘기라는 말을 하지 않고 다음 페이지에 대해 이야기했다.

호킹의 유머 감각은 전염성이 있으며, 어느 순간에 터질지 모른다. 하지만 한 인터뷰어가 농담을 이야기할 때 결정적 한 마디를 말하기도 전에 상대방이 그것을 미리 알아차리면 김이 새지 않느냐고 묻자, 호킹은 "애써서 문장을 다 쓰고 나면 대화의 주제가 이미 다른 데로 옮겨간 경우가 종종 있어요."라고 털어놓았다.[8] 그럼에도 불구하고, 웃음을 지으면서 얼굴이 환하게 밝아질 때면 이 사람이 과연 심각한 문제를 많이 안고 있는 사람인가 하는 의문까지 든다. 호킹의 웃음은 유명한데, 그것은 자기 분야에 대한 사랑이 얼마나 깊은지 드러낸다. 그것은 "이것은 아주 인상적이고 진지한 것이지만, 재미있지 않나요?"라는 의미가 담긴 웃음이다.

물론 호킹이 이 모든 것을(심지어 아직 살아 있다는 것까지) 이루었다는 것은 실로 기적과도 같은 일이다. 하지만 직접 만나 그의 지성과 유머를 경험하면, 특이한 의사소통 방식과 심각한 신체적 문제를 호킹 자신이 생각하는 것만큼 덜 심각하게 여기게 된다. 그게 바로 호킹이 원하는 방식이다. 그는 현실의 어려움을 무시하는 쪽을 선택한다. "내 상태에 대해 생각하거나 그 때문에 내가 할 수 없는 일들을 아쉬워하지 않는다. 할 수 없는 일이라고 해봐야 얼마 되지도 않지만."[9] 그리고 다른 사람들도 같은 태도를 취해주길 바란다.

1985~1986

이퀄라이저가 물리학자로서 경력을 계속 이어가고 대중 과학서를 쓰겠다는 호킹의 희망을 잔뜩 부풀리게 한 1985년 가을, 제인과 로라 젠트리는 면담을 거친 뒤에 집에서 호킹을 24시간 내내 돌봐줄 간호사들을 고용했다. 하루 3교대로 일하는 간호사들은 전문가 수준의 의료 처치 훈련을 받아야 했다. 목에 삽입한 관은 분비물이 폐에 축적되지 않도록 정기적으로 '소형 진공청소기'로 빨아내야 했다. '소형 진공청소기'는 제대로 사용하지 않으면 그 자체가 감염의 원인이 되어 오히려 해를 초래할 수 있었다.[10] 면담에 응한 사람들이 모두 다 이런 종류의 어려운 일을 원하진 않았으며, 일을 시작했다가 얼마 못 가 포기한 사람도 있었다.

그 중에서 일레인 메이슨Elaine Mason은 기꺼이 그 일을 맡아 장기적으로 헌신하겠다는 태도를 보였다. 신체적으로 튼튼하고 강건한 일레인은 익살스러운 유머 감각을 가졌고, 색에 대한 감각도 뛰어나 빨간 머리를 과시했다. 상대방을 배려하는 태도가 제인에게 점수를 땄다. 헤리퍼드에서 일레인 시빌 로슨Elain Sybil Lawson이라는 이름으로 태어난 일레인은 독실한 복음주의 교파 기독교인이었다. 아버지 헨리 로슨Henry Lawson은 영국국교회 성직자를 지냈고, 어머니는 의학 학위를 받았다. 일레인은 방글라데시의 고아원에서 4년 동안 일한 뒤에 영국으로 돌아와 컴퓨터 엔지니어인 데이비드 메이슨David Mason과 결혼했다. 두 아들을 두었는데, 한 애는 티모시 호킹과 나이가 비슷했다.

나는 메이슨 부부와 그 아들들을 단지 같은 학교에 다니는 자녀를 둔 가족으로만 알았다. 그러다가 문득 어버이날에 일레인과 함께 한 달걀 나르기 경주(달걀을 숟가락 위에 올려놓고 달리는 경주)에서 이긴 기억이 났다. 일레인은 경쟁심이 아주 강하다는 평판이 있었지만, 그 경주에서는 분명하게 드러나지 않았다. 하지만 무엇에도 굴하지 않고 제약 따위에 구애받지 않는 여성이라는 신선한 느낌을 받았다.

일레인을 고용한 것은 행운의 선택이었는데, 그녀의 남편이 소형 컴퓨터와 음성 합성 장치를 결합해 호킹의 휠체어에 부착해주었기 때문이다. 그전까지는 오직 데스크톱 컴퓨터에서만 이퀄라이저를 작동할 수 있었다. 이제 호킹이 가는 곳이라면 어디든지 목소리도 함께 따라갈 수 있게 되었다. 데이비드 메이슨은 아내와 마찬가지로 호킹에게 헌신적 태도를 보였

다. 그는 "호킹이 눈썹만 치켜올려도 알아서 일을 척척 했지요."라고 말했다.[11]

호킹 가족은 24시간 내내 낯선 사람들이 들락날락하는 소규모 병원과 같은 환경에서 사생활이 덜 보장되는 새로운 생활 방식에 적응해야 했다. 호킹은 건강을 충분히 회복하고 이퀄라이저 프로그램도 능숙하게 다루게 되어 크리스마스 이전에 연구실로 돌아갈 수 있었다. 이제 혼자서 더백스를 가로지르는 여행은 끝났다. 항상 간호사가 동행했다. 그래도 많은 점에서 앞날은 밝아 보였다. 아들 로버트는 A 레벨 시험(GCE A 레벨 시험은 영국의 고교 졸업 자격 시험 및 대학 입학 시험임)에서 좋은 성적을 얻어 모두의 시름을 덜어주었다. 그리고 다음 가을 학기에 케임브리지에 입학하기로 결정되었으며, 아버지가 옥스퍼드에서 그런 것처럼 자연과학을 전공하기로 했다.

1986년 봄에 호킹 가족의 삶은 다소 미래가 밝아 보이는 현실에 정착하기 시작했는데, 다만 3월에 호킹의 아버지인 프랭크 호킹이 세상을 떠나는 불행한 일이 있었다. 어머니 이소벨은 호킹이 "아버지의 죽음에 크게 상심했어요. 그것은 너무나도 받아들이기 힘든 일이었지요. 호킹은 아버지를 참 좋아했지만, 자라면서 서로 떨어져 살았고, 최근 몇 년 동안은 서로 별로 보지 못했어요."라고 말했다.[12] 물론 호킹은 꾹 참고 버텨나갔다. 얼마 후 그는 다시 여행에 나섰다. 첫 번째 해외 여행은 스웨덴에서 열린 회의에 참석한 것이었는데, 여러 가지 측면에서 성공적이었다. 머리 겔만도 참석했는데, 회의에 참석해 제 역할을 다하는 호킹의 능력을 직접 목격했다. 그것은 맥아더 기금이 효과적으로 쓰이고 있음을 보여주는 증거였다. 제인은 10월에 기금 지원 연장을 신청했고 승인을 받았다. 이제 맥아더 기금은 간호사 비용뿐만 아니라 의료비까지 지원했다.

공항 서점 습격 사건

이퀄라이저 프로그램을 숙달한 호킹은 1986년 봄에 대중을 위한 과학 책을 쓰는 일을 재개했다. 늘 그랬듯이 호킹은 얼마 지나지 않아 새로운 장애를 재앙이 아니라 이점으로 여기기 시작했다. 그는 "사실, 목소리를 잃기 전보다 의사소통 능력이 더 나아졌다."라고 말했다. 이 발언은 용기를 보여주는 사례로 자주 인용된다. 그 발언은 단순히 사실을 그대로 이야기한 것뿐이다. 더 이상 구술을 할 필요도, '통역자'를 통해 자신의 말을 통역해야 할 필요도 없어졌기 때문이다.

밴텀 출판사는 1985년 여름에 호킹의 초고를 받았지만, 호킹에게 닥친 심각한 건강 문제 때문에 그 뒤로 작업에 진척이 없었다. 어쨌거나 초고 상태에서 일을 진척시켜 나간다는 것은 결코 쉬운 일이 아니었다. 밴텀 출판사는 일부 내용을 수정해달라고 요구했다. 결국 호킹은 전체 원고를 완전히 다시 쓰다시피 했다.

비록 전문 용어를 쓰지 않는다 하더라도, 책에 나오는 개념들은 보통 사람들이 이해하기에 결코 쉽지 않다는 건 잘 알고 있었다. 사람들은 머릿속에서 방정식을 다루는 그의 능력을 모차르트가 머릿속에서 교향곡 전체를 작곡하는 능력과 비교했지만, 호킹 자신은 방정식을 그렇게 좋아하지 않는다고 말한다. 비록 이퀄라이저가 방정식을 단어로 표현한 뒤 그것을 기호를 사용해 다시 쓰도록 도와주긴 하지만, 호킹에게는 그런 방법으로 방정식을 쓰는 게 결코 쉽지 않았다. 호킹은 직관적으로 방정식을 사용하고 싶다는 생각이 들지 않는다고 한다. 킵 손이 지적한 것처럼 호킹은 대신에 그림으로 생각하길 좋아한다. 책을 위해서는 이 편이 훨씬 나은 방법으로 보였다. 즉, 마음속에 떠오른 이미지를 익숙한 비유와 다이어그램의 도움을 받아가며 단어로 표현하는 것이다.

호킹과 대학원생 조수 휘트의 작업 방식은 하나의 패턴으로 자리잡았다. 호킹은 어떤 내용을 과학적 언어로 설명하다가 독자들이 제대로 이해하지 못하리란 사실을 깨닫는다. 그러면 휘트와 함께 적절한 비유를 생각해내려고 노력했지만, 정말로 효과가 있는지 없는지 확신할 수도 없는데 아무 비유나 갖다 쓸 수는 없었다. 비유가 적절한지 확인하기 위해 두 사람은 종종 긴 토론을 벌였다. 호킹은 어디까지 자세히 설명해야 할지 고민했다. 일부 복잡한 문제는 대충 언급하고 그냥 내버려두는 게 좋을까? 설명을 너무 자세히 하려다가 오히려 혼란을 부추기지나 않을까? 결국 호킹은 설명을 자세하게 많이 하는 쪽을 선택했다.

밴텀 출판사의 담당 편집자인 피터 거자디Peter Guzzardi는 과학자가 아니었다. 그는 자신이 이해하지 못하는 내용은 모두 고쳐 써야 한다고 생각했다. 거자디는 호킹의 학생들과 동료들이 가끔 하는 것과 같은 불평을 했다. 즉, 호킹은 다른 사람들도 그 연결 관계를 당연히 알겠거니 여기고 이 생각에서 저 생각으로 비약하면서 놀라운 결론을 내놓곤 한다는 것이다. 어떤 사람들은 호킹이 되도록 적은 단어를 사용하려는 경향 때문이라고 설명하지만, 과학자 동료들은 거자디보다 훨씬 높은 수준에서 그와 같은 종류의 비약을 종종 경험한 적이 있었다. 휘트는 호킹이 어떤 것을 증명하거나 왜 그런 결론이 나왔는지 설명하는 대신에 단지 "내가 이해했기 때문에" 반드시 그래야 한다고 말할 때가 가끔 있다고 털어놓았다. 브라이언이 필요한 계산을 하여 간혹 그것이 틀렸다고 보고하면, 호킹은 그 말을 믿으려 하지 않았다. 좀더 생각하면서 토론을 한 뒤에 브라이언은 결국 호킹의 생각이 옳음을 확인할 수 있었다. "그의 직감은 내 계산보다 나아요. 그것은 그의 마음에서 아주 중요한 측면이라고 봐요. 하나하나 단계를 밟아가기보다는 멀리 앞서서 생각하고, 단순한 계산을 건너

뛰고 바로 결론을 얻는 것이지요."[14] 하지만 거자디는 결론들 사이의 연결 관계를 생략하고 건너뛰는 것은 일반 대중을 대상으로 한 책에서 결코 용납할 수 없었다. 심지어 호킹이 간단하게 설명했다고 생각할 때조차 거자디는 그 설명이 이해하기에 부족하다고 여겼다. 한번은 밴텀 출판사는 유능한 과학 작가에게 대필을 시키는 게 어떻겠느냐고 제안했다. 하지만 호킹은 단호하게 거절했다. 수정 과정은 아주 지루한 작업이 되었다. 호킹이 한 장을 수정해서 원고를 보낼 때마다 거자디는 반대 의견과 질문이 빼곡한 검토 의견서를 보내왔다. 호킹은 화가 났지만, 결국에는 "그 덕분에 훨씬 좋은 책이 나왔다."[15]라며 편집자가 옳다고 인정했다.

호킹의 집필 기획안을 본 케임브리지 대학 출판부의 편집자들은 방정식을 하나 쓸 때마다 판매량이 절반씩 줄어들 거라고 경고했다. 거자디도 같은 의견이었다. 호킹은 결국 $E=mc^2$이라는 단 하나의 방정식만 포함시키기로 결정했다. 호킹이 책 제목에 '간략한brief'이란 단어를 집어넣은 것에 불만스러워하자, 거자디는 자기는 그 단어가 아주 마음에 들며 그걸 읽는 순간 미소가 떠오른다고 대답했다. 그걸로 거자디가 논쟁의 승자가 되었고, 책 제목은 'A Brief History of Time'으로 정해졌다. 수정 원고는 함께 작업을 시작한 지 일 년이 지난 1987년 봄에 마침내 완성되었다.

그 무렵에 호킹은 물리학계에서도 완전히 활동을 재개하여 연구자 경력을 계속 이어나가면서 많은 영예와 상을 받았다. 1986년 10월에는 교황청 과학원 회원으로 임명되어 호킹 가족 전원이 교황을 알현했다. 그리고 물리학연구소에서 호킹을 초대해 폴 디랙 메달을 수여했다. 『시간의 역사』 최종 원고를 완성하고 난 1987년 6월과 7월에 케임브리지 대학은 뉴턴의 『프린키피아』 출간 300주년을 기념하여 국제 회의를 열었다. 이 회의를 개최하는 데에는 호킹이 중요한 역할을 했다. 호킹은 베르너 이스라엘과 함께 중력과 관련된 분야에서 선구적인 연구를 하는 과학자들에게 논문을 청탁해 그것을 모아 『중력 300년 *300 Years of Gravitation*』이라는 훌륭한 책을 만들었다.[16]

『시간의 역사』의 출간을 앞둔 1988년 초봄, 돈 페이지는 〈네이처〉에 쓸 서평을 위해 견본을 받았다. 책을 펴본 페이지는 깜짝 놀랐다. 사진과 다이어그램이 엉뚱한 곳에 가 있는가 하면, 캡션이 잘못 붙어 있는 등 오류가 수두룩했기 때문이다. 페이지는 급히 밴텀 출판사에 전화를 걸었다. 편집자들은 배포한 책을 회수하고 전체 인쇄 과정을 중단하기로 결정했다. 그러고 나서 4월 발행일에 맞춰 미국의 서점들에 배포할 수 있도록 잘못된 부분을 급히 수정해 다시 인쇄하는 작업에 돌입했다. 그래서 페이지는 그 책의 진짜 초판본을 갖고 있다고 자랑한다. 희귀본인 그 책은 아마도 가격이 꽤 비쌀 것이다.

호킹은 『시간의 역사』가 미국에서 1988년 만우절에 출간되었다는 사실을 재미있다는 듯이 즐겨 지적한다. 영국에서는 6월 16일 왕립학회 점심시간에 출시되었다. 호킹 가족은 그 책이 별 힘들이지 않고 베스트셀러 1위로 올라가는 과정을 놀란 눈으로 지켜보았다. 그 자리를 몇 주일 계속 지키는가 싶더니 그것은 곧 몇 개월로 이어졌고, 미국에서 금방 100만 부가 팔려나갔다. 영국 출판사는 서점들의 수요를 간신히 맞출 수 있었다. 곧 다른 나라들에서도 번역본이 나오기 시작했다. 『시간의 역사』는 정말로 공항 서점들에서 좋은 자리에 진열되었고, 호킹과 그의 책이 『기네스 세계 기록 *Guinness Book of World Records*』(흔히 '기네스 북'이라 부름)에 오르자, 호킹은 음성 합성 장치가 '기네스'라는 단어를 제대로 발음하도록 하느라 애를 먹었다. 아무리 해도 음성 합성 장치는 '가이니스' 발음을 고집했다. 호킹은 농담으로 이렇게 말했다. "아마도 미국제라서 그럴 거예요. 아일랜

드제가 있었더라면 좋았을걸……." [17]

논리적으로 하나의 생각이 다른 생각으로 연결될 수 있도록, 심지어 때로는 어떤 결론이 나올지 예상할 수 있도록 책을 만드는 데 성공할 수 있었던 것은 필시 집요한 편집자 덕분일 것이다. 『시간의 역사』는 과학적 배경지식이 없는 독자는 쉽게 읽기가 힘들며, 정신을 집중해 꼼꼼하게 읽어야 한다. 하지만 그럴 만한 가치가 충분히 있는 책이며, 또 나름의 재미도 있다. 호킹의 유머는 즐겁게 뛰어다니면서 시간의 역사를 둘러보게 하며, 웃음이 터져나오면 안 되는 상황에서 책을 읽다가는 갑자기 웃음을 터뜨릴 수 있다.

호킹의 이름은 금방 일상 용어로 자리잡았고, 그렇게 호킹은 전 세계에서 영웅으로 떠올랐다. 시카고에서는 팬들이 클럽을 결성했고, 호킹 티셔츠를 입었다. 한 회원은 일부 학교 친구는 티셔츠에 새겨진 호킹을 보고 록스타로 착각했고, 심지어 어떤 친구는 그의 최신 앨범을 샀다고까지 주장했다고 말했다.

서평은 호의적이었다. 한 사람은 그 책을 『선과 오토바이 관리 기술 *Zen and the Art of Motorcycle Maintenance*』에 비교했다. 제인은 경악했지만, 호킹은 이것은 자신의 책이 "사람들에게 위대한 지적, 철학적 질문과 단절한 채 살아야 할 필요가 없다는 느낌을 준다는 것"을 의미한다면서 기분이 좋다고 말했다. [18]

그런데 책을 산 사람들은 과연 그것을 읽고 제대로 이해했을까? 일부 비평가는 책을 산 사람들 중 대다수는 전혀 읽지도 않았으며, 설사 읽으려고 시도했더라도 이해하지 못했을 것이라고 주장했다. 그들은 그저 그 책을 커피 테이블 위에 놓아두고 싶어했다고 말했다. 이에 대해 호킹은 『시간의 역사: 독자를 위한 안내서』 서문에서 다소 강하게 반박했다. "나는 일부 비평가가 일반 대중을 무시하는 태도를 보인다고 생각한다. 그들은 비평가가 아주 똑똑한 사람이며, 자신이 내 책을 제대로 이해하지 못하면 일반 대중은 절대로 이해하지 못할 것이라고 생각한다."[19] 호킹은 자신의 책이 남에게 보여주기 위해 커피 테이블이나 책장에 놓이는 것에 대해 크게 걱정하지 않았다. 성경과 셰익스피어의 작품도 수백 년 동안 그런 운명을 겪었다고 지적했다. 그럼에도 불구하고, 호킹은 많은 사람들이 자신의 책을 읽었다고 생각하는데, 독자들에게서 아주 많은 편지가 날아왔기 때문이다. 많은 사람들은 질문을 하거나 자세한 평을 했다. 거리를 가다가 낯선 사람에게 붙들려 책을 아주 잘 읽었다는 인사를 받는 일도 많았다. 호킹은 이런 일이 매우 기뻤지만, 아들 티모시는 당황해했다.

점점 높아지는 호킹의 명성과 책을 홍보해야 할 필요성 때문에 이전보다 여행 기회가 부쩍 늘어났다. 그런데 호킹은 주최 측을 곤혹스럽게 하는 행동을 곧잘 했다. 뉴욕의 록펠러 연구소도 그것을 경험했다. 강연과 공식 행사를 치르면서 긴 하루를 보낸 뒤에 호킹을 위한 만찬이 열렸다. 호킹은 그런 행사를 즐겼으며, 와인을 맛보면서 평을 하는 모습까지 연출했다. 만찬과 연설이 끝난 뒤에 일행은 이스트 강이 내려다보이는 강변으로 자리를 옮겼다. 동행한 사람들은 호킹이 휠체어를 탄 채 강물 속으로 들어가지 않을까 조마조마했다. 다행히도 호킹은 그러지 않았고, 얼마후 사람들은 그를 안전하게 호텔로 데려갔다. 로비에 연결된 무도장에서는 사람들이 춤을 추고 있었다. 호킹은 그냥 방으로 돌아가지 말고 그 파티에 쳐들어가자고 말했다. 세계적인 명사의 고집을 꺾을 수 없었던 저명한 학자들은 "우리는 평소에 그런 짓은 절대로 하지 않지만!" 주저하면서도 따라갈 수밖에 없었다. 댄스 플로어에서 호킹은 휠체어를 타고 한 사람씩 파트너를 바꾸어가며 빙빙 돌았다. 밴드는 그를 위해 원래 계획된 파티가 끝난 뒤에도 한참 동안 연주를 계속했다.

『시간의 역사』 속편을 쓸 생각은 없을까? 호킹은 그 질문을 자주 받았지만, 그럴 생각이 없다고 대답했다.

"쓴다면 제목을 뭐라고 붙여야 할까요? '더 긴 시간의 역사'나 '시간의 끝을 넘어' 혹은 '시간의 아들'이라고 할까요?"[20]

어쩌면 '간략한 시간의 역사 2'가 나올지 모른다. "공항 서점으로 돌아가는 게 안전하다고 생각한다면!" 자서전을 쓸 생각은 없을까? 자신의 간호 비용을 댈 돈이 떨어지기 전까지는 그럴 생각이 없다고 내게 말했다. 그 시기는 금방 올 것 같지 않다. 〈타임 *Time*〉은 1990년 8월에 『시간의 역사』가 그때까지 800만 부 이상 팔렸으며, 여전히 계속 팔려나가고 있다고 보고했다. 딱 하나 집어넣은 방정식마저 없었더라면 어땠을까?

어떤 사람들은 밴텀 출판사와 호킹이 마케팅에 호킹의 신체 상태를 활용했다고 비난한다. 그들은 호킹의 명성과 인기를 카니발의 여흥 정도로 치부하면서 호킹이 표지에 지나치게 극적이고 기괴한 자신의 사진을 싣도록 허락했다고 비난했다. 호킹은 출판 계약에 따라 자신은 표지에 대한 발언권이 전혀 없다고 응수했다. 그리고 출판사 측에 영국판 책에는 더 나은 사진을 쓰도록 설득했다.

긍정적인 측면으로는, 그렇게 언론에 노출됨으로써 호킹이 세상에 최소한 자신의 과학 이론과 우주가 '끝없이 겹쳐 있는 거북들'*이 아니라는

★ 『시간의 역사』에서 호킹은 과학 강연이 끝난 뒤에 강연자에게 이의를 제기하기 위해 자리에서 일어난 나이 많은 여성 이야기를 소개했다. 그 여성은 세계가 거대한 거북의 등 위에 올려져 있는 판이라고 주장했다. 강연자가 그렇다면 그 거북은 어디 위에 서 있느냐고 묻자, 그 여성은 그런 질문을 하는 걸 보니 참 똑똑하다면서 사실은 '그 아래에도 거북들이 끝없이 겹쳐' 있다고 대답했다.

정보 이상으로 가치 있는 지식을 주었다는 점을 들 수 있다. 그것은 수백만 명의 사람들에게 자신의 연구에 대한 깊은 열정뿐만 아니라 어떤 질병의 한계도 초월하는 종류의 심오한 건강이 있다는 사실을 생생하게 느끼게 해주었다.

책의 성공은 호킹 가족에게 단지 집안 형편이 나아진 것 이상의 큰 변화를 가져왔다. 〈CAM〉 잡지는 호킹을 "아주 희귀한 현상, 노동당에 투표를 하는 백만장자"라고 불렀다.[21] 오랫동안 호킹 부부와 자녀들은 신체장애와 죽음의 위협과 부대끼며 살아왔다. 제인은 그것을 이렇게 표현했다. "어떤 의미에서 우리는 항상 벼랑 끝에서 살아왔는데, 결국에는 벼랑 끝에 뿌리를 내렸어요. 우리가 이룬 일은 바로 그것이라고 생각해요."[22] 이제 그들은 다른 방식으로 위협을 느꼈는데, 유명인의 유혹과 요구, 그리고 전 세계 사람들에게 각인된 동화 속 이미지에 부응해 살아가야 한다는 끔찍한 전망이었다.

1980년대 중반과 후반에 호킹이 여행을 나설 때 일레인 메이슨 혼자만 동행하는 일이 잦았고, 두 사람 사이에 호감이 점점 커져갔다는 사실은 일레인의 친구이자 뉴욕의 사진 작가인 미리엄 버클리 Miriam Berkeley가 찍은 일련의 사진들에서 분명히 드러난다. 불행하게도 호킹에 대한 일레인의 충성심과 보호 본능, 질투심이 호킹과 다른 사람의 관계를 차단했고, 강한 성격 탓에 일레인은 호킹의 가족이나 다른 간호사나 도우미, 응용수학 및 이론물리학과의 동료나 직원과 사이가 틀어지기 시작했다. 하지만 두 사람의 관계는 특별한 것이어서 금방 증발해버리고 말 종류의 것이 아니었다. 다른 사람들도 유능하고 동정적이었지만, 호킹이 자기 곁에 조금이라도 더 오래 있길 바란 사람은 바로 일레인이었다.

12

"아기 우주 분야는 아직 걸음마 단계에 있다."

호킹에 관한 이야기는 이미 1970년대부터 잡지 기사와 텔레비전의 특집 프로그램에서 다루기 시작했다. 하지만 『시간의 역사』가 출간되고 나자 1980년대 후반에는 전 세계의 거의 모든 정기 간행물에서 일제히 호킹을 실었다. 어디를 가나 기자들과 사진 기자들이 그를 기다렸다. '용기 있는 물리학자가 신의 마음을 알아내다'라는 자극적인 헤드라인도 내걸렸다. 그의 사진은 〈뉴스위크 *Newsweek*〉 표지에 별과 성운을 극적인 배경으로 깐 채 'MASTER OF THE UNIVERSE(우주의 대가)'라는 화려하게 장식된 문구와 함께 실렸다. 1989년에 호킹은 가족과 함께 ABC의 대담 프로그램 〈20/20〉에 출연했고, 영국에서는 〈우주의 대가: 스티븐 호킹〉이라는 텔레비전 특집 프로그램이 새로 생겼다. 이제 그는 단순히 유명하고 성공한 과학자가 아니었다. 그는 스포츠 영웅과 록 스타와 맞먹는 우상이자 슈퍼스타가 되었다.

제인은 "우리가 통합된 가족으로 남는 데 성공했고, 자녀들이 아주 훌륭하고, 호킹이 아직 집에서 살면서 연구를 하는 데서 느낀 성취감"에 대해 이야기했다.[1] 세상 사람들은 대부분 조너선 헬리어 존스나 일레인 메이슨에 대해서는 아무것도 몰랐지만, 그것은 그렇게 덮어두는 것이 좋아 보였다.

학계에서는 상과 영예가 계속 쏟아졌다. 명예 박사 학위를 5개 더 받았고, 국제적인 상도 7개나 더 받았다. 그 중 하나는 1988년에 수상한 울프상인데, 이스라엘의 울프 재단이 수여하는 이 상은 물리학 분야에서 노벨상에 버금가는 명성을 자랑한다. 같은 해에 케임브리지 대학의 크리스토퍼 폴지Christopher Polge도 농업 분야에서 울프상을 받았는데, 그들 부부와 호킹 부부는 연회석상에서 자주 만났다. 호킹은 한 인터뷰에서 자신은 "신을 믿지 않는다. 내 우주에는 신이 들어설 자리가 없다."라고 말했는데, 그 말을 듣고 제인은 특별히 큰 상처를 받았다. 그곳은 자신에게 영적으로 큰 의미를 지닌 예루살렘이었기 때문이다.

그 무렵, 로버트 호킹은 케임브리지 대학의 코퍼스 크리스티 칼리지에서 물리학을 공부하면서 조정팀에 들어가 열심히 노를 저었다. 한 텔레비전 특집 프로그램은 호킹이 음성 합성 장치로 가족과 함께 강둑에서 응원을 보내는 가운데 로버트가 강에서 조정 경기를 하는 모습을 비춰주었다. 루시는 극장에서 일을 할까 생각했다. 루시는 케임브리지 유스 극장에서 상연하여 상을 받은 작품인 〈개의 심장〉(1920년대에 소련에서 제작한 정치 풍자극)에 출연했다. 이 작품은 에든버러와 런던에서도 상연되었다. 런던 공연이 옥스퍼드 대학 입학 시험 일정과 겹치자, 루시는 공연을 포기하고 순전히 면접과 A 레벨 시험 성적에만 의존해 응시하기로 과감한 결단을 내렸다. 루시는 옥스퍼드에 합격했다. 열 살이 된 티모시에 대해 호킹은 "내 아이들 중 나를 가장 많이 닮은 아이예요."라고 말했다.[2] 호킹과 티모시는 함께 게임을 하는 걸 좋아했다. 체스 게임에서는 대체로 호킹이 이겼고, 모노폴리 게임에서는 주로 티모시가 이겼다. 티모시는 "그러니까 우리는 각자 아주 뛰어난 분야가 따로 있는 거지요."라고 말했다.[3] 1988년, 미국의 사진 작가 스티븐 셰임스Stephen Shames는 두 사람이 즉흥적으로 숨바꼭질 게임을 하는 장면을 사진으로 찍었다. 이 게임에서는 티모시가 월등히 유리했다. 휠체어 모터가 웅웅거리는 소리를 듣고 아버지가 다가오는 걸 알 수 있었기 때문이다.

루시는 ABC의 〈20/20〉에서 자신과 아버지는 비록 둘 다 고집이 세지만 사이가 상당히 좋았다고 말했다.

"사실, 솔직하게 말하면 아빠와 논쟁을 수도 없이 벌였는데, 어느 쪽도 물러서려고 하지 않았어요. 아빠가 얼마나 고집이 센지 사람들은 잘 모를 거예요. 일단 어떤 생각에 사로잡히면 결과가 어떻게 되든 끝까지 밀고 나가요. 어떤 일을 일단 시작하면 도중에 포기하는 법이 없어요……. 누구한테 어떤 희생이 돌아가더라도 원하는 바를 꼭 이루려고 하지요."⁴

이 말만 들으면 아주 비정한 것처럼 들리지만, 내가 루시와 대화를 나눠본 결과 루시가 아버지를 아주 사랑하며 그의 의견을 존중한다는 사실을 분명히 알 수 있었다. ABC와 가진 인터뷰에서 루시는 아버지가 처한 상황에서는 완강한 태도를 보일 수밖에 없을 거라고 말했다. 그것은 그에게 필요한 생존 방법이라고 했다. 그렇게 강한 의지 덕분에 매일 일하고, 웃음을 짓고, 짤막한 농담을 던지고, 가혹한 신체적 상황을 무시하고 버텨나갈 수 있었다. 그 때문에 가끔 호킹이 버릇없고 자기 중심적으로 보인다 하더라도, 그 정도는 봐주는 게 좋을 것 같다. 아버지의 건강과 죽을지 모른다는 두려움에 대해 루시는 "나는 늘 '오, 아빠는 금방 괜찮아질 거야.'라고 생각해요. 왜냐하면 아빠는 지금까지 일어난 모든 역경을 다 이겨냈거든요. 하지만 건강이 그토록 허약한 사람이니 걱정을 하지 않을 수 없어요. 아빠가 멀리 떠날 때면 정말 걱정이 많이 돼요."라고 말했다.⁵ 루시는 일찍부터 그런 두려움에 대처하는 방법을 터득했다. 루시가 아직 어릴 때 어머니는 근육위축가쪽경화증이 어떤 병인지 설명해주었다. 그 말을 듣고 루시는 "아빠가 바로 다음 날 죽을 것"이라고 생각하고는 울었다고 한다.⁶

학계에서는 물리학자들이 호킹에게 계속 큰 존경을 표시했지만, 언론의 지나친 보도 때문에 약간 당혹스러움을 느꼈다. 수백만 부의 인세 수입이 루시의 학비보다 훨씬 많다는 것을 계산하는 데에는 어려운 수학이 필요하지 않았다. 가끔 시기심이 섞인 불평을 하는 사람들도 있었는데, "호킹의 연구 성과는 다른 물리학자들의 연구 성과와 별 차이가 없다."라거나 "단지 그의 신체적 상태 때문에 사람들의 흥미를 끌었을 뿐이다."라는 작은 웅얼거림이 흘러나왔다. 한 동료는 "20세기의 최고 이론물리학자 12명을 꼽는다면, 호킹은 그 명단 근처에도 가지 못할 것"이라고 평했다.[7] 20세기에 살았던 놀라운 물리학자들의 명단을 고려한다면, 이 말은 필시 사실일 것이다. 그리고 비록 '근처에도 가지 못할 것'이라는 표현이 다소 지나치긴 하지만, 호킹도 아마 동의할 것이다. 하지만 놀랍게도 비난은 거의 없었다. 그는 동시대의 어떤 물리학자하고도 충분히 어깨를 나란히 할 수 있었고, 그 사실은 모두가 인정했다. 게다가 동료들은 호킹을 만나는 걸 즐거워했다. 물리학자로서뿐만 아니라 강의실의 코미디언으로서도 호킹과 경쟁자였던 하버드 대학의 시드니 콜먼Sidney Coleman은 호킹이 유명해지면서 미국에 더 자주 오고 또 뉴잉글랜드에도 자주 들르게 된 것을 기뻐했다. 가끔 부당하게 호킹 때문에 관심을 덜 받은 물리학자들도 개인적으로 그를 비난하지 않았다.

그럼에도 불구하고, 호킹의 과학적 업적만으로는 큰 명성이나 수백만 부의 책 판매라는 결과를 낳기에는 역부족이라는 주장이 전혀 근거가 없는 말은 아니다. 그가 자신의 불쌍한 상황을 이용했고 휠체어를 타고 명성과 부를 거머쥐었다는 말이 옳을까? 진실을 말한다면, 비록 호킹은 그러지 않길 바랐겠지만, 물리학계 밖의 사람들은 대부분 그의 과학적 업적보다는 불굴의 정신을 더 높이 평가한 것으로 보인다. 역경을 극복하고 어려운 상황에서도 긍정적 태도를 유지한 사람은 그뿐만이 아니지만, 그토록 감동적인 방식으로 놀라운 성공을 거둔 사람이 또 누가 있겠는가?

호킹은 우리가 알지 못하는 실패와 좌절도 겪었겠지만, 25년 이상 그러한 낙관주의와 단호한 의지를 유지하면서 불리한 상황을 자신에게 유리하게 바꾸었다. 바로 그렇게 했기 때문에 살아남고 성공을 거둘 수 있었다. 하지만 그 전까지는 그것은 오직 자신과 가족에게만 책임을 지면 되었다. 1980년대 후반이 되자 이제 그가 영감을 준 전 세계 수백만 사람들에게도 책임을 져야 했다. 장애자뿐만 아니라 많은 사람들은 그와 제인이 비극에도 불구하고 인생과 사람들은 여전히 멋질 수가 있음을 계속 증명해주길 기대했다. 자신에게 그 큰 책임이 쏟아지는 것에 대해 호킹이 부담스러워했다는 사실은 놀랍지 않다. 자신은 그저 단순한 인간에 지나지 않는다고 말했다. 훗날 호킹은 자신을 "결함이 있는 신체 속에 살고 있는 완벽한 영혼"처럼 비극적이고 낭만적인 존재로 보지 않는다고 말했다.

"나는 내 지성에 자부심을 느끼지만, 신체 장애 역시 나의 일부라는 사실을 받아들이지 않을 수 없었다."

어쨌거나 신체 장애가 있는 사람들에게 호킹은 아주 훌륭한 역할 모델이 되었다. 그럼에도 불구하고, 그가 이룬 것과 대다수 사람이 기대할 수 있는 것 사이의 간극은 가끔 좌절을 낳았다. 지병을 제외한 나머지 거의 모든 것들에서 호킹은 운이 아주 좋았다.

제인은 만약 남편이 무명의 물리학 선생이었더라면 간호 비용으로 연간 5만 파운드가 넘는 금액을 지원해달라고 재단을 설득할 수 없었을 것이라고 지적했다. 컴퓨터 프로그램 지원은 꿈도 꿀 수 없었을 것이다. 그랬다면 집과 가족과 떨어져 요양원에 고립돼, 말도 못 하고 멍하니 앉은 채 나날을 보내며 쇠약해져 갔을 것이다. 제인은 영국 국민 의료 보험이 필요한 지원을 제공하지 않아 겪었던 울분 때문에 비슷한 문제를 가진 사람들을 돕기 위한 운동에 나섰다. 환자를 가족에게서 떨어지게 하는 대신에 가정 간호를 제공하도록 하려는 게 목적이었다. 대학들은 호킹의 이미지에 자극을 받아, 수업을 들으려면 24시간 간호가 필요한 학생들을 위해 설비가 제대로 된 기숙사를 지었다. 호킹의 연구실 파일 캐비닛 위에는 추상적인 소형 유리 조각상이 놓여 있는데, 브리스틀 대학의 기숙사인 '호킹 하우스'에서 선물로 준 것이다. 케임브리지 대학도 비슷한 시설을 지었다.

나머지 세계에 미친 효과가 무엇이건, 1989년에 호킹은 엄청난 역경을 이겨내고 불가능에 가까운 성공을 거두었다. 호킹은 여왕에게서 '명예 동료Companion of Honour'로 임명받아 여왕 자신과 65명의 구성원으로 이루어진 기사단의 일원이 되었다. 이것은 여왕이 수여하는 최고의 영예 중 하나이다. 케임브리지 대학은 명예 박사 학위를 수여하는 일이 아주 드문데, 호킹에게 그 학위를 수여했다. 호킹은 대학 총장인 필립 공에게서 학위를 받는데, 학위 수여식을 위해 킹스 칼리지와 세인트 존스 칼리지의 합창단과 케임브리지 대학 금관악기 합주단의 음악이 울려퍼지는 가운데 화려한 행렬과 함께 평의원 회관까지 갔다가 돌아왔다. 제인은 "올해는 그에게 가장 영광스러운 한 해였어요. 그 사람도 분명히 행복해할 거예요."라고 말했다.[8] 호킹은 자신이 하는 일을 사랑했다. 호킹은 "아름다운 가족이 있고, 연구에서 성공을 거두었으며, 베스트셀러도 썼습니다. 더 이상 뭘 바라겠어요?"라고 말했다.[9] 그는 큰 명성을 얻었고, 그것을 즐겼다. 21세 때 더 이상 살 이유가 없다고 생각했지만, 그것은 성급한 결론이었고, 자신의 운명에 대한 재미있는 농담이었다.

하지만 운명도 가끔 농담을 한다. 책이 너무 많이 팔린 데 따른 부작용도 있었다. 그 때문에 과학 연구를 할 시간이 줄어들었다. 학생들은 '과외 활동'이 너무 많다고 불평했다. 찾아오는 사람이 너무 많았지만, 호킹은 그들을 거절하는 경우가 드물었다. 초청도 아주 많았는데, 호킹은 거절하는 방법을 모르는 것 같았다. 여행도 너무 많이 늘어났지만, 호킹은 갈수록 점점 더 많은 여행 계획을 잡았다. 편지도 너무 많이 날아왔다. 처음에는 『시간의 역사』에 관한 편지 몇 통에 대해 직접 답장을 했지만, 얼마 지나지 않아 그러기가 불가능해졌다. 그래서 대학원생 조수와 비서가 답장을 보내는 일을 대신 맡았다.

유명한 것이 결코 즐거운 일만은 아니다. 호킹은 한 기자에게 이렇게 말했다.

"명성은 물론 일을 해결하는 데 도움을 주며, 그것을 이용해 장애를 가진 다른 사람들을 도울 수도 있어요. 하지만 이 세상에서 어디든지 남몰래 갈 수가 없어요. 어딜 가거나 사람들은 나를 알아보고 가까이 다가와 책을 잘 읽었다고 말하면서 함께 사진을 찍으면 안 되겠느냐고 말해요. 그들이 그토록 열정적인 반응을 보이는 것은 고마운 일이지만, 나도 사생활을 보장받고 싶을 때가 있어요."[10]

그래서 해결책을 하나 생각했는데, 음성 합성 장치에 "사람들이 날 그 사람으로 오해하는 일이 많아요."라거나 "날 스티븐 호킹으로 착각하는 사람들이 있어요."라는 말을 입력한 것이다. 하지만 속아 넘어가는 사람은 아무도 없었다.

호킹이 감당하기 어려울 정도로 불어나는 일정을 소화하느라 애쓰는 모습을 지켜보면서 동료들은 과학 연구를 게을리하지 않을까 염려하기 시작했다. 하지만 호킹은 연구를 계속했다. 1990년 6월에 칼텍을 다시 방문했을 때, 미해결로 남아 있던 문제 하나를 매듭지었다. 손과 내기를 한 이후 16년이 흐르는 동안 백조자리 X-1에 관한 증거가 계속 나와 이제 백조자리 X-1이 블랙홀일 가능성이 약 95%로 추정되었다. 호킹은 손과의 내기를 마무리지어야 할 때가 왔다고 판단했다. 손이 모스크바로 출장 중일 때 호킹은 '범죄 도구'의 도움을 받아 그의 연구실로 침입해 내기 계약이 적힌 액자에 자신이 내기에 졌다는 쪽지를 남겼다. 그리고 서명 대신에 지장을 찍었다.

호킹은 1980년대 후반에 유명 인사가 되어 전 세계를 여행했지만, 머릿속으로 그보다 훨씬 먼 거리를 여행했다. 휠러가 전에(1956년에) '양자 웜홀' 개념을 도입한 적이 있었다. 호킹은 이 웜홀을 지나 훨씬 기이한 환경인 '아기 우주'로 가는 모험을 시도했다. 그걸 좀더 잘 보려면, 시간과 공간을 벗어나 호킹 옆에 서는 편이 좋겠다.

우주 풍선을 새로운 시각에서 바라보는 방법

호킹은 거대한 풍선이 아주 빠르게 팽창하는 장면을 상상해보라고 한다. 이 풍선이 바로 우리 우주이다. 풍선 표면에 그려진 점들은 별들과 은하들이다. 점들은 풍선 표면에 움푹 들어간 곳과 주름을 만든다. 아인슈타인이 예측한 것처럼 질량과 에너지의 존재는 시공간을 왜곡시킨다.

배율이 그리 높지 않은 현미경으로 우주 풍선을 바라보면, 움푹 들어간 곳이 곳곳에 있음에도 불구하고 전체 표면은 비교적 반반해 보인다. 하지만 배율이 더 높은 현미경으로 보면, 표면은 더 이상 반반하지 않다. 표면은 격렬하게 진동하면서 흐릿하고 모호한 형태들을 만들어낸다(그림 10-9 참고).

우리는 이처럼 흐릿한 모습을 앞에서도 본 적이 있다. 불확정성 원리는 양자 차원에서 우주를 아주 흐릿하고 모호하게 만든다. 어떤 입자의 위치와 운동량을 동시에 정확하게 아는 것은 불가능하다. 이 양자 불확정성이 어떤 모습인지 그려보는 한 가지 방법은 각각의 입자가 무작위적으로 미소한 진동을 하고 있다고 상상하는 것이다. 더 자세히 살펴보려고 할수록 입자는 더 심하게 진동한다. 양자 세계를 최대한 자세히 관찰할 경우, 우리가 말할 수 있는 최선은 입자가 '여기'에 있을 확률이 '얼마'—혹은 '저기'에 있을 확률이 '얼마'—라고 말하는 게 고작이다. 우주 풍선의 표면도 이와 비슷하게 예측 불가능하다. 충분히 확대해서 본다면, 양자 요동은 상상할 수 없을 정도의 혼돈 상태에 빠져 우리는 그것이 '어떤 일'을 할 확률이 얼마라고만 말할 수 있을 뿐이다.

호킹은 이 '어떤 일'이 어떤 것이 될 수 있다고 생각했을까? 1980년대 후반에 호킹은 우주 풍선에서 불룩 튀어나오는 부분이 발달할 확률을 생각했다. 우리가 흔히 보는 풍선은 표면의 어느 지점이 약할 때 그런 일이 일어난다. 일상적인 풍선은 그런 일이 일어날 때 대개 터져버리고 말지만, 드물게 그 표면에서 또 하나의 작은 풍선이 솟아날 수 있다. 만약 우리의 우주 풍선에서 이런 일이 일어난다면, 여러분은 지금 '아기 우주'의 탄생 장면을 목격하는 셈이다.

새로운 우주의 탄생이라니, 정말 극적인 사건처럼 들린다. 과연 우리가 현실에서 그런 사건을 목격할 수 있을까? 어림도 없다. 무엇보다도, 10장에서 이야기한 것처럼 그 사건은 '실수' 시간이 아니라 허수 시간에서 일어나기 때문이다. 우리가 그것을 볼 수 없는 또 한 가지 이유는, 새로운 우주라고는 하지만, 그것은 아주 작은 것에서 시작하기 때문이다. 우주가 되려면 어떤 것이 정말로 아주 작은 것에서 시작해야 하기 때문이라고 호킹은 말한다. 우리 우주와 새로운 아기 우주를 연결하는 부위—원한다면 탯줄이라 불러도 좋다―의 길이는 겨우 10^{-33}cm에 불과할 가능성이 아주 높다. 그 구멍―웜홀―은 반짝 생겨났다가 상상할 수도 없을 만큼 짧은 순간에 사라지는 초소형 블랙홀과 비슷하다. 이와 맞먹을 만큼 수명이 짧은 것에 대한 이야기는 6장에서 호킹 복사를 설명할 때 한 적이 있다. 에너지장에 일어나는 요동을 수명이 아주 짧은 입자 쌍의 생성과 소멸로 볼 수 있다고 했다. 이와 비슷하게 시공간의 구조(우주 풍선의 표면)에 일어나는 요동을 웜홀로 생각할 수 있다.

호킹은 이 탯줄에 연결된 아기 우주의 수명이 짧지 '않을' 수도 있으며, 작은 시작이 계속 작은 상태에 머물러 있지는 않는다고 주장했다. 새로운 우주가 팽창하여 현재의 우리 우주처럼 수십억 광년 크기로 커질 수도 있다고 보았다. 그것은 크기는 우리 우주와 비슷할지 몰라도 텅 비어 있는 우주가 아닐까? 그렇지 않다. 호킹은 "물질은 어떤 크기의 우주에서도 중력 에너지로부터 만들어질 수 있다."라고 지적했다.[11] 그 결과로 훗날 은하와 별, 행성, 그리고 어쩌면 생명까지 탄생할지 모른다.

그렇다면 아기 우주와 다 자란 우주가 많이 있을까? 그것들은 도처에서 가지를 뻗으며 갈라져 나갈까? 혹시 부엌 싱크대나 여러분 몸속에서도 생겨나는 건 아닐까? 호킹은 그렇다고 말한다. 새로운 우주들은 우리 주변의 모든 곳에서, 심지어 우리 몸 내부에서도 우리가 전혀 모르게 끊임없이 생겨날지 모른다.

그렇다면 우리 우주 역시 다른 우주의 측면에서 솟아오른 게 아닐까 하는 의문이 생길 수 있다. 호킹은 충분히 가능성이 있다고 말한다. 우리 우주는 도처에서 갈라지고 서로 연결되면서 끝없이 뻗어 있는 벌집처럼 무한히 뻗어 있는 우주 미로의 일부일지도 모른다. 거기에는 단지 아기 우주뿐 아니라 어른 우주도 많이 포함돼 있을 것이다. 두 우주 사이에는 한

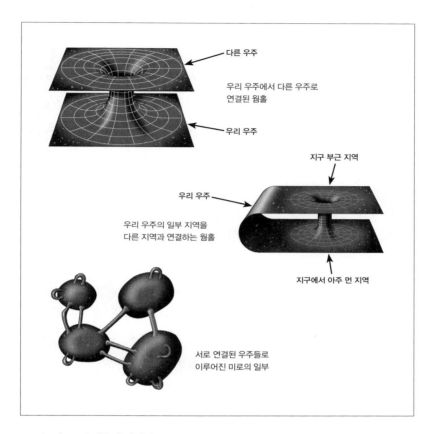

다른 우주

우리 우주에서 다른 우주로
연결된 웜홀

우리 우주

지구 부근 지역

우리 우주

우리 우주의 일부 지역을
다른 지역과 연결하는 웜홀

지구에서 아주 먼 지역

서로 연결된 우주들로
이루어진 미로의 일부

〈그림 12-1〉 웜홀과 아기 우주

곳 이상의 장소에서 웜홀 연결이 생길 수 있다. 웜홀은 우리 우주의 일부
지역을 다른 지역이나 다른 시간과 연결할 수 있다(그림 12-1 참고).

양자 체 속에서 살아가는 삶

상상력을 더 발휘해 전자의 관점에서 이 모든 것을 바라보기로 하자.

우주의 모든 점에서 생겨났다 사라졌다 하는 웜홀이 수조 개 이상 있다면, 전자는 거대한 냄비 속에서 격렬하게 들끓는 걸쭉한 죽 같은 것에 둘러싸여 있는 셈이다. 그런 환경에서 움직인다는 것은 끊임없이 변하는 거대한 체 속을 통과하는 것만큼 어렵다. 그런 환경에서 직선 방향으로 나아가려고 하는 전자는 웜홀을 만나 그 속으로 끌려들어가 다른 우주로 튀어나오기 십상이다. 이 이야기는 의심스러워 보인다. 그렇다면 우리 우주에서 물질이 사라진다는 이야기가 되는데, 그것은 허용되지 않기 때문이다. 하지만 이 이론에 따르면, 그런 식으로 물질이 사라질 위험은 없다. 똑같은 전자가 다른 우주에서 우리 우주로 나타나기 때문이다.

이러한 전자 치환이 일어나는 걸 우리가 알아챌 수 있을까? 우리에게는 그렇게 보이지 않을 것이다. 우리 눈에는 이 사건이 한 전자가 직선으로 움직이는 것으로 보일 것이다. 하지만 호킹은 웜홀의 존재는 모든 전자를 웜홀이 전혀 없을 경우보다 더 큰 질량을 가진 것처럼 움직이게 할 것이라고 생각했다. 따라서 어떤 이론으로 입자의 질량을 예측하려고 할 때에는 웜홀과 같은 존재가 있는지 없는지 아는 게 중요하다.

그 이론에 따르면, 만약 전자가 광자와 함께 웜홀 속으로 들어간다면, 비정상적인 일은 전혀 나타나지 않는다. 전자기 상호작용에서 전령 입자의 교환이 정상적으로 일어나는 것만 관찰될 뿐이다. 즉, 한 전자가 광자 하나를 방출하고, 다른 전자가 그 광자를 흡수한다. 호킹은 모든 입자의 질량과 모든 입자의 상호작용—우주 전체에서 끊임없이 일어나는 네 가지 힘의 작용—은 웜홀로 들어가고 나오는 것으로 설명할 수 있다고 주장했다.

그런데 입자가 어떻게 웜홀을 통과할 수 있느냐 하는 질문이 나올 수 있다. 웜홀은 우리가 아는 어떤 입자보다도 훨씬 작을 것이다. 하지만 호킹 복사와 마찬가지로, 우리의 상식으로는 도저히 불가능한 것도 양자역학에서는 '가능할' 수 있다.

호킹이 웜홀이 전자 같은 입자의 질량에 미치는 효과를 계산했을 때, 처음에는 그 질량이 우리가 실제로 관찰하는 값보다 훨씬 크다는 결과가 나왔다. 나중에 한 계산에서 호킹과 다른 연구자들은 좀더 그럴듯한 값을 얻었다. 하지만 1980년대 말에 호킹은 웜홀 이론이 우리 우주나 다른 우주에 존재하는 입자의 질량을 예측할 수 있는지에 대해 의심을 표시했다. 2장에서 이론으로 예측할 수 없고 직접 측정해야 알 수 있는 것을 임의 요소라 부른다고 했다. 지금까지 나온 모든 이론에서는 입자들의 질량과 힘들의 세기는 바로 그런 임의 요소로 다룬다. 웜홀 이론은 그것들이 지닌 임의 요소의 지위를 조금이라도 변화시키지는 못할지 몰라도, 그것들이 왜 임의 요소인지 설명할지 모른다. 호킹은 입자들의 질량과 그 밖의 기본 상수들이 '양자 변수quantum variable'로 드러날지 모른다고 생각한다. 이 말은 이것들이 입자들의 경로나 우주 풍선 표면에서 일어나는 일처럼 불확정적일지 모른다는 것을 뜻한다. 이 수들은 각각의 우주가 탄생하는 순간에 임의로 정해졌을 것이다. 다시 말해서, 그것은 주사위를 던지는 것처럼 정해졌고, 그 우주에서는 그것이 고정된 값이 되었다. 하지만 어떤 이론을 통해 주사위가 어떻게 떨어졌는지, 심지어는 왜 이 길이 다른 길보다 확률이 훨씬 높았는지 아는 것은 불가능하다. 호킹은 웜홀 이론도 마찬가지인지 확신할 수 없었다. 하지만 자연의 기본 상수들—어쩌면 '자연 법칙'조차도—이 모든 우주들에 두루 통하는 기본 상수들이 아니라, 우주마다 제각각 다를지 모른다는 개념은 훗날 호킹이 다른 맥락에서 다시 검토하게 된다.

심하게 휘어진 우주

호킹은 "왜 양자 요동이 시공간을 구부러뜨려 작은 공으로 만들지 않았는지는 아주 큰 미스터리입니다."라고 말한다.[12] 이것은 모든 것의 이론을 추구하는 이론물리학자라면 반드시 풀어야 하는 수수께끼 가운데 하나이다.

물리학자들은 이 진공 에너지 문제를 우주 상수 문제라 부른다. 앞에서 우주 상수는 중력의 힘과 균형을 이루어 우주의 팽창을 막도록 아인슈타인이 임의로 만들어낸 개념이라고 소개했다. 하지만 훗날 아인슈타인은 그것에 대해 "내 생애 최대의 실수"라고 말했다. 그 후, 우주 상수라는 용어는 아인슈타인이 의도한 것과 관련은 있지만 조금 다른 의미로 쓰이게 되었다. 오늘날 과학자들이 사용하는 '우주 상수'는 진공 속에 이 에너지가 얼마나 빽빽하게 모여 있는지 나타내는 수이다. 즉, 진공의 에너지 밀도를 나타낸다. 상식적으로는 진공에 에너지가 있을 리가 없지만, 앞에서 보았듯이 불확정성 원리는 '텅 빈' 공간이 결코 완전히 텅 비어 있지 않음을 보여준다. 진공에는 에너지가 들끓고 있다. 그렇다면 우주 상수(진공의 에너지 밀도)는 아주 클 것이고, 일반 상대성 이론에 따르면 이 질량-에너지는 우주를 크게 휘어지게 할 것이다.

하지만 불확정성 원리와 일반 상대성 이론이 뭐라고 말하건 간에, 우리가 살고 있는 우주는 그렇게 휘어져 있지 않다. 오히려 그 반대로, 호킹이 웜홀 이론을 만들 무렵에 우주 상수 값은 오래전부터 거의 0에 가까운 것으로 생각돼왔고, 실제로 그렇게 관측되었다. 그 사실은 은하들이 서로 멀어져가는 속도를 관측함으로써, 그리고 우리 자신이 존재한다는 사실에서 알 수 있었다. 호킹은 "양의 값이건 음의 값이건 우주 상수가 아주 크다면, 우주는 생명이 발달하기에 부적당한 곳이 될 것입니다."라고 지적했다.[13] 우주 상수 값은 9장에서 언급한 '미세 조정' 사례 중 하나이다. 나중에 보게 되겠지만, 아인슈타인이 그것을 "내 생애 최대의 실수"라고 말한 것은 성급했다. 하지만 1990년대 초반까지만 해도 아무도 그 사실을 알지 못했다.

이론은 우주 상수가 아주 커야 한다고 말하는데도 실제로 관측한 값은 이렇게 작을 수가 있을까? 호킹 복사에 나오는 입자 쌍을 다시 한 번 떠올려보라. 호킹이 루카스 석좌교수 취임 강연에서 언급한 초중력에서는 진공에서 페르미온(물질 입자) 쌍이 음의 에너지를 제공하여 보손(전령 입자) 쌍이 지닌 양의 에너지를 상쇄한다. 이것은 실제로 올바른 설명이거나 최소한 일부 설명일지 모르지만, 문제는 아주 복잡하다. 무엇보다도, 이 입자들은 중력하고만 상호작용을 하는 게 아니다. 하지만 상쇄되는 양의 에너지와 음의 에너지가 아주 많다 하더라도, 이 모든 것이 상쇄되어 정확하게 0이 된다는 것은 쉽게 받아들이기 어렵다. 호킹만큼 웜홀 이론에 심취한 시드니 콜먼은 그것을 이렇게 설명한다.

"0은 의심스러운 수이다. 10년 동안 매달 수입이 얼마인지도 모른 채 수백만 달러를 마음대로 쓰다가 마침내 번 돈과 쓴 돈을 비교해보니 단돈 10원도 차이가 나지 않고 딱 맞아 떨어졌다고 생각해보라."[14]

우주 상수가 정확하게 0이 될 가능성은 그보다 훨씬 낮다.

웜홀이 이 수수께끼를 풀 수 있을까? 호킹은 모든 점에서 갈라져 나가는 웜홀들이 진공의 에너지 밀도인 우주 상수를 입자들의 질량과 같은 '양자 변수'로 만든다고 생각했다. 그것은 '어떤' 값이라도 가질 수 있다. 그 값이 0에 가까울 확률은 얼마나 될까? 우주의 탄생을 기존의 우주에서 갈라져 나오는 '아기'라고 상상해보라. 웜홀 이론은 우주가 아주 많이 존재한다고 말한다. 그 중에는 오늘날의 우리 우주보다 훨씬 큰 것도 있을 테고, 원자보다 훨씬 작은 것도 있을 테고, 그 사이의 온갖 크기에 해당하는 것도 있을 것이다. 아기 우주들은 웜홀을 통해 다른 우주들 중 하나의 우주 상수 값을 그대로 가져올 것이다(물려받는다고 해도 좋다). 사람 아기의 경우, 예컨대 음악적 재능을 물려받았는지 여부는 중요하지 않다. 그것은 나중에 아기가 성장한 다음에야 중요해진다. 아기 우주의 경우, 0에 가까운 우주 상수 값을 '물려받았는지' 여부는 중요하지 않다. 아기 우주가 상당한 크기로 성장하기 전까지는 그 값은 측정조차 불가능할 것이다. 하지만 온갖 크기의 우주들이 주위에 널려 있다고 할 때, 아기 우주는 진공에서 모든 양의 에너지와 음의 에너지가 상쇄되어 0이 될 때에만 가능한 종류의 크고 차가운 우주와 연결된 웜홀을 통해 우주 상수 값을 물려받을 가능성이 훨씬 높다. 콜먼은 웜홀 이론에서 어떤 우주가 우주 상수 값이 0에 가까운 우주(우리 우주와 같은 종류)일 확률을 계산해보았다. 거기서 그는 '다른' 종류의 우주는 어떤 것이라도 확률이 아주 낮다는 결과를 얻었다.

웜홀과 모든 것의 이론

웜홀과 아기 우주는 많은 물리학자의 상상력에 불을 지폈다. 그들은 이런저런 논쟁을 하고 대안을 제시하면서 반응을 나타내기 시작했다. 그런 반응은 늘 좋은 징조이다. 호킹은 "아기 우주 분야는 걸음마 단계에 있지만, 아주 빠르게 성장하고 있다."라고 말했다.[15] 웜홀과 아기 우주는 우주의 완전한 이론을 찾는 노력에 기여할 수 있을까?

첫째, 앞에서 보았듯이 이 이론은 우주 상수 문제를 새롭게 바라보는 방법을 제시하는 것처럼 보인다. 호킹은 웜홀 이론이 일반 상대성 이론과 양자역학 사이의 모순 문제를 해결할 이론이라고 생각했을까? 호킹은 "나는 그렇게까지 주장하고 싶진 않아요. 기본적인 모순은 없지만, 웜홀 이론으로도 도움을 줄 수 없는 기술적인 문제들이 있어요."라고 대답했다.[16]

둘째, 웜홀 이론은 '시작' 지점까지 거슬러 올라가더라도 무너지지 않는 이론이었다. 아인슈타인의 이론들을 가지고 빅뱅의 순간까지 거슬러 올라가면, 우리가 아는 모든 물리학 법칙이 무너지고 마는 특이점에 맞닥뜨린다. 호킹의 무경계 가설은 허수 시간에서는 특이점이 존재하지 않음을 보여주었다. 웜홀 이론은 허수 시간에서 우리 우주가 다른 우주에서 갈라져 나온 아기 우주로 시작했는지 모른다고 주장한다.

셋째, 웜홀 이론은 양자론과 상대성 이론을 만족스러운 기하학적 방법으로 연결시킴으로써 양자 요동과 양자 웜홀과 아기 우주를 천문학적 규모의 시공간 왜곡이나 블랙홀과 큰 차이가 나지 않는 방식으로 생각하게 해준다. 입자들의 질량과 전하나 우주 상수 같은 우리 우주의 기본 상수는 상호 연결된 미로 같은 우주들의 모양, 즉 기하학이 빚어낸 결과일지 모른다.

다른 이론들은 입자들의 질량과 전하를 예측할 수 없다. 이 값들은 임의 요소로 다룬다. 우리 우주를 한 번도 본 적이 없는 외계인이라면, 직접 '실제' 우주를 들여다보지 않고서 이 이론들을 사용해 기본 상수들의 값이 얼마인지 계산할 수 없을 것이다. 우리는 웜홀 이론이 이러한 기본 상수들을 이해하고 계산하는 방법을 제공할지, 아니면 다른 이론과 마찬가지로 제대로 된 예측을 내놓지 못할 것인지를 놓고 논란이 있다는 것을 보았다.

우주의 기본 물질이 점 같은 입자가 아니라 진동하는 끈이라고 주장하는 초끈 이론 분야의 이론물리학자들은 자신들의 이론이 결국 입자의 질량과 전하를 정확하게 예측하기를 기대한다. 하지만 호킹은 부정적이다. "만약 이 아기 우주 개념이 옳다면, 그 값들을 예측하는 우리의 능력은 줄어들 것이다."[17] 만약 존재하는 우주의 수가 얼마나 되고 그 크기가 얼마인지 안다면 문제가 달라지겠지만, 우리는 그러한 정보를 모른다. 우리는 그 우주들이 우리 우주와 붙어 있는지 아니면 떨어져 나갔는지조차 모른다. 우리는 그 모든 것의 모양을 정확하게 알 수 없다. 다만, 만약 우주들이 서로 들러붙거나 떨어져 나간다면, 입자의 질량이나 전하 같은 값에 눈에 띄는 변화가 나타나리란 사실만큼은 알고 있다. 결국 예측된 값들에서 작지만 분명한 크기의 불확정성이 나타날 것이다.

한편, 호킹은 이런 연구가 자신을 모든 것의 이론으로 안내하는지 않는지에 대해서는 그다지 크게 염려하지 않았다. 그가 택한 전략은 자신이 아는 분야에 집중해 상대성 이론과 양자역학을 결합했을 때 어떤 일이 일어나고 사물들이 어떻게 작용하는가 하는 문제를 파고드는 것이다. 이런 방법으로 우주에 대해 알아낸 것은 모든 것의 이론이 어떤 것으로 드러나고 누가 그것을 발견하는지에 상관 없이 성립할 것이라고 생각한다. 그가 발견한 그림은 더 크고 더 기본적인 그림의 일부로 포함될 것이다.

역사 구하기

만약 입자보다 큰 물체가 웜홀을 통과해 다른 우주나 우리 우주의 다른 지역에 나타날 가능성을 다루지 않는다면, SF 애호가들이 크게 실망할 것이다. 이 개념을 활용한 SF 작품은 아주 많다. 얼핏 보면, 이런 형태의 여행은 충분히 그럴듯해 보인다.

1985년에 킵 손과 그의 대학원생들이 칼 세이건 Carl Sagan의 요청으로 그 가능성을 검토했을 때, SF와 과학적 추측이 서로 손을 잡았다. 세이건은 자신이 쓴 소설 『콘택트 Contact』에서 여주인공이 공간상으로 아주 멀리 떨어진 곳까지 순식간에 여행할 수 있는 방법을 원했다. 문제는 세이건의 여주인공이나 여러분이나 내가 통과할 만큼 큰 웜홀은 위험할 정도로 불안정하다는 데 있다. 우리의 존재 같은 아주 작은 교란도 웜홀을 파괴할 수 있으며, 당연히 그와 함께 우리도 파괴될 것이다. 손은 결국 그 답을 찾아냈다고 생각했다. 음의 에너지 밀도를 가진 기묘한 물질을 사용해 웜홀의 목을 열린 상태로 유지하는 방법이었다. 우리보다 훨씬 발전한 문명이라면 그런 방법을 사용할 수 있을 것이다. 손의 제안에 대한 호킹의 반응은 늘 그렇듯이 아주 간결했다.

"자네가 틀렸네."

이에 대해 손은 "우리 세계에서는 다른 사람이 틀렸다고 생각할 때에는 정중함이라곤 전혀 찾아볼 수 없다."라고 평했다.[18]

호킹은 자신의 생각을 뒷받침할 이론을 찾기 시작했는데, 그 결과로 '연대기 보호 가설'을 내놓았다. 그의 비판은 특히 타임머신 기능을 하는 웜홀을 표적으로 삼았다. '연대기 보호 가설'의 요지는 자연은 시공간에서 과거 여행을 가능케 하는 궤적을 허용하지 않는다는 것이다. 타임머신 웜홀은 그것을 작동시키려 할 때마다 항상 폭발하고 그러한 폭발은 "역사학자들을 위해 우주를 안전하게 유지"한다고 호킹은 선언했다. 그래서 아무도 시간을 거슬러 과거로 여행하여 역사를 바꿀 수 없다. 손은 2002년에 호킹의 60번째 생일을 맞이해 쓴 논문에서 호킹의 독자들과 청중에게 연대기 보호 가설은 '가설'에 불과하다는 사실을 상기시켰다. "왜냐하면 그와 나는 둘 다 그것들이 과연 옳은지 불안하게 여기는 영역에서 물리학 법칙을 사용해 연구하기 때문이다."[19] 호킹은 또한 "현재 우리가 가진 증거 중 시간 여행이 가능하지 않으며 앞으로도 가능하지 않음을 뒷받침하는 최선의 증거는 미래에서 온 관광객들이 우리를 방문하지 않았다는 사실이다."라고 주장했지만,[20] 역사에서 우리가 살고 있는 시대가 관광지로서는 악명이 아주 높아 미래의 방문객들이 피할지도 모른다고 비꼬는 투의 추측을 덧붙였다.

킵 손은 '연대기 보호 가설'에 관한 호킹의 논문을 '역작'이라고 불렀지만, 물론 그렇다고 해서 자신이 거기에 동의한다는 뜻은 아니었다. 손의 60번째 생일을 맞이해 호킹은 웜홀 타임머신이 성공할 양자역학적 확률을 계산해 선물로 주었다. 그동안에 호킹은 전혀 긍정적으로 변하지 않았다. 그 확률은 10^{60}분의 1이었다.[21]

한편, 작은 블랙홀에 대해서는 뭐라고 말할까? 원시 블랙홀이 증발할 때, 그 전에 블랙홀 속으로 빨려 들어간 것들에는 어떤 일이 일어날까? 웜홀 이론은 그것들이 반드시 입자가 되어 우리 우주로 돌아오지 않을 수도 있다고 시사한다. 입자들은 대신에 아기 우주로 빠져나갈 수 있다. 정보 역설이 다시 고개를 쳐든 것이다! 물론 아기 우주가 다시 우리가 사는 시공간 지역과 연결될 수도 있다. 그러면 그것은 또 하나의 블랙홀이 생겨났다가 증발하는 것처럼 보일 것이다. 한 블랙홀로 끌려 들어간 것들이 다른 블랙홀에서 입자가 되어 나타날 것이다. 그것은 일종의 공간 여행이며 (만약 여러분이 입자라면), 상실되는 정보는 전혀 없다.

웜홀과 아기 우주는 '정보 역설'에 대한 해결책을 내놓을 수 있을까? 우주는 정보 상실을 막는 어떤 방법이 있으리라는 생각에 기대를 품는 사람이 있을지 모르지만, 가까운 시일 안에 호킹이 이 생각을 지지할 것 같지는 않다.

3부

1990~2000

이론물리학의 끝이 보이지만
그건 시작에 불과하다

우주의 팽창을 보여주는 아름다운 NGC 5584
© NASA/ESA/A. Riess(STScl/JHU)/L. Macri(Texas A & M Univ.) et al./Hubble Heritage(STScl/AURA)

만약 누군가 모든 것의 이론을 발견한다면, 어떤 일이 일어날까? 그 후에 물리학을 하는 것은 에베레스트 산을 정복한 뒤에 등산을 하는 것과 비슷할 것이라고 한다. 하지만 호킹은 인류 전체에게 그것은 겨우 시작에 불과할 것이라고 말했다. 호킹은 이런 질문을 던졌다. "그 방정식들에 생명의 불을 불어넣고, 그것들로 기술할 수 있는 우주를 만든 것은 무엇일까?" "도대체 우주는 왜 존재하는 것일까?" 이것들은 수학적 모형을 사용하는 통상적인 과학적 접근 방법으로는 대답할 수 없는 질문들이라고 했다.

13

"이론물리학의 끝이 보이는가?"

20세기 중반부터 2000년까지 케임브리지 대학의 응용수학 및 이론물리학과가 있었던 건물은 건축학적 특징이라고는 전혀 찾아볼 수 없고 몰골 사나운 괴물처럼 보였다. 그곳에서 행복하게 연구하는 사람들은 환경에 무심하거나 미학적 이유가 아닌 다른 이유로 그 낡은 곳을 사랑한다고밖에 달리 생각할 수 없었다.

입구는 좁은 골목길과 아스팔트 주차장과 빨간색 문을 지나 실버 스트리트 쪽으로 나 있었다. 건물 내부는 획일적이었다. 평면도를 보면 공간이 비논리적으로 아무렇게나 배치돼 있다. 작은 안내 구역 너머로 뻗어 있는 복도는 검은색의 낡은 금속제 엘리베이터를 지나 오른쪽으로 홱 꺾인 뒤 한동안 직선 방향으로 죽 나아가다가 우편함과 강의 계획과 세미나 공지 사항과 외설스러운 낙서가 더덕더덕 붙어 있는 게시판을 지나고 나면 구부러지면서 폭이 넓어진다. 그랬다가 다시 갑자기 좁아졌다가 커다란 휴게실이 있는 문 앞에서 끝난다.

수십 년 동안 응용수학 및 이론물리학과 사람들은 매일 오후 4시에 이곳 휴게실에 모여 차를 마셨다. 그 시간을 제외한 나머지 시간 동안 그 방은 텅 비어 있었고 조명도 희미하게 켜져 있었다. 색채를 설계한 사람은 옥색에 대한 선호를 보여주었는데, 낮은 테이블 주위에 빙 널려 있는 비닐 안락의자와 목공품, 그리고 높은 천장을 떠받치는 기둥들 아래쪽 절반까지 모두 옥색이었다. 한쪽 테이블에는 과학 간행물이 쌓여 있었고, 한쪽

벽에는 재학생들과 교수들의 모습을 담은 작은 사진들이 범죄자 사진 대장처럼 붙어 있었으며, 또 다른 벽에는 전임 루카스 석좌교수들의 공식 초상화가 걸려 있었다. 멀리 반대쪽 끝에는 거대한 창문들이 있었고, 그 너머로 복도 건너편의 텅 빈 벽이 보였지만, 햇빛은 거의 들어오지 않았다.

호킹의 연구실과 여러 연구실은 이 휴게실로 연결돼 있었다. 그의 연구실 문에는 "QUIET PLEASE, THE BOSS IS ASLEEP.(조용히 하세요, 보스 취침 중.)"이라고 적힌 플래카드가 자그맣게 붙어 있었다. 물론 그 말은 사실이 아닐 것이다. 호킹은 천장이 높고 쾌적한 이 연구실에서 수십 년 동안 연구해왔다. 컴퓨터와 아이들 사진과 식물이 약간 있고, 문에는 실물 크기의 메릴린 먼로 사진이 붙어 있었다. 그리고 1985년 이후로는 항상 간호사 한 명이 함께 있었다. 하나뿐인 아주 큰 창문 밖으로는 주차장이 내려다보였다.

일과는 대개 오전 11시부터 시작했다. 우선 비서와 함께 그날 일정을 점검했다. 1980년대 후반에는 일정 계획이 농담 비슷한 것으로 변하고 말았다. 일정을 제대로 따르는 경우가 드물었기 때문에, 호킹과 약속을 한 사람은 약속 시간에 호킹이 늦더라도 융통성을 보여야 했다.

그러고 나서 호킹은 손으로 거머쥔 스위치를 가볍게 누르면서 일을 시작했다. 의자에 몸을 지탱한 채 컴퓨터 화면을 무심하게 보면서 방문객이나 인터뷰어와 대화를 나누거나 동료에게 의견을 구하거나 학생들에게 조언을 하거나 전화로 대화를 나누거나 강연 내용을 쓰거나 편지에 답할 단어들을 찾아 선택했다. 가끔 휠체어 모터가 낮게 웅웅거리는 소리를 낼 때도 있었는데, 회의나 세미나를 위해 조이스틱으로 휠체어를 운전하면서 휴게실과 복도를 지나 같은 건물의 다른 방들로 갈 때 나는 소리였다. 항상 간호사가 그를 따라다녔다. 간간이 잘 조절된 컴퓨터 음성이 간호사에게 의자에서 자신의 위치를 바꿔달라거나 기도에 찬 체액을 뽑아달라고 요구했다.

1980년대 후반에 호킹을 돌보는 간호진은 그 수가 많았는데, 모두 유능하고 나이와 성별이 다양했다. 그들은 모두 호킹을 좋아하는 태도를 보였고, 하루에도 여러 차례 머리를 빗겨주고 안경을 깨끗이 닦고 입에서 흘러내리는 침을 닦아주는 등, 그들의 표현을 빌리면 "그를 정리정돈하여" 단정하게 보이도록 하는 임무를 헌신적으로 수행했다. 호킹은 다른 사람에게 완전히 의존하는 수밖에 달리 선택의 여지가 없었지만, 그렇다고 무력한 기색은 전혀 보이지 않았다. 오히려 반대로 그는 활기가 넘치고 단호했으며, 의심할 여지 없이 자신의 삶을 책임졌다. 그를 돌본 사람들은 그의 강한 성격 때문에 그를 위해 함께 일하는 것은 보람이 있으면서도 매우 힘들다고 말했다. 나는 훗날 제인이 책에서 묘사한 간호사들 사이의 불쾌한 경쟁에 대해서는 전혀 몰랐다.

1980년대 후반에 편지 업무가 호킹의 연구 조수 혼자서 처리하기가 불가능해지자, 개인 비서인 수 메이지Sue Masey와 간호사 한 명이 그 일을 도왔다. 그들은 세계 각지에서 날아오는 편지와 시, 비디오테이프에 신중한 답장을 쓰느라 열심히 노력했다. 그 중 많은 것은 감동적인 이야기를 담고 있어 개인적인 답장을 보낼 필요가 있었다. 갈수록 미리 인쇄된 정중한 엽서에 더 많이 의존해야 한다는 사실은 유감스러웠지만, 전체 편지 중 단 일부만이라도 호킹이 직접 매달린다면 깨어 있는 시간을 모두 써도 모자랄 게 뻔했다.

오후 1시, 비가 내리거나 맑거나 호킹은 휴대용 컴퓨터가 설치된 휠체어를 타고 케임브리지의 좁은 거리로 나선다. 간호사 한 명만 동행할 때도 있고 학생들이 동행할 때도 있는데, 이들은 휠체어와 보조를 맞추기 위해 종종걸음으로 걷는다. 킹스 퍼레이드의 고급 가게들과 킹스 칼리지 예배당, 평의원 회관을 지나 케임브리지 중심부를 관통하는 짧은 여행으로, 곤빌 앤드 키스 칼리지까지 가서 동료들과 함께 점심 식사를 한다. 거기서 간호사는 어깨 주위에 턱받이를 둘러주고, 음식을 스푼으로 떠서 먹여준다. 식사는 호킹이 대화를 하는 데 아무 방해가 되지 않는다. 손가락으로 장비를 계속 만지면서 사람들과 대화할 단어를 찾을 수 있다.

점심 식사가 끝나면 이제 응용수학 및 이론물리학과로 돌아가는 여행에 나선다. 그 무렵만 해도 호킹은 적어도 두 대륙에서는 아찔한 휠체어 운전으로 악명이 높았다. 학생들이 미리 킹스 퍼레이드와 실버 스트리트로 뛰어가 자동차와 트럭과 자전거의 통행을 정지시키면, 호킹은 마치 당연히 통행 우선권이 있다는 듯이 광폭 질주를 했다. 지인들은 호킹이 근육위축가쪽경화증보다는 트럭에 치여 죽을 가능성이 더 높지 않을까 염려했다.

오후 4시, 호킹이 옥색 문 뒤쪽에서 다시 나타난다. 응용수학 및 이론물리학과에서는 차 마시는 시간은 일종의 의식으로 자리잡았는데, 텅 빈 동굴 같던 방에 갑자기 왁자지껄한 목소리와 찻잔 달그락거리는 소리가 울려퍼진다. 휴게실에 모인 물리학자와 수학자는 대부분 마치 건설 현장에 일하러 온 것 같은 복장을 하고 있다. 어떤 사람은 호킹의 '상대성 그룹'이 일진이 나쁜 날에 모인 록 그룹처럼 보인다고 평했다. 이들 사이에 오가는 대화는 결코 가벼운 것이 아니다. 대화 주제는 웜홀, 유클리드 영역, 스칼라장, 블랙홀 등 아주 다양하다. 낮은 테이블 위에 방정식을 갈겨 쓰기도 한다. 호킹이 앉아 있는 곳 주변에서는 그의 천연덕스러운 위트가 분위기를 주도했지만, 그에게서 배운 학생들은 차 마시는 시간에 들은 몇 마디가 다른 교수의 강의를 한 시간 듣는 것보다 더 소중했다고 말한다.

호킹은 짧은 단어에 많은 것을 함축하는 예술을 터득했다. 메모한 것을 나중에 읽어보면, 그가 의미하는 것을 정확하게 말하기 위해 단어들을 얼마나 엄밀하게 선택했는지 깨닫게 된다.

4시 30분, 처음에 와자지껄한 소란이 갑자기 찾아온 것과 마찬가지로 휴게실은 갑자기 텅 비고, 기다란 형광등 하나만 제외하고 나머지 조명이 모두 꺼진다. 호킹은 자신의 연구실로 돌아가 일곱 시까지 일한다. 학생들이 호킹에게 도움을 받으려면 오후 늦은 시간이 좋다.

어떤 날 저녁에는 칼리지에서 식사를 하거나 1988년에 이스라엘에서 받은 물리학 부문 울프상 상금으로 산 밴을 타고 콘서트나 극장으로 간다. 티모시의 학교에서 콘서트가 열렸을 때에는 거기로 가 티모시가 오케스트라와 함께 첼로를 연주하는 모습을 지켜보았다. 티모시는 누나인 루시의 뒤를 이어 훌륭한 첼리스트였다. 어떤 날 밤에는 연구실에서 늦게까지 일했다.

내가 호킹을 만나 그에 관한 첫 번째 책을 쓸 계획에 대해 이야기를 나눈 것도 그렇게 늦게까지 일하던 1989년 12월의 어느 날 저녁이었다. 우리는 블랙홀에 대해 이야기를 나누었는데, 나는 내가 그것을 제대로 이해했는지 확인하기 위해 내가 쓴 한 단락을 읽어주었다. 다 읽고 나서 내 글이 지루해 보이는 것은 편집자가 과학책에서 재미있는 말이나 유머를 사용하는 것에 반대했기 때문이라고 불평하자, 호킹은 "책은 재미있어야 해요. 편집자에게 내가 그렇게 말했다고 하세요."라고 말했다. 나는 그 말이면 편집자를 충분히 설득할 수 있겠다는 자신이 들었다. 어쨌든 호킹의 책은 날개 돋친 듯 팔리면서 이미 수백만 부나 팔려나갔으니까. 나는 화면에 나타나는 단어들을 보고 있다가 "날 의자에서 좀더 높이 끌어올려 주실래요?"라는 메시지를 보고서 깜짝 놀랐다. 잠깐 혼란스러워하다가 내게 한 말이 아님을 알아채고는 옆에 앉아 있던 젊은 남자 간호사에게 눈짓을 했다. 그러자 그가 다가와 호킹을 좀더 편안한 자세로 앉혔다.

그날 저녁 방문이 끝나갈 무렵 우리는 향후 계획에 대해 합의했다. 호킹은 개인 비서에게 내게 어린 시절 사진과 가족 사진을 제공하고, 자신의 어린 시절과 신체 장애에 대해 써놓고 발표한 적이 없는 자료를 주라고 지시하기로 했다. 그리고 5월이나 6월에 그 책의 과학적 내용을 다룬 원고가 완성되면, 호킹이 나와 함께 그것을 검토하기로 했다.

벼랑이 무너지기 시작하다

호킹이 받게 된 것과 같은 많은 관심과 칭송의 중심에 서서 살아가는 삶은 불가피하게 부자연스러운 성격을 띠게 마련이다. 아무리 분별력이 뛰어나고 성숙하거나 스스로에 대해 아무리 훌륭한 유머 감각을 가진 사람이라 하더라도, 균형 잡힌 시각으로 세상을 냉정하게 바라보기란 쉽지 않다. 25년 동안 호킹은 사람들에게 자신이 불완전한 인간이 아님을 보여주려고 애썼다. 그런데 그는 과도하게 큰 성공을 거두었고, 사람들은 오히려 그를 초인으로 간주하게 되었다. 호킹이 의도적으로 그런 생각을 부추긴 적은 전혀 없었다. 그는 자신이 단순한 인간 이하로도 이상으로도 간주되는 걸 원치 않는다고 말했다. 하지만 비판자들은 호킹이 자신의 초영웅 이미지를 불식시키기 위해 사실상 아무런 노력도 하지 않았다고 지적했다. 솔직하게 말한다면, 누군들 그러려고 하겠는가? 그 덕분에 즐거울 뿐만 아니라 책도 많이 팔리는데! 게다가 그런 이미지를 불식시키려고 노력한들 무슨 소용이 있겠는가? "사람들이 그것을 용기라고 부르는 게 난 부끄럽습니다. 나는 주어진 상황에서 내가 할 수 있는 유일한 일을 한 것뿐입니다."[1]와 같은 말을 하자, 어떤 사람들은 그것을 거짓 겸손으로 여겼고, 어떤 사람들은 영웅의 자질을 보여주는 또 하나의 사례로 여겼다.

호킹은 장애자들의 역할 모델이 되어야 한다는 책임을 이전보다 더 강하게 공개적으로 떠맡기 시작했다. 1990년 6월, 호킹은 서던캘리포니아 대학에서 열린 작업과학 회의에 참석해 연설할 때 거의 투사처럼 이야기했다.

"장애 아동이 또래 아이들과 함께 어울려 살도록 돕는 게 무엇보다도 중요합니다. 그것은 그 아이의 자기상을 결정합니다. 어린 시절부터 다른 사람들과 분리되어 살아간다면, 어떻게 자신이 인류의 일원이라는 느낌이 들겠습니까? 그것은 일종의 인종 차별입니다."

그리고 어린 시절을 정상적으로 신체적 활동과 게임을 하면서 보통 아이들과 함께 보낸 뒤에 질병이 비교적 뒤늦게 찾아온 자신을 행운아로 생각한다고 말했다. 또 자신에게 큰 도움을 준 기술 발전을 칭송했다. 하지만 거기서 더 나아가 이렇게 말했다.

"휠체어나 컴퓨터 같은 보조 기구는 신체적 결함을 극복하는 데 중요한 역할을 할 수 있지만, 올바른 정신적 태도가 훨씬 중요합니다. 장애자에 대한 대중의 태도에 대해 불평을 하는 것은 아무 소용이 없습니다. 흑인과 여성이 대중의 지각을 바꾸어놓은 것과 같은 방식으로 사람들의 지각을 바꾸는 것은 장애자들에게 달려 있습니다."[2]

심지어 호킹의 비판자들조차 사람들의 그러한 지각을 바꾸는 데 역사상 그 어느 누구보다도 호킹이 큰 역할을 했다는 사실을 부정하지 못했다.

호킹이 강연을 하고 영예와 상을 받고 기자 회견을 열고 대중의 찬사를 즐기느라 전 세계를 돌아다니고, 그와 함께 일레인 메이슨이 동행하는 일이 더 잦아지는 동안 케임브리지의 친구들은 그들의 초일류 명사를 너그럽고 기쁜 마음으로 지켜보았지만 한편으로는 불안감도 점점 커져갔다. 그들은 그가 누리는 즐거움을 시샘한 게 아니라, 호킹에 대해 진심으로 걱정했다. 호킹은 '우주의 대가'라는 이미지를 믿기 시작한 것은 아닐까? 명성에 취해 과학 연구를 뒷전으로 하지 않을까? 그러한 명성이 천성적으로 고집 센 성격과 결합해 그를 완고한 프리마돈나로 만드는 것은 아닐까? 높아진 자기상 때문에 가족과 멀어지진 않을까? 그토록 많은 역경을 이겨낸 결혼 생활을 과연 지속할 수 있을까? 대중은 자신들의 영웅을 소유하길 좋아한다. 호킹은 과연 다시 평범한 호킹이 될 수 있을까? 그것은 아무래도 불가능해 보였다.

제인과 조녀선 헬리어 존스의 관계는 여전히 극소수의 사려 깊은 사람들만 알고 있었고, 더 넓은 세계나 언론에는 알려지지 않았다. 케임브리지처럼 작은 대학 공동체 도시에서 그럴 수 있다는 건 기적과 같은 일이었다. 하지만 1989년에 가진 인터뷰에서 제인은 불길한 암시를 담은 이야기를 했다.

"나는 큰 낙관론을 품고 시작했어요. 그때 호킹도 그 낙관론에 전염되었지요. 지금은 그의 결연한 의지가 오히려 나보다 커요. 내가 감당할 수 없을 정도로요. 그는 눈에 띄는 것은 무엇이든지 함으로써 자신의 상태에 대해 과잉 보상을 받는 경향이 있다고 생각해요."[3]

'눈에 띄는 것'은 과도하게 팽창해갔다. 제인은 호킹이 집에서 살 수 있고 상당히 정상적인 생활을 할 수 있다는 것만 해도 대단한 승리라고 생각했다. 하지만 호킹은 그보다 더 많은 것을 원했다. 그에게는 이전에 꿈꾸었던 것보다도 혹은 기대할 수 있었던 것보다도 더 많은 문과 더 많은 가능성이 열려 있었다. 그러다 보니 그가 감당할 수 있는 것보다 더 많은 시간이 필요했다.

이 모든 활동과 찬사와 상은 호킹을 가족과 멀어지게 했다. 갈수록 가족들은 호킹과 분리된 각자의 삶을 살아갔다. 로버트와 루시는 아버지의 그림자에서 벗어나 독립적인 삶을 살려고 적극적으로 노력했다. 제인은 호킹이 여행을 가거나 공식 행사에 나설 때 동행하는 일이 드물었다. 대신에 가르치는 일이나 정원, 책, 음악에서 탈출구를 찾았다. 성악 레슨이 결실을 맺어 케임브리지의 일류 합창단의 중요한 일원이 되었고, 소프라노 솔로를 자주 맡았다. 조너선 외에도 종교적 믿음이 같은 친구들이 있었다. 호킹의 삶에서 차지하던 역할도 변했다. 이제 더 이상 병든 남편을 격려하는 역할은 제인의 몫이 아니었다. 그것은 "단순히 그가 신이 아니라고 말하는 것"으로 변했다.[4]

25년 동안 호킹과 제인은 거의 모든 사람에게 함께 어려움을 잘 극복한 부부로 보였다. 호킹은 누차 두 사람의 관계가 자신의 삶과 성공을 지탱한 대들보였다고 말했다. 1989년에 방영된 텔레비전 특집 프로그램 〈우주의 대가: 스티븐 호킹〉은 두 사람이 자고 있는 아들 티모시를 바라보면서 호킹이 "더 이상 바랄 게 없다."라고 말하는 장면으로 끝났다. 호킹 가족의 대중적 이미지는 벼랑 끝의 삶이 많은 문제에도 불구하고 아름다운 삶이었다는 사실을 거듭 확인시켜주었다.

몇 년 전부터 점점 기반이 약해지던 그 벼랑이 1990년 봄에 아무도 예기치 못한 방식으로 무너져내렸다. 지난 겨울에 호킹과 대화를 나눌 때만 해도 실버 스트리트에서 가볍게 콧노래를 흥얼거릴 수 있는 분위기였지만, 1990년 초여름에 완성된 과학적 내용을 다룬 원고를 가지고 다시 방문했을 때에는 분위기가 정상이 아니고 불행하게 변해 있었다. 나는 일주일 동안 호킹에게 내가 쓴 원고를 검토하게 하면서 함께 대화를 나누었는데, 무슨 이유에서인지 응용수학 및 이론물리학과의 분위기에, 특히 호킹과 가까운 직원들과 교수진의 분위기와 호킹 자신의 분위기에, 마치 칼 위에서 있는 것처럼 팽팽한 긴장이 흐른다는 사실을 느꼈다.

결국 제인을 잘 아는 내 친구가 수수께끼의 답을 알려주었다. 호킹이 제인에게 일레인 메이슨과 함께 살겠다고 통보했다는 것이었다. 파파라치에 가까운 언론의 관심에도 불구하고, 그동안 호킹 부부는 자신들의 비밀을 잘 지켜왔기 때문에 그를 인터뷰하고 그에 관한 책을 쓰던 나로서는 그 소식을 도저히 믿기 힘들었다. 모두가 아름답고 영웅적인 것으로 생각했던 결혼 생활이 비극적인 종말을 맞이하는 것처럼 보였다. 호킹 부부와 아주 가까웠던 사람들에게는 파경 소식이 그다지 놀라운 것이 아니었다. 호킹이 아주 신뢰하던 직원 두 사람은 결혼 생활이 깨어지고 호킹이 일레인과 새로 관계를 맺는 혼란한 상황에 대처할 엄두가 나지 않아 일을 그만두었다. 개인 비서 수 메이지는 그런 상황에서도 모든 일을 평온하게 굴러가게 하려고 애썼다.

호킹 부부는 결혼 25주년을 얼마 남겨두지 않은 시점에서 별거에 들어갔다. 그해 가을에 호킹이 아내를 떠났지만 화해 가능성이 없는 건 아니라고 언론에 짧게 언급한 것 외에 두 사람은 공식적으로 아무 말도 하지 않았다. 작은 소문도 들불처럼 퍼져나가는 작은 도시에서 그 소식이 아주 느리게 퍼져나갔다는 사실은 호킹의 친구들과 동료들이 그를 얼마나 사랑하고 존경했는지 말해준다. 그리고 소문이 퍼져나갔을 때, 케임브리지와 전 세계의 지인들은 그 소식을 비극으로 받아들였다. 결혼 생활이 깨지는 일은 상식처럼 흔했지만, 호킹과 그 부부의 결혼은 상식에서 아주 벗어나는 것처럼 보였다. 처음에는 그토록 용기 있게 자신을 돌봐온 아내를 버린 호킹을 비난하는 의견이 강했다. 제인이 1990년대 후반에 회고록을 출판하기 전까지는 그것보다 더 균형 잡힌 이야기는 나오지 않았다. 그리고 마침내 두 사람의 결혼 생활이 아주 오랫동안 위기를 겪어왔다는 사실이 널리 알려졌다.

호킹은 웨스트 로드의 집에서 나와 일레인과 함께 파인허스트에 집을 구했다. 그랜지 로드에서 멀지 않은 곳에 집들과 아파트들이 따로 모여 있는 매력적이고 고급스러운 동네였다. 1990년대 초반에 일레인은 아이들을 학교에 데려다준 뒤에 가끔 스케이트보드를 타고 그 집으로 돌아갔다.

호킹은 늘 자신의 삶을 지탱해주는 기둥들이라고 말한 것 중 하나인 가족을 버렸다. 또 다른 기둥인 과학 연구 역시 무너질 위험에 처한 것은 아니었을까?

다시 돌아본 루카스 석좌교수 취임 강연

호킹의 삶에 일어난 개인적 혼란이 그의 과학 연구에 지장을 초래할까 염려한 사람들도 있었지만, 그는 과학에 대한 헌신과 열정을 변함없이 표현했다. 호킹은 "과학과 함께 하고 싶어 몸이 근질거린다."라고 말했다. 언론에서 예언해온 것처럼 아직도 그는 모든 것의 이론에서 모든 것을 제대로 꿰어맞출 물리학자가 될 수 있을까?

호킹의 연구는 그런 노력에서 새로운 주류로 떠오르던 초끈 이론 쪽은 아니었다. 하지만 물리학에서 주류는 하룻밤 사이에 변하기도 하며, 좀 떨어진 곳에서 지켜보던 사람이 여러 갈래의 흐름 사이에서 연결 관계를 발견하여 하나의 완전한 이론으로 묶을 수도 있다. 이론물리학계의 기준으로 볼 때 호킹은 이미 한물갔다는 속삭임도 있었다. 물리학에서 위대한 발견은 대개 젊은 시절에 일어난다. 위대한 발견을 하려면 참신한 생각이 필요한데, 정열적이고 과감한 접근 방법이 약간의 순진성과 결합할 때 그런 일이 일어난다. 하지만 호킹은 아직도 그런 속성을 지니고 있었다.

따라서 그런 기준으로 호킹을 배제한다면 큰 실수가 될 것이다.

그는 충분히 오래 살 수 있을까? 병은 여전히 진행되고 있었지만, 진행 속도는 아주 느렸다. 호킹은 연구를 끝마치기 전에 죽지나 않을까 염려할까? 1990년에 그는 이 질문에 대해 자신은 그렇게 멀리까지 생각하지 않는다고 대답했다. 언제 죽을지 모르는 상황에서 아주 오랫동안 살아왔기 때문에 그는 죽음을 두려워하지 않는다. 그리고 연구도 공동 노력으로 진행하는 것이어서 자신이 없더라도 그것을 계속해나갈 물리학자가 많다. 모든 것의 이론을 발견하는 데 자신의 존재가 꼭 필요하다고 주장한 적은 한 번도 없다. "하지만 서둘러 죽을 생각은 없어요. 그 전에 하고 싶은 일이 많거든요."라고 덧붙였다.[5]

루카스 석좌교수 취임 강연을 한 지 10년이 지난 1990년 6월, 나는 호킹에게 만약 다시 쓸 수 있다면 강연 내용을 어떻게 바꾸겠느냐고 물었다. 이론물리학의 끝이 보이는가? 그는 그렇다고 말했다. 하지만 20세기 말까지는 그런 일이 일어나지 않을 것이라고 했다. 힘들과 입자들을 통합하는 후보로 가장 유망한 이론은 더 이상 전에 언급한 N=8 초중력 이론이 아니다. 유망한 후보는 우주의 기본 물질을 진동하는 아주 작은 끈이며, 우리가 입자로 생각하는 것들이 실제로는 기본적인 끈의 고리가 각각 다른 방식으로 진동하는 것이라고 설명하는 초끈 이론이라고 했다. 초끈 이론을 완성하려면 시간이 좀더 필요할 것이다. 20~25년은 걸릴 것이라고 했다.

무경계 가설이 우주의 경계 조건이 무엇이냐는 질문에 답을 내놓을 것이라고 믿느냐고 묻자, 그는 그렇다고 대답했다.

그리고 웜홀 이론은 모든 것의 이론에 중요한 의미가 있다고 생각한다고 했다. 웜홀 때문에 초끈 이론이나 다른 이론이 입자의 전하나 질량 같은 우주의 기본 상수들을 예측하지 못할 수 있다고 했다.

만약 누군가 모든 것의 이론을 발견한다면, 어떤 일이 일어날까? 그 후에 물리학을 하는 것은 에베레스트 산을 정복한 뒤에 등산을 하는 것과 비슷할 것이라고 한다. 하지만 호킹은 『시간의 역사』에서 인류 전체에게 그것은 겨우 시작에 불과할 것이라고 말했다. 왜냐하면, 모든 것의 이론은 우주가 어떻게 작용하고 왜 그런 식으로 굴러가는지 말해줄 수는 있어도, 왜 존재하는지는 말해주지 않을 것이기 때문이다. 모든 것의 이론은 단지 일련의 법칙들과 방정식들에 지나지 않을 것이다. 호킹은 이런 질문을 던졌다. "그 방정식들에 생명의 불을 불어넣고, 그것들로 기술할 수 있는 우주를 만든 것은 무엇일까?" "도대체 우주는 왜 존재하는 것일까?"[6] 이것들은 수학적 모형을 사용하는 통상적인 과학적 접근 방법으로는 대답할 수 없는 질문들이라고 했다.

그래도 호킹은 그 답을 알고 싶어했다. "만약 내가 그걸 안다면, 중요한 것은 모두 아는 셈이며," "그러면 우리는 신의 마음을 알 수 있을 것이다."[8] 『시간의 역사』 마지막 부분에서 호킹은 이렇게 말했지만, 한 텔레비전 인터뷰에서는 "우주가 왜 존재하는지 그 이유를 발견할 수 있을지에 대해서는 그다지 낙관하지 않습니다."라고 말했다.[9] 호킹은 우리가 신의 마음을 알려면 반드시 모든 것의 이론을 발견할 필요가 있는지, 아니면 제인이 말한 것처럼 과학의 법칙 외에도 신을 알 수 있는 방법이 있는가 하는 질문은 전혀 생각도 하지 않았다.

영화 주인공이 되다

1990년, 호킹은 하버드 대학에서 명예 박사 학위를 받았다. 수여식과 환영회에 참석한 사람들은 호킹의 동료로 함께 명예 박사 학위를 받은 엘라 피츠제럴드Ella Fitzgerald가 환영회에서 특별히 호킹을 위해 노래를 부른 것을 기억한다.

호킹의 연구실 문 밖에 학계 인사가 아닌 새로운 얼굴들이 모여 문에 걸린 플래카드를 들여다보면서 마치 지도를 받으러 온 대학원생들인 양 거기서 기다렸다. 케임브리지나 뉴욕의 현지 사진사가 아니라, 교황과 페데리코 펠리니Federico Fellini의 사진을 찍은 프랜시스 자코베티Francis Giacobetti가 촬영 장비와 조수들과 함께 휴게실 한쪽에 모여 있었다. 자코베티는 자기 초상화의 주인공은 손과 홍채와 반쪽 옆모습을 통해 가장 잘 묘사할 수 있다고 믿고서 그런 식으로 사진을 찍었다. 이렇게 찍은 사진들로 파리에서 먼저 전시회를 열고 나서 전 세계를 순회하면서 실외 전시회를 열 계획이었다. 그가 사진을 찍은 인물 중에는 프랜시스 크릭Francis Crick과 소설가 가르시아 마르케스García Márquez, 건축가 페이I. M. Pei도 포함돼 있었다.

특별한 인터뷰를 하러 온 사람들도 있었다. 그것은 텔레비전 진행자가 휴게실에 새로운 차원의 열광적인 활기를 불어넣는 대신 물리학에 관한 논의를 구석으로 밀어내면서 진행하는 인터뷰에 불과한 것이 아니었다. 스티븐 스필버그Steven Spielberg는 『시간의 역사』를 다큐멘터리 영화로 제작하기로 동의했으며, 젊은 에럴 모리스Errol Morris가 감독을 맡기로 했다.

비범하고 지적이고 절충주의자인 모리스를 선택한 것은 탁월한 혜안이었다. 조숙한 그는 10세 때 이미 태양계에 대해 강연을 한 적이 있었고, 십대 때에는 퐁텐블로에서 나디아 불랑제르Nadia Boulanger와 함께 첼로를 연주하고 음악을 공부했다. 대학생 시절에는 요세미티 등반 신기록을 세웠고, 대학원생 시절에는 썩 내키진 않았지만 프린스턴에서 과학사를 공부하고(휠러와 함께), 버클리에서 철학을 공부했다. 이 중 어느 것도 필생의 업이란 생각이 들지 않았지만, 그 와중에 스티븐 호킹처럼 통상적인 틀에 들어맞지 않는 사람들을 잘 이해할 수 있는 경험을 얻었다.[10]

버클리 교수진은 정신병으로 인한 무죄 주장, 괴물 영화, 위스콘신 주 교도소에 수감된 살인자들을 다루겠다는 모리스의 학위 논문 주제를 거부했지만, '실제 범죄'에 대한 관심은 그가 다큐멘터리 영화 제작을 시작한 이후까지 계속 이어졌다. 모리스는 댈러스의 경찰관을 살해한 죄로 처형을 기다리고 있던 랜덜 애덤스Randal Adams를 만났다. 모리스는 평결이 의심스럽다고 생각해 직접 그 사건을 개인적으로 조사해보기로 했다. 영화 제작 일이 지지부진할 때 뉴욕에서 사설 탐정으로 몇 년 동안 일한 적이 있었기 때문에 자격이 전혀 없는 것은 아니었다.[11] 그는 애덤스 사건을 조사하는 과정을 다큐멘터리 영화로 기록하면서 사건을 해결해 마침내 애덤스의 석방을 이끌어냈다. 〈가늘고 푸른 선The Thin Blue Line〉은 1988년에 개봉되어 비평가들에게 큰 찬사를 받았으며, 모리스는 유명한 다큐멘터리 영화 제작자의 반열에 올랐다. 모리스가 자신을 '감독 겸 탐정'이라고 부른 것은 충분히 그럴 만한 이유가 있다.[12]

스필버그가 〈시간의 역사〉 영화 제작을 위해 스티븐 호킹과 연결시켜 준 사람이 바로 이 흥미롭고 복잡하고 총명한 젊은이였다. 모리스가 감독으로서 해결하려고 한 문제 중 하나는 "어떻게 하면 그 미스터리를 해치지 않으면서 그 상황의 진실을 뽑아내느냐"하는 것이었는데, 호킹 프로젝트에 임할 때에도 바로 그 문제를 우선순위에 두었다.

스필버그가 모리스를 선택한 이유 중 하나는 영화 제작 첫 단계부터 돌출돼 프로젝트를 망칠 위험이 있던 문제를 해결하기 위해서였다. 호킹은 스필버그와 그의 동료들이 동원 가능한 최첨단 SF 영화 제작 기술과 특수 효과를 모두 사용해 〈시간의 역사〉를 아주 극적으로 화면에 비춰주는 영화를 구상했다. 그 프로젝트의 적임자로는 그들보다 더 좋은 선택이 없을 것 같았다. 영화에서 자신의 개인적 삶을 비춰줄 의향은 전혀 없었다. 하지만 영화 제작자들은 호킹이 생각하는 영화가 그들과 호킹이 바라는 대중의 흥미를 결코 끌 수 없을 것이라고 주장했다. 영화는 호킹의 생애를 다룬 것이어야 한다고 했다. 호킹은 그 문제를 놓고 스필버그와 담판을 벌였다. 고집을 꺾을 줄 모르는 두 사람이 만났지만, 결국은 스필버그가 모리스를 프로젝트에 끌어들이고 모리스가 호킹에게, 호킹의 표현에 따르면, "사람들이 보길 원하면서도 책의 목적을 놓치지 않는 영화를 만들" 수 있다고 설득함으로써 이겼다.[14] 모리스는 심각한 신체적 제약을 극복한 호킹의 용기 있는 삶과 그의 과감한 과학적 연구가 '서로 분리할 수 없는 주제'라고 보았다.[15] 그는 영화에서 호킹이 직접 음성 합성 장치에서 나오는 목소리로 해설을 하도록 선택했고, 컴퓨터 화면에 비친 그의 모습을 반복적으로 촬영했다.

이전 작품에서 모리스가 큰 성공을 거둘 수 있었던 비결은 인터뷰어로서의 천재성과 말하는 사람의 얼굴을 적절하게 사용하는 것이었는데, 호킹은 모리스에게 자신의 가족과 친구와 과학 동료와 인터뷰를 허락하는 아주 예외적인 양보를 보였다. 하지만 호킹의 허락이 제인의 허락까지 담보하는 것은 아니었다. 제인과 세 자녀는 사진 외에는 영화에 전혀 등장하지 않는다. 일레인도 인터뷰를 거절했지만, 제작 책임자인 고든 프리드먼Gordon Freedman은 일레인이 "방음 스튜디오에서 옆으로 재주넘기"를 하는 "놀랍도록 활기찬 간호사"라는 사실을 발견했다.[16] 호킹은 영화에서 자신의 개인적 삶에 대한 질문에 대답을 하거나 이야기를 할 수 없었다. 하지만 어머니인 이소벨이 출연하기로 동의했고, 영화 개봉 때 호킹은 모리스에게 어머니를 영화의 스타로 만들어주어 고맙다고 인사했다.

영화와 함께 출간한 『시간의 역사: 독자를 위한 안내서』 후기에서 고든 프리드먼은 3년간의 영화 제작 기간에 처음에는 런던의 스튜디오에서, 나중에는 케임브리지에서 촬영을 하다가 돌연 모리스가 그동안 촬영한 부분에 실망하여 처음부터 다시 촬영에 들어가는 우여곡절을 겪으며 호킹과 모리스 사이에 발전한 "아주 끈끈한 실무 협력 관계"를 묘사했다. "편집 작업이 막바지에 들어갔을 때, 호킹과 모리스는 편집실에서 그 영화의 유일한 비전을 향해 함께 협력하면서 몇 시간이고 계속 작업했다."[17]

다큐멘터리 영화 〈시간의 역사〉는 1992년 8월에 뉴욕과 로스앤젤레스에서 개봉되었다. 이 영화는 1992년에 선댄스 영화제에서 다큐멘터리 영화 제작 부문에서 심사위원 대상과 다큐멘터리 영화 제작자 상을 받았으며, 또 전미 비평가 협회에서 영화 제작자 상을 받았다. 필립 구레비치 Philip Gourevitch는 〈뉴욕 타임스 매거진 New York Time's Magazine〉에 예리한 비평을 실었다. "모리스가 호킹과 그 주변 인물들을 기록한 영화는 호킹이 평범한 사람이지만 단지 망가진 육체에 갇힌 천재의 마음을 우연히 갖게 되었을 뿐이라는 예상 밖의 인상을 만들어낸다."[18] 데이비드 안센 David Ansen은 〈뉴스위크〉에서 그 영화를 "우아하고 영감을 불러일으키는 신비한 영화이다. 모리스는 추상적 개념을 마음을 사로잡는 이미지로 바꾸고, 저글러의 달인 같은 섬세하고 장난스러운 기교를 발휘해 그것을 공중에 던지면서 빙빙 돌게 만든다."라고 격찬했다.[19] 리처드 시켈 Richard Schickel은 〈타임〉에서 그 "놀라운 해설자"에 대해 이야기한 뒤에 계속해서 "이 최면적인 영화에 넘쳐나는 은유의 풍부함을 그토록 단순한 방법으로 이룰 수 있다는 것 자체가 탁월함을 보여주는 증거이다."라고 평했다.[20]

모리스 자신은 무엇보다도 최종 결과에 만족했다. 그는 호킹을 "역경을 극복한 승리의 상징이자 냉혹한 우주 앞에 선 미미한 인간의 상징"이라고 불렸으며, 영화가 수백만 사람들에게 그런 이미지를 잘 전달했다고 만족했다. 모리스는 다루는 주제가 난해하고 비의적인 것처럼 보이고, 영화에 나오는 "모든 사람이 나보다 더 똑똑하지만," 이전에 제작한 작품들과 비교하면 이 영화는 "덜 지적이고 더 감동적"이라고 평했다.[21]

부인할 수 없는 아름다움과 비평가들의 호평에도 불구하고, 이 영화는 일반 관객에게는 다가가지 못했다. 사실, 이 영화는 그런 걸 목적으로 하는 방식으로 극장에 판매되거나 배포된 적이 없다. 만약 논쟁에서 이긴 쪽이 스필버그가 아니라 호킹이었더라면, 결과가 어땠을지는 알 수 없다.

호킹의 개인적 삶에 대해서는 세상 사람들이 등을 돌렸을지 모른다. 일레인은 호킹의 삶에서 아주 중요한 사람이 되었고, 호킹은 영화 스타가 되었지만, 그럼에도 불구하고 2년 뒤에 내가 실버 스트리트의 연구실과 휴게실을 다시 찾았을 때, 마치 그곳에서는 시간이 정지한 것처럼 보였다. 1990년에 내가 그곳에 대해 묘사한 부분을 그대로 다시 써도 아무 문제가 없을 정도였다. 조그맣게 나는 클릭 소리, 컴퓨터 화면에서 상하좌우로 움직이는 단어들…… 그 단어들을 공손하게 발음하는 합성 음성, 들락날락하는 학생과 간호사와 동료. 오후 4시가 되자 휴게실 카운터 위에 컵들이 장난감 군대처럼 정확하게 정렬했다. 벽에 걸린 초상화에서 전직 루카스 수학 석좌교수들은 차를 마시면서 괴상한 수학 언어로 대화를 나누는 '일진이 나쁜 날에 모인 록 그룹'을 굽어보았다. 한가운데에 앉아 있는 사람은 가이 포크스의 밤에 모닥불을 향해 나아가는 사내처럼 보통의 기준으로 보면 불쌍해 보였다. 그는 턱받이를 하고 있었고, 간호사가 그의 이마를 잡고 머리를 앞으로 숙여 턱 밑에 갖다댄 컵에서 차를 마시도록 도와주었다. 머리카락은 헝클어졌고, 입은 느슨하게 벌려져 있고, 코 위에서 약간 흘러내린 안경 위로 보이는 눈은 피곤해 보였다. 하지만 한 학생이 무례한 농담을 던지자 그의 얼굴에는 환한 웃음이 번지고, 그것은 우주를 환하게 밝혔다.

내가 1990년에 쓴 책은 다음 구절로 끝났다. "믿기 힘든 이 역설적인 이야기에서 장차 어떤 일이 일어나건, 그의 연구실 문 옆 휴게실 벽에 아직 비어 있는 공간에 걸려 있을 호킹의 초상화에서 화가는 바로 저 웃음을 인상적으로 표현할 것이다. 한편, 문에 걸린 플래카드는 거짓말이다. 보스는 잠자고 있지 않다."

이것은 20년도 더 전의 일로, 호킹이 48세일 때였다.

14

"나는 맡은 배역들을 처리하는 중간에 짬을 내 물리학 문제를 푸는 걸 즐긴다."

안드레이 린데는 1980년대 후반과 1990년대 초반에 알렉산드르 빌렌킨Alexandr Vilenkin(미국식 이름은 알렉산더 빌렌킨)과 함께 연구하다가 인플레이션 우주가 놀라운 잠재력을 지녔다는 사실을 발견했다. 혼돈 인플레이션 이론에서는 우주가 '자기 복제'를 할 수 있었다. 그 결과는 우주들이 서로에게서 돋아나면서 거대한 프랙탈 배열을 이루는 것이었다. 호킹의 '아기 우주' 개념도 다양한 우주들을 제안했다. 우리가 살고 있는 거대한 우주는 가능한 '다중 우주'에 비하면 아주 하찮은 것으로 보였다.

'영원한' 인플레이션

초기 우주에서 주변 지역들은 그렇지 않은데 거기서만 급속한 인플레이션이 일어나는 지역을 상상해보자. 린데와 빌렌킨은 인플레이션이 일어나는 그 지역 안에는 다시 나머지 소지역은 그렇지 않지만 모지역보다 더 빨리 팽창하는 소지역이 있을 거라고 생각했다. 그걸로 이야기가 끝나는 것이 아니다. 소지역 안에는 다시 소소지역이 있을 것이고, 그 안에는 다시……. 다시 말해서, 인플레이션이 일어나는 각각의 작은 지역 안에는 다시 인플레이션이 일어나는 더 작은 지역이 있고, 그것은 다시 더 작은 지역들로 이루어져, 영원한 인플레이션 우주 구조를 이루고 있다는 것이다.

'영원한 인플레이션'에서는 우주의 자기 복제 과정이 끝없이 계속된다. 린데는 그것을 이렇게 묘사했다. "우주는 점점 성장하는 거대한 프랙탈이다. 그것은 팽창하는 수많은 공으로 이루어져 있고, 그 공들은 각각 새로운 공들을 만들어내고, 다시 그 공들이 더 많은 공을 만들어내는 과정이 무한히 이어진다."[1] 우리가 알고 관측할 수 있는 우주는 이 지역들 중 혹은 소지역들 중 혹은 소소지역들 중 하나에 불과하다. 만화가들은 린데를 카니발의 풍선 장수로 묘사했다.

우리 우주와 같은 '평행 우주'가 있을까? 우리 우주와 비슷한 우주가 존재할 가능성을 배제할 수는 없지만, 반드시 존재해야 할 이유는 없다. '우리 우주' 너머의 것을 포함한 전체 그림은 불규칙적이고 아주 복잡할 수 있지만, 우리 우주의 상황은 매끈하고 비교적 단순하다. 다른 지역이나 소지역의 인플레이션도 매끈하고 거대한 우주들을 만들어냈을 수 있다. 사실, 전체는 무한히 많은 거대한 지역들로 나누어져 있을지 모른다. 하지만 다른 거대한 지역들에서 에너지 수준이 오늘날의 우리 우주와 비슷한 수준으로 떨어졌을 때, 각각의 우주에 적용되는 물리학 법칙들은 서로 다를 것이다. 영원한 인플레이션은 무한히 다양한 우주들을 만들어낸다. 존 배로의 표현을 빌리면, "우리는…… 엄청난 다양성과 역사적 복잡성을 지녔고, 그 대부분은 우리가 절대로 접근할 수 없는…… 정교한 우주 퀼트 중 하나의 단순한 시간과 공간 조각에 살고 있는 자신을 발견할…… 가능성에 직면하게 된다."[2] 그리고 우리가 살고 있는 조각이 현재 이 모습을 하고 있는 것은 그것이 가장 가능성이 높은 우주여서가 아니다. 전혀 그렇지 않다.

배로는 '역사적 복잡성'이란 단어를 심사숙고하여 사용했다. 왜냐하면, 전체 그림이 영원한 인플레이션이 묘사하는 것과 같다면, 우리 우주가 영원한 과정의 시작 지점이나 그 부근에 위치한다고 생각할 이유가 전혀 없기 때문이다. 우리 우주는 어느 소지역 중의 소지역 중의 소지역으로 시작했을지도 모른다. 우리 우주가 전체 피라미드에서 얼마나 아래에 존재하는지 누가 알겠는가? 이 모형에서는 우리 우주는 시작이 있지만, 거대한 프랙탈 배열인 큰 그림은 시작이나 끝이 반드시 있어야 할 필요가 없다. 이 그림이 과거로 무한히 뻗어 있다는 데 모두가 동의하는 것은 아니다. 알렉산드르 빌렌킨과 아빈드 보드^{Arvind Borde}와 함께 연구하는 인플레이션 이론의 창시자 앨런 구스는 '영원한' 인플레이션이라는 거대한 시나리오는 과거의 경계, 즉 시작이 있어야 한다고 생각한다.

만약 이 모든 일이 일어난다면, 우리는 그것을 알아챌 수 있지 않을까? 그렇지 않다. 인플레이션은 아주 빠르게 일어나기 때문에 지역과 소지역과 소소지역 등은 즉각 서로 독립하게 된다. 빛보다 더 빠른 속도로 서로 멀어져 가면서 각각 별개의 독립적인 우주가 된다.

린데의 표현을 빌리면, "이 시나리오에 따르면, 우리는 우리가 아는 종류의 물리학 법칙이 성립하는 4차원 영역 내부에서 자신을 발견하게 되는데, 차원과 성질이 다른 영역들이 불가능하거나 존재 확률이 낮기 때문에 그런 게 아니라, 단지 다른 영역들에서는 우리와 같은 종류의 생명이 존재할 수 없기 때문이다."[3] 무한히 다양한 우주들 가운데 최소한 하나에 우리와 같은 종류의 생명이 존재할 가능성이 높다(혹은 불가피하다). 인류 원리는 아주 잘 살아남아 있으며, 한때 실패작처럼 보였지만 절대로 실패작이 아니다.

만약 영원한 인플레이션이 우리 눈앞에서나 다른 곳에서 일어나는 것을 볼 수 없다면, 그것을 뒷받침하는 관측적 증거—혹은 '잠재적 가능성이 있는 증거'라도—가 '하나'라도 있는가? 영원한 인플레이션이 처음 등장했을 때에는 비록 그렇게 보이긴 했지만, 호킹은 이것이 아주 터무니없는 질문은 아님을 보여주려고 했다.

세계적인 유명 인사

20세기의 마지막 10년이 지나가는 동안 호킹은 목소리를 잃는 대가를 치른 수술을 하고 나서부터 국제 여행을 밥 먹듯이 했다. 항공 여행과 정신 없이 바쁜 일정은 지칠 줄 모르고 용감한 간호사들이 옆에 있기 때문에 가능했다. 국제 여행은 비단 강연을 하거나 회의에 참석하거나 고위 인사들과 관광지를 돌아다니는 것에만 그치지 않았다.

특히 1990년대에 일곱 차례나 방문한 일본 여행은 특이한 모험을 낳는 것처럼 보였다. 이러한 동양 여행에 대부분 동행한 간호사 조앤 고드윈 Joan Godwin은 호킹이 한번은 일본 북쪽 지역을 보고 싶다는 뜻을 강하게 피력했다고 회상했다. 초청한 측은 그곳은 지진이 일어날 위험이 큰 지역이라고 경고하면서 더 안전한 장소를 추천했는데, 바로 센다이였다. 물론 센다이는 2011년에 파괴적인 지진과 쓰나미가 발생하고 그로 인해 원자로에 치명적인 문제가 생긴 지역이지만, 조앤은 자신들이 그곳을 방문했을 때 즐거운 시간을 가졌다고 회상한다. 지진이 대화 주제로 떠오르자, 조앤은 실제로 지진이 일어났을 경우의 행동 요령에 대해 호킹과 상의했다. 호킹은 "우선 당신 자신을 구하세요. 나는 염려할 필요 없어요."라고 대답했다.

언젠가 일본을 방문했을 때 비록 신체적 위협은 없었지만 호킹의 자존감을 크게 위협한 사건이 있었다. 탄환 열차 플랫폼에서 호킹은 종종 그러듯이 호킹의 발언을 얻거나 사진을 찍으려는 카메라와 기자들에게 둘러싸였다. 그러다가 어느 순간에 그야말로 눈 깜짝할 사이에 그들은 썰물 빠지듯 사라지고, 호킹 혼자만 덩그러니 남았다. 나중에 그 이유는 유명한 스모 선수가 열차에서 가까운 플랫폼으로 내렸기 때문으로 밝혀졌다. 호킹은 우주에서 가장 중요한 유명 인사는 '아니었던' 것이다.

일본은 호킹의 60번째 생일 파티를 축하하는 회의에서 끈 이론가인 데이비드 그로스David Gross가 들려준 이야기의 무대이기도 했다. 그 이야기는 다음과 같다.

> 호킹과 함께 여행을 하다 보면, 다른 방법으로는 절대로 만날 수 없는 온갖 종류의 사람들을 만나게 됩니다. 우리는 유감스럽게도 천황을 만나진 못했지만, 일본에서 천황보다 훨씬 인기가 많고 더 유명한 사람이라는 녹차의 달인을 만났고, 게이샤도 만났습니다. 하지만 가장 흥미로운 경험은 호킹이 일행에게 가라오케 주점으로 가자고 주장했을 때였지요. 실제로 그는 우리를 그리로 끌고 가서 '노란 잠수함Yellow Submarine'을 부르게 했어요. 만약 제가 그 노래를 여기서 다시 부른다면 아마 여러분은 모두 비명을 지르며 방에서 뛰쳐나갈 것입니다. 합창단이 들어올 때마다 호킹은 '노란 잠수함'을 다시 입력했어요. 아마도 그에겐 지금도 누를 수 있는 '노란 잠수함' 버튼이 있을 거예요![4]

집 가까이에 머무는 것은 재미가 덜했다. 또 안전이 더 보장되는 것도 아니었다. 1991년 3월 6일, 호킹이 전날 밤에 일레인과 함께 살던 동네에서 그랜지 로드를 건너려고 하다가 택시에 치였다는 소문이 케임브리지에 퍼졌다. 비록 어둡고 비가 내리는 밤이긴 했지만, 휠체어 앞과 뒤에는 자전거의 전조등과 후미등이 붙어 있기 때문에 휠체어를 발견하기가 어려웠을 리가 없다. 간호사가 "조심해요!"라고 소리를 지르는 순간, 빠른 속도로 달려오던 자동차가 길을 건너던 휠체어를 뒤에서 들이받았다. 호킹은 붕 날아서 망가진 휠체어 위로 다리를 걸친 채 땅바닥에 떨어졌다. 아주 건강하고 튼튼한 사람이라 하더라도 심각한 부상을 당할 뻔한 사고였다. 하지만 호킹은 이틀 뒤에 퇴원하여 부러진 팔을 삼각건으로 동여매고 이마에 꿰맨 자국이 남은 채 연구실에 나왔다. 이틀 동안 개인 비서 수 메이지와 대학원생 조수와 학생들과 친구들은 다른 곳에서 새로운 휠체어를 구하고, 컴퓨터 시스템을 복구하는 데 필요한 부품을 구하고, 그의 장비들을 호킹이 회복하는 것만큼 빨리 정상으로 돌아오게 하느라고 진땀을 흘렸다.

1992년, 호킹과 일레인은 케임브리지 중심부에서 멀지 않은 곳에 큰 현대식 주택을 지었다. 호킹은 이 집에서 연구실까지 가는 새로운 경로를 개척했다. 몰팅스 레인이라는 매혹적인 오래된 길을 따라 나아가다가 연못 주위를 돌아 풀과 나무가 자라는 녹색 저지대를 지나고 코펜이라는 이름의 작은 다리를 지나갔다. 그런 다음에 보(더백스를 지나가는 강 부분과 상류 사이에 설치된)가 있는 지점에서 캠 강을 건넌 뒤에 거기서 곧장 밀 레인으로 직진했다가 응용수학 및 이론물리학과 뒷문 경사로를 통해 건물로 들어갔다.

코펜 다리를 지나가는 그 길을 잘 아는 사람이라면 좁은 다리들이 통행에 문제가 되리라고 생각할 것이다. 이 다리들은 자전거가 간신히 지나갈 정도로 폭이 좁은데, 그것도 자전거 핸들 높이로 솟아 있는 목제 난간에 손이 긁히는 것을 피할 수 있을 만큼 자전거를 능숙하게 타야 했다. 호킹은 어두울 때에도 휠체어를 타고 빠른 속도로 그 다리들을 능숙하게 건넜다. 어느 날 저녁, 호킹과 함께 늦게 집으로 돌아가던 조앤 고드윈은 울퉁불퉁한 길 가장자리 너머로 떨어지면서 넘어지고 말았다. 호킹은 여전히 조앤이 뒤에 따라오는 줄 알고 아무 생각 없이 앞으로 질주했다. 친절한 신사가 조앤이 일어서도록 도와주었는데, 정형외과 의사라는 그 신사는 자신의 도움이 필요 없었으면 좋겠다고 말하자, 조앤은 제발 "저 휠체어 좀 멈추게 해주세요."라고 부탁했다.

주름의 인플레이션

1992년 4월, 로렌스 버클리 연구소와 캘리포니아 대학 버클리 캠퍼스에서 천체물리학자로 연구하던 조지 스무트George Smoot와 여러 연구소에서 일하던 그 동료들은 COBE Cosmic Background Explorer(우주배경복사 탐사선) 위성이 관측한 자료를 분석한 결과, 우주배경복사에서 '파문'이 발견되었다고 발표했다. 이것은 아주 중요한 발견이었다. 1960년대 이래 천체물리학자들과 우주론자들이 그토록 찾으려고 애썼지만 발견하지 못했던 우주배경복사의 변이를 보여주는 최초의 증거였기 때문이다. 우주의 나이가 약 30만 년 지났을 때 우주의 구조에 나타난 이 미소한 차이는 중력이 그 영향력을 발휘할 빌미를 제공해 물질끼리 서로 뭉치면서 더 큰 덩어리로 커져가 마침내 행성과 별, 은하, 은하단을 만들게 하는 상황이 일어났음을 보여주는 증거였다. 스무트의 발견은 무경계 가설의 신빙성을 높여주었다. 무경계 가설은 우주가 전체적으로 균일한 정도와 또 그러한 균일함에서 벗어나는 변이의 정도를 코비가 발견한 것과 비슷하게 예측했다.

호킹은 코비가 발견한 사실은 호킹 복사를 뒷받침하는 간접적 증거가 될 수 있다는 사실도 깨달았다. 인플레이션 이론에 따르면, 우주배경복사가 생겨나기 훨씬 이전—사실, 우주의 나이가 채 수조분의 1초도 지나기도 전—에 초팽창이 일어난 시기가 있었다. 호킹은 그 시기에 우주는 아주 빠르게 팽창했기 때문에, 아주 먼 곳에서 오는 일부 빛은 우리에게 '결코' 도달하지 않을 것이라고 지적했다. 그러려면 빛이 광속보다 더 빠른 속도로 달려야 하기 때문이다. 일부 빛은 우리에게 도착하지만 나머지 다른 빛은 결코 도착하지 못한다는 이야기는 블랙홀의 사건의 지평선을 연상시킨다. 호킹은 실제로 초기 우주에 블랙홀의 사건의 지평선과 비슷한 사건의 지평선이 있었을 것이라고 주장했다. 그것은 빛이 우리에게 도착하는 지역과 빛이 우리에게 도착하지 못하는 지역을 분리할 것이다. 이 태초의 사건의 지평선에서는 블랙홀과 마찬가지로 복사가 나올 것이고, 이것과 같은 열복사는 특유의 밀도 요동 패턴을 나타낼 것이다. 초기 우주의 사건의 지평선에서는 이러한 밀도 요동이 우주의 팽창과 함께 팽창했겠지만, 그러다가 '얼음처럼 갇히고' 말았을 것이다. 그런 밀도 요동 패턴은 오늘날에도 온도의 미세한 변이 패턴으로 관측될 것으로 예상되는데, 스무트가 발견한 우주배경복사의 '파문'이 바로 그것이었다. 이 '파문'은 정말로 호킹 복사와 같은 열복사가 지닌 특유의 밀도 요동 패턴을 가진 것으로 드러났다.

무대와 스크린의 스타

1992년 가을, 오페라를 좋아하는 호킹은 자신이 뉴욕 시의 메트로폴리탄 오페라 무대에 등장하는 것을 보았다. 정확하게는 무대보다 좀더 위쪽에 매달린 인물로 등장했다. 그 오페라는 바그너 작품은 아니었다. 그 작품은 영화 〈시간의 역사〉를 위해 음악을 작곡했던 필립 글라스Philip Glass가 새로 만든 〈항해〉였다. 메트로폴리탄 오페라는 글라스에게 콜럼

버스의 신세계 탐험 500주년을 기념해 그 작품을 의뢰했는데, 글라스는 식상한 콜럼버스 이야기를 반복하지 않는 쪽을 선택했다. 대신에 콜럼버스를 탐험과 발견을 갈망하는 인간을 상징하는 인물로 설정했다.[5] 오페라의 서막에서 휠체어에 앉은 인물(호킹을 가리키는 게 분명한)이 무대 위로 떠다니며 "항해는 비전이 있는 곳에 있도다."라고 읊조린다. 그리고 마치 그가 마법으로 불러낸 듯이 행성들로 가득 찬 하늘이 나타나더니, 그는 어디론가 날아가면서 사라진다.

다음 해, 호킹은 자신뿐만 아니라 많은 사람들에게 유쾌한 기억으로 남을 짧은 일탈에 발을 더 깊숙이 들여놓았다. 그것은 호킹이 여전히 해보길 원하던 준궤도 비행보다 훨씬 과감하게 (상상 속에서) 우주 속으로 여행하는 것이었다. 그렇다고 기분전환으로 이론물리학의 날개를 타고 난 것은 아니었다.

그것은 1993년 봄에 영화 〈시간의 역사〉가 홈비디오 버전으로 출시된 것을 기념하는 파티에서 시작되었다.[6] 손님들 중에 〈스타 트렉〉에서 벌컨이라는 외계 종족 장교인 스폭 Spock 으로 나오는 레너드 니모이 Leonard Nimoy가 있었는데, 그는 호킹을 소개하는 영광을 누렸다. 〈피플 매거진 *People Magazine*〉은 "벌컨의 가장 유명한 아들과 지구의 가장 유명한 우주론자는 만나자마자 즉각 마음이 통했다."라고 묘사했는데,[7] 〈스타 트렉〉의 고정 시청자라면 누구나 공감할 만한 평가였다. 니모이는 호킹이 〈스타 트렉〉의 열렬한 팬이며 거의 모든 팬과 마찬가지로 그 프로그램에 출연하길 원한단 사실을 알고는, 제작 책임자인 닉 버먼 Nick Berman을 만나 그 이야기를 했다. 버먼은 즉각 매주 방영되던 에피소드 중 하나인 '디센트 Descent' 도입부에서 3분짜리 장면을 하나 추가했다.

그 장면의 무대는 엔터프라이즈호의 '홀로덱 holodeck'이었는데, 홀로덱은 홀로그래피 기술을 사용해 승무원의 환상을 '현실'로 만든다. 이번 환상은 안드로이드인 데이터 Data의 환상으로, 아인슈타인과 뉴턴과 호킹과 함께 포커 게임을 벌이는 것이었다. 당연한 일이지만, 직접 출연한 실존 인물은 호킹뿐이었다. 호킹은 사전에 대본을 받아 자신의 대사를 음성 합성 장치에 프로그래밍했다. 1990년대와 21세기의 첫 10년 동안은 그래도 여러 가지 얼굴 표정을 지을 수 있었는데, 호킹은 이를 잘 활용해 자신의 배역을 잘 소화해냈다. 그 에피소드의 감독을 맡은 알렉스 싱어 Alex Singer는 "그의 얼굴이 보여준 다양한 움직임에 모두가 놀랐다. 그 뒤에 숨어 있는 활력을 생생히 느낄 수 있었다."라고 말했고, 뉴턴의 배역을 맡은 존 네빌 John Neville은 "어떤 말을 했을 때 그가 미소로 반응을 보이면, 일당을 받지 않아도 좋다는 기분이 든다. 정말로."라고 말했다.[8] 데이터와 마찬가지로 이 놀라운 포커 게임을 주최한 브렌트 스파이너 Brent Spiner는 그 경험을 다음과 같이 요약했다. "닉 버먼과 내가 훗날 양로원의 흔들의자에 앉아 지낼 때, 우리는 호킹 이야기를 할 것이다."[9] 호킹은 그 와중에도 자신에게 가장 중요한 일을 잊지 않고 챙겼다. 그는 세트장에서 "나는 많은 배역들을 처리하는 중간에 짬을 내 물리학 문제를 푸는 걸 즐긴다."라고 말했다.[10] 호킹이 유감스럽게 여긴 한 가지는 "불행하게도 적색 경보가 울리는 바람에 내가 다 이겼는데도 불구하고 판돈을 챙기지 못한" 사실이었다.[11]

〈스타 트렉〉에 카메오로 출연한 일로 호킹은 『시간의 역사』를 통해 얻은 인기와 거의 맞먹을 정도로 다시 대중의 큰 관심을 받게 되었는데, 같은 해인 1993년에 출간된 『블랙홀과 아기 우주 *Black Holes and Baby Universe*』를 홍보하는 데에도 큰 도움이 되었다. 호킹은 다른 분야의 대중 문화에도 가끔 등장했다. 핑크 플로이드 Pink Floyd의 앨범 〈더 디비즌 벨〉에 수록된 노래 '킵 토킹'에도 호킹의 컴퓨터 합성 음성이 포함되었다.

장애자를 위한 노력과 역할 모델

호킹이 〈스타 트렉〉에 출연한 일은 다양한 장애를 가진 젊은이들에게서 책보다 더 많은 관심을 끌었다. 1993년 9월, 〈타임〉은 호킹이 시애틀에서 휠체어를 탄 채 넋을 잃고 '완전히 몰두한' 십대 청중들 앞에서 한 시간 이상 연설을 한 이야기를 다루었다.[12] 연설이 끝난 뒤에 그들은 호킹 주위로 몰려들어 질문을 던졌는데, 대부분의 질문은 과학이나 우주에 관한 것이 아니라, 장애를 안고 살아가는 실제 문제와 장애자 문제에 관련된 정치적 쟁점에 관한 것이었다. "호킹이 대답을 작성하길 기다리는 동안 그들의 얼굴에서는 웃음이 떠나지 않았다. 유명한 과학자이자 베스트셀러 작가이자 〈스타 트렉〉의 스타가 바로 눈앞에 있는데, 그는 자기들과 마찬가지로 장애자였기 때문이다."[13] 좋은 점도 있고 나쁜 점도 있지만 자신의 명성은 "내가 다른 장애인을 돕는 데 도움이 됩니다."[14]라고 한 호킹의 말이 진심이라는 것은 명백했다.

그는 다른 방식으로도 도움을 주었다. 1995년 여름, 그는 런던의 로열 앨버트 홀에 꽉 찬 청중 앞에서 강연을 했다. 수용 인원이 5000명이라는 사실을 감안하면, 호킹이 청중을 끌어들이는 힘이 대단하다는 걸 알 수 있다. 강연 수입은 근육위축가쪽경화증 자선 단체에 기부했다. 호킹은 런던의 과학박물관에서 열린 '스피크 투 미Speak to Me'라는, 장애인을 위한 기술 지원 전시회를 홍보하는 데에도 도움을 주었다. 세계 어디서나 그의 참석이나 후원은 사람들을 많이 끌어들이는 데 중요한 역할을 했다. 〈뉴스위크〉는 1993년 1월에 쓴 기사에서 캘리포니아 주 버클리에서 열린 강연에 대한 대중과 언론의 열광을 묘사했는데, 많은 사람들은 자리를 차지하려고 예정 시간보다 세 시간이나 앞서 모여들었다.[15] 호킹이 휠체어를 타고 무대 중앙으로 나오자, 사진 기자들은 좋은 자리를 차지하려고 서로 밀쳤고, 플래시가 눈보라처럼 연신 터졌다. 장애인의 행복을 위해 그런 종류의 열광을 이끌어내는 것은 충분히 가치가 있는 일이었다.

10년이 넘게 호킹은 자신의 대중을 능수능란하게 잘 다루었다. 그런데 대중과 언론의 관심이 뭔가 자극적인 것을 원할 때마다 항상 관심을 끄는 발언을 터뜨리는 것처럼 보인 것은 그저 우연이었을까? 한 개인 조수는 내게 "그는 결코 어리석지 않아요. 잘 알잖아요?"라고 말했다. 어쨌든 간에 그것은 자신뿐만 아니라 장애인을 옹호하는 사람들과 전반적인 과학을 위해서도 좋은 일이었다.

'최우선 지침'에 대한 도전

1994년 8월, 보스턴에서 열린 맥월드 엑스포에서 울려퍼진 단조롭고 신랄한 발음은 전 세계에 다음과 같이 선포했다: "우리가 지금까지 만든 유일한 생명의 형태가 순전히 파괴적이라는 사실은 어쩌면 인간의 본성에 대해 뭔가를 말해주는지도 모릅니다. 우리는 자신의 형상을 본따 생명을 만들었습니다."[16] 호킹은 컴퓨터 바이러스에 대해 말하고 있었다.

컴퓨터 바이러스가 생명의 한 형태일까? 호킹은 '생명으로 간주해야' 한다고 생각했는데, 그렇게 말함으로써 큰 소란을 불러일으켰다. 얼마 전에 방영된 〈스타 트렉〉의 한 에피소드에서는 슈퍼 지능 바이러스와 맞닥뜨린 피커드 함장이 스타 함대의 '최우선 지침'을 어기지 않으려고 그것을 파괴하기보다는 협상을 시도했다. 최우선 지침은 어떤 외계 사회라도 그 내부적 발달이나 사회 질서에 간섭해서는 안 된다는 것이었다. 이 경우에 그 바이러스를 없애는 것은 지침을 어기는 셈이었다. 〈스타 트렉〉 작가들도 호킹과 견해를 같이한 게 분명하다. 어느 쪽에 서건, 그 논쟁에 뛰어들

준비가 된 〈스타 트렉〉과 호킹의 팬들은 아주 많았다.

호킹은 다음과 같이 주장했다. "살아 있는 존재는 대개 두 가지 요소를 갖고 있습니다. 하나는 스스로를 유지하고 복제하는 방법을 알려주는 일련의 내부 지시이고, 또 하나는 그 지시를 수행하는 메커니즘입니다." 우리가 아는 생명인 생물학적 생명에서 이 두 가지 요소는 유전자와 대사 작용이다. 하지만 호킹은 "그것들이 생물학적이어야 할 필요가 전혀 없다는 사실을 강조할 필요가 있습니다."라고 말했다. 컴퓨터 바이러스는 다른 컴퓨터로 옮겨가 연결된 시스템을 감염시킬 때 스스로를 복제한다. 일반적인 의미의 대사 작용을 하진 않지만, 기생충처럼 숙주의 대사 작용을 이용한다. "우리를 포함해 대부분의 생명 형태들은 자신의 생존을 위해 다른 생명 형태를 먹이로 삼거나 다른 생명 형태에 의존한다는 점에서 기생충입니다."

생물학에서는 무엇이 생명이고 무엇이 생명이 아닌가 하는 질문에 대해 확실한 답이 나오지 않은 상태이기 때문에, 논평을 부탁받은 생물학자들은 호킹의 주장이 틀렸다고는 말하지 않았다. 컴퓨터 바이러스는 분명히 생명의 일부 정의를 충족시켰기 때문이다.

호킹은 '생명'에 포함시킬 수 있는 것에 어떤 것이 있는지 놀라운 제안을 하면서 연설을 마쳤다. 사람의 수명은 너무 짧아서 설사 빛의 속도로 달린다 하더라도, 장거리 성간 여행이나 은하 간 여행을 하기에는 부적합하다. 하지만 먼 행성에 착륙해 자원을 채굴하여 새로운 우주선을 만들 수 있는 기계적 우주선이라면 거기에 필요한 수명을 충분히 감당할 수 있다. 그런 식으로 여행을 영원히 계속할 수 있을 것이다. 호킹은 "이 기계들은 [생물학적 생명처럼] 거대 분자보다는 기계 부품과 전자 부품을 기반으로 한 새로운 생명 형태가 될 것입니다."라고 말했다. 실로 암울한 예언이 아닌가!

호킹은 빡빡한 일정을 소화하느라 애쓰는 와중에도 1993년에 짬을 내 게리 기번스와 함께 유클리드 양자중력에 관한 논문집을 공동 편집했다.[17] 총 37편의 논문 가운데 16편을 호킹이 혼자 쓰거나 다른 사람과 공동으로 썼다. 그해에는 블랙홀과 빅뱅에 관한 자신의 논문 모음집도 출판했다.[18]

시간의 화살

1990년대 초반에 호킹이 대중 강연에서 이야기한 또 하나의 주제는 바이러스를 일종의 생명 형태로 다룬 것보다는 훨씬 덜 충격적인 것이었다. 그것은 바로 오랫동안 큰 호기심을 가지고 생각해온 '시간의 화살'이었다. 엔트로피(무질서도) 증가와 과거와 미래에 대한 우리의 지각은 우주의 팽창과 어떤 관계가 있는 것처럼 보인다. 왜 그럴까? 박사 과정을 밟을 때 호킹은 이 불가사의한 주제를 학위 논문 주제로 선택할까 생각하다가 "좀 더 분명하고 덜 공상적인" 주제를 선택하기로 마음을 바꾸었다. 특이점 정리는 그보다 "훨씬 쉬웠다."[19] 하지만 짐 하틀과 함께 무경계 가설을 개발할 때, 호킹은 이 연구가 시간의 화살에 흥미로운 의미를 지닌다는 사실을 깨달았다. 그래서 1985년에 쓴 논문에서 그 주제를 다루었으며, 그해 여름에 CERN에서 더 깊이 연구하려고 계획했지만, 앞에서 이야기했듯이 급작스런 건강 악화로 병원으로 실려가고 말았다.

1990년대 초반에 대중 강연 요청이 쇄도하자, 호킹은 일반 대중이 이 주제에 큰 흥미를 느낄 것이라고 판단했으며, 또 자신이 간단명료하게 잘 설명할 수 있다고 생각했다. 그것은 또한 유명한 과학자도 생각이 바뀔

수 있고 실수를 인정할 수 있음을 보여주는 주제이기도 했다.

극소수 예외를 제외하고는 과학의 법칙은 시간의 방향을 구별하지 않는다. 즉, 과학 법칙은 시간에 대해 '대칭적'이다. 대부분의 물리적 상호작용이 일어나는 장면을 촬영한 뒤에 필름을 거꾸로 돌리더라도, 그것을 본 사람은 그것이 반드시 어느 방향으로 흘러가야 하는지 말할 수 없다. 우리의 일상생활 경험이 이와 달라 보이는 것은 아주 이상한 일이다. 우리는 미래와 과거가 잘 정의돼 있다고 생각한다. 우리는 필름을 거꾸로 돌리면 이상하다는 걸 즉각 알아챈다. 시간의 방향을 혼동하는 일은 거의 없다. 이러한 '대칭 파괴'가 어떻게 일어나는지는 아직도 큰 수수께끼이지만, 시간의 흐름에 대한 우리의 지각은, 어떤 닫힌계에서도, 시간이 흐름에 따라 무질서도(엔트로피)가 늘 증가한다는 사실과 관계가 있는 것처럼 보인다는 사실을 우리는 안다. 질서에서 무질서로 가는 길은 일방통행이다. 깨진 도자기 조각들이 저절로 들러붙은 뒤에 선반 위로 뛰어올라가는 일은 일어나지 않는다. 엔트로피, 즉 무질서도는 결코 감소하지 않는다.

'시간의 화살'은 세 가지가 있는데, '열역학적' 시간의 화살(엔트로피가 증가하는 방향), '심리적' 또는 '주관적' 시간의 화살(사람이 시간의 흐름을 경험하는 방식), '우주론적' 시간의 화살(수축하는 우주가 아니라 팽창하는 우주에서 시간이 흐르는 방향)이 그것이다. 호킹이 흥미를 느낀 질문은 왜 이 세 가지 화살이 존재하고, 왜 이것들은 아주 잘 정의되며, 또 왜 모두 같은 방향을 가리키느냐 하는 것이었다. 무질서는 증가하고, 우리는 시간이 과거에서 미래로 흐르는 것으로 경험하며, 우주는 팽창한다. 호킹은 인류 원리에서 약간의 도움을 받으면 무경계 가설에서 그 답을 찾을 수 있지 않을까 생각했다.

열역학적 시간의 화살(엔트로피 증가와 관계가 있는)과 심리적 시간의 화살은 항상 똑같은 방향을 가리킨다. 시간이 흘러갈수록 엔트로피가 증가한다는 사실은 보편적 경험이다. 호킹은 "시간이 흐르면 엔트로피가 증가하는 이유는 우리가 시간의 방향을 엔트로피가 증가하는 방향으로 정의했기 때문이다."[20]라고 결론지으면서 이것이 동어 반복임을 인정했다. 하지만 심리적 시간의 화살과 열역학적 시간의 화살이 본질적으로 같은 시간의 화살이라는 사실에 만족했다.

하지만 이것은 왜 우주론적 시간의 화살과 같은 방향을 가리킬까? 꼭 그래야 할까? 여기서 무경계 가설이 등장한다. 고전적인 일반 상대성 이론에서는 모든 물리학 법칙이 빅뱅의 특이점에서 붕괴한다고 했던 이야기를 떠올려보라. 시간이 시작할 때 질서가 아주 높았는지 혹은 무질서가 증가할 여지가 전혀 없는 완전한 무질서 상태였는지 예측하기란 불가능하다. 하지만 만약 호킹과 하틀의 무경계 가설이 옳다면, 시작은 "규칙적이고 매끈한 시공간의 점이었고, 우주는 아주 매끈하고 질서 있는 상태에서 팽창을 시작했을 것이다."[21] 우주가 팽창하면서 오늘날 우리가 관찰하는 모든 구조—은하단, 은하, 항성계, 별, 행성, 여러분과 나—가 점차 발달한 것은 무질서가 계속해서 크게 증가했다는 것을 나타내며, 그 추세는 지금도 계속 이어지고 있다. 따라서 우리가 아는 우주에서 열역학적 시간의 화살과 심리적 시간의 화살과 우주론적 시간의 화살은 모두 같은 방향을 가리킨다.

하지만 우주가 결국에는 팽창을 멈추고 수축으로 돌아서는 프리드만의 첫 번째 우주 모형(그림 6-1 참고)이 옳다면 어떤 일이 일어날지 생각해보자. 팽창이 수축으로 바뀌면, 우주론적 시간의 화살은 방향이 바뀐다. 여기서 열역학적 시간의 화살과 심리적 시간의 화살도 방향이 바뀔까 하는 큰 의문이 떠오른다. 그렇다면 무질서가 '감소하기 시작할까? 호킹은 여기에는 SF 작가가 혹할 만한 가능성이 무진장 많다고 생각했지만, "우주가 다시 수축할 때 일어날 일에 대한 염려는 다소 학술적인 것이다. 왜냐하면, 수축이 일어난다고 해도 그것은 최소한 100억 년 후에나 일어날 일이기 때문이다."라고 지적했다.[22]

그럼에도 불구하고, 무경계 조건은 수축하는 우주에서 질서의 감소가 일어남을 의미하는 것처럼 보였고, 호킹은 처음에는 우주가 팽창을 멈추고 수축하기 시작하면, 우주론적 시간의 화살뿐만 아니라 '세 가지 화살 모두'가 방향이 바뀌어 여전히 모두 같은 방향을 가리킬 것이라고 결론 내렸다. 시간은 거꾸로 흐를 것이고, 사람들은 화이트 T. H White가 아서 왕을 소재로 쓴 환상 동화 『과거와 미래의 왕 The Once and Future King』에서 마술사 멀린이 그런 것처럼 삶을 거꾸로 살면서 '젊어질' 것이다. 깨어진 찻잔 조각들은 다시 들러붙을 것이다.

그 당시 펜실베이니아 주립대학에서 물리학 교수로 있던 돈 페이지는 견해를 달리했다. 페이지는 결국 호킹이 쓴 시간의 화살 논문이 실린 〈피지컬 리뷰 Physical Review〉의 같은 호에 함께 게재된 논문에서 무경계 조건은 우주가 수축 국면으로 돌아섰을 때 세 가지 시간의 화살이 모두 다 역전된다는 것을 의미하지 않는다고 주장했다.[23] 호킹의 제자인 레이먼드 라플람은 더 복잡한 모형을 발견했고, 세 사람은 논쟁을 펼치면서 각자의 계산을 서로 주고받았다. 호킹과 함께 일한 경험이 더 많은 페이지는 라플람에게 자신들의 결론을 호킹에게 먼저 이야기하지 말라고 충고했다. 대신에 먼저 자신들의 가정을 설명함으로써 호킹이 같은 결론에 이르게 하라고 했다.[24] 두 사람은 결국 스승이 잘못 생각했음을 설득하는 데 성공했다. 우주가 팽창을 멈추고 수축으로 돌아설 때 우주론적 시간의 화살이 바뀌는 것은 맞지만, 열역학적 시간의 화살과 심리적 시간의 화살까지 따라서 바뀌지는 않는다. 호킹의 논문을 수정하기에는 이미 때가 늦었지만, "페이지의 주장이 충분히 일리가 있다고 생각한다."라고 인정하는 주석을 삽입할 수 있었다.[25]

그렇다면 왜 우리가 관찰하는 열역학적, 우주론적, 심리적 시간의 화살은 모두 같은 방향을 가리킬까 하는 질문에 대한 답은 무엇일까? 그 이유는 비록 우리는 자신이 '젊어지는' 것을 보진 못하겠지만, 우주가 수축하면서 우주론적 시간의 화살이 역전된 우주에서는 살아남을 수 없기 때문이다. 그렇게 먼 미래의 우주는 완전한 무질서에 가까운 상태에 있을 것이다. 별들은 모두 연료를 소진해 불빛이 꺼지고, 별을 이루는 양성자와 중성자도 붕괴해 더 가벼운 입자들과 복사로 변했을 것이다. 그 상태에서는 더 이상 강한 열역학적 시간의 화살도 존재하지 않을 것이다. 우리는 태양이 죽고 나면 살 수 없지만, 설사 살아남는다 하더라도 계속 존재하려면 강한 열역학적 시간의 화살이 필요하다. 무엇보다도 사람은 먹어야 살 수 있다. 음식은 상대적으로 질서 있는 형태의 에너지이다. 우리 몸이 음식을 소화해 만들어내는 열은 질서가 덜한 에너지이다. 호킹은 열역학적 시간의 화살과 심리적 시간의 화살은 사실상 동일한 화살이며, 하나가 사라지면 다른 것도 사라진다고 결론지었다. 우주가 수축하는 국면에서는 지능 생명체는 전혀 존재하지 않을 것이다. 왜 열역학적, 우주론적, 심리적 시간의 화살이 모두 같은 방향을 가리킬까 하는 질문에 대한 답은, 만약 그렇지 않다면 살아남아서 그런 질문을 던질 존재가 아무도 없을 것이기 때문이다. 어디서 많이 들어본 이야기 같다면, 그렇다, 이것은 바로 인류 원리이다. 시간이 지남에 따라 호킹은 인류 원리를 실패작으로, 즉 "우주의 숨어 있는 질서를 이해하려는 우리의 모든 희망을 부정하는 것"으로 간주하던 생각이 점점 바뀌었으며, 갈수록 그것을 강력한 원리로 간주하기 시작했다.

다시 사건의 지평선으로 돌아가

1981년에 호킹은 워너 에하드의 다락방에서 "방 안에서 내가 말한 것의 의미를 제대로 이해한 유일한 사람"은 레너드 서스킨드라고 생각했다. 그 후 몇 년 동안 서스킨드의 머릿속에서는 정보 역설이 떠난 적이 없었다. "1980년 이후에 내가 생각한 것은 거의 모두 다 어떤 방식으로건 블랙홀 속으로 들어간 정보의 운명에 대해 [호킹의] 심오한 통찰력이 담긴 질문에 대한 반응이었다. 비록 나는 그의 답이 틀렸다고 굳게 믿지만, 그 질문과 설득력 있는 답을 내놓으라는 요구는 우리에게 물리학의 기초를 다시 생각하게 만들었다."²⁶ 1993년, 서스킨드는 호킹이 1970년대에 한 연구를 다시 참조하면서 사건의 지평선에서 상식을 뒤엎는 역설에 대처하는 방법을 들고 나왔다.

블랙홀에 관한 기초적인 책이라도 읽은 사람이라면, 블랙홀 속으로 들어간 사람(편의상 '미란다'라고 부르자)이 경험하는 것은 블랙홀 밖에 멀찌감치 떨어진 우주선에 있는 사람('오언'이라고 부르자)이 경험하는 것과는 아주 다르다는 사실이 별로 놀랍지 않을 것이다. 아인슈타인은 두 사람이 서로에 대해 아주 빠른 속도로 움직인다면, 각자는 상대방의 시계가 자신의 시계보다 시간이 더 느리게 흐르며, 상대방의 길이가 운동 방향으로 납작하게 수축한다는 것을 보여주었다. 질량이 아주 큰 물체(블랙홀도 질량이 아주 크다) 부근에 있는 시계 역시 그렇지 않은 시계에 비해 더 느리게 흐른다.

여기서 요점은 오언의 관점에서 볼 때 블랙홀 속으로 들어가는 미란다가 점점 더 느려지며, 몸이 빈대떡처럼 점점 더 얇아진다는 사실이다. 그러다가 미란다가 사건의 지평선에 도달하면, 오언에게는 미란다가 정지한 것처럼 보인다. 오언은 미란다가 사건의 지평선을 넘어가는 것을 결코 보지 못하며, 실제로는 거기에 도달하는 것도 보지 못한다. 한편, 미란다의 경험에서는 사건의 지평선을 지나는 데 아무 문제가 없다. 오언의 관점에서는 미란다가 움직임을 멈추고 납작해지지만, 미란다의 관점에서는 미란다는 여전히 블랙홀 속으로 떨어지고 있다.

서스킨드는 이 두 가지 상황이 어떻게 모두 사실일 수 있는지 그 이유를 찾아나섰다. 그리고 비록 블랙홀 속으로 떨어지지도 않고 멀찌감치서 그 장면을 지켜보고 있지도 않은 그와 여러분과 나는 위에 든 예에서 두 가지 시나리오가 모두 일어났다고 동의하면서 그 모순에 곤혹스러워하겠지만, 우리 중에서 실제로 그 현장에 있는 사람은 아무도 없다는 사실을 지적했다. 대신에 여러분과 내가 그 상황의 주인공이라고 가정해보자. 이번에는 내가 멀찌감치 떨어져서 관찰하는 역할을 맡고, 여러분이 블랙홀 속으로 떨어진다. 이 문제에서 핵심은 이 이야기가 실제로 펼쳐지는 상황에서는 멀리서 바라보는 관찰자인 나나 블랙홀 속으로 떨어지는 여러분이나 모순을 관찰하거나 경험하지 않는다는 점이다. 그리고 별 일 없이 사건의 지평선을 넘어 블랙홀 속으로 들어간 여러분은 다시 밖으로 나와서 나와 메모한 것을 비교하거나 내게 메시지를 보낼 방법이 전혀 없다. 만약 내가 나중에 블랙홀 속으로 떨어진다면(서스킨드는 이 가능성 때문에 잠깐 주춤했다), 여러분은 여전히 특이점을 향해 나보다 멀리 앞서 나아가고 있고, 나는 아무리 애를 써도 여러분을 따라잡지 못한다. 우리 중 어느 쪽도 자신의 이야기와 모순되는 이야기를 경험하는 것은 불가능하다.

서스킨드와 동료인 라루스 솔래시어스 Lárus Thorlacius와 존 어글럼 John

Uglum은 어느 관찰자도 자연의 법칙에 어긋나는 것을 보지 못한다는 이 원리를 '지평선 상보성horizon complementarity'이라 불렀다.

여기서 '상보성'이 무슨 뜻인지 잠깐 살펴보고 넘어가자. 상보성은 어떤 현상을 이해하려고 할 때, 서로 다른(어쩌면 서로 모순되는) 두 가지 설명을 함께 사용하는 것을 말하는데, 그 편이 각각의 설명 한 가지만 사용하는 것보다 현상을 더 잘 이해할 수 있기 때문이다. 상보성은 20세기 초에 물리학자 닐스 보어Niels Bohr가 파동-입자 이중성 문제를 설명하기 위해 도입했다. 그 전에 실험을 통해 빛이 전파되는 방식을 연구하던 물리학자들은 빛이 파동처럼 행동한다는 사실을 발견했다. 그러면서 빛이 입자라는 가설은 밀려나고 말았다. 하지만 빛이 물질과 상호작용하는 방식을 연구하던 물리학자들은 빛이 입자처럼 행동한다는 사실을 발견했다. 이로써 빛의 입자설이 되살아났다. 1920년 무렵에 이르자, 빛을 파동으로도 입자로도 생각할 수 있지만, 어느 한쪽 모형만으로는 실험 결과를 제대로 설명할 수 없다는 사실이 분명해졌다. 빛은 때로는 입자로 행동하고 때로는 파동으로 행동한다고 말하거나 빛은 입자인 동시에 파동이라고 말하는 것만으로는 이 기묘한 상황을 해결할 수 없었다. 이 문제는 복사뿐만 아니라 물질에도 적용된다. 보어는 1927년에 아인슈타인에게 쓴 편지에서 "물질과 복사가 파동이거나 입자여야 한다는 직관적 느낌에 '빠지지만' 않는다면," 모순처럼 보이는 상황과 함께 살아가는 것이 가능하다고 결론 내렸다.[27] 두 가지 기술은 양립할 수 없지만, 둘 다 필요하고, 둘 다 옳다.

지평선 상보성에 대해서도 똑같이 말할 수 있다. 서스킨드는 그것을 다음과 같이 요약했다. "정보가 동시에 두 곳에 존재하는 역설이 명백하게 발생하지만, 자세히 분석하면 실제적인 모순은 나타나지 않는다. 하지만 불가사의함이 존재하는 것은 사실이다."[28] 네덜란드 위트레흐트 대학의 헤라르트 엇호프트 Gerard 't Hooft 는 1993년에 '차원 축소 dimensional reduction'란 개념을 도입했다. 서스킨드는 그것을 '홀로그래피 원리'란 이름으로 바꿔 불렀다.

자, 그러면 사건의 지평선을 향해 떨어지는 미란다에게 다시 돌아가보자. 우주선에서 보면 시간 지연 때문에 미란다는 움직임이 얼어붙은 채 사건의 지평선에서 납작한 모습으로 머물러 있다. 서스킨드는 같은 이유로 오언에게는 처음에 블랙홀이 만들어질 때 들어간 모든 것과 그 후에 블랙홀로 들어간 모든 것이 사건의 지평선에 얼어붙어 있는 모습으로 보일 것이라고 지적한다. "블랙홀은 물체들이 납작하게 짜부라진 채 그 지평선에 모여 있는 거대한 고물 집적소로 이루어져 있다."

그렇다면 '홀로그래피 원리'는 어떤 의미에서 정보가 어떤 계의 내부 대신에 그 경계에 저장돼 있다는 개념이 된다. 신용카드의 홀로그래피 이미지를 생각해보라. 그것은 카드의 2차원 표면 위에 3차원 이미지가 저장된 것이다. 서스킨드는 이 개념을 더 발전시켜 블랙홀을 3차원 인간을 사건의 지평선에서 2차원 표면으로 변화시키는 거대한 우주 영사기에 비유했다. 여기서 중요한 사실은 블랙홀의 경계에 죽 펼쳐져 있는 정보가 파괴되지 않는다는 점이다. 정보는 모두 그곳에 온전히 존재한다. 전혀 상실되지 않은 채.

끈 이론은 이런 일들이 어떻게 일어날 수 있는지 아주 흥미로운 설명을 제시한다. 앞에서도 말했듯이, 끈 이론은 입자들이 점이 아니라, 진동하는 끈이 만든 미소한 고리라고 가정한다. 고리 모양의 끈이 진동하는 방식에 따라 입자의 종류가 달라진다. 먼저 끈 하나가 블랙홀로 떨어진다고 상상해보라. 여러분은 멀찌감치 떨어진 우주선에서 그것을 지켜본다. 끈이 사건의 지평선에 가까워지면, 진동 속도가 느려지는 것으로 보인다.

끈은 넓게 퍼져서 거기에 담긴 모든 정보가 사건의 지평선 전체에 퍼진다. 각각의 끈이 퍼질 때마다 그것은 다른 끈과 겹쳐 아주 촘촘하게 뒤엉키게 된다. 모든 것은 끈으로 이루어져 있기 때문에 블랙홀로 떨어지는 것은 모두 다 이와 같이 퍼지게 된다. 그 결과로 블랙홀의 표면을 뒤덮은 거대한 끈들의 얽힘은 블랙홀이 만들어질 때나 그 후에 블랙홀로 떨어진 막대한 양의 정보를 모두 다 저장할 수 있다. 그렇다면 이곳 사건의 지평선에는 "블랙홀로 떨어진" 모든 것이 존재한다. 멀찌감치 떨어진 곳에 있는 관찰자에게는 그것은 블랙홀 속으로 들어가지 않았다. 그것은 사건의 지평선에서 정지해 있으며, 나중에 복사를 통해 우주 공간으로 나올 수 있다.

서스킨드는 1994년에 케임브리지를 방문했는데, 내심 호킹과 대화를 나누며 지평선 상보성이 정보 역설을 해결할 수 있다고 설득할 황금의 기회라고 생각했다. 하지만 불행하게도 그 당시 호킹은 건강이 좋지 않아 만날 수가 없었다. 결국 호킹은 서스킨드가 지평선 상보성에 대해 이야기하도록 강연을 개최했다. 서스킨드는 그 사건을 다음과 같이 기억하다.

"그것은 호킹과 대면할 수 있는 마지막 기회였다. 강연장은 꽉 찼다. 내가 강연을 막 시작하려고 할 때 호킹이 도착해 뒤쪽에 앉았다. 보통은 그는 칠판에 가까운 앞쪽에 앉는다. 그는 혼자가 아니었다. 응급 상황이 필요할 경우에 대비해 간호사와 또 다른 조수가 함께 붙어 있었다. 그는 상태가 좋지 않은 게 분명했고, 세미나가 반쯤 진행되었을 때 강연장을 떠났다. 그게 다였다."[29]

서스킨드의 개념은 21세기 초에 누가 그것을 엄밀하게 수학적으로 다루는 방법을 내놓을 때까지 기다려야 했다.

15

"나는 우리가 아마겟돈과 새로운 암흑 시대를 피할 확률이 높다고 생각한다."

1995년 봄, 『시간의 역사』는 처음 출간되고 나서 7년이 지난 뒤 마침내 페이퍼백 형태로 나왔다. 페이퍼백은 초판이 출판되고 나서 1년쯤 지난 뒤에 나오는 게 보통이지만, 양장본이 계속 잘 팔렸기 때문에 밴텀 출판사는 그 결정을 계속 미루었다. 한 인터뷰어는 호킹에게 영국에서만 60만부, 전 세계에서 800만 부 이상이 팔리고, 〈타임〉의 베스트셀러 목록에 235주 이상 오른 이 책을 겨우 8파운드를 아끼기 위해 페이퍼백으로 읽으려고 7년 동안이나 우주의 비밀을 아는 걸 미루며 기다린 사람들이 아직 남아 있을 것이라고는 생각하기 어렵다고 말했다.[1] 호킹은 생각이 달랐다. "전 세계의 남녀노소 중에서 이 책을 산 사람은 750명당 한 명밖에 되지 않아요. 그러니 아직 749명이나 남아 있는 셈이지요." 그 말을 듣고 간호사가 "호킹식 논리예요!"라고 맞장구를 쳤다.[2]

그해 봄에 호킹과 제인은 마침내 이혼했다. 7월에 호킹은 콜로라도 주의 애스펀 음악 축제 때 애스펀 음악 축제 및 음악 학교와 애스펀 물리학센터를 위해 열린 콘서트에서 일레인과 약혼한 사실을 처음으로 공식 발표했고, 곧 결혼할 계획임도 밝혔다.[3]

호킹은 짧은 연설을 통해 바그너의 〈지크프리트의 목가〉 연주를 소개했다. 바그너가 작곡한 대부분의 음악과 달리 〈지크프리트의 목가〉는 친밀한 실내악이고, 연주자도 몇 명만 있으면 된다. 이 곡에는 낭만적인 뒷

이야기가 있다. 바그너는 아내 코지마의 생일인 1870년 크리스마스 아침에 아내의 침실 밖에 있는 계단에서 연주하는 깜짝 이벤트를 할 목적으로 이 곡을 작곡했다. 두 사람은 그 전 여름에 결혼한 사이였다. 호킹이 약혼 발표를 위해 〈지크프리트의 목가〉를 준비한 것은 탁월한 선택이었다. 이 곡은 온화한 부드러움과 정열을 문학에서만 독특하게 볼 수 있는 방식으로 결합한 곡이다. 호킹이 무대를 퇴장하면서 음악이 시작될 때 일레인은 호킹의 어깨를 사랑스럽게 어루만졌다. 애스펀 물리학 센터 이사장인 물리학자 데이비드 슈람David Schramm은 이렇게 말했다. "일레인을 바라보는 호킹의 눈에는 애정의 표현인 따뜻함이 흘러넘쳤다. 그들 사이의 관계는 아주 특별하다."[5] 두 달 뒤인 1995년 9월 16일, 두 사람은 케임브리지 등기소에서 결혼식을 올린 뒤, 곧이어 교회에서도 결혼식을 치렀다. 호킹의 세 자녀와 일레인의 두 아들은 참석하지 않았다. 호킹은 결혼식에서 할 말을 프로그래밍해 컴퓨터에 저장해두었다. "너무 행복합니다. 저는 제가 사랑하는 여인과 결혼했습니다."[5]

결혼 당시에 언론의 반응은 호의적이지 않았다. 살 날이 얼마 남지 않은 부자 남자와 결혼한 일레인의 저의를 의심하는 사람들도 있었다. 기자들은 일레인의 전 남편인 데이비드 메이슨이 일레인에게 불리한 말을 해주길 내심 기대했지만, 그는 오히려 일레인을 변호했다. 그는 일레인이 정말로 원하는 것은 자신이 그에게 꼭 필요한 사람이라고 말했다.[6] 일레인에게도 호킹이 필요했던 것처럼 보이는데, 호킹은 일레인과 결혼하는 이유를 묻는 질문에 대해 "이제 나도 딴 사람을 도울 때가 되었다. 어른이 되고 나서 나는 줄곧 다른 사람들에게 도움을 받기만 했다."라고 대답했기 때문이다.[7] 결혼 후에 호킹은 결혼 생활을 묻는 언론—그리고 호기심 많은 청중—의 질문에 한사코 답변을 거부했다. "제 사생활 문제는 자세히 언급하지 않으려 합니다."라는 게 의례적인 답변이었다.[8] 호킹과 일레인의 결혼 생활에 대해 염려하는 소문과 그보다 덜 호의적인 뒷공론이 나돌았지만, 호킹을 잘 아는 사람들이 하는 이야기에서 일맥상통하는 핵심 사실은 바로 "호킹이 일레인을 사랑한다."라는 것이었다.

약혼 발표가 났을 때 제인은 아들 로버트를 만나러 시애틀에 가 있었다. 케임브리지로 돌아온 제인은 호킹의 아내로 살아온 삶을 기록한 회고록을 쓰지 않기로 한 앞서의 결정을 다시 생각하기 시작했다. 그에 앞서 제인은 프랑스에서 구입해 복원한 집 '르 물랭 Le Moulin'에 대해 쓴 원고를 출판해줄 출판사를 찾으려고 애썼지만 적당한 출판사를 구할 수 없었다. 그 책은 같은 일을 하려고 생각하는 사람들에게 소중한 조언과 실용적인 정보를 담고 있었다. 하지만 출판사들은 르 물랭에 관한 책보다 호킹과 함께 살아온 생애를 다룬 책을 원했다. 비양심적인 에이전트는 제인을 꾀어 만약 지금 제인이 쓰고 있는 책을 출판사가 내주기로 동의한다면, 훗날 '모든 것을 이야기하기로' 약속하는 계약서에 서명하게 했다. 제인은 그 계약의 유효 기간이 만료되길 기다렸다가 1994년에 『프랑스의 집 At Home in France』을 자비 출판했다.

호킹이 일레인과 결혼하고, 제인이 케임브리지에서 아들 티모시를 데리고 조너선과 공개적으로 함께 살면서 모든 상황이 변한 뒤인 1995년 여름과 가을, 제인은 훨씬 덜 유쾌한 자신의 관점에서 '호킹 이야기'를 털어놓을 때가 되었다고 생각했다. 맥밀런 출판사에서 자서전을 쓸 의향이 있느냐는 편지가 오자, 제인은 좋다고 대답했다.

차와 강연

1996년 봄에 내가 응용수학 및 이론물리학과를 방문해 호킹과 차를 마시기 바로 얼마 전에 『블랙홀과 아기 우주』가 출판되었다. 그런데 일부 비판자들은 이 책에 나오는 한 가지 주장에 발끈했다.[9] 호킹은 3년 전에 쓴 글에서 이야기했던 내용을 다시 강조했는데, 물리학에서 이론은 "수학적 모형에 불과하며, 그것이 현실과 일치하느냐 않느냐를 묻는 것은 아무 의미가 없다. 단지 그 예측이 관찰 사실과 일치하느냐 않느냐만 물을 수 있다."라고 썼다.[10] 나머지 사람들은 호기심을 느낄지 모르지만, 호킹은 웜홀이 실제로 존재하느냐 않느냐는 질문을 논의하는 것은 아무 의미가 없다고 재차 강조했다.

차를 마시면서 나는 그 문제에 대해 호킹과 조금 더 깊은 이야기를 나누었다.

"좋아요, 이 이론이 현실과 일치하느냐 않느냐 묻는 것은 아무 의미가 없다고 합시다. 하지만 그 질문에 대한 답은 실제로 '존재'하나요? 설사 우리가 거기에 접근할 수는 없다 하더라도, 확실한 실재가 존재하나요?"

어떤 차원에서건 그런 것이 전혀 없다고 말하는 것은 사물을 포스트모더니즘적 관점에서 바라보는 것에 해당한다. 호킹은 아주 흥미로운 대답을 내놓았다.

"모형과 독립적으로 실재를 바라보는 관점이란 있을 수 없어요. 그렇다고 해서 모형 독립적 실재가 전혀 없다고 말할 수는 없지요. 만약 그런 것이 없다고 생각한다면, 나는 과학을 계속할 수 없겠지요."[11]

1994년에 케임브리지의 뉴턴 연구소에서 호킹과 펜로즈가 한 강연 여섯 편을 모아 1996년에 나온 『시간과 공간의 본질 The Nature of Space and Time』은 두 사람의 서로 다른 철학적, 과학적 관점에 통찰을 제공하는데,

이 책에서 호킹은 "나는 펜로즈가 내심은 플라톤주의자라고 생각하지만, 진실은 펜로즈 자신에게 물어봐야 할 것이다."라고 말했다.[12] 하지만 호킹이 내게 한 말을 생각해보면, 그 자신도 플라톤주의자인 게 분명하다.

우리는 휴게실에서 언제나처럼 학생들과 물리학자들에게 둘러싸여 차를 마셨다. 그들의 복장은 여전히 초라할 정도로 캐주얼했고, 사용하는 언어는 영어와 수학이 섞여 있었으며, 테이블 위에 방정식을 써가면서 나누는 대화 주제는 우주의 범위와 역사에 관한 것이었다. 비록 동료들과 학생들은 호킹이 문장을 작성할 때까지 오랫동안 참으면서 기다려주고, 그의 말은 그렇게 기다릴 만한 가치가 있는 것으로 여겼지만, 이들 속에서 호킹이 특별한 사람으로 대우받는다는 느낌은 전혀 들지 않았다. 보디 랭귀지와 목소리의 뉘앙스 없이 흘러나오는 그의 합성 음성은 무한함과 사려 깊은 인내심을 느끼게 해줬고, 그의 말은 마치 신탁과 같은 분위기를 풍겼다. 그의 유머는 의도했든 하지 않았든 천연덕스러운 위트로 들린다.

그날 오후의 차 마시는 시간은 일찍 끝내야 했는데, 호킹이 공개 강연을 하기로 일정이 잡혀 있었기 때문이다. 입장권은 몇 주일 전에 이미 대학에서 모두 나누어주었다. 누가 내게 입장권 없이 들어갈 수 있는 호킹의 대학원생들과 함께 들어가라고 말해주었다. 그것은 아주 친절한 제안이었는데, 나는 그들 중 가장 나이 많은 사람(대학원생뿐만 아니라 강연자까지 포함해)보다 적어도 25세는 더 많았기 때문이다.

그 강연은 언론 매체의 큰 관심을 끌었다. 건물 바깥에는 큰 확성기를 실은 트럭들이 주차했고, 케이블이 강연장 안으로 연결되었으며, 스포트라이트가 무대와 청중을 비추었다. 강연장은 현대식이고 컸지만, 호킹이 전 세계를 돌아다니며 강연을 할 때 입추의 여지 없이 꽉 찼던 다른 강연장만큼 넓지는 않았다. 500여 명의 청중이 기다란 곡선 모양을 이룬 책상 같은 벤치에 앉았고, 다른 사람들은 우리 위쪽의 발코니에 앉았다. 호킹이 휠체어를 타고 연단으로 나오는 순간, 좌중이 일제히 조용해졌다. 그러한 고요함 속에서 무대 중앙으로 거침없이 나오는 그의 모습은 마치 다른 차원에서 방문한 사람 같은 분위기를 풍겼다. 호킹은 강연 내용을 미리 컴퓨터에 프로그래밍해 놓았고, 조수가 슬라이드 영사기를 돌렸다. 강연 내용과 슬라이드에 대부분의 사람이 제대로 이해할 수 없는 공식과 도표가 포함되었을 때조차 청중은 호킹의 말에 귀를 기울이며 몰두했다.

그 무렵, 호킹은 다음 해에 방영될 예정인 또 다른 텔레비전 프로젝트로 바빴다. 〈스티븐 호킹의 우주〉 프로그램은 BBC와 미국의 퍼블릭 텔레비전이 합작하여 제작한 6부작으로, 그에 딸린 책도 함께 출간하기로 했다. 이번에는 호킹의 의중을 십분 살려 순전히 과학에 초점을 맞춘 작품을 만들기로 했다.

제인과 조너선 헬리어 존스는 1997년에 결혼했지만, 루시가 그해 3월에 보스니아에서 UN 평화봉사단으로 일하고 있던 남자친구 알렉스 매켄지 스미스Alex Mackenzie Smith의 아이를 낳을 것이라고 알림으로써 선수를 쳤다. 루시와 알렉스는 런던에서 함께 살기로 계획을 세웠고, 7월에 정식으로 결혼했다. 그리고 호킹의 첫 손자의 이름을 윌리엄으로 지었는데, 그것은 물론 호킹의 중간 이름을 딴 것이었다.

우주 차원의 검열

호킹이 또 다른 내기에서 졌음을 인정할 때가 왔다. 이번 내기는 1970년에 호킹이 블랙홀의 사건의 지평선에서 움직이는 광선에 대해 처음 생각할 때 한 것이었다. 그때, 호킹은 만약 광선들이 서로 만나 충돌한 뒤에 블랙홀 속으로 들어가면 어떤 일이 일어날까 하고 생각했다. 여기서 질문은 블랙홀이 지평선이 '없는' 상태가 되어 특이점이 '노출된' 상태로 우리 눈에 보일 수 있는가 하는 것이었다. 로저 펜로즈는 '우주 검열관 가설'을 제안했는데, 특이점은 항상 사건의 지평선으로 가려져 있다는 내용이었다. 이를 둘러싼 논쟁은 몇 년 동안 이어졌는데, 이를 놓고 호킹은 킵 손과 존 프레스킬 John Preskill(역시 칼텍에서 근무하던)을 상대로 펜로즈가 옳다는 쪽에 내기를 걸었다. 패자는 "패배를 인정하는 적절한 메시지를 새겨 승자의 알몸을 가릴 옷"을 제공하기로 했다. 그들이 내기를 하고 서명을 한 1991년 이후 프린스턴의 데메트리오스 크리스토둘루는 텍사스 대학의 매슈 촙토이크 Matthew Choptuik가 만든 컴퓨터 시뮬레이션을 사용해 이론적 계산을 해보았는데, 그 결과는 붕괴하는 블랙홀과 같은 아주 특별한 조건에서는 사건의 지평선이 없는 특이점이 생겨날 수 있음을 시사했다. 그런 상황은 심을 뾰족하게 깎은 연필을 거꾸로 세우는 것과 비슷하지만, 이론적으로 불가능한 것은 아니라고 촙토이크는 말했다.

호킹은 1997년에 캘리포니아 주에서 한 공개 강연에서 자신이 내기에서 졌다고 인정했다. 손과 프레스킬에게 준 티셔츠에 새긴 '자수' 문구는 노출 특이점이 생길 '수는' 있어도 아마도 생기지는 않거나 혹은 절대로 생기지 않을 것이라는 내용이었다. 만화 이미지는 몸매가 좋은 여성이 타월로 알몸을 간신히 가린 모습을 보여주었는데, 타월에는 "자연은 노출 특이점을 혐오한다."라는 문구가 적혀 있었다. 그런데 크리스토둘루가 계산을 다시 해보았더니 호킹이 패배를 인정한 것은 너무 빨랐다는 사실을 발견했다. 그래서 새로운 내기를 걸게 되었다. 이번에는 특이점이 불가능에 가까운 특별한 조건 없이 나타나야 하며, 패자가 옷에 새기는 메시지도 패배를 모호하게 인정하는 것이어서는 안 된다고 못을 박았다. 한편, 프

레스킬은 우리가 알고 있는 노출 특이점이 하나 있는데, 그것은 바로 빅뱅이라고 말했다.[14]

호킹은 1997년에 특별히 기억에 남을 만한 여행을 했다. 킵 손을 비롯해 여러 동료와 함께 남극 대륙을 방문한 것이다. 사진들은 얼음과 눈을 배경으로 휠체어에 묶여 있는 그의 모습을 보여준다. 하지만 호킹은 남극점에 도달하지는 못했으며, 또 북극점에도 간 적이 없기 때문에 그곳에 경계가 없다는 사실을 '개인적으로 관찰했다고' 말할 수 없다.

팽창 속도가 가속되고 있다!

1998년 1월, 미국 천문학회 회의에서 솔 펄머터 Saul Perlmutter라는 젊은 천문학자가 우주가 팽창한다는 허블의 발견에 필적할 만한 발견을 발표했다. 그것은 우주의 팽창 속도가 빨라지고 있다는 것이었다! 그 말을 들은 우주론자는 모두 입을 떡 벌렸다. 언론 매체는 곧 모든 과학자의 예상을 뒤집어엎는 사실이 발견되었다는 뉴스를 쏟아내기 시작했다. 펜로즈와 함께 쓴 『시간과 공간의 본질』의 2010년도 개정판 후기에서 호킹은 이 놀라운 사건의 중요성에 대해 흥분을 표시했다.

이 사실은 두 천문학자 팀이 각자 독자적으로 발견했다. 펄머터는 캘리포니아 주의 로렌스 버클리 국립연구소에서 초신성 우주론 프로젝트를 이끌면서 우주의 팽창 속도가 느려지고 있는지 알아내기 위해 초신성들을 관측했다. 그런데 그들이 발견한 결과는 정반대였다. 자신들이 발견한 것이 정말로 옳은지 믿기가 어려웠지만, 3월에 오스트레일리아의 마운트스트롬로 천문대와 사이딩스프링 천문대에서 브라이언 슈미트 Brian Schmidt가 이끄는 관측팀도 비슷한 결과를 보고했다.

인플레이션 이론은 평탄한 우주를 예측한 반면, 새로운 데이터는 우리가 살고 있는 실제 우주는 열린 우주임을 시사했다(그림 6-1에서 프리드만의 두 번째 모형 참고). 하지만 이 발견이 지닌 또 한 가지 의미는 인플레이션 이론에 그다지 나쁜 게 아니었다. 펄머터가 발견한 것은 우주에 반발력이 작용한다는 사실, 즉 인플레이션 이론에서 실제로 존재한다고 주장하는 반중력 가속을 뒷받침하는 최초의 강력한 관측적 증거로 간주할 수 있었다. 우주는 어디선가 반중력 추진력을 얻고 있는 게 분명했다.

우리는 아인슈타인이 자신의 일반 상대성 이론 방정식에 임의로 집어넣었던 우주 상수의 증거를 발견한 것일까? 물론 아인슈타인은 그 후에 그것이 자신의 실수였다면서 방정식에서 우주 상수를 뺐다. 그런데 이제 와서 펄머터는 작은 양(陽)의 값을 가진 우주 상수가 실제로 있다고 주장했고, 호킹과 많은 물리학자는 그것이 가장 간단한 설명이라고 동의했다.[15] 하지만 이 결론에는 약간 불안한 요소가 있다. 진실은 그렇게 단순한 게 아닐지도 모른다. 우주에는 그보다 훨씬 기묘한 반중력이 작용할지 모른다. 불가사의한 '제5원소(quintessence)'가 존재할지도 모른다는 이야기도 나왔다.

불가사의한 에너지원을 가리키기 위해 '암흑 에너지(dark energy)'라는 용어가 만들어졌다. 아인슈타인의 유명한 방정식이 알려준 것처럼 에너지는 곧 질량이다. 암흑 에너지는 정상 물질과 '암흑 물질'(이 역시 불가사의한 물질이지만, 어쨌든 존재한다는 사실이 분명히 확인된)과 함께 인플레이션 이론이 예측하는 평탄한 우주를 만들어낼지도 모른다. 호킹은 『시간과 공간의 본질』 2010년도 개정판 후기에서 이 암흑 에너지가 충분히 많이 존재하면 심지어 원래의 무경계 가설과 일치하는 닫힌 우주를 만드는 데 필요한 양의 곡률을 만들어낼 수도 있다고 주장했다.[16] 하지만 1998년에 호킹은 예상 밖의 이 발견을 고려하여 무경계 가설을 다시 검토할 필요가 있다고 생각했다.

새천년이 다가오다

1998년, 빌 클린턴 대통령은 밀레니엄 이브닝 시리즈—백악관이 주최한 여덟 편의 강연과 문화 전시회로, 인터넷을 통해 생중계하기로 계획한—를 발표했는데, 호킹을 강연자 중 한 사람으로 초대했다. 호킹이 '상상력과 변화: 다음 밀레니엄의 과학'이란 제목으로 할 강연은 이 시리즈의 두 번째 이벤트로 3월 6일에 하기로 일정이 잡혔다. 호킹은 이 기회를 이용해 자신이 심각한 위험으로 간주하는 것, 즉 인구 과잉과 무분별한 에너지 소비에 대해 경고하기로 했다. 호킹은 우리가 지구상의 모든 생물을 죽이거나 "야수성과 야만성의 상태로 전락할" 가능성이 있다고 생각했다. 또한 다음 밀레니엄에 인간의 DNA를 재설계하려는 모든 시도를 법이나 금지 조처로 막을 수 있다는 주장에 심각한 의문을 표시했다. 인간 유전공학 연구를 법적으로 금지하는 것을 대다수 사람들이 찬성한다 하더라도, 어디선가 그런 연구를 하는 사람까지 막지는 못할 것이다. 청중을 충격 상태에 몰아넣은 채 강연을 끝내고 싶지 않았던 호킹은 다소 낙관적인 발언으로 강연을 마무리지었다.

"나는 낙관주의자입니다. 우리가 아마겟돈과 새로운 암흑 시대를 피할 가능성이 매우 높다고 생각합니다."[17]

미국은 호킹이 이야기한 것에서 더 어두운 측면과 더 밝은 측면을 모두 다 추구하는 것처럼 보였다. 1999년에 캘리포니아 주를 다시 방문한 호킹은 만화영화 〈심슨 가족〉의 한 에피소드에 자신의 목소리를 직접 녹음

하기 위해 머물고 있던 몬터레이에서 로스앤젤레스로 날아갔다. 이 배역은 호킹에게 아주 중요한 것이었는데, 비행기를 타기 이틀 전에 휠체어가 고장 나자 대학원생 조수인 크리스 버고인^{Chris Burgoyne}이 그것을 제시간에 고치느라 36시간 동안 계속 일한 사실이 이를 잘 말해준다. 설사 호킹이 아마겟돈에서 전 인류를 구하진 못하더라도, 대신에 로스앤젤레스로 제시간에 날아가 최소한 "리사의 뇌를 구할" 수는 있었다. 호킹이 출연한 그 에피소드에서 가장 기억에 남는 구절은 호킹이 호머에게 호머의 도넛 모양 우주가 흥미롭다면서 "내가 그것을 훔쳐야겠다."라고 한 말이었다. 호킹은 제작자에게 극중 인물로 나오는 자신을 인형으로 만들 수 있느냐고 물었다. 그 인형은 시중에 판매되었고, 장난감 가게에서 베스트셀러가 되었다. 호킹은 또한 만화영화 〈딜버트〉(여기서도 호킹은 목소리를 기꺼이 빌려주었다)에서 기계가 우연히 블랙홀을 만드는 바람에 위험에 빠진 우주를 구한다. 딜버트가 기르는 개 도그버트는 호킹을 납치해 시공간을 수리하게 한다. 말할 필요도 없지만, 이 작품에서 호킹 박사는 우주를 제대로 고친다. 그해에 호킹은 자신의 몸도 수리했다. 음식물이 폐로 들어가는 걸 막기 위해 후두를 수술함으로써 이제 식사가 덜 위험하고 훨씬 즐거운 일이 되었다.

내가 호킹에 대한 책을 처음 쓴 1980년대 후반에는 극소수 사람만 아는 호킹의 사생활을 자세히 묘사하는 게 부적절하며 사실상 불가능하다고 생각했다. 하지만 1999년에 제인이 쓴 『별을 움직이는 음악 *Music to Move the Stars*』이 나오자 숨겨져 있던 정보가 모두 공개되고 말았다. 제인은 두 사람이 살아오면서 겪었던 육체적, 감정적 동요에 대한 기억과 조너선 헬리어 존스와의 관계에 대해서도 거리낌없이 솔직하게 다 털어놓았다. 제인의 책이 언론에 큰 반향을 일으킨 것에 대해서는 아무도 놀라지 않았지만, 제인은 일반 대중이 보인 분노의 반응을 큰 충격으로 받아들인 것 같았다. 호킹은 자신의 전기를 다룬 책은 어떤 것도 읽은 적이 없다는 말 외에는 공식적인 발언을 전혀 하지 않았다. 호킹의 유머는 여전히 살아 있었는데, 한 기자가 제인의 책에 대해 물어보다가 호킹에게 자신의 DNA를 과학을 위해 복제하라는 유언을 남겼느냐고 묻자 "나를 또 복제한 것을 원하는 사람이 있으리라고는 생각하지 않아요."라고 대답했다.[18](another copy of me는 나의 복제라는 뜻도 되지만, 나에 관한 또 다른 책이란 뜻도 된다. — 옮긴이)

호킹은 오페라와 텔레비전에도 출연했고, 호킹을 다룬 영화도 한 편 만들어졌다. 하지만 연극 무대에는 선 적이 없었다. 로빈 호든 Robin Hawdon의 〈신과 스티븐 호킹 God and Stephen Hawking〉의 대본을 사전에 받아본 호킹은 완전히 무시하는 반응을 보였는데, 그 대본이 작품으로 만들어져 무대에 올라가지 않으리라고 기대했기 때문이다. 호든이 제인의 책을 인용해 세부 내용을 추가하자, 호킹은 소송을 거는 것도 생각했지만 그러면 "어리석고 가치 없는"[19] 그 연극에 괜히 사람들의 관심만 더 커질 것이라고 판단했다. 그 연극에는 하느님과 교황, 여왕, 제인, 아인슈타인, 뉴턴도 등장했다. 루시는 연극에서 자신의 가족이 무대 위에 나오는 것을 보고는 "오싹하면서도 매료되어 무대 위로 올라가 합류하고 싶은 정신 나간 충동"을 억누르느라 애를 먹었다.[20]

한편, 호킹은 엑서터에서 대학을 다니던 아들 티모시의 요청에 못 이겨 다른 방향으로 지평선을 넓혔다. 티모시는 형과 달리 아버지의 뒤를 이어 물리학을 전공하는 대신에 어머니처럼 프랑스 어와 에스파냐 어를 공부했다. 티모시는 포뮬러 원 경주에 아버지가 관심을 가지게 하는 데 성공했고, 심지어 록 콘서트에도 가게 했다. 호킹은 자신도 그 중 일부 공연은 재미있게 즐겼다고 말하지만, 한번은 표를 구하기가 아주 어려웠던 콘서트에 갔다가 20분 만에 나왔다. 평생 바그너의 팬이었던 호킹은 록 음악에서도 자신의 마음에 드는 곡과 들지 않는 곡을 분명히 분간했고, 휠체어 바퀴로 자신의 호불호를 표시했다.

이론과 이론의 만남—무경계 가설과 인플레이션 이론

밀레니엄의 끝이 다가오던 1990년대 후반, 동료들과 대중적 명사들 사이에서는 호킹의 명성이 확고해 보였지만, 그와 짐 하틀의 무경계 가설은 여전히 논란의 대상이었다. 무경계 가설은 프리드만의 모형 중 첫 번째 모형(그림 6-1 참고)인 닫힌 우주를 예측했다. 그 모형에 따르면, 우주는 결국 빅크런치로 붕괴하는 운명을 맞이할 수밖에 없다. 하지만 1990년대 후반에 우주의 팽창 속도가 가속되고 있다는 사실이 발견되고, 우주에 존재하는 물질과 에너지의 양을 좀더 정확하게 추정할 수 있게 되면서 이론 물리학자들 사이에서는 우리 우주가 그런 종류의 우주일 가능성에 대한 의심이 점점 커졌다. 우리 우주는 심지어 프리드만의 두 번째 모형인 '열린' 우주, 즉 영원히 팽창을 계속하는 우주일 가능성이 커 보였다.

그와 동시에 인플레이션 이론은 프리드만의 세 번째 모형인 '평탄한' 우주를 예측했다. 즉, 우주에 존재하는 물질의 양이 임계 밀도보다 크지도 작지도 않아, 우주는 붕괴를 간신히 면할 만큼 충분히 빠르게 팽창한다는 것이다. 1995년, 뉴욕스토니브룩 주립대학의 닐 터럭Neil Turok과 마틴 부처Martin Bucher와 앨프레드 골드헤이버Alfred Goldhaber는 인플레이션 이론이 영원히 팽창하는, 열린 우주를 반드시 배제하진 않음을 보여주는 논문을 썼다. 하지만 이것은 무경계 가설에 즉각적인 도움이 되는 것은 아니

었다.[21]

자신의 무경계 가설은 닫힌 우주를 예측하는 반면, 인플레이션 이론은 평탄한 우주 혹은 열린 우주를 예측하고, 관측 결과는 열린 우주 쪽으로 기우는 상황에서 호킹은 이 모형들의 타협 가능성을 고려하기 시작했다. 닐 터럭은 호킹의 좋은 친구였는데, 케임브리지에서 열린 인플레이션에 관한 세미나가 끝난 뒤 어느 날, 두 사람은 함께 차를 마시면서 의견을 나누었다.

그 결과로 4차원에서 아주 작고 약간 불규칙하게 생겼고 쭈글쭈글한 구를 닮은 시공간의 한 입자가 자동적으로 무한하고 열린 우주로 팽창해가는 모형이 나왔다.[22] 이 입자는 인플레이션을 겪기 전에 찰나의 순간instant만 존재했을 것이기 때문에, 호킹과 터럭은 그 이름을 순간자瞬間子, instanton라고 지었다. 하지만 대중에게 어필한 이름은 '완두콩pea'이었는데, 두 사람이 순간자가 완두콩보다도 상상할 수 없을 정도로 작지만 질량은 완두콩(약 1g)과 비슷하다고 말했기 때문이다. 완두콩의 둥근 이미지도 도움이 되었는데, 시간을 공간의 네 번째 차원으로 간주하는 무경계 가설에서 말하는 우주의 둥근 '기원'과 일치했기 때문이다. 완두콩은 무한대의 밀도를 가진 점인 특이점이 아니다. 닐 터럭의 표현을 인용해보자.

인플레이션을 빅뱅을 만들어낸 다이너마이트라고 생각해보자. 순간자는 스스로 불이 붙으면서 인플레이션을 점화시키는 일종의 신관이다. 순간자가 존재하려면 중력과 물질과 시간과 공간이 있어야 한다. 이 중에서 어느 하나라도 없으면 순간자는 존재할 수 없다. 하지만 순간자가 있으면, 그것은 곧바로 인플레이션이 일어나는 무한 우주로 변하고 만다.[23]

순간자 '바깥'에는 아무것도 존재하지 않았으며, 순간자 '이전'에도 아무것도 존재하지 않았다. 시간과 공간 차원을 통틀어 거기에 존재한 것은 순간자뿐이었다. 하지만 언론에서 이 이론이 우주가 무에서 어떻게 생겨났는지 보여주었다고 한 이야기는 사실이 아니다. 우주는 "중력과 공간, 시간, 물질이 모두 아주 작고 동그란 물체 속에 빽빽하게 들어 있던 것"에서 생겨났다.[24]

인플레이션 이론과 무경계 가설과 관측 증거를 결합한 이 이론은 아주 좋은 시도였지만, 호킹과 터럭의 동료들에게서 금방 지지를 얻진 못했다. 곤란한 문제가 한 가지 있었는데, 이 모형에서 가능한 우주들 중 많은 것은 그 속에 물질을 하나도 포함하지 않을 것으로 예측되었기 때문이다. 하지만 이 문제를 해결하는 것은 호킹에게 그다지 어렵지 않았다. 인류 원리를 사용해 가능한 우주들 중 오직 하나에서만 지능 생명체가 존재할 수 있다고 말하면 되니까.

비판은 무경계 가설을 의미 있는 이론의 일부로 신뢰할 만하게 사용하기에는 여전히 논란이 많다고 생각하는 사람들에게서 나왔다. 또 다른 사람들은 호킹과 터럭이 인류 원리에 과도하게 의존한다고 생각했다. 안드레이 린데는 매우 비판적이었다. 그의 생각에 따르면, 모형에 등장하는 우주들의 물질 밀도가 현재 우리 우주에서 관측되는 물질 밀도에 비해 '기껏해야' 30분의 1밖에 안 되는 모형은 받아들일 수 없었다. 호킹과 터럭은 지금까지 자신들이 검토한 모형은 아주 단순한 모형에 지나지 않는다고 응수했다. 좀더 현실적인 모형에서는 훨씬 나은 결과가 나올 것이라고 했다.

대중은 호킹에 관한 뉴스라면 어떤 것이건 큰 관심을 보였기 때문에, 대서양 양쪽의 언론 매체들은 이러한 견해 차이를 마치 이론물리학계에 티탄의 전쟁이라도 일어난 양 대대적으로 보도했다. 〈천문학 매거진 *Astronomy Magazine*〉은 "완두콩에게 기회를 주라!"라고 촉구한 반면,[25] 〈사이언스 *Science*〉는 "인플레이션이 열린 우주와 맞서다"라고 좀더 절제된 제목을 뽑았다.[26] 린데가 교수로 있던 스탠퍼드 대학의 온라인 뉴스 서비스는 그것을 프로 권투 경기인 양 "호킹과 린데가 우주의 탄생을 놓고 대결을 벌이다"라는 제목으로 발표했다.[27] 린데의 홈그라운드인데도 불구하고 그 제목에서는 호킹의 이름을 앞에 내세웠는데, 〈스탠퍼드 리포트 온라인〉은 알파벳 순서를 따름으로써 비판의 여지를 없애려고 했을지 모른다.

이전에는 한때 린데가 호킹을 두려워한 적이 있었는지 몰라도, 이제는 그렇지 않았다. 그는 호킹을 "재능이 아주 뛰어난 사람"[28]이라거나 "아주 똑똑한 사람"[29]이라고 불렀지만, 수학에 대한 호킹의 믿음이 종교에 가깝다고 평했으며,[30] "때로는—이것은 순전히 내 개인적 해석인데—수학을 너무 신봉한 나머지 계산을 먼저 하고 나서 해석은 나중에 한다."라고 말했다.[31] "수학을 정확하게 적용했는지 확인할 필요가 있다. 이 경우, 내 직관은 그가 그러지 않았다고 말한다."[32] 하지만 한 발언에서 린데도 많은 사람들이 호킹에 대해 한 것과 비슷한 말을 했다.

"나는 호킹을 내 친구라고 생각하며, 이 일이 끝나고 나면 친구로 남길 기대한다. 그는 놀라운 결론을 들고 나온 적이 많은데, 그것들은 처음에는 틀린 것처럼 보였다. 하지만 결국 그가 옳은 것으로 밝혀진 경우가 여러 차례 있었다. 물론 다른 경우는 그가 틀렸다. 이번에는 어느 쪽인지는 두고 보면 알 것이다."[33]

스탠퍼드 온라인 뉴스에 실린 기사는 호킹이 린데의 초청을 받아 4월에 스탠퍼드 대학에서 연 세미나 때문에 촉발되었다. 두 사람이 개인적으로 '대결'을 벌이는 장면을 목격할 수 있으리란 기대 때문에 많은 사람이 모였다. 호킹은 그 후 11월에도 캘리포니아 주 몬터레이에서 린데와 알렉산드르 빌렌킨과 논쟁을 벌였다. 여기서는 자신이 사용한 인류 원리를 변호했는데, 이것은 장차 호킹이 그것을 훨씬 강하게 사용할 것임을 예고하는 조짐이었다.

"우리가 살고 있는 우주는 일찍 붕괴하거나 거의 텅 빈 곳으로 변해가지 않았다. 따라서 인류 원리를 고려해야 한다: 만약 우주가 우리의 생존에 적합하지 않았더라면, 우리는 우주가 왜 이런 식으로 존재하는지 묻고 있지 않을 것이다."[34]

호킹과 터럭의 가설에 대한 판단은 아직 시기상조라고 말할 수 있다.

16

"내게는 명확해 보여요."

1999년 12월, 새천년을 앞둔 크리스마스 이브에 CNN의 래리 킹 Larry King은 몸소 케임브리지의 응용수학 및 이론물리학과를 찾아가 호킹과 인터뷰를 했다. 호킹은 답변이 지연되는 걸 피하기 위해 사전에 전달받은 질문에 대한 답을 컴퓨터에 미리 프로그래밍해 두었다. 그 인터뷰는 크리스마스에 방송되었다. 래리 킹이 호킹에게 이 특별한 새해를 어떻게 축하할 계획이냐고 묻자, 호킹은 〈심슨 가족〉 분장 파티에 자신도 직접 극중 인물로 분장하여 참석할 것이라고 대답했다. 호킹 자신은 그러기 위해 따로 분장할 필요가 없었다.[1]

새천년이 되고 나서도 호킹은 계속 유명 인사로 명성을 이어갔다. 그는 국제적인 유명 인사들의 대열에 동참해 '신체 장애에 관한 새천년 헌장'에 서명했다. 서명자 중에는 남아프리카공화국의 대주교 데스몬드 투투 Desmond Tutu도 포함돼 있었다. 2000년 5월에는 유전자 변형 식품 반대 문제를 놓고 찰스 왕세자에게 이의를 제기했고, 8월에는 미국 민주당 전국 전당 대회 때 방영된 텔레비전 방송을 통해 미국 대통령 후보로 나선 앨 고어 Al Gore에게 지지를 보냈다.

수천 명의 청중을 대상으로 한 강연 약속이 잇따라 잡혀 대한민국, 인도의 뭄바이와 델리, 에스파냐의 그라나다를 포함해 전 세계를 계속 여행했다. 2000년 6월에는 킵 손의 60회 생일을 기념하는 '킵페스트 KipFest' 에 참석해 칼텍에서 강연을 했고, 다시 케임브리지로 돌아와 뉴넘크로프트 초등학교의 신관 증축 공사를 위해 수만 파운드의 기금을 모금하는 행사에서 강연을 했다. 2001년 여름에는 BBC4 채널에서 〈실제 스티븐 호킹 *The Real Stephen Hawking*〉이라는 새로운 다큐멘터리를 방영했다. 퀀텀 재지 1400 휠체어 광고에 출연하기로 동의함으로써 장애인을 위한 신기술의 필요에 대해 대중의 관심을 촉구했다. 호킹은 광고에서 "제 간호사들이 따라오려고 애쓰느라 살이 찌지 않아요."라고 말하는데, 이 말은 과장이 아니다.

그들은 정말로 호킹을 따라다니느라 많은 애를 썼다. 해외 여행이라도 나서는 날에는 마치 부대가 이동하는 것처럼 한바탕 난리를 치렀다. 호킹과 대학원생 조수, 의료 담당 간호사, 그 외에 시중 드는 사람 두 명이 동행하는 것은 최소한의 인원이었다. 거기에 딸린 장비와 짐의 양은 컴퓨터와 의사소통 장비를 함께 가지고 다니기 시작한 1980년대 이후부터 엄청나게 늘어났다. 수많은 해외 여행에서 이 모든 장비의 운송을 감독한 조앤 고드윈은 거기다가 옷을 담은 보통 여행 가방, 호킹의 기도를 열린 상태로 유지하는 필수 장비인 흡입 장비, 긴급 상황에 대비한 모든 것이 들어 있는 아주 무거운 검은색 가방도 포함된다고 말한다. 대학원생 조수는 휠체어와 컴퓨터의 유지와 수리에 필요한 장비와 부품도 따로 챙겨 가지고 간다. 환승 시에 가끔 짐을 잃어버리는 경우도 생긴다. 고드윈은 화물을 처리하는 사람들이 실수로 호킹의 옷이 모두 든 가방을 싣지 않는 바람에 긴급하게 쇼핑을 해야 했던 이야기를 들려주었다. 그때 호킹은 빌 게이츠Bill Gates를 만나기로 약속이 돼 있었다. 또 한번은 고드윈이 동행하지 않았던 여행이었는데, 지구 반대편에서 호킹과 동행한 사람이 다급한 목소리로 전화를 걸어왔다. 흡입 장비를 자동차 속에 놓아두고서 자동차 열쇠를 잃어버렸다는 것이었다. 그들은 이제 어떻게 해야 하느냐고 고드윈에게 물었다.

새천년 이후에는 호킹은 시간이 허락하면 언제든지 전용 제트기로 여행을 다녔다. 민간 항공기를 이용할 때에는 짐을 찾고 휠체어를 다시 가져올 때까지 기다리는 동안 비행기를 놓칠까 봐 휠체어를 타고 비행기에 탑승해야 했다. 심지어 휠체어를 위해 따로 1등석을 예약하기까지 했다. 보안 검색도 늘 골칫거리였는데, 휠체어가 너무 커서 금속 탐지기를 통과할수 없었기 때문이다. 대개는 굳이 호킹을 조사하려고 하진 않았다. 문제가 되는 것은 비행기뿐만이 아니었다. 일본에서는 '탄환 열차'를 추가로 30초 동안 더 정차하도록 하기 위해 특별한 조처를 취해야 했다.

새천년에 들어서고 나서 얼마 뒤, 이러한 호킹의 모든 해외 여행과 강연과 영예를 열광적으로 보도하던 언론 매체들이 호킹이 불가사의한 신체적 학대를 겪고 있다는 소문을 열심히 보도하는 것처럼 보였다. 케임브리지 경찰이 조사를 시작하자, 호킹은 한사코 조사에 협조하길 거부했다. 가끔 직원과 가족의 지나친 걱정을 일축했고, 자신과 아내의 사생활에 어떤 간섭도 원하지 않는다는 사실을 경찰과 모든 사람에게 분명하게 밝혔다. 일부는 생명을 위협할 정도였다는 소위 일련의 "설명할 수 없는 부상"에 대한 간헐적인 조사와 소문, 그리고 동료와 직원과 가족을 대상으로한 경찰의 면담은 5년 동안이나 계속되다가 2004년 3월에 경찰은 조사를 포기했다.

p-브레인이 정보 역설을 해결할 수 있을까?

새천년에 접어들어 안드레이 린데와 그 동료들은 끈 이론을 영원한 인플레이션의 다중 우주와 연결시키려고 노력한 반면, 호킹과 전·현직 대학원생 제자들은 무경계 가설과 비교적 새로운 개념인 '브레인brane' 이론을 조화시키기 위해 머리를 맞댔다(호킹의 머리가 먼 나라로 나가 있지 않을 때면). 또한 블랙홀도 브레인 이론의 관점에서 살펴보기 시작했다.

'p-브레인'이란 이름은 응용수학 및 이론물리학과에서 일하는 호킹의 동료이자 이 기묘한 이론적 개념에 대해 기초적인 연구를 한 피터 타운젠드Peter Townsend가 만들어냈다. p-브레인에서 'p'는 어떤 수라도 될 수 있으며, '브레인'이 가진 차원의 수를 나타낸다. 만약 p=1이라면 그것은 1-브레인이 되고, 선에 해당하는 1차원이다. p=2라면 2-브레인이 되고, 길이와 폭이 존재하는 2차원이다. 2-브레인은 판이나 막이다. 이런 맥락으로 생각을 계속해나가면, 일부 모험 게임에서 악명 높고 치명적인 '젤라틴 큐브'는 3-브레인임이 틀림없다고 판단할 수 있다(물론 이것은 이론의 일부가 아니지만). p는 그보다 더 높은 값도 얼마든지 가질 수 있다. 다만, 그것을 그림으로 나타내기는 훨씬 어렵다. 이러한 체계는 기원전 5세기에 피타고라스 학파가 생각해내고 나중에 플라톤이 받아들인 개념을 연상케 한다. 즉, 세상은 점에서 선으로, 선에서 면으로, 면에서 입체로 차례대로 창조되었다는 개념 말이다. 플라톤은 그 다음에도 더 높은 차원이 계속 이어질지 모른다고 생각했지만, 우리가 아는 세계는 3차원만으로 충분했다.[2] 오늘날의 p-브레인 이론가들은 그러한 추가 차원을 생각할 때 고대 그리스 인보다 제약을 훨씬 덜 받는다.

p-브레인은 블랙홀과 같은 방식으로 입자를 흡수하고 방출할 수 있다. 최소한 특정 종류의 블랙홀에 대해 p-브레인 모형은 호킹의 가상 입자 쌍 모형이 예측하는 것과 똑같은 방출 속도를 예측한다.

p-브레인은 블랙홀 속으로 떨어지는 정보에 대해 일종의 저장 시설을 제공하지만, 그보다 더 나은 일도 할 수 있다. 그 정보는 결국 p-브레

인에서 방출되는 복사에서 다시 '나타난다.' 호킹은 이 가능성을 고려하면서 공간의 모든 지역이 호킹 복사의 입자 쌍처럼 빠르게 나타났다 사라졌다 하는 초소형 블랙홀로 가득 차 있어야 한다는 불확정성 원리의 의미를 다시 생각해보았다. 이 작은 블랙홀들은 입자와 정보를 먹어치울 것이다. 물론 초소형 블랙홀은 원자핵보다도 약 100조 배는 더 작다. 먹어치운다기보다는 갉아먹는다고 하는 게 더 나은 표현일지 모르는데, 일상적인 우리의 경험에서는 물리학 법칙이 여전히 결정론적으로 작용하는 것처럼 보이는 이유도 이 때문이라고 호킹은 말한다. 하지만 그렇다고 해서 정보 상실이 덜 심각해지는 것은 아니다. 이런 상황에서 p-브레인이 구원자로 나설 수 있을까?

1981년에 호킹이 블랙홀 속으로 들어간 정보는 우주에서 사라진다는 주장을 발표한 뒤에 정보 역설을 둘러싼 논란이 계속되었지만, 호킹이 다른 문제들로 관심을 돌리는 걸 방해할 정도로 가열되지는 않았다(이 문제가 물리학에서 차지하는 중요성을 감안하면 놀랍게도). 어떤 사람들은 호킹이 자신의 개념과 모순되는 흥미로운 논쟁을 무시하는 쪽을 선택하고, 앞으로 나아가 논의에 참여하길 거부한 것은 단순히 완고하기 때문일까 하고 의아해했다. 일부 사람들은 강력하고 의미 있는 방식으로 대응할 만큼 호킹의 건강이 충분히 좋지 않아서 그런 게 아닐까 하고 우려했다. 호킹은 자신이 논쟁의 여지가 없는 답을 내놓았다고 생각했고, 비록 그 답이 불운하긴 했지만, 자신이 들은 논쟁 중에서 자신을 그 싸움 속으로 끌어들일 만큼 의미가 있는 것은 하나도 없다고 판단했다.

하지만 보스는 잠자고 있지 않았다. 호킹은 1993년에 서스킨드의 가설을 알게 되었고, 1996년에 물리학자 앤드루 스트로밍거 Andrew Strominger와 쿰룬 바파 Cumrun Vafa가 내놓은, p-브레인이 정보 역설을 해결할 수 있다는 제안에 결정적으로 마음이 끌렸다. 호킹과 그 동료들은 정보 상실 문제에 대한 그 해결책을 검토했으며, 그 중 일부는 큰 기대를 품었다. 거인은 자신의 은신처에서 약간 동요했지만, 곧 마음을 돌려 새로운 해결책을 받아들이지 않았다. 호킹은 자신의 견해를 계속 고수했다. 블랙홀에서 상실된 정보는 복원하는 게 불가능하다. p-브레인은 다른 이유 때문에 흥미롭긴 했지만, 정답이 아니었다. 그럼에도 불구하고, 호킹이 "우주의 미래는 라플라스가 생각한 것처럼 과학의 법칙과 현재 상태로 완전히 결정되는 게 아니며, 신은 여전히 소매 속에 몇 가지 트릭을 감추고 있다."라는 말로 강연을 마치고, 마지막 슬라이드가 턱수염을 기른 늙은이가 수수께끼 같은 미소를 지으면서 옷소매에 카드를 숨기는 그림을 보여주었을 때, 혹시 저 카드는…… 2-브레인이 아닐까 하는 생각을 지울 수 없었다.

『호두 껍질 속의 우주』에 얽힌 뒷이야기

나는 『호두 껍질 속의 우주 *The Universe in a Nutshell*』를 2000년 여름에 뉴욕의 밴텀 출판사에서 호킹의 편집자로 일하던 앤 해리스Ann Harris가 내게 보내준 타자 원고 뭉치의 형태로 처음 접했다. 대중 강연과 과학 강연과 논문을 프린트한 것들이 섞여 있었는데, 대부분은 얼마 전에 발표한 것들이었다. 그 중에는 이해하기 쉬운 것도 있었지만, 방정식과 물리학 용어로 가득 찬 것도 있었고, 여기저기에 반복되는 부분도 있었으며, 일부는 이전에 호킹이 쓴 책에 나온 내용도 있어 전체적으로 볼 때 결코 일관성 있는 책이 아니었다. 끈 이론, M 이론, 허수 시간, 역사 총합, 정보 역설, 홀로그래피 원리, 여분의 차원에 관한 내용이 모두 들어 있었다. 양자역학, 일반 상대성 이론, 블랙홀, 빅뱅처럼 더 기본적인 분야들의 내용을 요약한 것은 말할 것도 없었다. 엄청나게 많은 내용이 산만하게 나열돼 있었고, 결코 간결하게 정리돼 있지 않았다. 그때까지는 그랬다······. 앤 해리스는 과연 이 원고가 제대로 책이 되어 나올 수 있을지 알고 싶어했다. 호킹은 분명히 그녀와 밴텀 출판사의 왕관을 빛내는 보석 중 하나였다. 그 원고를 출판 불가 원고라면서 돌려보내는 것은 생각도 할 수 없었다.

나는 그 원고를 검토해보기로 동의했는데, 얼마 지나지 않아 그 일에 완전히 몰두했다. 나는 앤을 위해 여백에 "이것은······ 이런 뜻이다."라거나 "너무 전문적임", "이해 가능", "이미 33쪽에서 이야기한 내용임"과 같은 주석을 달았다. 그리고 그 다양한 조각들과 조각들의 조각들을 책의 장들을 이루는 방식으로 재배열하여 연결하는 방법을 보여주는 지도도 그렸다. 앤은 "호킹을 도와 보통 사람들이 이해할 수 있도록 책을 더 단순하게 만들기 위한" 목적으로 나를 자신의 작업에 동참시켰다. '보통 사람들'은 아무 문제가 되지 않았다. 바로 내가 그들 중 하나였으니까.

실은 호킹은 이미 우리보다 앞서 있었다. 이 책을 어떻게 꿰어맞춰 만들어야 하는지 나름의 완벽한 계획을 갖고 있었다. 일관성 없는 배열은 의도한 것이었다. 장들은 각자 나름의 주제를 가진 독립적인 장들로, 핵심 내용을 약간 알고 나면 어떤 순서로 읽어도 상관이 없었다. 내 임무는 각 장들의 들쭉날쭉한 난이도를 조절하도록 돕고, 교양 있는 일반 독자가 이해할 수 있는 수준으로 다듬어야 할 부분을 지적하는 것으로 변했다. 호킹은 그 기회를 이용해 자신의 과학 영역을 벗어나는 쟁점에 대해 자신의 일부 견해를 다시 강조하기로 했다. 몇 달 동안 이메일을 통해 의견을 교환한 뒤에 우리는 케임브리지의 연구실에서 2주일 동안 함께 일했다. 북 래버러토리 앤 문러너 디자인 회사의 환상적인 일러스트레이터 필립 던Philip Dunn도 우리 작업에 합류했다. 처음에 나는 그가 그린 일부 그림의 과학적 정확성에 대해 염려했지만, 결국 그의 그림은 『호두 껍질 속의 우주』를 호킹이 쓴 모든 책 중에서 가장 혁신적인 일러스트레이션이 들어간 책으로 만들었다.

실버 스트리트를 떠나다

2000년 무렵에 응용수학 및 이론물리학과에 극적인 변화가 일어났다. 비록 수리과학센터라는 초현대식 신축 건물은 2002년이 되어야 완공될 예정이었지만, 내가 호킹과 함께 『호두 껍질 속의 우주』 작업을 하러 왔을 때, 응용수학 및 이론물리학과는 이미 실버 스트리트에 있던 구 건물에서 그곳으로 이전한 상태였다. 내가 머물고 있던 클레어 홀에서 새로운 건물로 가려면 더백스와 캠 강을 지나가는 대신에 케임브리지의 구 중심가에서 고급 주택 단지를 지나 멀어지는 반대 방향으로 새로운 캐번디시 연구소가 있는 쪽으로 걸어가야 했지만, 그다지 멀리 걷지는 않았다. 신축 수리과학센터는 아직 공사 중이었지만, 한 부분의 '초록색'(문자 그대로 잔디로 덮인) 지붕을 빼고는 이미 〈스타 트렉〉에 나오는 건물의 형태를 나타내고 있었다. 그런데 이제 예전처럼 건물 안으로 곧장 들어갈 수 없었다. 안내대 앞에서 기다리면 호킹의 개인 조수가 나를 데리러 왔다. 그 조수는 이전에 만난 적이 없는 캐런 사임스Karen Simes였다.

호킹의 새 연구실은 실버 스트리트에 있던 이전 방에 비하면 훨씬 나았다. 공간도 넓고, 카펫이 깔렸고, 현대적이고, 두 방향으로 나 있는 창문에서 햇빛이 환하게 비쳤다. 건물 모퉁이 지점에 위치한 방이어서 양쪽에 창문이 있었다. 책상과 컴퓨터, 책장, 칠판을 놓을 공간뿐만 아니라, 고급 소파와 의자들, 커피 테이블이 들어설 공간도 있었으며, 이 모든 것은 부드러운 고급 색상을 띠고 있었다. 액자에 든 파스텔 초상화에서 메릴린 먼로가 그 장소를 굽어보았는데, 실버 스트리트의 연구실에 걸려 있던 것보다 훨씬 고급스러워 보였다. 책상과 선반에 있는 사진들은 대부분 루시의 아들이자 호킹의 외손자인 윌리엄이었다. 창문 밖으로는 2층 아래의 잔디밭과 건물을 빙 둘러싸고 펼쳐진 부자들의 거주 지역이 보였다. 하지만 이러한 전경은 지속되지 않을 것이라고 했다. 수리과학센터의 건축은 아직도 진행 중이고, 창문 밖으로 몇 m 떨어진 곳에 또 다른 부속 건물이 들어설 예정이라고 한다. 그럼에도 불구하고, 창 밖으로 보이는 풍경은 낡은 주차장과 무미건조한 벽돌 벽만 보이던 이전 풍경보다 훨씬 나았다.

새로운 건물에서 이전의 휴게실과 조금이라도 비슷한 공간은 커다란 식당뿐인데, 식당은 호킹의 연구실에서 상당히 멀리 떨어져 있어 긴 복도를 따라 걷고 실외 경사로와 다리들을 건너야 한다는 점은 이전에 비해 나쁜 점이었다. 그 규모와 거리 때문에 예전의 초라한 휴게실처럼 테이블 위에 방정식을 쓰거나 오후 4시에 차나 커피를 마시면서 비공식적인 즉석 세미나를 가지는 것은 생각하기 어려웠다. 이런 상황은 개선이 필요해 보였다.

그래도 건물 자체는 기술적 측면에서 경탄을 자아낼 만큼 아주 인상적이었다. 창문의 블라인드는 사람이 손대지 않아도 빛의 세기에 따라 자동으로 올라가고 내려갔다. 블라인드는 밤에도 내려갔는데, 초현대식 건물의 웅장함과 밝은 조명이 외계인의 존재를 더 이상 의심할 이유가 없다는 인상을 준다는(그들은 이미 거리 건너편에 대거 착륙한 것 같으므로) 이웃 주민들의 불평 때문이었다. 건물은 또한 가끔 '숨도' 쉬었다. 환기구와 문과 창문을 통해 공기가 자동적으로 빨려 들어갈 때 종이들이 흩날렸다.

이 모든 현대성과 혁신 기술에도 불구하고, 호킹이 손에 쥔 작은 상자에서 찰칵거리는 소리와 화면 위로 지나가는 단어들, 합성 음성은 내가 기억하고 있던 것과 정확하게 똑같았다. 간호사들 중 몇몇도 낯이 익은 얼굴이었다.

나는 케임브리지로 돌아오기 전에 몇 달 동안 이메일을 통해 호킹과 계속 연락을 주고받긴 했지만, 그를 직접 만나보고서 새 건물로 이사한 일도, 계속된 해외 여행과 명사 대접도, 할아버지가 된 것도, 개인적 삶의 변화도, 그가 그토록 사랑했고 그동안 수많은 세월을 쏟아부은 일을 계속하는 걸 방해하지 못했다는 사실을 발견하고 안심이 되었다. 보스는 여전히 깨어 있었다. 물론 우리가 나눈 대화는 일반적인 대화가 아니었다. 그는 손에 쥔 장비를 사용해 화면 위에서 커서를 아주 빠르게 움직이면서 단어들이 가득 찬 반쪽 화면과 단어들의 행에서 원하는 단어를 하나하나 찾았는데, 종종 그것을 놓치는 바람에 그 과정을 처음부터 다시 해야 했다. 나는 그를 대신해 문장을 완성하고 싶은 충동이 들었지만, 꾹 참아야 한다는 사실을 잘 알고 있었다. 그가 말하고자 하는 것이 무엇인지 정확하게 알 때조차. 그렇게 하면 무례한 짓이 될 것이다. 그리고 어쨌든 그는 금방 문장을 완성할 테니까. 그래서 나는 인내심을 갖고 기다리면서 지켜보았다. 속으로 커서가 정확한 단어를 빨리 찾도록 성원을 보내면서. '힘내!…… 그래, 거기야!…… 성공했니?…… 오, 맙소사!' 나는 가끔 나도 모르게 주먹을 불끈 쥐고 앞으로 내지르려는 자신을 발견하고 애써 자제했다. 그의 관용구 목록에는 욕설도 수록돼 있을까? 알 수 없는 일이다. 2주일의 일정이 시작되었을 때, 나는 처음 몇 분은 좌절을 느꼈지만, 금방 차분해졌다. 그를 본받는 게 필요했다. 즉, 참을성을 갖고 그가 하는 대로 내버려두는 것이다. 그는 좌절하지 않았다. 아니면, 좌절을 느끼지만 겉으로 표현하지 않는지도 몰랐다.

『호두 껍질 속의 우주』에 관한 우리의 공동 작업은 대체로 내가 더 간단하게 표현할 필요가 있다고 생각하는 단락과 문장, 그리고 때로는 더 많은 부분을 지적하는 것으로 진행되었다. 내가 대체할 표현을 준비해 갔지만, 항상 호킹은 내 제안을 듣긴 해도 직접 자기 손으로 표현을 바꾸길 고집했다. 가끔 내가 "저 문장은 너무 어려운 것 같아요."라고 말하면, 호킹은 특유의 미소를 지으면서 재빨리 손에 쥔 장비를 클릭하고 단어들을 조합해서 "내게는 명확해 보여요."라고 말했다. 하지만 그는 문제를 바로잡는 데 착수하여 이론물리학의 언어를 '보통 사람'의 언어로 번역하려고 애썼다. 아주 가끔 그 번역이 그래도 충분히 간단해 보이지 않으면, 나는 "미안하지만 '난' 이해가 안 돼요."라고 말했다. 설사 속으로는 난 이해할 수 있다고 생각하더라도. 그러면 호킹은 "그렇다면 조금 더 간단하게 만들어보지요."라고 대답하고는 그렇게 했다.

『호두 껍질 속의 우주』에서 호킹의 흥미로운 주장 중 하나는 우리가 더 높은 차원의 시공간 안에 있는 4차원 표면에 살고 있을지 모른다는 것이다. 그런 표면을 '브레인 세계brane world'라고 불렀다.

만약 우리가 그런 상황에서 살고 있다면, 흔히 '우주'라 부르는, 우리가 사는 4차원 브레인 세계에 있는 모든 것—예컨대 물질과 빛—은 우리가 아는 우주에서 행동하는 것과 똑같은 방식으로 행동할 테지만, 중력만은 예외이다. 중력(일반 상대성 이론에서 시공간의 곡률로 보는)은 '더 높은' 차원의 시공간으로 뻗어나갈 것이기 때문에 기묘한 행동을 나타낼 것이다. 한 가지 예를 들면, 중력은 거리가 멀어질수록 우리가 경험하는 것보다 더 빨리 감소할 것이다.

여기에는 한 가지 문제가 있는데, 만약 중력이 거리가 멀어질수록 더 빨리 감소한다면, 행성들은 우리가 보는 것처럼 궤도를 돌지 않을 것이기 때문이다. 행성들은 태양으로 끌려 들어가거나 성간 공간으로 탈출할 것이다. 하지만 우리가 관측하는 한, 그런 일은 일어나지 않는다. 하지만 여분의 차원들이 아주 멀리 뻗어 있는 게 아니라, 우리가 살고 있는 브레인 세계에서 아주 가까이 있는 다른 브레인 세계에서 끝난다고 가정해보자. 다른 브레인 세계는 우리가 볼 수 없는 그림자 브레인 세계인데, 앞에서 말했듯이 빛은 자신의 브레인 세계에 갇혀 있고, 브레인 세계들 사이의 공간으로 퍼져나가지 못하기 때문이다. 그 브레인 세계는 우리에게서 불과 1mm만 떨어져 있을지도 모르지만, 그 1mm는 다른 공간 차원으로 측정한 거리이기 때문에 우리 눈에는 보이지 않을 수 있다. 2차원 세계에 비유해 상상해보자. 종이 위에 곤충들이 기어다니고 있고, 거기서 아주 가까운 거리에 다른 종이가 평행하게 떠 있다. 곤충들은 다른 종이의 존재를 전혀 알아채지 못하는데, 이들은 세 번째 차원의 공간을 지각하지 못하기 때문이다. 곤충들은 자신이 사는 종이 위의 2차원 세계만 안다. 만약 여분의 차원이 그러한 그림자 브레인 세계에서 끝난다면, 중력은 두 브레인 세계 사이의 거리보다 '더 먼' 거리까지 자유롭게 퍼져나갈 수가 없다. 자연의 나머지 힘들과 마찬가지로 중력도 사실상 우리의 브레인 세계에 한정돼 나타날 것이고, 거리가 멀어짐에 따라 감소하는 비율도 우리가 예상하는 값과 동일할 것이다. 따라서 행성들도 우리가 아는 중력의 법칙에 따라 궤도를 돈다.

하지만 어쩔 수 없이 드러나는 단서들이 있을 것이다. 두 브레인 세계 사이의 거리보다 '짧은' 거리에서는 중력이 더 빨리 변할 테고, 그러한 차이는 무거운 물체들을 아주 짧은 거리만큼 떨어뜨려 놓았을 때 극히 미소한 중력 효과로 측정될 것이다.

그 밖에도 흥미로운 일이 일어날 수 있다. 가까이에 있는 '그림자' 브레인 세계는 우리 눈에 보이진 않더라도(그 브레인 세계의 빛은 우리에게 전파되지 못하므로), 이웃 브레인 세계에 있는 물질이 미치는 중력 효과는 느끼고 관측할 수 있을 것이다. 그 효과는 우리에게 불가사의하게 비칠 텐데, 중력 외에는 전혀 감지할 수 없는 발생원에서 나오는 것처럼 보이기 때문이다. 혹시 이것은 천체물리학의 '잃어버린 질량'과 '암흑 물질'의 미스터리를 설명할 수 있지 않을까? 별이나 은하, 은하단이 관측되는 위치에 있으면서 관측되는 것처럼 움직이려면, 우주에 존재하는 물질은 우리가 관측하는 것보다 훨씬 많아야 한다. 혹시 다른 브레인 세계의 물질이 미치는 중력 효과가 우리가 관측하는 결과로 나타나는 게 아닐까?

그림자 브레인을 포함한 것 외에도 브레인 세계 모형이 여러 가지 있으며, 그 모형들의 의미에 대한 추측은 블랙홀이나 사건의 지평선에서의 복사, 블랙홀 증발, 중력파, 자연의 나머지 힘들과 비교할 때 상대적으로 약한 중력의 세기, 우주의 기원과 허수 시간에서의 그 역사, 인플레이션 이론, 플랑크 길이, 무경계 가설 등 호킹이 아주 중요하게 여기는 주제들로 확대되었다.

브레인 세계의 안경을 쓰고 보면 무경계 가설은 어떻게 보일까?

우리가 사는 브레인 세계는 허수 시간의 역사를 가질 텐데, 그것은 4차원 구, 그러니까 두 차원이 더 있는 지구 표면과 같다. 여기까지는 어디선가 들어본 소리처럼 들릴 것이다(만약 앞 장들을 잘 읽었다면). 차이점은 원래의 무경계 가설에서는 팽창하는 구, 즉 호킹이 우리에게 상상해보라고 한 '세계의 구' '내부'에 아무것도 없었다. 하지만 새로운 브레인 세계 버전에서는 그렇지 않다. 거품 내부에 더 높은 차원의 공간이 있고, 그 공간의 부피는 브레인 세계가 팽창할수록 커진다.

우리가 경험하는 연대순 시간에서는 우리가 사는 브레인 세계가 인플레이션 이론에서 묘사한 것처럼 인플레이션 단계에 팽창한다. 가장 가능성이 높은 시나리오는 그 인플레이션 속도로 영원히 팽창하여 별이나 은하가 결코 생기지 않는 것이다. 하지만 그런 브레인 세계에서는 우리가 존재할 수 없는데, 우리는 여기에 분명히 존재하고 있다. 따라서 인류 원리는 우리에게 브레인 세계 모형이 가능성은 좀 떨어지지만 불가능하지 않은 시나리오들을 제공하는지 찾게 만든다. 실제로 그런 시나리오들이 있다. 처음에 인플레이션 팽창이 가속되는 단계를 지나고 나면 팽창 속도가 느려지는 브레인 세계에서 실수 시간 행동과 일치하는 허수 시간 역사들이 존재한다. 그렇게 팽창 속도가 느려진 뒤에 은하들이 생겨나고 지능 생명체가 진화할 수 있다. 이것은 훨씬 그럴듯하게 들린다.

브레인과 관련해 가장 믿기 어려운 주장은 홀로그래피에 대한 지식에서 영감을 얻은 것이다. 홀로그래피를 블랙홀에 적용하는 방법에 대한 서스킨드의 제안을 떠올려보라. 홀로그래피에서는 어느 시공간 지역에서 일어나는 일에 대한 정보는 그 경계에 암호화할 수 있다. 호킹은 우리가 4차원 세계에 산다고 '생각하는' 것은 우리의 존재가 거품 내부에서 일어나는 일이 브레인에 비쳐진 그림자이기 때문이 아닐까 하는 질문을 남겼다.

『호두 껍질 속의 우주』를 완성하는 작업은 그 후에도 이메일을 통해 몇 달 동안 더 계속하면서 편집 과정을 거쳤지만, 필요한 원고 집필 작업은 내가 케임브리지에 머문 2주일 동안에 대체로 다 끝났다. 그것은 아주 흥미진진한 일이었지만, 긴장이 심한 일이기도 했다. 마지막 날 저녁에 수리과학센터 주차장을 빠져나오는 순간, 나는 속으로 쾌재를 부르면서 마침내 주먹을 앞으로 내질렀다. 마침내 해냈다! 나는 살아남았고, 호킹도 살아남았다.

키스 칼리지의 저녁 식사

케임브리지에서 2주일 동안 머물던 11월의 추운 어느 날 저녁, 나는 호킹과 함께 그의 밴을 타고 저녁 식사를 하러 키스 칼리지로 갔다. 밴은 킹스 퍼레이드가 트리니티 스트리트로 바뀌는 지점, 그러니까 곤빌 앤드 키스 칼리지 건너편인 평의원 회관과 그레이트세인트메리 교회 사이에 멈춰섰다. 우리를 수리과학센터에서 싣고 온 간호사는 차를 멈추고 헤드라이트를 켜둔 채 차에서 내려 옆쪽으로 와서 호킹과 휠체어를 좌석에 고정시킨 무거운 장치를 풀었다. 뒷좌석에 혼자 앉아 있던 나는 거치적거리지 않게 밖으로 나와 길에서 기다렸다. 휠체어를 풀어 내리는 것은 아주 힘든 일이고, 넓은 공간이 필요했기 때문이다. 어디서나 볼 수 있는 케임브리지의 사이클리스트들은 전광석화 같은 반사 신경으로 나와 밴을 피해 갔다. 그들은 잠시 후에는 문에서 밖으로 삐져나온 금속 경사로도 피해 가야 했는데, 경사로는 찬 바람을 막기 위해 온몸을 감싼 호킹이 그 위로 휠체어를 타고 도로로 부드럽게 내려가게 해주었다.

호킹은 장엄한 분위기를 풍기며 느릿느릿 곤빌 앤드 키스 칼리지의 정문을 지나 안뜰 3개를 가로질러 홀로 들어가는 출입구에 이르렀다. 그렇게 많은 세월이 흐르고 장애인의 접근을 위한 노력에서 성공을 거두었음에도 불구하고, 호킹이 자기 칼리지의 교수 휴게실과 홀까지 가는 데에는 아직 이보다 더 편리한 방법이 없었다. 좁은 엘리베이터에는 호킹과 간호사만 탈 수 있었다. 그는 나와 정문에서 합류한 내 남편에게 다른 길을 알려주었다. 비록 키스 칼리지의 많은 장소는 유서가 깊고 아름답지만, 우리는 방문객의 관광 코스가 아닌 주방들과 다른 방들을 지나온 그를 다시 만났다. 벽이 화려한 패널로 장식된 교수 휴게실에는 난로가 활활 타고 있었고, 교수들은 잘 아는 사이인 듯 호킹을 반겼다. 그의 장애나 업적

338

에 놀라거나 충격을 받거나 감탄하는 일은 더 이상 없는 것처럼 보였다. 그 중에는 비록 국제적으로 호킹만큼 이름이 알려지지 않았다 하더라도, 자기 분야에서 나름의 명성을 쌓은 사람들도 일부 있었다. 그들은 호킹을 그냥 스티븐이라고 불렀다.

셰리주를 한잔 한 뒤에 모두 홀로 가 시끄러운 대학생들로 북적이는 (키스는 여전히 홀에서 식사를 하는 걸 중요하게 여기는 칼리지이기 때문에) 기다란 테이블보다 한 단 높은 하이 테이블에 자리를 잡고 앉았다. 대학원생들은 음악가들을 위한 발코니에서 음악가 없이 좀더 조용하게 식사를 했다. 포크와 나이프가 자기 그릇에 부딪치는 경쾌한 소리와 젊은 목소리들의 웅성거림, 가끔 터져나오는 고함 소리와 요란한 웃음소리, 훨씬 차분한 억양으로 말하는 교수들의 목소리 사이에서 우리는 음식을 먹고 칼리지 지하 저장고에서 가져온 훌륭한 와인을 마셨다. 간호사가 커다란 턱받이를 호킹의 가슴 주위에 두르고 음식을 떠먹여주는 동안 호킹은 손에 쥔 장비를 누르면서 컴퓨터를 통해 내 남편과 국제 정치에 대해 이야기를 나누었다.

홀에는 키스 칼리지의 저명한 교수들 초상화가 걸려 있었다. 중앙 부근에는 현대식으로 그린 호킹의 초상화가 눈길을 끌며 걸려 있었다. 수백 년 동안 이 칼리지의 길고 소란한 테이블에서 식사를 하던 남자들(최근에는 여자들도)이 나중에 칼리지를 졸업한 뒤에 가르치고, 연구를 계속하고, 돈을 벌고, 세상을 바꾸었다. 우리는 그들이 그랬던 것처럼 새로운 것과 오래된 것, 놀라운 것과 평범한 것, 풋내기와 존경받는 명사가 기묘하게 뒤섞인 이곳에서 식사를 했다. 그것은 여름 캠프 때 수백 년이나 되었지만 부조화의 아름다움을 지닌 방에서 식사를 하는 것과 비슷한 느낌이었다. 이번 세대에 키스 칼리지는 우리 시대의 아주 색다른 사람을 침착하게 받아들였는데, 이곳의 모든 사람들은 그를 그저 또 한 사람의 야영객으로 여기는 것처럼 보였다.

2000년 가을에 호킹의 연구실에서 보낸 2주일 동안 나는 종종 응용수학 및 이론물리학과에 호킹보다 먼저 도착해 그의 연구실 문과 이 초현대식 건물의 엘리베이터에서 뻗어나온 다리 사이에 위치한 현대식 책상에서 그를 기다렸다. 매일 엘리베이터 문이 열리고 휠체어가 나올 때마다 나의 현실 인식에 작으면서도 심오한 변화가 일어나는 것처럼 느껴져 그에 맞춰 재조정을 하는 게 필요했다. 그것에 익숙해진 뒤에도 나는 다른 세계에서 온 어떤 존재—우월한 지성과 장애 때문에, 그리고 또한 내가 다른 곳에서 경험한 적이 없는 종류의 의지 때문에 내게는 이질적으로 비친—가 작은 다리에서 연구실 문까지 느리지만 거침없이 우리의 시간과 공간으로 다가와 하마터면 내 발가락을 치고 지나갈 뻔했다는 인상을 떨칠 수가 없었다.

"굿 모닝?"이나 "하우 아 유?" 혹은 그와 비슷한 말이 기계적 음성으로 흘러나오면서⋯⋯ 호킹의 하루가 시작되었다.

4부

2000~2011

내 마음속에서 나는 자유롭다

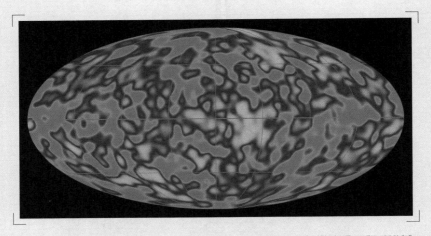

마이크로파 우주배경복사. COBE의 DMR Differential Mapping Radiometer로 2년 동안 수집한 자료를 토대로 1992년에 작성한 최초의 하늘 지도이다. ⓒ NASA/DMR/COBE Science Team

호킹이 2006년 칼텍 강연에서 이야기한 것처럼 "마이크로파 하늘의 [우주배경복사] 지도는 우주의 모든 구조에 대한 청사진이다. 우리는 초기 우주에 생겨난 요동의 산물이다." 다행히도 아주 약간만 불균일하고 불규칙한 우주 역사가 아주 많이 존재한다. 이 우주들은 완전히 균일하고 규칙적인 우주만큼 가능성이 높다. 얼마나 많은 대체 우주들이 결국 '우리'와 같은 존재를 만들어낼지는 알 수 없지만, 우리는 그런 일이 적어도 한 번은 일어났다는 사실을 안다.

17

"팽창하는 가능성의 지평선"

2000년 1월, 새천년을 맞이해 인류의 미래에 대한 호킹의 예측에 초점을 맞춘 인터뷰에서 호킹은 유전공학 문제에 관한 자신의 생각을 요약해 이야기했다. 그는 지난 1만 년 동안 인간의 DNA에는 중요한 변화가 일어난 게 전혀 없다고 말했다. 하지만 이제 인간은 더 이상 생물학적 진화가 변화를 만들어내길 기다릴 필요가 없게 될 것이고, 기다리지도 않을 것이다. 앞으로 천 년 안에 우리는 필시 자신의 DNA를 완전히 재설계하여 뇌 용량을 늘릴 수 있을 것이다. 인간을 대상으로 한 유전공학 연구를 금지한다 하더라도, 틀림없이 경제적 이유로 동식물을 대상으로 한 연구는 허용될 것이라면서 이렇게 주장했다.

"전체주의적 세계 질서가 확립되지 않는 한 그것을 인간에게도 시도하려는 자가 반드시 나올 것입니다. 누군가 어디선가 인간을 개선할 것입니다. 나는 인간을 대상으로 한 유전공학을 지지하지 않습니다. 단지 그런 일이 일어날 가능성이 있으며, 거기에 어떻게 대처해야 할지 생각해야 한다고 말할 뿐입니다."[1]

일 년 반 뒤에 그는 생각이 바뀌었다. 9·11 테러 직전에 독일의 주간 시사 잡지 〈포쿠스 Focus〉와 가진 인터뷰에서 호킹은 결국 세계를 지배하게 될 초지능 컴퓨터에게 뒤처지는 것을 피하기 위해 인간에게 자신의 DNA를 개조하도록 조언하는 게 좋을 것이라고 말했다.[2] 컴퓨터가 정말로 그 정도의 지능을 가질 가능성이 있을까? 호킹은 전에 컴퓨터는 "지적 능력이 하찮은 종인 지렁이의 뇌보다 덜 복잡하다."라고 말했다.[3] 하지만 그는 "만약 인간의 경우 아주 복잡한 화학 분자들이 작용해 지능을 갖게 만들었다면, 마찬가지로 복잡한 전자 회로도 컴퓨터에게 지능이 있는 방식으로 행동하게 할 수 있다."라고 생각한다.[4] 그러면 지능 컴퓨터는 지능이 더 높고 복잡한 컴퓨터를 설계할 것이다.[5]

그의 새로운 입장은 큰 논란을 낳았지만, 9·11 테러의 여파로 거의 잊히고 말았다. 그 뒤에 불가피하게 이어진 인터뷰―언론은 호킹이 물리학 외에 다른 주제들에 대해서도 지혜로운 이야기를 해줄 것이라고 확신했기 때문에―에서 호킹은 자신이 생각해온 다른 쟁점을 거론할 기회를 얻었다. 그는 〈가디언 *Guardian*〉과 가진 인터뷰에서 이렇게 말했다.

"비록 9·11 테러는 끔찍한 것이긴 했지만, 인류 전체의 생존을 위협하지는 않았습니다. 오히려 우연한 사고나 의도적 설계를 통해 우리가 인류를 멸망시킬 바이러스를 만들어낼 위험이 더 큽니다."[6]

호킹은 인류의 생존을 보장하기 위해 장기적 목표로 우주 식민지를 만드는 계획을 가능하면 빨리 실행에 옮겨야 한다고 충고했다. 이것은 즉흥적으로 생각했다가 금방 잊히고 말 개념이 아니었다. 이미 새천년을 맞이해 가진 인터뷰에서 호킹은 21세기에는 화성 유인 여행이 일어날 것이라고 예측했다. 하지만 화성은 첫 번째 경유지에 지나지 않을 것이다. 화성은 사람이 살기에 적합하지 않다. 우주 정거장에서 살아가거나 다음 별로 여행하는 방법을 발견해야 할 필요가 있는데, 호킹은 그러한 우주 여행은 21세기에는 일어나진 않을 것이라고 확신했다. SF 작품에서야 뭐라고 이야기하건, 우리는 빛보다 빨리 달릴 수 없기 때문에 그것은 아주 느리고 지루하고 고된 여행이 될 것이다. 호킹은 몇 년 뒤에 딸 루시와 함께 쓴 어린이 책에서 인류가 우주 식민지를 건설하는 게 바람직하다는 주장을 다시 펼친다. 호킹은 그 필요성이 아주 절박하다고 느꼈기 때문에, 미래의 의제를 정할 어린이들의 마음속에 그것을 새겨놓으려고 했다.

호킹이 자신의 전문 분야에서 벗어나는 쟁점에 대해 이와 같은 발언하는 것을 모두가 반기지는 않았다. 호킹을 비판하는 사람들은 대부분 그를 '틀렸다'고 하진 않았지만, '순진하다'고 했다. 20세기의 유명한 물리학자인 브라이언 피파드Brian Pippard는 "특정 분야의 전문 지식을 가졌다는 이유로 다른 지식 분야를 먼저 깊이 연구해야 할 의무를 면제받고서 자신의 하찮은 지혜를 기여할 수 있다고 믿는 경향을 보였던" 데 대해 자신과 동료들을 대신해 용서를 구한 적이 있다.[7] 그 기준에 따르면 호킹은 유죄라고 말할 수 있겠지만, 호킹은 아주 중요하여 널리 알려야 한다고 강하게 믿는 개념을 대중에게 전파할 황금 같은 기회를 놓칠 수 없다고 생각했다. 어쩌면 그는 공공 정책에 영향을 미칠 만한 영향력을 지녔는지도 모르는 일이었다.

다시 돌아본 모든 것의 이론

1980년, 루카스 석좌교수 취임 강연에서 호킹은 힘들과 입자들을 통일할 이론으로 가장 유망한 후보는 N=8 초중력 이론이라고 말했다. 1990년에 그는 내게 초끈 이론이 그런 이론이 되지 않을까 생각하며, 자신의 무경계 가설이 우주의 경계 조건에 대한 의문에 답을 내놓을지 모른다고 말했다. 이제 두 번째 천년이 지나가고 새천년이 왔지만, 이론물리학은 아직 끝이 보이지 않는다. 모든 것의 이론도 나오지 않았다. 2002년 4월, 호킹은 한 기자에게 "나는 아직도 앞으로 20년 안에 완전한 통일 이론을 발견할 가능성이 50 대 50이라고 생각합니다."라고 말했다.[8] 루카스 석좌교수 취임 연설에서 언급한 것보다 훨씬 겸손하고 불확실한 예측이었다.

시간이 지나면서 호킹은 위험 부담을 더 낮추었다. 자신의 과학 경력을 지탱해온 주요 원동력 중 하나를 재고했는데, 기본적인 통일 이론—만약 그런 게 정말로 존재한다면—이 우리가 결코 다가갈 수 없는 수준에 있는 게 아닌가 의심하기 시작한 것이다. 우리의 지식은 서로 다른 지역에서 다른 이론들이 성립하고, 서로 겹치는 일부 지역에서만 합의가 이루어질 뿐, 늘 쪽모이 퀼트와 비슷한 수준에 머무는 게 아닐까? 만약 그렇다면, 이론들이 서로 모순되거나 불일치하는 것처럼 보일 때 그것을 이론이 부족하거나 틀렸다는 증거로 보는 것은 잘못이다. 우리가 우주에 대해 발견할 수 있는 것은 조각 그림 맞추기와 비슷한 것이 될 수밖에 없는데, 거기서 "가장자리 주변의 조각들—초중력 이론과 끈 이론들—을 확인하고 맞추기"는 그렇게 어렵지 않지만, "가운데 부분이 어떤지에 대해서는 많은 것"을 결코 알아내지 못할 것이다.[9] 2002년 7월, 케임브리지에서 열린 폴 디랙 100주년 기념식에서 한 강연에서 호킹은 "유한한 수의 원리로 기술할 수 있는 궁극적인 이론이 없다고 하면, 어떤 사람들은 매우 실망할 것이다. 나도 그 진영에 속해 있었지만, 생각을 바꾸었다."라고 말했다.[10]

호킹은 청중에게 오스트리아 수학자 쿠르트 괴델Kurt Gödel의 사례를 생각해보라고 했다. 괴델은 1931년에 정수의 덧셈과 곱셈을 포함할 정도로 충분히 복잡한 모든 수학 체계에서, 진술할 수는 있지만—그리고 심지어 그것이 참임을 알 수 있지만—그 체계 안에서 수학적으로 증명하거나 반증할 수 없는 명제가 반드시 존재하기 때문에 수학이 '불완전'하다는 것을 보여주었다. 호킹은 물리학도 그럴지 모른다고 생각했다. 즉, 참이지만 증명할 수 없는 것이 있을지 모른다고 생각했다. 킵 손은 그 전에 호킹의 연구 방식에 일어난 변화를 언급한 적이 있었다. 즉, 엄밀한 수학적 증명을 강조하던 방식에서 벗어나 확실성을 추구하는 대신에 "우주의 본질을 이해한다는 궁극적 목표를 향해 높은 확률과 빠른 움직임"을 추구하는 방식으로 변했다고 했다.[11] 호킹은 직관적 도약을 하면서 자신이 건너뛴 간극을 다른 사람들이 채워주길 기대했다. 그런데 지금은 청중에게 자신이 참이라고 확신하는 것들이 증명할 수 없을지 모른다고 훨씬 과감한 주장을 하려는 것일까? 그렇지 않았다. 그도 결국은 아무도 건널 수 없는 간극의 가장자리에서 인류와 합류할 수밖에 없다. 호킹은 "우리와 우리의 모형은 둘 다 우리가 기술하는 우주의 일부이고…… 물리 이론은 자기 지시적이기" 때문에 우리의 이론은 모순되거나 불완전하다고 말했다.[12]

폴 디랙 100주년 기념식에서 호킹이 언급한, 새로운 미완의 후보는 "유한한 수의 원리로 기술할 수 있는 궁극적인 이론"이 아니지만, 그래도 그것이 우리가 할 수 있는 최선일지 모른다. 그 이론은 바로 M 이론이었다. 이 이론 중 특히 흥미로운 버전은 타운젠드가 제안한 브레인 이론을 포함한다. p−브레인을 설명할 때, p=1인 1−브레인은 선, 즉 끈이라고 이야기했다. 따라서 이제 끈 이론은 타운젠드가 p−브레인이라고 이름 붙인 더 큰 집단의 일원으로 간주할 수 있다. 그렇다고 호킹이 이전에 모든 것의 이론의 유력한 두 후보로 꼽았던 초중력 이론과 끈 이론을 완전히 버린 것은 결코 아니었다. 초끈 이론 중 가장 유망한 이론 다섯 가지는 초중력 이론까지 포함하는 이론 집단으로 함께 묶을 수 있었다. 초끈 이론과 초중력 이론은 '쪽모이 퀼트'를 이루는 조각들로, 서로 다른 상황을 다룰 때에는 각각 유용하지만, '모든' 상황에 적용되지는 않는다. 물리학자들이 이 이론들 사이에서 예상 밖의 관계 네트워크를 발견하자, 이 이론들이 실제로는 더 심오하고 근원적인 이론—M 이론—의 서로 다른 표현이 아닌가 하는 의심이 생겼다. M 이론을 연구하는 사람들은 아직까지 관련

이론들을 하나로 통합해 기술하는 방법을 발견하지 못했는데, 호킹은 절대로 발견하지 못할 것이라고 생각하기 시작했다.

M 이론(M 이론은 단일 이론으로 모든 것을 설명하는 것이 아니라, 별개의 여러 가지 이론들을 네트워크로 묶어서 설명한다)을 이루는 수학적 모형들은 시공간이 10차원 또는 11차원이라고 말한다. 그러면 대부분의 사람은 시공간을 9차원 또는 10차원의 공간과 1차원의 시간으로 이루어진 것으로 간주한다. 시간 차원을 둘 이상 생각한 사람은 왜 없을까 하고 궁금해하는 사람이 있을지 모르겠는데, 일부 버전에서는 전체 차원을 똑같이 유지하면서 복수의 시간 차원을 허용한다.

물론 우리가 경험하는 차원은 4차원뿐이다. 나머지 차원들은 어디에 있단 말인가? 이에 대해 호킹은 2001년에 이렇게 말했다.

"솔직히 말해서, 나는 개인적으로 여분의 차원을 믿길 주저했다. 하지만 나는 실증주의자이기 때문에 '여분의 차원이 정말로 존재하는가?'라는 질문은 아무 의미가 없다. 여분의 차원을 가진 수학적 모형이 우주에 대한 훌륭한 기술을 제공하느냐고 물을 수 있을 뿐이다."[13]

우리가 왜 나머지 차원들을 볼 수 없느냐는 질문에 대해 제시된 답은 그 차원들이 아주 작게 말려 있다는 것이다. 고무 호스를 생각해보라. 우리는 고무 호스가 어느 정도 굵다는 걸 알고 있지만, 아주 멀리서 보면 길이 차원만 있고 다른 차원은 없는 선으로 보인다. 나머지 차원들이 이런 식으로 '말려' 있다면, 인간의 척도에서뿐만 아니라 원자나 핵물리학의 척도에서도 그것들을 보지 못할 것이다.

그것을 볼 수 있는 방법은 없을까? 여분의 차원 중 한 차원 혹은 그 이상의 차원이 완전히 말려 있는 게 아니라고 가정해보자. 이 가정은 장래에 더욱 발전할 입자가속기를 사용하거나 아주 짧은 거리에서 작용하는 중력의 세기를 측정함으로써 검증할 수 있을지 모른다.

한편, M 이론과 여분의 차원은 이론물리학과 우주론의 장래에 대해 발언권을 지니게 되었다. 그 장래는 2002년에 호킹의 60번째 생일을 기념해 열린 회의의 주제로 채택되었다.

60세를 넘기거나 죽거나!

호킹의 60번째 생일 파티는 하마터면 열지 못할 뻔했다. 생일 파티 며칠 전에 호킹이 탄 휠체어가 벽과 세게 충돌하는 사고가 있었기 때문이다. 호킹은 '호두 껍질 속에서 보낸 60년 Sixty Years in a Nutshell'이란 제목의 강연 서두에서 이 사고를 별일 아닌 듯이 언급하고 넘어갔다.(in a nutshell은 원래는 '간결하게 요약한'이란 뜻이지만, 직역하면 '호두 껍질 속'이 된다. '호두 껍질 속의 우주'도 이런 의미로 쓰였다.—옮긴이)

"그때는 호두 껍질 속에서 산 지 거의 59.97년이 지났을 때였습니다. 크리스마스가 지난 며칠 뒤에 나는 벽과 논쟁을 벌였는데, 벽이 이겼습니다. 하지만 애덴브룩 병원이 아주 훌륭한 솜씨로 나를 다시 제자리로 돌려놓았습니다."[14]

생일 파티 계획을 전면 중단하고 모두가 숨을 죽였던 순간도 있었지만, 곧 호킹이 병원 침대에서 생일 파티 때 할 연설 문안을 작성하고 있다는 소식이 들려왔다. 그래서 준비 작업이 재개되었다. 생일을 앞두고 마지막 순간에 메릴린 먼로로 분장한 배우가 호킹에게 아양을 떨며 다정한 목소리로 "당신에게 사랑받고 싶어요……."라고 말하기로 한 이벤트를 취소하거나, 전 세계에서 찾아온 물리학계의 유명 인사들에게 파티에 참석해 연설을 해도 되지만 그들이 축하하는 당사자는 참석하지 못한다고 통보하지 않아도 되었다. 생일 파티는 예정대로 열렸다. 호킹은 60세 생일은 기념할 가치가 충분히 있다고 생각했다. 그는 인터뷰에서 많은 사람들은 60세가 되는 것을 별로 반기지 않지만, 자신에게는 하나의 성취라고 말했다. 그렇게 오래 살리라고는 전혀 기대하지 않았으니까.

축하 행사는 다각도로 진행되었다. 4일 동안 진지하게 진행된 '기념 논문집' 발표 행사에서는 이론물리학과 우주론의 거장들이 수준 높은 논문들 중 호킹의 연구와 관련이 있는 것들을 제출했다. 보통 사람들은 하루 동안 일반인을 대상으로 진행된 강연을 들을 수 있었다. 진짜 파티는 생일날 저녁에 열렸는데, 참석한 손님이 약 200명이나 되었다. 그 '메릴린'도 왔는데, 호킹은 그녀를 '우주 모델'이라고 불렀다. 현재 대학원생들과 졸업한 대학원생들, 그리고 호킹의 첫 번째 아내인 제인이 합창을 불렀고, 남편인 조너선 헬리어 존스가 지휘를 하고 U2의 기타리스트 에지Edge가 연주에 동참했다. 마침 생일이 성 스테파노 축일과 가까웠기 때문에(성 스테파노는 영어로 St. Stephen이라 하기 때문에 호킹의 이름과 같다), 그들은 영어권에서 널리 불리는 크리스마스 캐럴인 '착한 왕 벤체슬라스Good King Wenceslas'를 개사하여 불렀다.(벤체슬라스는 보헤미아에서 친기독교 정책을 펴다가 동생에게 살해당한 왕인데, 가톨릭 교회는 그를 순교자로 보고 성인으로 추대했다. 체코 어로는 바츨라프Václav라고 한다.—옮긴이) 전에 호킹 밑에서 공부한 한 대학원생은 내게 "우리 노래는 그렇게 나쁘지 않았어요."라고 말했다. 키스 홀에서 열린 파티에서 마틴 리스(이 무렵의 정식 호칭은 왕실 천문관 리스 경)는 오랜 친구에 대해 극찬을 늘어놓았다. 트리니티 칼리지에서 열린 파티에서는 갑자기 현란한 색채와 음악이 펼쳐지더니 캉캉 무용수들이 극적으로 입장했다. 채널 4, BBC, 미국의 CBS 텔레비전 직원들도 그곳에 와서 촬영을 했고, BBC 웹사이트는 호킹의 대중 강연과 그 뒤에 청중들이 자발적으로 음정도 안 맞고 시끄럽게 '해피 버스데이'를 부르는 장면을 인터넷으로 생중계했다. BBC는 나중에 모든 대중 강연을 '호킹 강연'이란 이름으로 방송했다.

동료들은 이 기회를 이용해 호킹을 놀렸다.

마틴 리스: "천문학자들은 큰 수에 아주 익숙하지만, [호킹이 케임브리지에 대학원생으로 다닐 때] 이 경이로운 축하 행사를 맞이하지 못할 거라면서 내가 제시한 확률만큼 큰 수는 거의 없습니다."

로저 펜로즈: "스티븐이 이제 공식적으로 노인이 되었다는 사실이 매우 기쁩니다. 이제 터무니없는 이야기를 하더라도 용서받을 수 있게 되었으니까요. 물론 스티븐은 항상 그런 일을 해왔지만, 이제 이전보다 좀더 과감한 짓을 해볼까 하고 생각할지 모릅니다."[16]

버나드 카: "나는 종종 혼자서 중요한 발견을 이렇게 많이 했을 리가 없으니, 스티븐 호킹은 한 명이 아니라 여러 명이 아닐까 의심했습니다. 나는 그들 모두에게 행복한 60번째 생일을 축하합니다!"[17]

레너드 서스킨드: "우리 모두가 아는 스티븐은 지금까지 우주에서 가장 완고하고 짜증나는 사람이지요."[18]

라파엘 부소Raphael Bousso: "스티븐 호킹의 60번째 생일 축하 준비를 돕는 일은 큰 즐거움이었습니다(특히 스티븐이 파티를 어떻게 열어야 하는지 잘 알기 때문에)."

게리 기번스, "스티븐의 불굴의 용기와 놀라운 낙관주의"를 칭찬하면서 로버트 브라우닝Robert Browning이 쓴 시 구절을 인용해: "아, 하지만 사람은 갈 수 있는 범위를 넘어서서 더 나아가려고 해야 한다. 그렇지 않다면, 하늘이 왜 있겠는가?"

마이클 그린Michael Green은 1970년대 초반에 케임브리지에서 지낸 시절을 회상했다. 호킹을 처음 만난 그 시절에는 우주론이 그다지 주목을 받지 못했고 심지어 "점성술의 아류쯤으로 간주되면서 전혀 논의조차 되지 않았다!"[21]

닐 터럭은 호킹에게 "모든 역경을 헤치고 나아가게 해주는 '생명에 대한 진정한 열망'"에 대해 이야기했다.[22]

킵 손의 생일 선물은 "중력파 검출 장치—LIGO, GEO, VIRGO, LISA—가 호킹의 황금기 블랙홀 예측을 검증할 것이며, 호킹의 70세 생일 이전에 작업을 시작할 것"이라는 약속이었다.[23]

60번째 생일 기념 회의를 위해 준비한 논문들은 2002년 당시의 이론 물리학과 우주론의 상황을 아주 잘 요약해 보여주는 것이었으며, 회의 제목이 시사하듯이 미래를 위한 도약대를 제공했다. 그것은 호킹이 큰 관심을 가진 주제들과 그의 연구와 관련이 있는 주제들에 대해 세계 최고 수준의 과학자들이 한 연구를 모아놓은 것이었고, 또한 그 분야의 숨은 실력자들을 그 연구를 미래로 이어갈 열정적인 젊은 사람들(그 중 상당수는 호킹의 제자들)과 연결시키는 장이 되었다. 축하 행사는 일주일 동안이나 계속되었다. 그것은 충분히 그럴 만한 가치가 있었다. 지난 60년이 흐르는 동안 거의 내내 이 자리에 참석할 날이 오리라고는 아무도 기대하지 않았던 생일 파티였으니까. 일레인이 준 생일 선물은 특별히 설계된 열기구의 30분 탑승권이었다. 1985년에 호킹은 기관을 절제할 무렵에 그런 비행을 꿈꾸면서 그것을 희망의 상징으로 여겼다. 그리고 60세의 나이를 맞이해 그 희망은 완전히 충족된 것처럼 보였다.

호킹의 생일 축하에 동참한 동료들과 그 밖의 사람들은 휠체어 사건을 대수롭지 않은 일로 넘기려는 호킹의 태도를 그대로 받아들이려고 했지만, 사실은 훨씬 심각한 사고였다. 간호사 한 명과 함께 집 근처에 있는

"공로 인정"—1989년

오른쪽 케임브리지 대학의 명예 박사 학위 수여식에서 로버트와 제인, 티모시(호킹의 모자를 쓴)와 함께 행진하는 모습
아래 명예 동료 임명식 때 버킹엄궁에서 제인과 함께

"세계적인 유명 인사가 되다"—1990년대 초반

위 호킹과 어머니 이소벨이 『기네스 북』에 호킹이 실린 것을 축하하는 장면
아래 왼쪽 영화 〈시간의 역사〉에서 연구실에 있는 호킹을 촬영한 장면
아래 오른쪽 스티븐 스필버그의 집에서 스필버그와 간호사 조앤 고드윈과 함께

"만화영화와 텔레비전 드라마에
출연하다"—1990년대

위 〈심슨 가족〉에서 주인공으로 등장
가운데 텔레비전 시리즈 〈퓨처라마
Futurama〉에서 앨 고어, 미셸 니콜
스, 게리 가이각스와 함께 등장
아래 〈스타 트렉〉의 포커 게임에서
승리를 거두는 장면

위 1995년 결혼식 날의 호킹과 일레인
아래 1997년, 칼텍에서 존 프레스킬과 킵 손과 함께 노출 특이점에 대한 두 번째 내기를 기록하는 장면

"새천년"

왼쪽 2008년, 이스터 섬
위 오른쪽 1997년, 남극 대륙
가운데 2007년, 무중력 비행
아래 호킹의 60번째 생일 파티에서 펼쳐진 '메릴린' 쇼

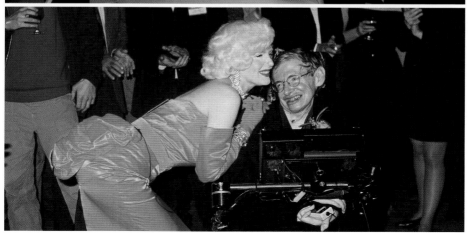

"위대한 사람들과 함께"

왼쪽 딸 루시와 함께 미국 대통령 버락 오바마에게서 자유 메달을 받는 장면

가운데 왼쪽 백악관에서 호킹의 세 자녀 티모시, 로버트, 루시와 함께

가운데 오른쪽 남아프리카공화국에서 넬슨 만델라와 함께

아래 첼시 꽃 축제의 '운동신경세포병을 위한 스티븐 호킹 정원'에서 엘리자베스 여왕과 대화를 나누는 호킹

"21세기의 케임브리지"

왼쪽 응용수학 및 이론물리학과의 새 건물인 수리과학센터

가운데 최첨단 건물의 연구실에 앉아 있는 호킹. 책상 한쪽에 돌이 담긴 그릇이 놓여 있고, 무중력 상태를 경험한 사진이 전시돼 있다.

아래 왼쪽 코퍼스 크리스티 칼리지의 타임이터 시계 제막식에서 이 시계를 만든 존 테일러와 함께

아래 오른쪽 조각가 이언 월터스가 수리과학센터의 새로운 휴게실에 설치한 흉상

'불타는 세계의 성벽'을 오르며. 2010년 6월. 뉴욕 시 링컨 센터에서 열린 세계 과학 축제 개막식 축하 쇼에서 첼리스트 요요 마와 함께 무대에 오른 호킹

몰팅 레인의 울퉁불퉁한 포장도로를 달리던 호킹은 그만 조종을 잘못해 벽에 충돌하고 말았다. 휠체어가 뒤집히면서 호킹은 엉덩관절이 부러지는 부상을 입었다. 대학원생 조수인 닐 시어러Neal Shearer는 어깨를 으쓱하면서 "그는 약속에 늦어 언제나처럼 호킹 시간으로 달렸지요."라고 말했다.[24] 호킹은 건강 상태가 좋지 않아 의사들이 수술을 할 때 전신마취를 할 수 없었다. 할 수 없이 경막외마취제만 사용해 수술을 했기 때문에 호킹은 전체 수술 과정을 생생하게 보고 들을 수 있었는데, "블랙 앤 데커 드릴로 작업하는 소리를 듣는 것 같았다."[25]고 표현했다.

60세 생일을 맞이한 해에 코페르니쿠스와 갈릴레이, 케플러, 뉴턴, 아인슈타인이 쓴 글 중에서 호킹이 신중하게 선택하고 편집해서 만든 책이 출간되었다. 『거인들의 어깨 위에 서서 On the Shoulders of Giants』에는 호킹이 곁들인 다섯 사람의 간략한 전기와 해설도 포함돼 있다.

우주배경복사의 해독

새천년에 접어들자 새로운 세대의 관측자와 관측 장비가 인플레이션 우주론의 예측을 유례 없는 정확도로 검증하는 데 나섰다.[26] 인플레이션 이론의 예측을 뒷받침하거나 부정하는 실험적 증거를 찾기 위해 계속된 노력에서 관심은 당연히 빅뱅의 유물인 우주배경복사에 집중되었다. 조지 스무트의 발견은 놀랍도록 균일하게 분포된 마이크로파 우주배경복사에서 그 온도가 지역에 따라 차이가 있음을 보여주었다. 1998년(그 결과는 2000년에 발표되었다)에 기구 관측을 통해 하늘의 특정 지역에서 날아오는 우주배경복사를 자세히 측정했고,[27] 2001년에는 남극점의 지상 관측소에서 각도척도간섭계를 사용해 비슷한 측정을 했다.

2001년 6월에 NASA는 WMAP^{Wilkinson Microwave Anisotropy Probe}(윌킨슨 마이크로파 비등방성 탐사선)를 발사했다.* 그 임무는 이전보다 훨씬 정확한 우주배경복사 지도를 얻는 것이었다. WMAP는 100만분의 1K 정도의 온도 차도 측정할 수 있었으며, 지상에 설치한 장비가 아니라 인공위성이기 때문에 전체 하늘을 측정할 수 있었다. 전문가들은 WMAP가 지난 수십 년 동안 우주의 기본 속성—나이, 팽창 속도, 조성, 밀도—을 놓고 벌어진 많은 논쟁을 최종적으로 잠재울 것이라고 기대했다. 인플레이션 이론은 각각의 버전에 따라 인플레이션이 정확하게 어떻게 일어났는지에 대해 조금씩 다른 이야기를 했고, 우주배경복사에 나타나는 지역에 따른 온도 변이 패턴에 대한 예측도 차이가 났다.[28] WMAP가 측정한 데이터는 이들 시나리오를 검증할 기회를 제공할 것으로 기대되었다.[29]

2003년 2월, WMAP의 측정 결과는 기대를 저버리지 않았다. 그 데이터는 수십 년 동안의 논쟁 끝에 우주의 나이(137억 년)뿐만 아니라, 우주의 역사에서 우주배경복사의 패턴이 얼어붙은 시기(빅뱅 후 38만 년이 지났을 때)도 정확하게 알려주었다. WMAP 측정 결과는 공간이 평탄함을 보여주었고, 우주에 존재하는 에너지가 대부분 '암흑 에너지'라는 주장을 뒷받침해주었다. WMAP 측정 결과는 전 하늘에서 관찰되는 우주배경복사의 온도와 밀도 변이—은하 생성의 씨가 된 변이—는 모두 그 지속 시간에 상관없이 대체로 변이의 폭이 같고, 모든 형태의 에너지에 같은 변이가 나타나며, 그러한 변이 분포는 무작위적임을 보여주었는데, 이 결과는 표준 빅뱅 인플레이션 모형이 예측한 바와 같았다.[30]

★WMAP는 고다드우주비행센터와 프린스턴 대학이 공동으로 추진한 계획의 성과물이다.

그럼에도 불구하고, 2003년 2월에 WMAP 측정 결과가 발표된 뒤에도 중요한 쟁점 몇 가지는 해결되지 않은 채 남았다. 무엇보다도, 중요한 증거 한 가지가 발견되지 않았다. 인플레이션 이론은 빅뱅에서 기원한 중력파의 패턴과 특징이 우주배경복사에 어떻게 나타날지 예측한다. 하지만 WMAP는 아직까지 그러한 중력파의 발자국을 발견하지 못했다. 또 암흑에너지가 '진공 에너지'—우주 상수—나 '제5원소'에서 생겨났는지도 결정되지 않았다. 흥미로운 사실은, 인플레이션 우주론과 잘 들어맞는 관측 결과는 우주가 빅뱅에서 팽창했다가 결국에는 다시 수축하는 빅크런치가 일어나고, 다시 빅뱅에서 우주가 생겨나면서 계속 같은 과정이 반복되는 순환 모형—닐 터럭과 로저 펜로즈가 선호하는 모형—하고도 잘 들어맞는다는 사실이다.[31]

움직임이 느려지다

호킹은 2003년 봄에 〈코넌 오브라이언과 함께 하는 늦은 밤*Late Night with Conan O'Brien*〉에 출연하기로 동의함으로써 또 한 번 대중 문화에 발을 들여놓는 외도를 했다. 코미디언 짐 캐리 Jim Carrey가 우주론에 대한 토론을 하면서 촌극을 시작했다. 그때, 휴대 전화가 울렸다. 전화를 건 사람은 호킹이었는데, 캐리에게 쓸데없이 그러지 말라고 충고했다. "완두콩만 한 뇌로는 그 개념을 제대로 이해할 수가 없어요." 그러고 나서 호킹은 금방 전화를 끊었다. 그는 캐리가 출연한 영화 〈덤 앤 더머*Dumb and Dumber*〉를 "그 천재성"에 감탄하면서 보고 있기 때문에 전화를 계속할 수 없다고 했다. 그해 호킹은 전 세계를 가로지르며 바쁘게 돌아다녔는데, 텍사스 A&M 대학의 미첼 기본물리학연구소에서 한 달 동안 머무는 것으로 시작해 캘리포니아데이비스 대학에서 우주 인플레이션 회의에 참석하고, 스웨덴으로 가 스웨덴왕립과학원에서 오스카르 클라인 메달을 받고, 끈 이론과 우주론에 관한 노벨 심포지엄에 참석하고, 다시 미국으로 가 칼텍과 캘리포니아 대학 샌타바버라 캠퍼스에서 두 달간 지내고, 클리블랜드의 케이스웨스턴리저브 대학을 방문했다.

동료들 사이에서 호킹의 건강이 나빠지고 있는 게 아닌가 하는 우려가 커져간 것은 그러한 여행 일정을 감안하면 근거가 없어 보였지만, 그들은 호킹이 지적 능력의 전성기를 지난 게 아닌가 염려했다. 20세기 말에 물리학자들을 대상으로 가장 영향력이 큰 물리학자를 묻는 여론 조사를 했는데, 명단 꼭대기 근처에서 호킹의 이름은 보이지 않았다. 호킹은 손의 약한 압력에 반응하는 '클리커'—동료들과 의사소통을 하는 유일한 도구—를 사용하기가 날이 갈수록 점점 더 힘들어지고 느려졌다. 이 난국을 돌파할 수 있는 한 가지 방법은 연구생의 도움을 받는 것이었다. 이번에는 크리스토프 갤퍼드 Christophe Galfard라는 젊은이를 선택했다. 호킹이 어떤 문제에 대해 생각하여 갤퍼드에게 가능한 해결 방법을 제안하면, 갤퍼드는 수학적 세부 계산에 집중하여 호킹의 통찰이 옳은지, 그리고 의미 있는 결과가 나오는지 검토하는 방식이었다.

갤퍼드는 그 방식에 적응하는 데 시간이 좀 걸렸다고 회상했다. 호킹이 생각한 개념들은 자신이 처리할 수 있는 것보다 훨씬 빨리 쏟아져나왔다. 갤퍼드는 문장 하나를 해독하는 데만도 6개월이나 걸릴 것 같았다고 유감을 표시했는데, 호킹의 논문을 읽고 그것을 이해하려고 고생한 경험이 있는 나 같은 사람에게는 아주 고무적인 이야기였다. 그는 반 년이나 뒤처져 있었고, 그것을 따라잡느라 무진 애를 먹었다.[32]

일을 좀더 빨리 하기 위해 갤퍼드는 다른 사람들이 거의 쓰지 않던 방법을 사용했다. 호킹이 적절한 단어를 선택하려고 아직 애쓰고 있지만 그 의도가 무엇인지 분명하게 알 수 있을 때, 대신 알아서 문장을 끝맺는 방법이었다. 호킹은 전에는 이러한 추측을 무시하고 자기 방식대로 문장을 완성했지만, 갤퍼드에게는 일을 빨리 처리하도록 맡겼다. 갤퍼드는 또한 호킹이 화면에서 적절한 단어를 찾기까지 기다리는 대신에 얼굴의 작은 움직임으로 '예스'나 '노'를 나타내는 능력도 활용했다. 두 사람이 함께 일하는 비디오를 보면, 갤퍼드가 컴퓨터 화면을 봤다가 호킹의 얼굴을 들여다봤다가 하면서 아주 바삐 목을 놀리면서도 어떻게 목 근육에 경련이 일어나지 않는지 감탄사가 튀어나온다.

갤퍼드는 자기가 일하기에 편리한 방식을 개발해나갔다. 2003년, 프린스턴의 고등연구소에서 후안 마르틴 말다세나 Juan Martin Maldacena라는 젊은 아르헨티나 물리학자가 정보 역설을 해결하기 위한 레너드 서스킨드의 개념에 마침내 엄밀한 수학적 처리 방법을 제공함으로써 그 문제를 서스킨드에게 유리한 쪽으로 마무리지은 것처럼 보였다.[33] 샌타바버라에서 열린 회의에서 식후 사회자로 나선 제프 하비 Jeff Harvey는 예정된 연설 대신에 승리의 노래를 소개했다. 1990년대 중반에 큰 인기를 얻었던 라틴 댄스 음악인 '마카레나'의 가사에 '말다세나'를 집어넣어 부른 것이다. 가사에서 짧은 행들은 모두 "에! 말다세나!"로 끝났다.[34] 청중도 열정적으로 노래와 춤에 가담하여 정보 역설이라는 괴물에게서 물리학을 구한 영웅을 칭송했다. 서스킨드는 마침내 전쟁이 끝났다고 선언했다. 그는 그 전쟁은 진작에 끝났어야 하지만, 호킹은 "적대 행위가 끝난 줄 모르고 오랜 세월 동안 정글 속을 배회하는 불운한 병사와 같았다."라고 말했다.[35] 호킹이 틀렸다는 쪽으로 의견 일치가 일어나고 있었지만, 킵 손은 여전히 호킹을 지지했다. 호킹도 마음을 바꾸지 않았다. 아직까지는 그랬다.

호킹은 갤퍼드에게 정보 역설에 관한 말다세나의 논문을 연구해보라고 지시했다. 사람들에게 자신이 틀렸다는 확신을 심어준 그 논문을 정면 공격하는 수밖에 달리 방법이 없다고 판단했다. 그것은 결코 쉬운 과제가 아니었다. 거기에 일 년 반 동안이나 매달리고 나서도 갤퍼드는 여전히 블랙홀에서 정보가 사라지는지 사라지지 않는지 판단하기가 어려웠다.

2003년 12월 1일, 호킹은 폐렴 때문에 병원으로 급히 실려갔다. 사람들은 몇 주일 동안 생명 유지 장치에 매달려 있는 호킹을 보고 여기서 숨을 거두는 게 아닐까 염려했지만, 호킹은 그 시간도 낭비하지 않았다. 블랙홀에 대해 계속 생각하면서 정보 역설에 대한 새로운 접근 방법을 찾으려고 애썼다. 회복 속도는 느렸지만, 2004년 늦겨울에 퇴원한 뒤에 호킹은 병상에 누워 지낸 몇 달 동안 생각한 개념들에 대해 갤퍼드와 함께 열띤 토론을 재개했다. 주말까지 포함해 힘겨운 낮과 밤을 많이 보낸 뒤에도 그 일은 전혀 진척이 일어나지 않을 것처럼 보였지만,[36] 호킹은 마침내 연구실에 조용히 틀어박혀 지내던 상태에서 벗어나 전투를 재개할 준비가 되었다고 판단했다.

더블린 회의

2004년 봄, 호킹은 자신의 새로운 개념 일부를 예비적이고 간략한 형태로 소개하기 위해 케임브리지에서 세미나를 열었다. 그리고 큰 회의에서 동료 물리학자들에게 그것을 발표하고 싶다는 의향을 밝혔다. 7월에 더블린에서 바로 그런 대회가 열릴 예정이었는데, 제17차 일반 상대성과 중력에 관한 국제 회의였다. 호킹은 그 회의의 과학위원회 위원장인 커트 커트너Curt Cutner에게 연락해 "블랙홀의 정보 문제를 해결했는데, 그것에 대해 이야기하고 싶다."라고 말하면서 자신에게 그 회의에서 발표할 기회를 달라고 요청했다.[37] 그 요청은 조금 무리한 부탁이었는데, 호킹이 논문을 뒤늦게 제출했기 때문이다. 참석자들은 3월 19일까지 논문 제목과 초록을 제출하게 돼 있었는데, 그 당시 호킹은 병원에서 막 퇴원한 참이었다. 게다가 호킹은 논문을 사전에 인쇄해 배포하지도 못할 것이라고 했다. 그럼에도 불구하고, 물리학계에서 차지하는 위상 덕분에 호킹은 회의 일정에서 한 시간 동안 발표할 기회를 얻었다.

그의 참석에 언론과 팬이 보인 열광은 슈퍼스타로서의 명성이 아직 시들지 않았음을 보여주었다. 회의장 출입 통제를 맡은 홍보 회사는 4000파운드를 청구했다고 하는데, 기자들과 호킹의 팬들이 몰려들면서 입장료도 따로 많이 챙겼다. 운 좋게 기자 배지를 단 사람들이 곧 회의장 안 통로에 줄지어 늘어서서 카메라와 녹음 장비를 설치했다.

회의 참석자로서 정당하게 홀에 입장한 호킹의 동료들은 무슨 일이 일어날까 궁금해하면서도 비교적 차분했다. 호킹이 휠체어를 타고 통로를 따라 왕립더블린학회의 그랜드 콘서트 홀 무대로 연결되는 경사로 아래까지 부드럽고 당당하고 천천히 다가가는 동안 카메라 플래시가 연신 터졌다. 어떤 사람들은 그가 20년 이상 이야기해온 주장, 즉 블랙홀에서는 정보가 사라진다는 반항적인 이야기를 반복할 것이라고 생각했다. 또 어떤 사람들은 이 저물어가는 천재가 조용히 패배를 인정할 것이라고 생각했다. 블랙홀에서 정보가 상실된다는 호킹의 주장을 계속 지지해온 킵 손, 그 주장에 동의하지 않은 존 프레스킬, 회의를 주관한 의장인 페트로스 플로리데스Petros Florides, 크리스토프 갤퍼드는 그 사건을 녹화하기 위해 늘어선 텔레비전 카메라들을 바라보면서 무대 위에서 기다리고 있었다. 그것은 물리학 회의에서 흔히 보는 일상적인 하루가 아니었다.

오직 갤퍼드와 킵 손만이 호킹이 그 유명한 기존 입장 뒤집기를 보여주리란 사실을 알고 있었다. 그것도 아무도 예상치 못한 방식으로. 그는 서스킨드와 말다세나가 옳다고 인정할 생각은 추호도 없었다. 20년 이상 완강하게 고수해온 자신의 생각이 틀렸다는 것은 분명했다. 하지만 서스킨드와 말다세나가 그 문제를 해결했다고 생각하진 않았다. 호킹은 자신이 직접 해결하려고 나섰다. 정보 역설을 해결하는 다른 방법을 생각해냈던 것이다.

회의는 페트로스 플로리데스의 인사말로 시작했는데, 어떤 정보도 빛보다 빨리 달릴 수 없다는 사실은 잘 알려져 있지만, 이 법칙은 호킹의 향후 세계 여행 소식이 전파되는 속도에는 적용되지 않는 것처럼 보인다고 농담을 던졌다.

호킹은 강연을 시작할 때 늘 차분한 기계 음성으로 "잘 들리나요?(Can you hear me?)"라는 질문을 먼저 던졌다. 잘 들리지 않는다면 청중은 대답을 하지 않을 테니, 대개는 잘 들린다고 중얼거리는 소리나 환호가 터져나왔다. 전매특허 같은 그 발언을 한 뒤에 호킹은 붕괴하여 블랙홀이 된 천체에 관한 정보는 질량과 각운동량과 전하 세 가지를 제외하고는 모두 다 외부 지역에서는 사라진다는 사실이 발견된 1960년대 중반까지 거슬러 올라가 정보 역설 문제와 그 역사를 설명했다. 휠러는 이 발견을 "블랙홀은 털이 없다."라고 표현했고, 그 후 이것은 '무모無毛 정리'(대머리 정리라고도 함)란 이름으로 알려졌다.

이것은 정보 보존에 아무 문제가 되지 않았다. 고전적인 블랙홀은 정보를 그 내부에 보존한 채 영원히 존재할 것이기 때문이다. 우리가 접근할 수는 없지만, 어쨌든 거기에 있다. 문제는 호킹이 양자 효과 때문에 블랙홀도 복사를 방출한다는 호킹 복사를 발견하면서 일어났다. 그 복사는 블랙홀을 만든 것이나 그 뒤에 블랙홀 속으로 들어간 것에 대한 정보를 전혀 담고 있지 않다. 그래도 여기까지는 큰 문제가 없지만, 그런 식으로 복사를 계속 방출하는 블랙홀이 결국에는 완전히 증발해 사라진다는 사실을 깨닫는 순간 심각한 문제가 발생한다. 그렇게 되면 블랙홀 내부에 갇혀 있던 그 모든 정보는 어떻게 되는 것일까? 정보가 완전히 사라지는 것을 피할 수 있는 유일한 방법은 블랙홀 속으로 들어간 것을 반영하여 호킹 복사에 미묘한 차이가 나타나는 것뿐이다. 비록 많은 물리학자는 그런 방법이 존재할 것이라고 믿었지만, 그런 차이를 만들어낼 수 있는 방법은 아무도 찾아내지 못했다. 하지만 호킹의 계산은 그 복사는 무작위적이고 아무 특징이 없는 열 복사가 분명함을 보여주었다.[38]

블랙홀에서 갈라져 나오는 아기 우주가 정보 상실 문제를 해결할 수 있지 않을까 생각하는 사람들을 위해 호킹은 그것에 대해서도 새로운 사실을 알려주었다.

한때 내가 생각한 것처럼 블랙홀 내부에서 갈라져 나오는 아기 우주는 없습니다. 정보는 우리 우주에 굳건하게 남아 있습니다. SF 팬들을 실망시켜 미안하지만, 만약 정보가 보존된다면, 블랙홀을 이용해 다른 우주로 여행할 가능성은 전혀 없습니다. 만약 여러분이 블랙홀 속으로 뛰어든다면, 여러분의 질량 에너지는 우리 우주로 돌아오지만 망가진 형태로 돌아옵니다. 거기에는 여러분이 어떠했는지에 대한 정보가 들어 있지만 전혀 알아볼 수 없는 상태로 들어 있습니다.[39]

청중 중에서 일부 사람들은 이 말을 듣고 귀가 솔깃했을 것이다. 호킹은 호킹 복사가 탈출 수단이 될 수 있으며, 불에 탄 책을 복원하는 문제에서 설명한 것처럼 최소한 원리적으로는 그 복사에서 블랙홀에 숨어 있던 정보를 복원하는 것이 가능하다고 주장하려는 것일까?

호킹이 새로 내놓은 해결책은 다른 것과 관련이 있었는데, 바로 블랙홀이 동시에 두 가지 이상의 기하학적 구조(위상수학적 구조)를 가질 가능성이었다. 이 경우, 진정한 사건의 지평선이 생기지 않기 때문에 정보는 갇힐 수가 없다.

갤퍼드는 호킹의 강연을 듣고 대부분의 동료 물리학자가 "대체로 어리벙벙한" 상태에 빠졌다고 기억한다. "주장은 거창한데, 수학은 부족하고…… 그다지 설득력이 있진 않고…… 대체로 교묘한 속임수"라는 속삭임이 있었다. 킵 손은 이렇게 평했다. "겉으로만 보면 아주 훌륭한 주장처럼 보이지만, 나는 아직 세부적인 것을 모두 보지 못했다."[40] 그는 호킹의 논문을 좀더 자세히 검토해야만 호킹이 옳은지 틀린지 판단할 수 있을 것이라고 말했다. 로저 펜로즈는 납득하지 못했다. "내게는 정보가 사라진다는 주장이 아주 그럴듯해 보이며, 호킹이 처음에 생각한 것도 그것이었다. 더블린에서 그는 그 주장을 공식적으로 철회했다. 내 생각에는 철회한 게 완전한 잘못으로 보인다. 원래의 주장을 고수해야 했다."[41] 호킹은 자신의 개념을 수학적 증명으로 뒷받침하려고 노력할 것이라는 의사를 표시했지만, 자신의 결론이 충분히 옳다고 확신했기 때문에 자신과 킵 손이 칼텍의 존 프레스킬과 건 내기에 졌다고 인정했다. 그 내기 내용은 다음과 같았다.

스티븐 호킹과 킵 손은 블랙홀이 삼킨 정보는 바깥 우주에서 영원히 사라지며, 블랙홀이 증발해 완전히 사라지더라도 결코 나타나지 않는다고 굳게 믿는다.

그리고 존 프레스킬은 증발하는 블랙홀에서 그 정보가 방출되는 메커니즘이 올바른 양자중력 이론에서 발견될 것이라고 굳게 믿는다.

이에 프레스킬이 다음과 같은 내기 조건을 제안하고, 호킹과 손이 받아들인다:

처음의 순수한 양자 상태가 중력 붕괴를 겪어 블랙홀이 생겨났을 때, 블랙홀이 증발한 끝의 최종 상태도 항상 순수한 양자 상태가 될 것이다.

내기에 지는 사람(들)은 이긴 사람(들)에게 그 사람이 원하는 백과사전—정보를 마음대로 되찾을 수 있는—을 보상으로 제공한다.

세 사람은 캘리포니아 주 패서디나에서 1997년 2월 6일에 작성된 이 문서에 서명을 했고, 호킹은 지장으로 서명을 대신했다.

호킹은 다음 말로 강연을 끝냈다.

"저는 존 프레스킬에게 그가 요구한 백과사전을 줄 것입니다. 존은 철두철미한 미국인이라서 당연히 야구 백과사전을 원합니다. 그런데 이곳에서는 야구 백과사전을 구하기가 쉽지 않아 저는 대신에 크리켓 백과사전을 주면 어떻겠느냐고 제안했지만, 존은 야구보다 크리켓이 더 낫다는 말에 넘어가지 않더군요. 다행히도 제 조수인 앤드루 던Andrew Dunn이 스포트클래식 북스 출판사를 설득해 『야구의 모든 것: 궁극의 야구 백과사전』을 더블린으로 공수하는 데 성공했습니다. 전 지금 이 백과사전을 존에게 주려고 합니다. 만약 킵 손이 나중에 내기에 졌다는 데 동의한다면, 자기 몫을 제게 갚으면 될 것입니다."

하지만 손은 호킹은 물론이고 어느 누구도 정보 역설 문제를 해결했다고 생각하지 않았다. 백과사전을 무대로 가져오자, 존 프레스킬은 그것을 윔블던 남자 테니스 대회 우승 트로피를 치켜들기라도 하는 양 자기 머리

위로 번쩍 치켜들었다.

호킹은 다음 해인 2005년 1월에 칼텍에서 한 강연에서 그때의 일에 대해 이렇게 이야기했다.

"그 [정보 상실] 역설은 30년 동안이나 논쟁을 해왔지만 별 진전이 없었는데, 마침내 제가 해결책으로 보이는 것을 발견했습니다. 정보는 사라지진 않지만, 유용한 방식으로 복원되진 않습니다. 그것은 백과사전을 태우는 것과 비슷합니다. 정보는 사라지지 않지만, 읽기가 매우 어렵죠. 저는 존 프레스킬에게 야구 백과사전을 주었습니다. 어쩌면 그 재를 주는 게 더 나았을지도 모르죠."[42]

호킹은 동료들에게 더 완전한 설명을 내놓을 것이라고 약속했는데, 그것은 2005년 10월에 논문의 형태로 발표되었다.

18

"할아버지는 바퀴가 달렸어요."

호킹이 병원에서 막 퇴원하여 정보 역설 문제를 해결하는 데 골몰하고 있던 2004년 4월, BBC 텔레비전에서 〈호킹〉이란 제목의 영화를 방영했다. 이 영화는 호킹의 완전한 일대기를 다룬 것은 아니지만, 호킹의 생애에서 중요한 두 해, 그러니까 근육위축가쪽경화증에 걸렸다는 사실을 알고 제인 와일드를 만난 해와 학위 논문을 위해 특이점 정리를 연구한 해를 감동적으로 묘사했다. 2002년에 제작한 다큐멘터리 〈스티븐 호킹: 프로필〉도 이 영화와 함께 재방송했다. 이 영화를 본 시청자는 약 400만 명으로 추정되었다.

호킹은 최종 대본을 완성하는 데 도움을 주었고, 젊은 호킹의 배역을 맡은 베네딕트 컴버배치 Benedict Cumberbatch는 근육위축가쪽경화증의 초기 단계 증상을 자세히 연구하느라 많은 노력을 기울였다. 이 영화는 제인의 자서전을 부분적으로 참고했는데, 처음에 비디오로 조금씩 발췌해서 본 제인은 흠 잡을 게 전혀 없다고 생각했다.

"[컴버배치는] 놀라웠어요. 운동신경세포병의 정확한 진행 과정을 아주 열심히 연구했더군요. 그래서 그 시절을 아주 강렬하게 재현했어요. 하지만 제 배역을 맡은 젊은 여자는 저보다 훨씬 활기가 넘치더군요. 전 항상 결의가 넘쳤지만 아주 소심했거든요. 따라서 그런 의미에서 영화에 나오는 많은 장면은 역사적으로 아주 정확하다고 할 수 없어요."

하지만 제인은 영화가 그 시절의 정신과 분위기를 잘 살렸다고 느꼈다.

"저는 우리가 느꼈던 행복한 감정을 생생하게 기억해요. 그러니까 우리는 뭔가 특별한 일을 하고 있고…… 어떤 역경에도 불구하고 모든 것이 가능하다고 느꼈지요."[1]

영화가 방영되던 시기와 거의 같은 무렵에 학대에 관한 충격적인 보고와 진술은 마침내 케임브리지 경찰의 정보 보관함으로 들어갔다.

호킹의 인기 투표 순위도 그다지 떨어지지 않았다. 2004년에 16~18세의 영국 소년 500명을 대상으로 역할 모델을 물은 설문 조사에서 호킹은 럭비 스타인 조니 윌킨슨 Jonny Wilkinson에 이어 2위를 차지했다. 일본에서 그랬던 것처럼 이번에도 스포츠 스타에게 밀리고 말았다. 하지만 세계 여행가와 강연자로서의 활동은 조금도 줄어들지 않았다. 2005년의 일정표에는 이렇게 기록돼 있다. 1월: 칼텍과 캘리포니아 대학 샌타바바라 캠퍼스; 2월: 워싱턴 D. C.와 옥스퍼드; 3월: 에스파냐; 6월: 홍콩; 10월: 독일; 11월: 다시 캘리포니아, 그 다음에는 워싱턴 주의 시애틀.

1월에 칼텍을 방문했을 때, 호킹은 이번에는 순전히 대학생을 대상으로 한 강연을 하겠다고 했다. 강연 주제는 물리학자로 보낸 자신의 삶으로 정했다. 제목은 〈스타 트렉〉에 나오는 유명한 분리 부정사 구절에서 딴 'To Boldly Go(과감하게 나아가기)'였다.

2월에 아내 일레인과 함께 워싱턴 D. C.를 방문한 목적은 제임스 스미스슨 200주년 기념 메달을 받기 위해서였다. 스미스소니언 협회는 짐 하틀의 도움을 받아 '스티븐 호킹의 대체 우주'란 제목으로 호킹의 생애를 돌아보는 전시회를 준비했다. 하틀은 "스티븐 호킹의 연구는 위대한 수학적 정확성과 비범한 물리학적 창의성이 특징입니다. 그는 거의 항상 놀라움을 선사합니다."라는 찬사와 함께 오랜 친구를 소개했다.[2] 하틀은 호킹이 걸어온 경력에 대해 호킹이 한 말을 인용했다.

"여러분은 내가 우주의 기원과 진화에 관한 중요한 문제를 다루기 위해 거대한 설계를 미리 만들었다고 생각할지 모릅니다. 그러나 사실은 그렇지 않습니다. 저에겐 마스터 플랜이 없습니다. 그보다 저는 직감을 따라가면서 그때그때 흥미로워 보이거나 가능해 보이는 일을 했습니다."[3]

호킹은 이번에는 외계 지능 생명체의 가능성 문제를 다루었는데, 강연을 시작하기 전에 〈스타 워즈〉의 사운드 트랙을 닮도록 의도한 게 분명한 음악이 흘러나왔다.

"여기서 제가 말하는 지능 생명체는 여러분이 〈스타 트렉〉에서 본 DNA를 기반으로 한 인간 비슷한 생명체만 말하는 게 아닙니다. 우주에서 가능한 생명체의 범위는 그보다 훨씬 넓으며, 컴퓨터 같은 전자 시스템도 포함합니다."[4]

호킹은 〈스타 트렉〉이 묘사한 외계 문명의 이미지가 너무 정적이라고 비판했다. 그들의 과학과 기술은 현재의 우리보다 훨씬 앞섰다고 시사하지만, 일부 외계인은 더 이상 발전이나 진화를 전혀 기대할 수 없는 완벽에 가까운 안정 상태에 이른 것으로 묘사한다.

"나는 〈스타 트렉〉의 묘사를 믿지 않습니다. 우리는 결코 발달이 끝난 최종적인 안정 상태에 이르지 못할 것입니다. 대신에 우리는 점점 빠른 속도로 변화를 계속해나갈 것입니다."[5]

옥스퍼드를 방문한 목적은 옛 스승인 데니스 시아마를 기념하는 일련의 강연 중 세 번째 강연을 하기 위해서였다. 에스파냐의 오비에도에서는 과학, 기술, 문화, 사회, 인도주의 분야에서 국제적 수준의 업적을 세운 사람에게 수여하는 세계적인 상인 아스투리아스 공 상 25주년 기념식에 참여해 자리를 빛냈다.

아주 건강한 사람도 이 모든 여행과 활동은 감당하기 어려울 만큼 벅찰 것이다. 하지만 호킹은 60세가 지난 나이에도 이 모든 활동이 오히려 기운을 돋우는 것처럼 보였고, 그렇게 바쁜 여행과 활동을 하는 한편으로 대중 작가로서 저술 활동도 계속했다. 2005년 10월에는 물리학자 레너드 믈로디노프Leonard Mlodinow와 함께 첫 번째 베스트셀러를 다른 버전으로 만든 『더 간략한 시간의 역사 *A Briefer History of Time*』를 출간했다. 이 책은 정말로 더 간략하고, 아름다운 일러스트레이션을 많이 포함했으며, 더 단순할뿐더러 최신 물리학 이론도 소개했다. 같은 해에 호킹은 중요한 수학자들의 짧은 전기와 함께 역사적으로 중요한 수학적 연구를 모아서 소개하는 책을 집필하기 시작해 2006년에 출간했다. 그 책의 제목은 『신은 정수를 창조했다 *God Created the Integers*』였다.

호킹은 여기저기서 강연을 하고 언론과 인터뷰를 하면서 우주론과는 거의 혹은 전혀 상관이 없는 도발적 발언을 하고 다녔다. 정치인을 좋지 않게 평가하는 태도는 갈수록 더 분명하게 드러났다. 2004년 11월, 트라팔가 광장에서 열린 반전 시위에서 그는 2003년 3월에 미국이 이라크를 침공한 사건을 '전쟁 범죄'라고 불렀다.[6] 2005년에는 조지 부시George W. Bush가 달에 우주 비행사를 다시 보내겠다고 이야기하자, 호킹은 "정치인을 보내면 비용이 훨씬 덜 들 것이다. 굳이 다시 데려올 필요가 없으니까."라고 말했다.[7] 줄기세포 연구에 반대하는 사람들에게는 다음과 같이 책망했다. "그 세포들이 배아에서 나온다는 사실은 반대 이유가 될 수 없는데, 어차피 그 배아들은 죽을 운명이기 때문이다. 그것은 도덕적으로 자동차 사고로 사망한 사람에게서 심장 이식을 받는 것과 같다."[8]

2005년 5월에는 호킹의 기분을 북돋는 일이 있었는데, 〈심슨 가족〉에 다시 주인공으로 등장한 것이다. 이번에는 〈지붕 수리하는 사람을 무서워하지 마 *Don't Fear the Roofer*〉라는 에피소드에서 '호킹'으로 나오는 인물이 이제 스프링필드 주민이 되었다고 선언한다. 호킹은 피자 가게 주인이 되었는데, 컴퓨터에게 피자 가게의 구호를 외치게 하려고 하지만, 컴퓨터는 고장이 나서 계속 "피자 피자"라고만 말한다. '호킹'은 컴퓨터를 제대로 작동하게 하려면 컴퓨터를 때려야 하는데, 현실에서는 할 수 없는 일이지만 만화영화 속에서는 그렇게 한다. 에피소드 후반부에서 '호킹'은 호머 혼자만 건축 회사 직원을 볼 수 있었던 이유를 시공간의 균열과 작은 블랙홀이 중력 렌즈 현상을 일으켰기 때문이라고 설명함으로써 호머가 제정신을 찾도록 도와준다. 그해에 호킹은 〈외계 행성 *Alien Planet*〉이라는 텔레비전 다큐드라마에도 자문에 응한 전문가로 출연했다.

2005년 8월 22일, 호킹은 정보 역설에 대한 해결책을 명확하고 자세하게 내놓을 것이라고 오래전부터 약속했던 논문을 마침내 〈피지컬 리뷰〉에 보냈고, 그 논문은 8월 18일 자 〈피지컬 리뷰〉에 실렸다. 그 논문은 3.5쪽 분량에 불과했고, 방정식은 단 3개만 포함했다. 호킹은 파인먼의 역사 총합을 활용했는데, 이전에 한 것처럼 그것을 우주에 적용했다. 제임스 하틀과 무경계 가설을 만들 때 호킹은 우주가 가질 수도 있었던 다른 역사들을 검토하면서 그 중에서 가능성이 더 높은 것이 어떤 것인지 계산했다. 이번에는 그와 비슷하게 독자들에게 우주의 대체 역사들을 전부 다 상상해보라고 했다. 그 중에는 블랙홀을 포함한 것도 있을 테고, 포함하지 않은 것도 있을 것이다. 블랙홀이 존재하는 역사에서는 정보가 상실될 테지만, 블랙홀이 존재하지 않는 역사에서는 상실되지 않을 것이다. 호킹이 내놓은 해결책은 블랙홀이 존재하는 우주의 역사가 블랙홀이 존재하지 않는 우주의 역사와 상쇄된다는 사실에 바탕을 두었는데, 그 결과로 정보는 사라지지 않는다. 왜냐하면 그 정보를 가둘 블랙홀이 존재하지 않기 때문이다. 충분히 오래 기다린다면, 블랙홀이 존재하지 않는 역사들만

이 의미가 있을 것이고, 결국 정보는 보존된다.

호킹의 두 가지 설명과 앞서 정보가 호킹 복사를 통해 되돌아올 것이라는 개념을 강경하게 배척한 사실을 감안할 때, 이 논문을 발표하고 나서 얼마 지나지 않아 딸 루시와 함께 쓰고, 표지에 갤퍼드의 이름도 함께 박힌 어린이 책—『조지의 우주를 여는 비밀 열쇠 George's Secret Key to the Universe』[9]—에서 이 문제에 호킹 복사를 포함하지 '않는' 완전히 다른 해결책을 제시했다는 사실이 놀랍게 다가온다. 조금 뒤에 다룰 그의 하향식 접근 방법이 2005년에 제시한 해결책과 쉽게 조화되지 않는다는 사실도 흥미롭다. 많은 동료들은 쉽게 납득하지 못했는데, 왜 호킹이 서스킨드와 말다세나의 해결책보다 자신의 해결책을 더 선호하는지 이유가 궁금했다. 아마도 그 이유는 자신이 그 문제를 처음 제기했으니 그것을 해결하는 사람도 자신이어야 한다고 생각했기 때문일 것이다.

호킹과 갤퍼드는 논문 발표가 늦어진 것은 호킹이 손으로 조작하는 클리커 장비를 다루기가 점점 어려워졌기 때문이라고 설명했다. 그 점에서 2005년은 낙담을 안겨준 해였다. 2000년부터 의사소통을 하는 속도가 계속 느려지다가 마침내 손의 힘이 너무 약해 클리커를 제대로 사용할 수 없게 되었다. 그래서 그것을 워즈플러스Words+가 개발한, 안경에 부착하는 스위치 장비(적외선/청각/촉각 스위치)로 바꾸었다. 이 장비는 눈을 깜박이거나 뺨 근육을 움직임으로써 저출력 적외선 빔을 조절할 수 있다. 2011년 현재 호킹은 뺨 근육으로 적외선 빔을 조절한다.

2005년의 여행 일정은 계획대로 이루어지지 않았다. 일정대로라면 시애틀에 가야 했지만, 가지 못했다. 캘리포니아 주 오클랜드에서 시애틀로 갈 예정이었지만, 오클랜드를 출발하기 직전인 오전에 인공 호흡기를 떼어내다가 뭔가가 잘못되어 호킹은 "기본적으로 사망한 거나 다름없는 상태에 놓였다. 의사들은 소생술을 시도해야 했고, 그 때문에 일부 사람들은 공황 상태에 빠졌다. 하지만 호킹은 전에도 그런 경험이 있었다."[10] 호킹은 오클랜드에 계속 머물렀고, 시애틀에서 할 연설은 화상 생중계로 대체했다.

이러한 사고에도 불구하고 호킹은 2006년에 프랑스, 에스파냐, 중국, 이스라엘을 방문하기로 계획을 잡았다. 이스라엘 방문은 처음이 아니었다. 1988년에도 울프상을 받으러 제인과 함께 간 적이 있었다. 하지만 이번에는 방문 중에 짬을 내 팔레스타인 사람들을 방문해 강연을 하지 못한다면 초청을 수락하지 않겠다고 말했다. 그래서 호킹의 요구대로 일정이 잡혔다. 이스라엘을 방문했을 때 호킹은 새로운 농담을 자신의 어록에 추가했다. 여행을 할 때 유명 인사의 익명성이 보장되지 않는 것은 큰 단점인데, 자신은 다른 사람들보다 특히 불리하다고 말했다.

"나는 선글라스와 안경을 쓰는 것만으로는 부족하다. 휠체어가 내 신분을 노출하니까."[11]

11월에 왕립학회에서 받은 코플리 메달은 수상자보다도 훨씬 먼 거리를 여행한 뒤에 전달되었다. 왕립학회는 영국인 우주 비행사 피어스 셀러스Piers Sellers가 그것을 가지고 우주를 여행한 뒤에 호킹에게 전달하도록 했다.

호킹과 일레인의 결혼 생활은 2006년 여름에 이혼으로 끝났다. 호킹은 언급을 삼갔고, 개인 조수인 주디스 크로스델Judith Croasdell은 "교수님은 아주 바빠요. 그런 것은 정신만 산란시키는 정말 성가신 질문이에요. 우린 그런 데 신경 쓸 시간이 전혀 없어요……. 시중에 나도는 그런 소문에는 일절 관심이 없어요."라고 외치면서 기자들을 쫓아냈다.[12]

WMAP의 관측은 계속되었다. 이론물리학자들은 거기서 인플레이션 이론을 이해하고 다른 문제들을 해결하는 데 도움을 줄 결과를 기대했지만, 그렇다고 마냥 두 손 놓고 기다리고 있지만은 않았다. 우리에게 익숙한 4차원 우주를 넘어서는 새로운 인플레이션 모형들이 있다. 2000년에 호킹은 p-브레인이 인플레이션에서 어떤 역할을 했을 가능성을 언급한 바 있었다. 인플레이션 이론의 창시자인 앨런 구스도 '브레인 세계' 모형들에서 인플레이션의 가능성을 연구하고 있었다. 캐나다 맥길 대학의 나탈리아 슈마허Natalia Shuhmaher와 로버트 브란덴버거Robert Brandenberger는 2006년에 인플레이션의 원동력을 브레인의 뜨거운 가스로 설명하는 모형을 내놓았다. 이들의 모형에서는 모든 공간 차원들이 극도로 압축된 상태에서 시작되었는데, 우리에게 익숙한 3차원을 넘어서는 여분의 차원들은 '오비폴드orbifold'라 부르는 것 속에 들어가 있다. 우주의 초기에 브레인 가스가 팽창했고, 에너지 밀도는 우리에게 익숙한 3차원이 인플레이션 시대를 겪을 때까지 감소했다.[13]

호킹은 두 번째 아내와 함께 지은 크고 안락한 집에서 계속 살았다. 첫 번째 결혼 이후 혼자 사는 것은 이번이 처음이었다. 물론 옆에서 돌봐주는 간호사들이 있긴 했다. 이제 호킹은 제인과 자녀들과 손자들과 다시 가깝게 지내기 시작했다. 이들 가족과는 지난 15년 동안 관계가 소원했는데, 특히 학대 문제가 불거진 시기에 그들의 우려를 호킹이 일축하면서 사이가 나빠졌다. 그들은 모두 그들의 인생에서 이해하기 어려웠던 그 장을 묻어두기로 선택한 것처럼 보였다.

돼지 우리의 풍년과 흉년

끈 이론가 브라이언 그린은 2001년에 케임브리지에서 한 강연에서 끈 이론가들은 "돼지처럼 행복하다."라고 말했지만, 늘 그랬던 것은 아니다.

20세기부터 시작하여 그린이 이 말을 할 때까지 돼지 우리가 항상 매력적으로 보이기만 했던 것은 아니다. 1986년에 이미 끈 이론가들은 여분의 차원들을 말 수 있는 방법의 가짓수가 좌절할 만큼 많다는 사실을 알았는데,[14] 이 사실은 끈 이론의 심각한 단점으로 간주되었다. 하지만 같은 해에 안드레이 린데는 영원한 인플레이션에 관한 자신의 첫 번째 논문에서 축소화(공간이 돌돌 말리는 것)의 종류가 이토록 다양한 것은 "이 이론들의 어려운 점이 아니라 장점으로 간주해야 한다. 왜냐하면 이것은 우리와 같은 종류의 생명이 나타날 수 있는 미니 우주들의 존재 가능성을 높이기 때문이다."라고 주장함으로써 동료 이론가들의 사기를 북돋웠다.[15]

1997년에 그 당시 하버드 대학에 있던 말다세나가 ADS-CFT★ 이중성이란 개념을 들고 나오자 행복한 순간이 찾아왔다. 이 개념은 전통적인 양자장 이론과 특정 종류의 끈 이론 사이에 연관 관계가 있다고 주장한다. 이중성은 앞에서 서로 아주 다른(때로는 상호 모순적인) 두 이론이 같은 현상을 각각 정확하게 설명하는 상황을 가리킨다고 했다. 말다세나의 개념은 증명되지 않은 추측이었지만, 결국에는 끈 이론의 진정한 수학적 기초를 제공할 것이라고 약속했고, 그 때문에 끈 이론의 발전에 큰 영향력을 미쳤다. 'ADS-CFT 대응성'은 끈 이론과 브레인 세계 사이의 관계에도 중요한 의미를 지니고 있었으며,[16] 호킹은 이 개념이 정보 역설에 대해서도 정보가 상실되지 않는다는 쪽으로 뭔가 알려주지 않을까 생각했다.[17]

그러다가 다시 좌절을 안겨주는 순간이 찾아왔다. 2000년, 캘리포니아 대학 샌타바버라 캠퍼스의 조 폴친스키Joe Polchinski와 캘리포니아 대학

★ ADS는 anti-de Sitter(반 드 지터)를, CFT는 conformal field theory(등각장론)를 가리킨다.

버클리 캠퍼스의 라파엘 부소는 끈 이론의 기본 방정식들은 가능한 해(서로 다른 우주 기술 방법을 나타내는)가 정말로 천문학적 규모에 이를 만큼 많다는 사실을 발견했다. 이 해들 중에서 안정한 것이 있는지 없는지 알아내기까지는 시간이 좀 걸렸지만, 그 문제는 2003년에 해결되었다. 안정한 해는 10^{500}개나 되는 것으로 밝혀졌다. 그 수가 이렇게 많다면, 끈 이론이 옳은지 틀린지 결코 증명할 수 없다는 이야기가 된다. 어떤 실험 결과든 거의 다 이론과 일치할 수 있기 때문이다. 이것은 이론에는 좋은 소식이 아니다.

이번에도 안드레이 린데가 구원자로 나섰는데, 그것은 결코 그렇게 나쁜 소식이 아니라고 지적했다. 사실, 영원한 인플레이션 이론은 바로 그런 상황을 예측했다.

먼저 말린 공간 차원 문제를 살펴보고 넘어가기로 하자.

공간 차원이 말릴 수 있는 방식의 가짓수

새로운 우주가 나타날 때, 끈 이론이 예측하는 공간 차원들이 모두 다 팽창하는 것은 아니다. 일부는 눈에 보이지 않는 상태로 남아 있지만, 새로운 우주가 어떤 형태를 취할지 결정하는 데 중요한 역할을 한다. 이론물리학자들은 공간 차원들이 아무렇게나 말려 있지 않다는 사실을 알아냈다. 이 차원들이 말려 있는 방식에 따라 그 우주에서 성립하는 자연의 법칙들이 결정된다.

호킹이 웜홀과 아기 우주에 대해 생각하던 1980년대 후반과 1990년대 초반에 그는 입자들의 질량과 자연의 다른 기본 상수들이 전체 우주들에 기본적인 것이 아니라, 우주마다 제각각 다른 게 아닐까 하고 생각했다.

그것들은 각각의 우주가 창조되는 순간에 무작위로 정해지는 수인 '양자 변수'일지 모른다. 그것은 주사위를 던져서 결정되는 눈과 비슷한데, 어떤 눈이 나올지는 이론으로는 알 방법이 없다.

M 이론에서는 그것은 더 이상 주사위 던지기가 아니다. 호킹과 플로디노프가 『위대한 설계』에서 표현한 것처럼 "내부 공간의 정확한 모양이 전자의 전하 같은 물리 상수의 값과 소립자들 사이에 일어나는 상호작용의 성격을 결정한다."[18] 다시 말해서, 미국 헌법이 주마다 제각각 다른 지역적 법을 허용하는 것처럼, M 이론의 기본 법칙들은 각각의 우주에서 서로 다른 자연 법칙들을 허용한다. 어떤 우주의 지역적 자연 법칙이 어떤 것이냐 하는 것은 여분의 차원들이 말려 있는 방식에 따라 결정된다.

린데와 그 동료들은 여분의 차원들이 말릴 수 있는 방식, 즉 각각 독특한 우주를 낳을 수 있는 방식의 가짓수를 계산해보았다.[19] 그 수는 상상을 초월할 정도로 컸다. '다중 우주'라는 평범한 용어는 이 모든 것을 나타내는 이름으로는 격이 한참 떨어진다. 휠러가 살아 있다면 훨씬 좋은 이름을 지어줄 텐데, 그러지 못해 유감이다.

하향식 접근 방법

2000년대 초반에 호킹과 터럭은 완두콩, 곧 순간자 개념을 선반 위에 내버려두고 각자 다른 길을 걸어갔다. 터럭은 우주가 빅뱅에서 팽창하다가 결국에는 다시 수축하여 빅크런치가 되고, 거기서 다시 빅뱅이 일어나 우주가 탄생하는 순환 과정이 계속 반복된다는 '순환' 모형을 선호하기 시작했다.

호킹은 영원한 인플레이션 모형에 더 관심을 보였다. 이 모형에서 가능한 우주의 종류가 무한히 많다는 사실은 어떤 종류의 우주가 다른 종류의 우주보다 얼마나 가능성이 더 큰지 계산하는 걸 어렵게 만든다. 어떤 사람들은 계산이 아예 불가능하다고 주장할 것이다. 호킹은 이 골치 아픈 수학적 문제에도 전혀 굴하지 않고 계속 나아가기로 결심했고, 그 과정에서 일부 동료들 사이에서 여전히 논란이 되고 있던 개념인 인류 원리를 사용하려고 했다.

호킹과 터럭이 순간자 이론을 내놓을 때 절정에 이르렀던 인류 원리의 사용을 둘러싼 논란은 아직 가라앉지 않은 상태였다. 하지만 호킹의 오랜 친구인 마틴 리스와 마리오 리비오Mario Livio는 2005년에 쓴 논문에서 "'인류 원리 추론'은 유효한 사변적 과학 담론에서 중요한 역할을 할 뿐만 아니라, 사실은 허용 가능한 우주론적 시나리오들을 선별하는 예측 능력이 있을지도 모른다."라고 함으로써 인류 원리와 그 사용에 대해 추가적으로 신뢰를 표시했다. 비록 "그러한 주장은 많은 과학자의 혈압을 상승시키지만…… 실제로 우주론의 연장통에 들어 있는 많은 도구 중 하나일 수 있다."[20] 호킹은 그것을 강력한 도구로 사용하려고 준비했다.

2006년 2월, 호킹은 토마스 헤르토흐Thomas Hertog와 함께 다중 우주의 끈 이론 풍경을 무경계 가설의 초기 조건과 결합한 연구에 대해 보고하는 논문을 썼다. 두 사람은 초기 우주를 끈 이론 풍경에서 존재 가능한 모든 방식들의 중첩으로 보자고 제안했다. 그것은 엄청나게 많은 수의 카드 한 벌에서 카드 한 장을 뽑아야 할 때, 뽑을 가능성이 있는 모든 카드를 동시에 시각화하는 것과 비슷하다. 각각의 가능성은 서로 다른 미래를 낳는다. 그러면 우리는 가능한 시작과 가능한 역사가 모두 엄청나게 많은 우주에 맞닥뜨리게 된다. 그해에 칼텍에서 한 강연에서 호킹은 이것에 대해 "달이 블루 치즈로 만들어진 역사도 있겠지만, 생쥐에게는 아쉽

게도 그 진폭이 아주 작다."라고 농담처럼 이야기했다.[21]

호킹과 헤르토흐는 단순한 풍경을 가진 모형만 제한적으로 검토했는데, 그 모형들은 각각의 우주에서 서로 다른 인플레이션 역사를 여러 가지 허용했다. 그렇다면 우주의 '시작' 지점으로 가서 그 우주들이 나타날 확률을 계산해야 할까? 그렇지 않다. 호킹의 '하향식' 접근 방법에서는 현재 존재하는 우주를 관측하면서 현재에서 출발하여 과거로 거슬러 올라가면서 각각의 초기 상태가 나중에 우리가 알고 있는 우주의 존재를 낳을 확률이 얼마나 되는지 계산한다. 이런 방식으로 우주의 현재 상태가 과거를 '선택'한다.

호킹과 헤르토흐는 무경계 초기 조건의 관측적 결과를 연구해 자신들의 이론을 검증할 수 있는 방법을 내놓았다. 만약 이것이 옳은 방법이라면, 현재 관측되는 우주배경복사와 중력파의 스펙트럼은 표준 인플레이션 이론이 옳을 경우에 나타나야 할 그것들과 미묘한 차이가 있을 것이다. 호킹은 미래에 기술이 더 발전하면 이 미묘한 차이를 발견할 수 있을 것이라고 생각했다.[22]

호킹은 2006년에 칼텍에서 뺨 근육으로 컴퓨터를 조작하면서 강연을 했다. '우주의 기원'이라는 제목의 이 강연에서는 헤르토흐와 함께 연구한 개념도 일부 소개했다. 호킹은 훗날 『위대한 설계』에서 그들의 하향식 접근 방법을 더 자세히 소개한다.

비밀 열쇠와 우주 모험

2004년 봄, 루시 호킹은 자신이 쓴 소설 『제이디드 *Jaded*』가 나오고, 두 번째 소설 『우연한 마라톤 *The Accidental Marathon*』을 쓰기 시작했을 때, 많은 인터뷰를 통해 자신의 책에 대해 이야기했다. 루시는 자신과 자신의 작품에 대한 질문들이 필연적으로 아버지에 대한 질문으로 이어지는 것에 크게 놀라진 않았지만 기분이 다소 언짢았다.

그동안 루시는 힘든 일을 많이 겪었다. 결혼 생활은 단명했고, 남편과 헤어진 직후에 아들 윌리엄이 자폐증 진단을 받았다. 루시는 "실제로 내 심장이 갈기갈기 찢어지는 것 같았어요."라고 말했다.[23] 어머니인 제인은 가장 효과적인 치료법을 찾도록 노력하라고 말했다. 그 결과로 윌리엄의 상태는 놀랍도록 좋아졌다. 윌리엄은 할아버지를 아주 자랑스럽게 여겼는데, 훌륭한 물리학자라서라기보다 "할아버지는 바퀴가 달렸기" 때문이었다. 호킹도 손자의 칭찬에 보답을 했다. 그의 연구실은 윌리엄의 사진으로 가득 차 있으며, 심지어 『호두 껍질 속의 우주』에도 윌리엄의 사진을 한 장 집어넣었다.

인터뷰어들이 자신보다 아버지에게 더 관심을 보이자, 루시는 현실적인 반응을 보였다. 어차피 이길 수 없다면 같은 편이 되기로 한 것이다. 그래서 아버지와 함께 공동 저자가 되어 책을 내기로 했다.

2006년 6월, 루시는 아버지를 따라 홍콩과 베이징을 여행했는데, 그곳의 환영 열기는 평소보다 훨씬 뜨거웠다. 비행기에서 내렸을 때, 경찰은 몰려드는 인파를 막기 위해 사슬처럼 늘어서 인간 통로를 만듦으로써 그들이 무사히 엘리베이터로 가 호텔로 갈 수 있도록 보호했다. 그런 보호 노력에도 불구하고, 호킹은 하마터면 사람들에게 밀려 넘어질 뻔했다. 하지만 그는 동요하지 않았다. 그는 '럭비 스크럼'처럼 뒤엉킨 열광한 학생들과 함께 사진을 찍길 원했지만, 신문 일면에 실을 사진에는 호킹과 당황한 경찰의 모습만 찍혔고, 사태가 충분히 진정된 뒤에야 꼬마 초등학교 학생들이 자기보다 큰 환영 깃발을 든 사진이 찍혔다. 호킹이 강연을 하기로 돼 있던 홍콩 과학기술대학의 물리학과 대학생 두 명이 그에게 꽃을 주는 영예를 얻었다. 대학 총장인 폴 추Paul Chu(중국 이름은 추칭우朱經武)는 "그는 역사상 가장 유명한 과학자 중 한 명입니다. 아이작 뉴턴이 세상을 변화시켰다면, 스티븐 호킹은 우주를 변화시켰다고 말할 수 있습니다."라고 말했다.[24]

호킹과 루시는 널리 홍보된 이 여행을 두 사람이 함께 어린이 책을 쓸 것이라고 발표하는 기회로 삼았다. 두 사람이 함께 써서 나온 첫 번째 책은 『조지의 우주를 여는 비밀 열쇠』였다. 이 책은 어린이 주인공 조지와 그 이웃인 과학자 에릭과 그 딸 애니와 슈퍼컴퓨터 코스모스가 펼치는 우주 모험 이야기뿐만 아니라, 호킹에 관한 이야기도 일부 포함하고 있다. 중국 도시들에서 오염을 직접 목격한 호킹은 지구가 "온도가 250℃나 되고 황산 비가 내리는 금성처럼 변할지도" 모른다고 우려를 표시했다.[25]

'조지의 우주 시리즈'에서 루시는 자신의 기분을 언짢게 한 인터뷰어 같은 사람들에게 그들이 기대하던 것을 일부 제공했다. 『조지의 우주를 여는 비밀 열쇠』와 두 번째 책인 『조지의 우주 보물 찾기George's Cosmic Treasure Hunt』[26]는 재미있고 교육적이며, 호킹과 그 가족의 성격과 삶에 대해서도 통찰을 제공한다. 책에 등장하는 물리학자인 에릭은 누가 봐도 장애만 없을 뿐이지 호킹을 대신한 인물이 분명하다. 물리학에 대한 열정과 그 지식을 공유하려는 의지, 그칠 줄 모르는 호기심, 연구에 대한 지극한 헌신, 어린이에 대한 사랑이 작품 전체에 묻어난다. 작품에서 조지의 할머니 메이벌은 선택적 청각 장애가 있는 경이롭고 강인한 인물로 나오는데, 나는 그녀가 호킹의 어머니 이소벨을 묘사한 것이라는 이야기를 들었다. 조지는 물리학 회의에서 용감하게 손을 들어 질문을 하는데, 이 사건은 호킹 가족이 실제로 겪은 이야기이다. 루시의 오빠인 로버트는 여덟 살 때 아버지와 함께 이론물리학자들의 회의에 간 적이 있었다. 로버트는 맨 앞줄에 앉아 고개를 끄덕여가며 열심히 듣다가 손을 들어 똑똑한 질문을 던졌다. 책에 나오는 물리학자들이 조지의 질문에 시종 신중하고 진지한 태도로 대답을 하는 것은 호킹의 실제 동료들에게 존경을 표시한 것이라 할 수 있다. 책에서 다루는 과학은 호킹의 전문 분야인 블랙홀, 호킹 복사, 정보 역설, 인류가 이주할 수 있는 행성 탐사 등이다.

루시는 인터뷰에서 '조지의 우주 시리즈'를 쓴 이유는 여러 가지가 있다고 말했다. 자신의 아들이 열 살이 되었고, 또 자신의 조카(로버트와 아내 카트리나의 아들)도 이름이 조지라고 했다. 『조지의 우주를 여는 비밀 열쇠』는 조카 조지와 아들 윌리엄을 위해 쓴 것이라고 했다. 루시는 호킹이 한 연구 중 일부를 이들 어린이에게 설명해주는 책을 아버지와 함께 쓰길 원했다. 루시는 윌리엄의 생일 파티 때 호킹의 주위로 몰려든 어린이들과 그 부모들이 호킹이 그들의 질문에 기꺼이 대답을 해주고 자신이 연구한 과학을 설명해주는 것에 감탄하는 것을 보고서 사람들이 그런 책에 관심이 있다는 걸 알아챘다. 그때 호킹은 느리긴 하지만 훌륭하고 사려 깊고 도움이 되는 대답을 하려고 애썼고, 또 그들을 웃게 만들었다. 호킹은 어린 시절에는 누구나 호기심과 경이로움에 가득 차 있다고 지적했다. 모든 게 가능해 보이는데, 자신은 그런 생각이 변하지 않았다고 했다. 그는 아직도 그런 느낌을 지니고 있는데, 그래서 루시는 아버지와 함께 어린 독자들에게 그런 느낌을 북돋워주고 싶었다.

아버지와 함께 책을 쓰면서 루시는 아버지가 자기 분야에서 연구를 하는 것이 어떤 것인지 알게 되었고, 그럼으로써 두 사람의 관계도 변했다. 아버지가 크게 변했다고는 생각하지 않았지만(아마도 좀더 원숙해지긴 했겠지만), 그 전까지는 아버지의 이런 측면을 볼 기회가 없었다.

"아버지는 머릿속에 엄청난 양의 정보를 담는 놀라운 능력이 있을 뿐만 아니라, 적절한 세부 내용을 집어내 짤막한 말로 상대방의 사고 방식을 완전히 바꾸어놓는 능력도 있어요."[27]

루시는 아버지의 생각이 빠르고 명쾌한 것에, 그리고 지식들을 종합하여 정리하는 재능에 경이로움을 느꼈다.

2006년 11월, 호킹은 BBC 라디오 방송 인터뷰에서 인류의 미래가 태양계가 아니라 다른 별 주위를 도는 행성에 식민지를 건설하는 데 달려 있다고 또 한 번 강조했다.[28] 자신이 직접 우주로 나가고 싶다는 희망도 피력했다. 한 달 전에 호킹은 인터뷰에서 다음 목표는 우주 비행에 나서는 것이라면서 "어쩌면 리처드 브랜슨Richard Branson(영국 버진 그룹 회장. 2004년에 버진 갤럭틱 사를 설립해 우주 여행 사업에도 진출했다.—옮긴이)이 도움을 줄지 모른다."라고 말했는데, 이 소식을 들은 브랜슨은 즉각 도움의 손길을 뻗쳤다. 2010년에 준궤도 우주 비행에 나설 버진 갤럭틱 사의 우주선에 호킹이 탈 자리를 마련하겠다고 했다. 패리스 힐턴Paris Hilton과 윌리엄 새트너William Shatner도 함께 탑승할 예정이었다. 호킹은 브랜슨이 자신을 거주 가능한 행성으로 데려다주리라곤 기대하지 않았지만, 미래에 그런 여행이 현실로 다가올 것이라고 확신했고, 루시와 함께 쓴 책에 나오는 가공의 인물들은 바로 그런 여행에 나선다.

2006년 후반에 호킹이 블로그에서 던진 "정치적, 사회적, 환경적으로 혼돈 상태에 빠진 세상에서 인류는 앞으로 100년 동안을 어떻게 더 버텨낼 수 있을까?"라는 질문에 2500여 명이 댓글을 달았다. 호킹이 자신의 생각이 공공 정책에 실제로 영향을 미치리라고 생각한 것은 전혀 놀랍지 않다! 블로그에 계속 올린 글에서 호킹은 유전공학에 대해 언급했는데, 이번에는 어떻게 하더라도 결국은 닥치고 말 바람직하지 못한 일로 다루

는 대신에 인류를 "현명하고 덜 공격적으로" 만들지도 모른다는 유토피아 적 희망을 피력했다.[29]

　루시와 함께 중국 여행에 나섰을 때, 호킹은 우주의 기원을 연구하지 말라고 한 교황 요한 바오로 2세의 말에 대해 또 농담을 했는데, 교황이 자신의 강연 주제를 잘 몰라서 다행이라면서 "갈릴레이처럼 종교 재판소로 끌려가고 싶은 생각은 추호도 없기" 때문이라고 말했다. 바티칸은 그 발언을 못 들은 척했지만, 가톨릭 평신도 지도자들은 그 부정확한 인용과 무례한 발언을 여러 차례 반복적으로 들었다. 가톨릭 연맹 회장인 빌 도노휴Bill Donohue는 이에 흥분하여 호킹이 "교황의 말을 왜곡하는 행위를 그만두어야 할 것"이라고 말했다. "과학이 답할 수 없는 질문들이 있다는 말—교황이 한 말—과 과학자들에게 그만두라고 경고하는 권위주의적인 선언은 하늘과 땅만큼 차이가 있다."[30] 교황이 한 발언은 앞에서 보았듯이, 그 당시 과학 지식의 상태를 부정확하게 묘사한 것이 아니었고, 갈릴레이와 같은 운명에 처할까 봐 두려움에 떨게 만들 만한 위협도 없었다. 그가 한 말은 다음과 같았다:

　　세계의 기원에 관한 과학의 모든 가설은…… 우주의 시작과 관련된 문제에 답을 내놓지 못한다. 과학 자체만으로는 그러한 질문을 해결할 수 없다. 그러려면 물리적인 것과 천체물리학적인 것을 넘어서는, 형이상학적 지식이라고 부르는 인간 지식이 필요하다. 무엇보다도 하느님의 계시에서 나온 지식이 필요하다.[31]

　호킹은 가톨릭 연맹 회장 빌 도노휴의 말을 가슴에 새겨두었다. 교황청 과학원 회원 자격으로 바티칸을 방문했을 때, 호킹은 그 사건이나 갈릴레이에 대한 이야기는 일절 하지 않았다. 요한 바오로 2세는 1992년에 한 연설에서 로마 가톨릭 교회가 갈릴레이에게 유죄 판결을 내린 것은 잘 못이었다고 인정했다. 호킹이 1973년에 바티칸을 방문했을 때 그렇게 되길 바란다고 말했던 것이 마침내 실현된 것이다. 이제 무기를 거두고 화해의 시간이 찾아왔다.

무중력

2007년 4월, 진짜 우주 비행을 위한 첫 번째 준비 단계에 해당하는 모험에 나섰다. 그것은 중력이 없어진 것과 같은 무중량 상태를 경험하는 비행이었다. 호킹의 허약한 신체가 어떤 반응을 보일지는 아무도 몰랐다. 그런데 아무 문제도 없었다! 호킹은 모두의 예상을 깨고 무중량 상태를 모두 합해서 4분 동안 여덟 차례나 경험했다. 그러고는 "나는 얼마든지 계속할 수 있었다!"라고 말했다.[32] 비행 내내 호킹의 혈압, 심전도, 혈중 산소 농도를 검사한 의사 4명과 간호사 2명도 이에 동의했다.

'제로 그래비티Zero Gravity'라는 회사가 이 비행을 제공했다. 그 방법은 다음과 같다. 비행기는 롤러코스터처럼 포물선 경로를 따라 날아간다. 비행기가 상승할 때 승객은 평소에 지상에서 느끼는 것보다 2배 강한 중력을 느낀다. 그러다가 포물선 꼭대기에 가까워지면 약 25초 동안 자유 낙하를 경험한다. 이 과정이 계속 반복되는데, 호킹은 이 과정을 여덟 차례 경험했다. 호킹이 이 비행에 나선 데에는 또 다른 동기가 있었다. 자신의 우주 비행이, 행성 식민지 건설이 우리의 미래를 연장할 수 있는 유일한 희망이라는 자신의 신념을 널리 확산시키는 계기가 되길 바랐던 것이다.

향후 1000년이나 100만 년은 말할 것도 없고, 앞으로 100년 안에 지구에 닥칠 재앙도 피하기가 아주 어려울 것이다. 인류는 모든 달걀을 한 광주리나 한 행성에만 담아서는 안 된다. 우리 종의 미래를 위해 인류 중 일부를 지구에서 영구히 떠나보내는 것이 꼭 필요하다.[33]

그는 우주 관광 사업의 미래 시장이 아주 크다고 주장했다. "항공권에서부터 개인 컴퓨터에 이르기까지 모든 것의 비용을 낮춘 기업가 정신의 엔진을 끌어들일 필요가 있다."[34]

호킹이 비행에 나선 세 번째 동기는 자신과 같은 장애인들에게 과감하게 나서서 이와 같은 일들을 시도해보라고 자극하기 위해서였다. 자신이 할 수 있다면, 다른 사람들도 얼마든지 할 수 있을 것이다. 우주의 기원에 대해 연구하는 거라면 다른 사람들이 쉽게 따라할 수 없다 하더라도, 무중량 상태 모험 같은 거라면 못 할 이유가 없다. 하지만 이 경우에 대부분의 사람에게 맨 먼저 떠오르는 문제는 비용이다.

순회 물리학자

2008년은 호킹이 여행을 많이 하느라 아주 바빴던 한 해였다. 용감한 개인 조수인 주디스 크로스델은 호킹보다 훨씬 더 바빴는데, 사전 답사 여행도 해야 하고, 초청자들과 함께 여행 일정 계획을 세우고, 현지에서 필요한 준비를 모두 하는 등 온갖 일을 처리해야 했기 때문이다. 주디스는 고용될 때 "개인 비서는 여행을 하지 않는다."라고 들었다. 그러나 다른 개인 비서들은 그랬는지 몰라도, 주디스는 해당 사항이 없었다.

1월의 여행 목적지는 칠레였다. 칠레에서 가장 유명한 물리학자인 클라우디오 분스테르Claudio Bunster의 60번째 생일을 기념하여 발디비아에서 열린 과학 회의에 참석하기 위해서였다. 10년 전에 분스테르는 호킹의 칠레와 남극 대륙 방문 여행을 주선한 적이 있었다. 휠체어에 탄 호킹을 데리고 지형이 매우 불규칙하고 세상에서 손꼽을 정도로 외딴 장소를 방문하는 이 힘든 일을 용감하게 해낸 뒤에 일행은 이스터 섬으로 날아갔다. 다년간 남반구의 태평양 섬들에서 산 적이 있고 태평양의 역사를 공부한 바 있는 주디스에게 이 여행은 '성배'와 같았다.

5월에는 남아프리카공화국을 방문했다. 케이프타운에서 호킹은 아프리카 수리과학연구소를 방문했는데, 이곳은 아프리카 전역에서 몰려온 최고 수준의 학생들에게 박사 후 연구 과정을 제공하고, 아프리카의 수학과 과학의 발전을 후원한다. 이 연구소의 설립자는 호킹의 친구이자 동료인 닐 터럭인데, 그가 이 여행을 성사시키는 데 도움을 주었다. 호킹은 넬슨 만델라를 만났고, 아프리카 수리과학연구소에서 추진하는 차세대 아인슈타인 계획을 발족시켰다. 호킹은 강연에서 이 계획이 "아프리카의 아인슈타인"을 양성하길 기대한다고 말했다.

9월에는 산티아고데콤포스텔라 대학의 초청으로 일반 대중에게 과학을 소개하는 데 큰 업적을 세운 개인에게 주는 상인 폰세카 상을 받기 위해 에스파냐의 유명하고 아름다운 이 순례 도시를 방문했다. 주디스는 그 여행을 이렇게 기억했다.

"사람들의 기대가 컸고, 기자 회견도 부담이 커서 아주 힘든 여행이었다. 기자 회견은 시간이 너무 오래 걸렸고, 질문도 너무 많았다(호킹은 40가지가 넘는 질문 중에서 선별적으로 답을 했다). 호킹은 14가지 질문에 답을 했는데, 그것은 상당히 많은 양이었다."

루시도 이 여행에 동행했는데, 에스파냐에서 출간된 『조지의 우주를 여는 비밀 열쇠』를 홍보하기 위해서였다.

칼텍에서 강연을 할 때에는 필시 그해에 했던 먼 여행들을 떠올린 게 분명한데, 웜홀을 통해 다른 우주로 여행하는 가능성에 대해 약간 덜 비관적인 견해를 내비쳤다. 호킹은 새로운 가능성을 지적했는데, 바로 여분의 시공간 차원에 존재하는 블랙홀이었다. 빛은 오직 우리가 아는 4차원에서만 전파될 뿐 여분의 차원으로는 전파되지 않지만, 중력은 여분의 차원에 미치기 때문에 우리가 경험하는 것보다 훨씬 강하게 나타날 것이다. 따라서 여분의 차원에서는 작은 블랙홀이 생기기가 훨씬 쉬울 것이다.

이 강연에서 호킹은 블랙홀에 대한 일반 배경 지식을 소개하면서 호킹 복사를 다소 다르게 설명했다. 입자 쌍이 관여하는 설명을 버린 것은 아니고, 그것을 달리 생각하는 방법을 제시했다. 만약 입자가 아주 작은 블랙홀 속에 있다면, 그것이 어디 있는지 상당히 정확하게 아는 셈이 된다. 불확정성 원리에 따르면, 입자의 위치를 정확하게 알수록 그 속도에 대한 정보는 더 불확실해진다. 따라서 블랙홀이 작을수록 입자의 속도에 대한 불확정성은 더 커진다. 그것은 심지어 빛의 속도보다 더 클지도 모르며, 그러면 입자는 블랙홀에서 탈출할 수 있다. 이 설명에 따르면, 호킹 복사는 바로 블랙홀 속에서 나오는 셈이다.

우리가 블랙홀 속으로 들어갔다가 다른 우주로 나올 수 있을까? 호킹은 가능할지도 모른다고 생각했다. 그는 웜홀 개념을 포기하지 않았다. 하지만 다시 돌아올 수는 없을 것이다. 그래서 호킹은 세상에서 그 누구보다 겁이 없고 여행을 좋아하는 사람 중 한 명이지만, 개인적으로 그 여행을 시험해보려고 하진 않을 것이다.

19

"나는 항상 남들과 다른 방향으로 갔다."

2008년 3월, WMAP의 주요 연구자인 찰스 베넷Charles Bennett은 "우주의 역사에서 최초의 순간에 일어난 사건들에 대한 과감한 예측들을 오늘날 엄밀한 측정으로 검증할 수 있다는 사실은 실로 놀랍다."라고 말했다.[1] '5년차 결과'는 WMAP 인공위성의 데이터가 일반적인 인플레이션을 뒷받침하면서 인플레이션 이론들에 더 엄격한 제약을 가한다는 것을 보여주었다. 그와 동시에 WMAP는 아무도 예상하지 못한 것을 발견했는데, 우주배경복사에서 전체적인 온도 변이의 무작위적 분포에 불가사의하게 끊어진 부분이 나타나는 '냉점cold spot'이 바로 그것이었다.[2] 그것에 대해 분명하게 말할 수 있는 것이라곤 "이 지점을 주시하라."라는 것뿐이었지만, 지금까지 제안된 설명 중에서 인플레이션 이론에 문제가 되는 것은 하나도 없다.

오랫동안 이론으로만 생각돼온 것이 실제로 옳은지 확인해줄 실험적, 관측적 증거를 발견하기 위한 경쟁이 우주에서뿐만 아니라 지상(사실은 땅속 깊은 곳)에서도 일어나고 있었다. 2008년 9월 11일, CERN의 대형강입자충돌기가 가동을 시작하면서 오랫동안 기다려온 이 장비가 마침내 힉스 보손의 존재를 밝혀낼 것이라는 기대가 높아졌다.

호킹 대 힉스

피터 힉스는 1964년에 힉스 보손(흔히 힉스 입자라고 부르는)의 존재를 주장했는데, 그 후 힉스 보손은 우주론에서 표준 모형의 일부로 포함되었다. 2008년에 가진 기자 회견에서 힉스는 호킹이 BBC와 가진 인터뷰에서 한 발언에 대해 격렬한 반응을 보였다―〈선데이 타임스 *Sunday Times*〉는 헤드라인에서 그것을 "공격을 가했다"라고 표현했다.[3]

힉스와 호킹의 사이가 멀어지는 계기가 된 일은 1996년으로 거슬러 올라간다. 그해에 호킹은 논문에서 힉스 입자를 관찰하는 것은 불가능하다고 말했다. 2000년까지 호킹의 주장이 틀렸다는 것은 입증되지 않았다. 그해에 CERN에서 실시한 대형전자양전자충돌기(LEP) 실험이 힉스 입자에 대한 결정적 증거를 발견하지 못하고 최종적으로 끝나자, 호킹은 미시간 대학의 고든 케인 Gordon Kane과 한 내기에서 100달러를 땄다. 호킹이 힉스 입자를 놓고 건 또 하나의 내기는 시카고 근처의 페르미 연구소에서 하는 비슷한 실험이 끝나길 기다리면서 아직 최종 판정이 나오지 않은 상태였다. 2002년에 에든버러의 만찬 자리에서 힉스가 호킹에 대해 "그와 토론을 하는 게 어렵기 때문에 그는 다른 사람들은 하지 않는 방식으로 발표를 한다. 그는 유명 인사라는 지위 때문에 그의 말은 다른 사람들이 얻을 수 없는 즉각적인 신뢰성을 얻는다."라고 말하면서 호킹과 힉스 사이의 설전은 통상적인 과학적 토론의 한계를 넘어섰다. 호킹은 이에 대해 "나는 인신 공격을 하지 않고도 과학 쟁점에 대한 토론을 할 수 있길 바란다."라고 응수했고, 힉스는 호킹에게 자신이 그 말을 한 맥락을 설명함으로써 개인적으로 화해를 청했다. 호킹은 자신은 화가 나지 않았다고 말했고, 그렇게 그 문제는 일단락되었으나, 호킹은 힉스 입자는 어떤 실험으로도 확인할 수 없다는 주장에서 조금도 물러서지 않았다.

호킹은 2008년 9월에 대형강입자충돌기가 가동되기 직전에 가진 기자 회견에서 "만약 힉스 입자를 발견하지 못한다면 훨씬 흥미진진할 것이다. 그렇게 되면 뭔가가 틀렸다는 뜻이기 때문에 우리는 처음부터 다시 생각할 필요가 있다. 나는 힉스 입자를 발견하지 못한다는 데 100달러의 내기를 걸었다."라는 말로 오랜 상처를 다시 건드렸다.[4] 힉스는 호킹의 연구를 폄하하는 발언으로 반격했다.

"입자물리학의 양자론 관점에서 보면, 일관성이 있는 이론을 만들려면 이론에 단지 중력뿐만 아니라 그 이상의 것을 집어넣어야 할 필요가 있는데, 호킹이 그렇게 했다고는 생각하지 않는다. 나는 그의 계산이 매우 의심스럽다."[5]

호킹은 대형강입자충돌기에서 초대칭 짝의 발견처럼 더 흥미로운 결과가 나올지 모른다고 주장했다.

"그 존재는 끈 이론이 옳음을 뒷받침해주는 핵심 증거가 될 것이다. 그리고 그것은 은하들을 같은 은하단 속에 붙들어두는 신비한 암흑 물질의 구성 성분일 수 있다. 하지만 대형강입자충돌기가 무엇을 발견하건 혹은 발견하지 못하건, 그 결과는 우주의 구조에 대해 많은 것을 알려줄 것이다."[6]

〈선데이 타임스〉가 "두 사람의 실랑이는 과학계에 큰 충격파를 던질 것 같다."라고 쓴 것은 과장된 표현이었지만, 79세의 힉스가 마침내 자신의 이론이 입증될 기회를 앞두고서 기대와 열정에 부푼 것을 크게 탓할 수는 없다.

호킹은 대형강입자충돌기에서 기대하는 것이 또 있었다. 얼마 전 칼텍에서 한 강연에서 대형강입자충돌기에서 일어나는 충돌의 결과로 초소형 블랙홀이 생겨나는 걸 관찰할 수 있을지 모른다고 언급했다. 만약 그렇게 된다면, 이 초소형 블랙홀은 호킹 복사와 같은 패턴으로 입자들을 방출할 것이다.[7] 그렇게 되면 호킹은 노벨상을 받을지도 모른다.[*] 호킹은 또 우주배경복사의 요동은 우리 우주의 인플레이션 시대에 나온 호킹 복사가 오늘날 얼어붙은 상태로 관찰되는 것으로 볼 수 있다고 언급했다.

힉스와 호킹뿐만 아니라 많은 사람들에게는 아쉽게도, 대형강입자충돌기는 가동한 지 겨우 9일 만에 작동을 멈췄다. 전기 연결 장치에 결함이 생기는 바람에 충돌기가 들어 있는 터널로 헬륨이 누출되었고, 그 바람에 아원자 입자들을 충돌기 주위로 유도하는 초전도 자석들이 제대로 작동하지 않았기 때문이다. 다시 가동시키는 데에는 일 년이 걸렸다.

이 글을 쓰고 있는 현재까지 힉스 입자는 아직 발견되지 않았다.(2013년 3월, CERN은 힉스 입자를 발견했다고 공식적으로 발표했다.—옮긴이) 겨울 동안 보수와 유지를 위해 잠깐 쉰 뒤 2011년 2월에 연구자들은 다시 대형강입자충돌기를 가동할 준비를 했다. CERN의 연구 및 과학 계산 부문 책임자인 세르조 베르톨루치 Sergio Bertolucci는 "우리는 힉스 입자를 발견하든가 아니면 그것을 배제하게 될 것이다. 어느 경우든 그것은 대단한 결과가 될 것이다."라고 말했다. "물론 발견하지 못할 경우에는 대단한 결과라고 떠들기가 좀더 어렵겠지만, 힉스 입자가 존재하지 않는다면 대신에 뭔가 다른 것이 존재할 것이다."[8]

★ 노벨상은 아무리 유력한 이론이라 하더라도 그것을 뒷받침하는 실험적 증거나 관측적 증거가 없으면 수여되는 경우가 드물다.

타임이터

힉스와 호킹이 설전을 재개한 2008년 9월, 호킹은 케임브리지 구 중심 가의 거리 풍경에 추가된 아름다운 장식물의 베일을 벗기는 영예를 얻었 다. 이 최신 장식물이 설치된 장소는 케임브리지에서 가장 오래된 코트(네 모진 마당)가 있는 코퍼스 크리스티 칼리지였는데, 베넷 스트리트가 킹스 퍼레이드와 만나는 모퉁이에 대형 기계식 시계를 세운 것이다.[9] 이 시계는 바늘이 전혀 없지만, 지름 1.5m인 문자반 주위의 동심원들을 움직이는 눈물 모양의 작은 섬광으로 시간과 분과 초를 알려준다. 순금으로 도금한 문자반은 마치 용융된 금속 연못에 돌을 떨어뜨린 것처럼 잔물결이 밖으 로 뻗어나가는 모양으로 디자인되었다. 맥동하는 금빛을 내보내는 잔물결 은 빅뱅의 폭발을 나타낸다.

이 반짝이는 시계는 역사상 가장 위대한 시계 제조공인 존 해리슨 John Harrison을 기려 만든 것이다. 해리슨은 18세기에 경도를 결정하는 데 혁신 을 가져왔고, '메뚜기 탈진기'를 발명했다. 코퍼스 클락의 시계 제작자이 자 기증자인 존 테일러 John Taylor는 1950년대에 코퍼스 크리스티 칼리지를 다녔고, 그 후 발명가로 큰 성공을 거두었다. 그는 구형 기계식 시계에 깊 은 열정이 있었다. 테일러는 자신의 '메뚜기 탈진기'를 무섭고 외피가 딱딱 하고 거대한 메뚜기 모양으로 만들기로 결정했다. 위협적인 동시에 아름 답고 변덕스러운 이 동물은 시계의 위쪽 테두리를 따라 거침없이 기어간 다. 이 메뚜기는 발톱이 문자반 바깥쪽 테두리 주위를 도는 거대한 탈진 기 바퀴의 톱니와 맞물려서 움직이며, 해리슨의 메뚜기와 마찬가지로 회 전 속도를 제한하고 조절한다. 이 무시무시한 괴물이 바로 '크로노페이 지 chronophage' 또는 '타임이터 time eater', 곧 시간을 먹는 괴물이다.[10]

이 시계가 정시를 알릴 때에는 종으로 소리를 내는 게 아니라, 쇠사슬을 나무 관 위로 흔들면서 나는 덜컹거리는 소리와 관 뚜껑을 망치로 두드리는 소리로 내는데, 이것들은 모두 시계 뒤쪽에 있다.

이 놀라운 장치의 베일을 벗기는 사람으로는 호킹이 적격으로 보였다. 호킹이라고 하면 거의 누구나 빅뱅과 시간의 '간략한 역사'를 연상했다. 그는 시간을 또 하나의 공간 차원으로 바꿈으로써 시간을 길들였다. 그는 또한 자신의 시간도 기적적으로 잡아늘인 것처럼 보였는데, 그것은 시계 꼭대기에 있는 무시무시한 괴물에게 도전하는 것 같았다.

조용한 축하

하지만 그러한 호킹에게도 시간은 계속 흘러갔다. 일 년 뒤인 2009년 9월 30일, 루카스 수학 석좌교수는 67세에 은퇴해야 한다는 케임브리지 대학의 전통 규정에 따라 호킹은 30년 동안 지켜온 자리를 내놓았다. 그 뒤를 이은 사람은 끈 이론을 전문으로 연구하는 이론물리학자 마이클 그린이었다.

60세 생일을 와자지껄하게 축하했던 것과는 대조적으로, 호킹의 루카스 수학 석좌교수 은퇴식은 응용수학 및 이론물리학과에서 조용하게 샴페인 리셉션으로 열렸다. 은퇴했다고 해서 달라진 것은 별로 없었다. 바쁜 일정과 연구, 그리고 응용수학 및 이론물리학과에서 그의 위상은 전과 거의 다름없었다. 이제 그의 공식 직함은 케임브리지 이론우주론 센터 연구소장이었다. 널찍한 모퉁이 연구실을 그대로 썼고, 개인 비서와 대학원생 조수도 그 주위의 연구실들에서 쫓겨나지 않았다. 호킹은 BBC의 〈뉴스나이트〉 프로그램에 보낸 음성 메시지에서 자신은 진짜로 은퇴한 게 아니라 단지 직위만 바뀌었을 뿐이라고 반복해서 말했고, 이렇게 덧붙였다.

지금까지는 살아가기에도 이론물리학 연구를 하기에도 아주 좋은 시간이었습니다. 지난 40년 동안 우리가 생각하는 우주의 그림에는 아주 큰 변화가 일어났는데, 제가 거기에 조금이나마 기여했다면 아주 행복할 것입니다. 저는 저의 기쁨과 정열을 함께 나누고 싶습니다. 이전에 아무도 몰랐던 것을 발견하는 유레카 순간과 비할 것은 세상에 아무것도 없습니다. 섹스와 비교하고 싶진 않지만, 어쨌든 그것보단 더 오래 지속됩니다.[11]

그 전해에 호킹은 케임브리지와 영국을 떠날지도 모른다는 위협적인 발언을 했는데, 자신이 하는 것과 같은 종류의 기초 연구와 자신이 젊은 이들에게 선택하라고 용기를 북돋는 과학 교육에 대한 공적 자금 지원을 대폭 삭감하겠다는 제안에 대한 나름의 항의 방식이었다. 그렇게 삭감한 자금은 대신에 과학을 산업에 응용하는 부문, 일부 사람들이 영국에 돈을 벌어다줄 것이라고 생각하는 과학 부문에 투입할 계획이었다. 호킹은 그들을 "과거에 무지하고 미래에 눈을 감은" 자들이라고 부르며 10년이 넘도록 그런 주장에 대해 항의를 해왔다.

"연구 계획이 모두 산업과 관련이 있어야 한다고 요구하는 것은 우스꽝스럽다. 현대 기술의 기초를 이룬 과거의 위대한 발견 중에서 산업적 동기로 시작한 연구가 얼마나 되는가? 그 답은 거의 없다는 것이다."[12]

만약 호킹이 영국을 떠난다면, 어디로 가려고 했을까? 호킹은 캐나다 온타리오 주의 워털루에 있는 최첨단 연구 센터인 퍼리미터 이론물리학연구소에서 방문 연구원으로 일하는 걸 좋아했는데, 때마침 닐 터럭이 연구소장으로 있었다. 은퇴하고 나면 호킹이 그곳으로 갈 거라는 소문이 나돌았다. 하지만 호킹은 케임브리지를 떠나지 않았고, 아마도 절대로 떠나

지 않을 것이다. 직위 변화와 예산 삭감, 계속 악화되는 신체 상태와 의사
소통 능력에도 불구하고, 그의 목표는 여전히 야심만만했다. 그것은 바로
"우주가 왜 현재 상태로 존재하고, 도대체 왜 존재하는가를 비롯해 우주
를 완전히 이해하는 것"이었다.[13] 목표를 달성하기까지 시간은 얼마나 걸릴
까? 그 전해에 〈찰리 로즈 쇼〉에서 한 인터뷰에서 호킹은 바로 이 질문을
받았다. 그는 1980년에 루카스 석좌교수 취임 강연에서 한 말을 반복해
"이번 세기가 끝나기 전"이라고 대답했다. 그러고 나서 비밀스러운 표정으
로 씩 웃으면서 비록 자신의 평가는 그대로지만, 그 예측을 처음 했던 20세
기보다 지금은 세기말까지 남아 있는 시간이 훨씬 많다고 덧붙였다.

호킹의 개인 조수인 주디스 크로스델은 호킹의 생일을 맞아 용감하게
도 미니 로켓 발사대를 선물함으로써 문자 그대로 폭발과 함께 2009년을
시작했다. 이 장난감으로 호킹은 방을 가로지르는 미사일을 발사했다. 3월
에는 로스앤젤레스를 방문해 손녀딸 로즈Rose를 처음 만났다. 그는 루시
와 함께 쓴 '조지의 우주 시리즈' 두 번째 책을 로즈에게 헌정했다. 로즈와
오빠 조지는 로버트 호킹과 아내 카트리나 사이에서 태어났다.

호킹은 캘리포니아 주 패서디나에도 들러 강연을 했다. 청중이 보인
열광은 호킹에게는 새삼스러운 게 아니었다. 그런 일은 매년 여러 차례,
때로는 아주 많이 일어났고, 심지어 그 무렵에는 고향이나 다름없는 칼텍
에서도 그랬다.

우주, 마지막 변경

호킹은 리하르트 슈트라우스Richard Strauss의 교향시 〈차라투스트라는
이렇게 말했다〉가 팡파르로 울려퍼지는 가운데 4500여 명의 청중이 꽉 찬

컨벤션 센터로 입장했다. 음악의 정확한 제목을 모르는 사람들도 이 곡이 영화 〈2001: 우주 오디세이〉의 우렁찬 배경 음악으로 나온 것을 기억했다. 슬프게도 이제 호킹은 자기 손으로 휠체어를 조종할 수 없었다. 하지만 무릎 위에 양손을 포갠 채 통로를 따라 아래로 상당히 빠른 속도로 굴러 내려왔다. 호킹이 연단으로 이어진 경사로를 오르기 시작할 때, 리하르트 슈트라우스의 음악은 요한 슈트라우스Johann Strauss의 〈아름답고 푸른 도나우 강〉— 웅장하고 인상적이지는 않지만 훨씬 친밀한—으로 바뀌었다. 청중은 조용히 기다렸다. 하지만 한동안 아무 일도 일어나지 않았다. 뭔가 잘못된 것일까? 청중의 기대를 높이는 효과를 노린 것일까? 대학원생 조수가 나와 호킹의 랩톱 컴퓨터를 만졌다. 호킹의 두 손은 무릎 위에 꼼짝도 않은 채 놓여 있었다. 그는 뺨 근육의 움직임으로 컴퓨터를 다루었다. 이윽고 모두가 기다리던 그 목소리가 흘러나왔다. "잘 들리나요?" 칼텍의 청중이 환호를 보냈다. 스티븐 호킹이 돌아온 것이다!

호킹의 강연 제목은 "왜 우리는 우주로 가야 하는가?"[14]였는데, 전해에 NASA 설립 50주년을 기념하는 선물로 써서 워싱턴 D. C에서 강연했던 내용이었다. 그것은 2007년에 출판된 『조지의 우주 보물 찾기』의 '사용자를 위한 우주 안내서'에 나오는 같은 제목의 장을 성인용 버전으로 고쳐 쓴 것이었다. 강연에서 이야기한 것 중 책에서 다루지 않았던 내용 한 가지는 우주 여행의 비용에 관한 것이었는데, 그것은 결코 적지 않은 액수이지만 그래도 전 세계 GDP에 비하면 극히 작은 비율이라고 말했다(비록 미국의 현재 우주 탐사 예산보다 20배나 많긴 하지만). 그리고 2020년까지 달에 기지를 건설하고, 2025년까지 화성에 사람을 보내는 목표를 세우라고 권고했다. 단지 우주 탐사 목적을 위해서뿐만 아니라 우주와 과학 전반에 대한 대중의 관심에 다시 불을 붙이기 위해서라도 그래야 한다고 주장했다. "우주과학자들 중 상당수는 달 착륙을 보고서 과학에 대한 관심이 불타올랐다고 이야기합니다."

우리는 우주에서 생명을 발견하게 될까? 호킹은 적절한 조건을 갖춘 어느 행성에서 생명이 나타날 확률은 아주 작지만, 우리 우주처럼 아주 넓은 우주라면 지구 외에도 어디선가 반드시 생명이 나타났을 것이라고 생각한다. 생명이 나타난 장소들 사이의 거리는 엄청나게 멀 가능성이 높으며, 외계 생명체가 모두 다 DNA를 기반으로 만들어지지는 않았을 것이다. 또 유성이 한 행성에서 다른 행성으로, 심지어는 한 행성계에서 다른 행성계로 생명을 확산시켰을 가능성도 생각해볼 수 있다. 만약 생명이 이런 방식으로 확산된다면(이 가설을 영어로는 panspermia라고 하는데, 범종설, 배종 발달설, 포자 범재설 등으로 번역된다—옮긴이), 가까운 곳에서 DNA를 기반으로 한 생명체가 발견되더라도 놀라운 일이 아니다.

지구에서 생명이 출현한 것도 범종설로 설명할 수 있다는 주장을 뒷받침하는 한 가지 단서는 지구가 생겨나고 나서 의심스러울 정도로 생명이 빨리 나타났다는 사실이다. 지구는 약 46억 년 전에 생겨났고, 처음 10억 년 동안은 너무 뜨거워서 생명이 나타날 수 없었다. 그런데 최초의 생명이 약 35억 년 전에 나타났다는 증거가 있다. 이것은 생명이 존재할 수 있는 환경이 갖추어진 지 불과 5억 년 만에 생명이 나타났다는 이야기가 된다. 5억 년이라면 아주 긴 시간처럼 들리겠지만, 실제로는 아주 짧은 시간이다.

그리고 아직까지 외계인이 우리를 방문한 적도 없으며(적어도 우리는 그렇게 생각한다. "왜 그들은 괴짜와 좀 이상한 사람들한테만 나타나는 것일까?"), 우리 은하에서 우리 가까이에 문명이 발달한 지능 생명체가 존재하는 것으로는 보이지 않는다. SETI 계획은 아직까지 외계인의 텔레비전 퀴즈 쇼를 포착하지 못했다. 어쩌면 수백 광년 이내의 거리 안에서는 우리만큼 발달한 단계에 이른 외계 문명이 존재하지 않을지 모른다. 호킹은 "외계인에게 납치당하는 경우에 보상을 해주는 보험 상품을 판매하는 것은 아주 안전한 사업처럼 보인다."라고 말했다.

호킹은 우리가 외계인의 신호를 전혀 듣지 못하는 이유로 세 가지 가능성을 꼽았다.

첫째, 적절한 행성에서 생명이 나타날 확률이 아주 낮을지 모른다.

둘째, 설사 그 확률이 높다 하더라도, 지능 생명체로 진화할 확률이 너무 낮을지 모른다.(지능이 꼭 장기적 생존에 유리한지는 확실치 않다. 세균과 곤충을 생각해보라.)

셋째, 전파 신호를 보낼 수 있는 단계에 이른 지능 생명체는 핵폭탄이나 그와 비슷한 대량 살상 무기도 개발하는 단계에 이르렀을 가능성이 높고, 그 때문에 금방 자멸할 가능성이 있다. 호킹은 이것을 냉소적인 농담이라고 불렀지만, 만약 외계 문명이 자멸하지 않았다고 하더라도, 우주의 역사와 비교해 지구에서 생명이 존재한 시간이 짧다는 점을 감안할 때, 우리 단계만큼 발달한 외계인을 만날 가능성은 여전히 희박하다고 말했다. 외계인은 우리보다 훨씬 원시적이거나 반대로 너무 발달하여 우리를 상대할 가치도 없는 원시적 존재로 간주할 것이다.

호킹은 두 번째 가능성, 즉 생명이 희귀한 게 아니라 지능 생명체가 희귀할 가능성을 선호한다. "어떤 사람들은 지능 생명체는 지구에서도 아직 나타난 적이 없다고 말할 것이다."

호킹의 강연은 길었고 깊은 생각을 담고 있었다. 강연이 끝난 뒤, 칼텍의 학생들과 그 밖의 사람들에게서 사전에 제출받은 질문들 가운데 선택한 질문들에 답변을 했다. 우리는 〈스타 트렉〉의 세계에 얼마나 가까이

다가와 있을까? 워프 드라이브나 물질 합성 장치 같은 건 기대하지 마라. 우리는 광속보다 훨씬 느리게 "힘든 길을 가야" 할 것이다. 아주 먼 목적지까지 가려면 한 세대 이상이 필요할지 모른다. 그 여행은 너무나도 길어서 승무원들이 우리와 다르게 진화해 다른 종으로 갈려 나갈지도 모른다.

캘리포니아 방문이 끝날 무렵, 호킹은 건강이 좋지 않아 처음 계획대로 피닉스까지 여행할 수 없었다. 대신에 루시가 그곳에 가서 사전에 준비한 강연을 스피커를 통해 들려주었다. 케임브리지로 돌아온 호킹은 검사를 위해 잠깐 병원에 입원했지만, 그냥 일시적인 지장에 불과한 것으로 드러났다. 그래서 버락 오바마 대통령에게서 대통령 자유 메달을 받기 위해 8월에 워싱턴 D. C.로 여행을 떠나기 훨씬 전에 건강한 모습으로 퇴원했다. 9월에는 스위스로 가 CERN과 제네바 대학을 방문했다. '우주의 창조'라는 제목으로 한 그의 강연을 들으려고 극장 하나와 강당 열 곳(비디오로 연결된)에 사람들이 꽉 들어찼다.

호킹이 메달을 받으러 워싱턴에 들렀을 때, 누군가 호킹을 빗대 한 말 때문에 호킹은 예기치 않게 미국에서 가열되고 있던 논쟁 속으로 휩쓸려 들어갔다. 그때는 오바마 대통령이 의료 보험 개혁안을 놓고 의회와 실랑이를 벌이고 있던 무렵이었다. 모든 공공 의료 보험을 반대하던 어떤 사람이 영국의 건강 보험 제도를 비판하면서 "만약 스티븐 호킹이 영국인이었더라면, 그는 지금 죽고 없을 것이다!"라고 말했다. 호킹은 자신은 영국인이며, 영국 케임브리지에서 살고 있다고 응수하면서 "영국 국민 의료 보험은 40년이 넘도록 나를 잘 돌봐주었다. 나는 영국에서 훌륭한 의료 서비스를 받았다. 나는 보편적인 국민 의료 보험을 신뢰한다."라고 덧붙였다.[15] 영국 국민 의료 보험에 실망을 경험한 바 있는 제인은 그렇게 높게 평가하진 않았을 것이다.

2010년 2월, 캘리포니아 주 패서디나의 행성협회는 호킹에게 우수 대중 과학 홍보 부문 코스모스상을 수여했다. 그 전에 이 상을 받은 사람으로는 영화 〈아바타〉를 제작한 제임스 캐머런James Cameron과 과학 전문 프로그램 〈노바NOVA〉의 제작자 파울라 압셀Paula Apsell이 있었다.[16] 호킹의 건강이 다시 불확실해지자, 캘리포니아 주에서 대표단이 케임브리지로 날아가 시상식을 열었다. 행성협회의 임무는 "지구에 사는 사람들에게 다른 세계를 탐사하고, 우리 자신을 이해하고, 다른 곳의 생명을 찾도록 자극하는 것"이다. 케임브리지에서 거행된 시상식을 알리는 보도 자료는 "입장권은 매진됐음."이라는 문장으로 끝났다.

호킹은 2010년 봄에 시간이 화살처럼 빨리 흐른다는 사실을 상기시켜주는 또 다른 행사의 베일을 벗겼다. 그것은 특별한 경험이었는데, 런던의 왕립원예학회가 주최하는 연례 첼시 꽃 축제에서 한 정원에 호킹의 이름이 붙었다. '운동신경세포병을 위한 스티븐 호킹 정원: 간략한 시간의 역사'는 비단 호킹뿐만 아니라 운동신경세포병으로 고통받는 모든 사람—환자, 가족, 돌봐주는 사람—에게 바친 것이었으며, 실제로 여러 가지 감정이 뒤섞인 정원이었다. 지구에서 식물이 살아온 역사를 나타내는 나선형 길은 가장 오래된 식물 종들이 있는 구역에서 시작해 정원 중심부 부근의 "기후 조건이 허락한다면 미래에 우리에게 식량을 생산할 수 있는 생산적인 지중해성 기후 식물"이 있는 곳에서 끝났다. 정원 한가운데에는 어둡고 절망적인 소용돌이(블랙홀을 나타내는) 속으로 물이 빨려 들어가는 것처럼 보이는 연못이 있었다. 그 가까이에는 자연석 벽에 골동품 시계가 박혀 있었는데, 이 시계는 운동신경세포병에 걸린 사람들에게 시간이 얼마나 빨리 사라지는지를 나타냈다. 엘리자베스 여왕은 이 정원에서 호킹을 만나 정원의 디자인을 칭찬하고, 호킹과 대화를 나누면서 축하를 건넸다.

하늘에서 내려온 평결

WMAP는 2009년에 임무를 마쳤다. 2010년 1월에 그 관측 결과를 요약한 보고가 발표되었는데, 우주배경복사의 대규모 온도 요동은 소규모 온도 요동보다 약간 더 강하며(많은 인플레이션 모형에서 제기한 미묘하지만 중요한 예측), 우주는 실제로 평탄한 것으로 드러났다.[17] 우주배경복사에서 열점과 냉점의 분포가 전반적으로 무작위적이라는 사실은 두 번째 결론을 이전보다 훨씬 더 강력하게 뒷받침했다.[18]

WMAP 임무를 서서히 끝내려고 준비할 때,★ 유럽우주기구는 플랑크 위성을 쏘아올렸다. 실린 감지기 중에는 절대 영도보다 겨우 0.1℃ 더 높은 −273.05℃에서 작동하도록 설계된 것도 있었다. 완전한 우주배경복사 촬영 화상의 공식 발표와 분석과 과학적 논문은 2013년은 되어야 나올 것으로 예상되지만, 2011년 1월에 유럽우주기구는 일부 결과를 예비 발표했다. 유럽우주기구의 과학 및 로봇탐사팀 책임자인 데이비드 사우스우드David Southwood는 "우리는 아직 진정한 보물인 우주배경복사 자체는 얻지 못했다."라고 말했다. 이 계획의 첫 번째 목표는 우주배경복사 연구를 방해하는 마이크로파 잡음을 제거하는 것이었다. 우주가 진화해오는 동안 우주배경복사에 영향을 끼친 요소는 아주 많았을 것이다. 중력 렌즈에서부터 전파 발생원, 블랙홀, 심지어 측정 장비에서 발생하는 전파 잡음까지 "온갖 종류의 지저분한 천체물리학"[20]이 전체 그림을 복잡하게 만들었을 것이다. 플랑크 위성 계획에 참여한 과학자들은 특히 은하 안에서 먼지가 밀집된 지역에서 나타나는 '비정상 마이크로파 방출'에 초점을 맞

★ WMAP는 결국 2010년 10월에 '묘지 궤도'로 들어갔다. 묘지 궤도는 작동이 중단된 위성이 계속 지구 주위를 도는 궤도를 말한다.

추었는데, 이것이 회전하는 먼지 알갱이들이 고속으로 움직이는 원자나 자외선과 충돌하여 생긴다는 사실을 알아냈다. 관측 데이터에서 이 마이크로파 '안개'를 걸러내는 과정은 우주배경복사 자체에는 아무 영향을 미치지 않는다. 오히려 그 결과로 순수한 우주배경복사를 얻을 수 있으며, 플랑크 위성의 데이터는 우주배경복사의 원래 모습을 유례 없이 자세하게 보여줄 것이다.[21]

우주배경복사 관측이 더 자세해지고 정확해짐에 따라 이제 모형의 예측이 그 결과와 일치해야 하는 부담이 커졌다. 예측이 관측 결과와 일치하면, 그것은 그 모형을 뒷받침하는 강력한 증거가 된다. 일치하지 않는 모형들은 배제된다. 지금까지 우주배경복사, 우주의 전체 모양, 대규모적 균일성, 소규모적 구조와 관련하여 관측 결과와 예측이 얼마나 일치하는지 따져본 결과는 인플레이션 우주론에 유리하다.[22] 존 배로는 이것을 다음과 같이 요약했다.

"마이크로파 배경 복사의 온도 변이에서 특유의 패턴을 보여주는 관측적 증거가 점점 쌓여감에 따라 우주의 가시 영역이 초기 단계에 급격한 인플레이션을 겪었다는 개념을 진지하게 받아들이지 않을 수 없다."[23]

빅뱅 직후의 순간에 발생한 중력파는 우주배경복사에 독특한 지문을 남겼을 것으로 예측되지만,[24] 그 지문은 입증하기가 쉽지 않다. 하지만 중력파를 찾는 문제라면 더 나은 방법들이 있다. 킵 손은 블랙홀에 대한 관심 때문에 한동안 동료들과 함께 블랙홀에서 일어나는 사건과 초기 우주에서 발생한 중력파를 더 직접적으로 포착하고 측정할 수 있는 장비를 개발하려고 노력했다. 한 가지 방법은 레이저 간섭 측정법이다.

레이저 간섭계는 레이저 빔을 서로 직각 방향의 두 갈래 빔으로 쪼갠다. 각각의 빔은 거울에 반사된 뒤에 오던 길로 되돌아가 서로 만나면서

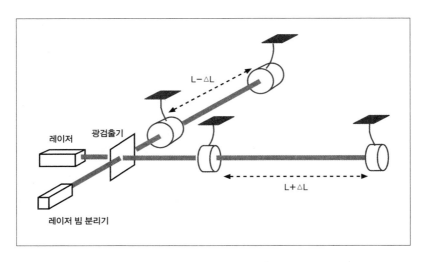

〈그림 19-1〉 레이저 간섭계를 이용한 지상의 중력파 검출 장치 스케치

다시 합쳐진다. 각각의 거울에는 큰 질량이 붙어 있기 때문에, 만약 중력 파가 질량들(따라서 거울들) 사이의 공간을 잡아늘였다 수축시켰다 하면서 간섭계를 지나가면, 질량들을 아주 약간 이동시키면서 빔이 여행하는 거리에도 변화가 일어나고, 그 결과로 레이저 광선에 간섭 패턴이 나타난다 (그림 19-1 참고).

지상의 중력파 검출 장치는 이미 워싱턴 주 핸퍼드(LIGO), 독일 하노버, 이탈리아 피사에 설치돼 있지만, 이 모든 검출 장치의 할머니격인 엄청나게 큰 검출 장치가 세 대의 우주 탐사선으로 우주 공간에 띄워질 예정이다. 이것들을 합쳐 LISALaser Interferometer Space Antenna (레이저 간섭계 우주 안테나)라 부른다. 일단 우주 공간에 올라간 세 우주 탐사선은 한 변의 길이가 500만 km인 삼각형을 이룬다. 이들 사이를 빛이 지나가는 데에는 약 20초가 걸린다(그림 19-2 참고). 중력파가 공간을 잡아늘였다 수축시켰

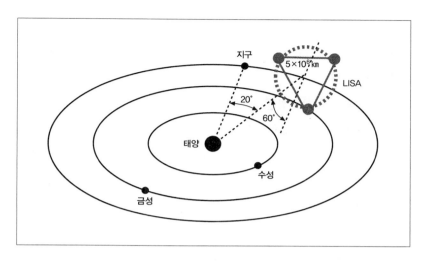

<그림 19-2> 진동수가 낮은 중력파를 검출하기 위해 유럽우주기구와 NASA가 공동으로 만들고 발사하고 사용할 LISA

다 하면서 이 거대한 '측정 장비'를 지나갈 때, 우주 탐사선들 사이의 거리를 약간 변화시켜 레이저 빔에 간섭을 일으키게 되는데, 그것을 감도가 매우 높은 장비로 측정한다.[25] LIGO와 LISA는 호킹의 60세 생일 때 킵손이 호킹의 70번째 생일을 맞기 전에 중력파 검출 장치—LIGO, GEO, VIRGO, LISA—가 호킹의 '황금기 블랙홀 예측'을 검증할 것이라고 약속했을 때 언급한 장비들 중 두 가지이다.[26] 이 장비들은 서둘러 작업을 시작하는 게 좋을 것이다!

WMAP와 플랑크 위성, LISA에 이어 우주배경복사를 집중적으로 측정할 NASA의 아인슈타인 인플레이션 탐사선, 중력파를 조사할 빅뱅 업저버도 우주 공간에 띄워져 활동을 시작할 것이다. 이 두 가지 접근 방법은 큰 성공을 거둔 WMAP를 포함해 지금까지 어떤 탐사선이나 조사로도 밝혀내지 못한 것을 마침내 제공할지 모른다. 그것은 바로 인플레이션 자체의 물리적 메커니즘과 에너지 규모를 이해하는 것이다.[27] 중력파는 우주가 탄생한 직후에 우주의 모습이 어떠했는지 들여다볼 수 있는 가장 직접적인 기회를 제공한다.

이 관측적 증거는 인플레이션이 실제로 일어났는지 일어나지 않았는지 결론을 내려줄 수 있을까? 인플레이션 이론은 중력파의 패턴과 특징이 어떤 것이 되어야 할지 예측한다. 만약 관측 결과가 예측과 일치한다면, 그것은 인플레이션 이론이 옳음을 강력하게 뒷받침하는 증거가 될 것이다. 만약 중력파가 전혀 검출되지 않는다면, 그것은 에크파이로틱 ekpyrotic 우주 모형이라는 다른 모형을 뒷받침할 것이다.(ekpyrotic은 '대화재' 란 뜻의 그리스 어 ekpyrosis에서 딴 이름이다.) 이 우주 모형은 인플레이션은 일어나지 않았으며, 우리 우주는 숨겨진 여분의(네 번째) 공간 차원에서 두 3차원 브레인 세계가 엄청나게 느린 속도로 충돌하면서 생겨났다고 이야기한다.

위험을 무릅쓰고

영원한 인플레이션이 제시하는 더 큰 그림에 대해 말하자면, 우리 우주라는 좁은 범위의 관점에서는 그런 개념을 검증하는 게 불가능해 보인다. 매우 제한된 우리 우주의 범위 주변에 널려 있는 증거에는 어떤 것이 있을까?

호킹과 그 동료들은 더 정확한 미래의 관측 결과(어쩌면 플랑크 위성이 얻을지 모르는)를 통해 검증할 수 있는 예측을 제시할 가능성을 포기하지 않았다. 호킹과 짐 하틀과 토마스 헤르토흐는 2010년 9월에 발표한 논문에서 "[우주의] 모자이크 구조를 관측할 수 있는 방법은 전혀 없다. 우리는 전체 우주를 보지 못하며, 단지 과거의 광추 안에 있는 거의 균일한 지역[우리의 관측 범위 안에 있는]만 본다."라고 인정했다.[28] 하지만 훨씬 큰 요동은 우리가 조사할 수 있는 것보다 훨씬 거대한 규모—"초지평선 규모"[29]—에서만 관측될 가능성에도 불구하고, 그들은 관측 가능한 우주 부분 '내부'의 균일성에서 약간 벗어나는 요동을 계산하는 데 무경계 파동함수가 도움을 줄 수 있다고 생각했다. 그들은 우주배경복사의 온도 변이 스펙트럼에 나타나는 무작위성의 존재나 부재는 더 큰 그림에 대해(그리고 더 큰 그림이 존재하는지 여부에 대해) 유익한 정보를 제공한다고 주장했다.

어떤 입자의 '양자 파동함수'가 그 입자가 두 점 사이를 지나갈 수 있는 모든 경로를 알려주는 것처럼, 무경계 파동함수는 만약 우리 우주가 하틀과 호킹이 주장한 것과 같은 방식으로 시작되었다면, 물리적으로 가능한 우리 우주의 모든 역사를 나타낸다. 그들은 앞서 2010년 1월에 발표한 논문에서 이 다양한 우주 역사들을 살펴보는 방법에 대해 보고했다.[30] 무한 가지의 가능성 중에서 확률이 더 높은 것이 어떤 것인지 계산하는 것은 의문스러운 시도였다. 하지만 하틀과 호킹과 헤르토흐는 리처드 파인먼이 무한을 다룰 때 사용하면서 '불합리한 과정'이라고 말했던 것과 같은 종류의 재규격화 절차를 쓰지 않더라도 어떤 결론을 얻을 수 있다는 자신이 있었다.[31] 그들은 자신들이 연구하던 우주의 역사들을 두 집단으로 나누었다.

먼저, 그 역사에 영원한 인플레이션이 관여했을 가능성이 '없는' 우주 모형들을 살펴보자. 다시 말해서, 이 우주 모형들은 영원한 인플레이션을 통해 생겨난 더 큰 우주 구조의 일부가 아닐 가능성이 높다. 만약 우리가 그런 종류의 우주에 살고 있다면, 그리고 그 우주가 오늘날 우리가 알고 있는 우주와 비슷해 보인다면, 또 하틀과 호킹과 헤르토흐가 자신들의 계산에 무경계 파동함수를 유익하게 사용할 수 있다고 생각한 게 맞다면, 그 계산에서 어떤 것들을 기대할 수 있을까?

    (1) 우리가 관측할 수 있는 범위 내에서 우주배경복사의 온도 변이 스펙트럼에 무작위적이 아닌 어떤 패턴이 나타날 것이다.

    (2) 우리의 관측 능력을 초월한 거대한 범위에서 전반적인 균일성이 나타날 것이다.

    (3) 과거에 일어난 인플레이션은 아주 작은 규모에 불과할 것이다.

  우주배경복사를 관측한 결과는 비록 (2)번을 보여줄 수는 없지만, 이 예측들을 뒷받침하는 것으로 보이지 않는다.

  그렇다면 다른 우주 모형들의 집단을 살펴보자. 이 우주들은 영원한 인플레이션 그림의 일부일 가능성이 높다. 만약 우리가 그런 종류의 우주에 살고 있다면, 그리고 그 우주가 오늘날 우리가 알고 있는 우주와 비슷해 보인다면, 또 하틀과 호킹과 헤르토흐가 자신들의 계산에 무경계 파동함수를 유익하게 사용할 수 있다고 생각한 게 맞다면, 그 계산에서 어떤 것들을 기대할 수 있을까?

    (1) 우리가 관측할 수 있는 범위 내에서 우주배경복사의 온도 변이 스펙트럼에 무작위성이 크게 나타날 것이다.

    (2) 우리의 관측 능력을 초월한 거대한 범위에서 유의미한 불균일성이 나타날 것이다.

    (3) 과거에 일어난 인플레이션의 지속 시기가 더 길 것이다.

관측 결과는 이 예측들을 더 뒷받침한다! 어쨌든 지금까지는 그렇게 보인다. 우주배경복사의 온도 변이 스펙트럼에 나타나는 무작위성의 존재나 부재(그리고 그 정도)는 아주 중요한 문제이다.

하지만 하틀과 호킹과 헤르토흐는 위험을 무릅쓰고 더 나아가기로 결정했다. 2010년 10월에 발표한 논문에서 그들은 계산에 따르면 우리 우주는 장의 퍼텐셜potential 값이 가장 낮아졌을 때 인플레이션 시대가 끝났을 거라고 보고했다.[32] 그들은 우주배경복사의 온도 변이 스펙트럼에 무작위성이 높게 나타나는 것뿐만 아니라, 영원한 인플레이션이 옳다면, 그 변이 분포와 스펙트럼이 완전한 무작위성과 차이가 나는 정도와 방식까지, 우리가 관측할 수 있는 지역(우리의 광추 내부)에서 관측될 것을 다소 정확하게 예측한다.★ 그 차이는 아주 작아서 쉽게 발견되지 않을 것이다.

우리는 플랑크 위성과 미래의 다른 탐사선들이 과연 이 예측들을 검증할 만큼 충분히 정확한 측정을 할지, 그리고 호킹과 하틀의 무경계 가설이 예측한 우주배경복사의 온도에서 미소한 요동 패턴을 찾아낼지 두고 볼 수밖에 없다. 플랑크 위성은 특정 방식으로 구부러진 광선의 경로를 발견할지도 모른다. 이것은 우리 우주가 일부 다중 우주와 영원한 인플레이션 모형들이 예측한 것과 같은 기하학적 구조를 갖고 있음을 말해준다.[33]

★ 이것을 이론물리학의 언어로 읽으면 어떤 느낌인지 맛보고 싶은 사람을 위해 하틀과 호킹과 헤르토흐가 2010년 10월에 발표한 논문 내용 중 일부를 직접 인용한다: "……본질적으로 스칼라 스펙트럼 지수가 n8~.97이고, 텐서의 스칼라 비가 약 10%인 마이크로파 요동의 가우스 스펙트럼."(James Hartle, S. W. Hawking and Thomas Hertog, 「Eternal Inflation without Metaphysics」).

지구에서 호킹 복사를 보다

호킹과 하틀과 헤르토흐가 영원한 인플레이션 이론을 뒷받침하는 증거로 어떤 것이 있을까 생각하는 동안 다른 물리학자 팀은 블랙홀의 경계나 초기 우주의 사건의 지평선이 아니라 실험실에서 호킹 복사를 만들어 낼 가능성이 있는 실험에 대한 연구를 하고 있었다. 이탈리아 인수브리아 대학의 다니엘레 파초Daniele Faccio가 이끄는 연구팀은 2010년 10월 말에 〈피지컬 리뷰 레터스Physical Review Letters〉에 실린 논문에서 그런 실험에 성공했다고 보고했다.[34] 그들은 유리 블록에 레이저 광선을 발사하는 실험에서 그런 결과를 얻었다.

기본 개념은 레이저 펄스가 유리 블록을 통과할 때 빛이 유리를 지나가는 속도(유리의 '굴절률')를 변화시킨다는 것이다. 펄스가 유리 블록을 지나가면서 굴절률이 변하면, 펄스 가까이를 지나가는 빛은 속도가 점점 더 느려진다. 만약 한 펄스(펄스 A)를 발사해 더 느리고 약한 펄스(펄스 B)를 뒤따라가도록 하면, 펄스 A는 점점 펄스 B를 따라잡을 것이고, 펄스 B 근처를 지나가는 빛의 속도를 늦출 것이다. 펄스 B는 속도가 더욱더 느려져 결국에는 정지할 것이다. 펄스 A의 앞쪽 가장자리는 블랙홀의 사건의 지평선 같은 역할을 하면서 펄스 B를 집어삼킬 것이다.

호킹 복사를 설명한 이야기를 다시 떠올려보라. 입자 쌍들이 끊임없이 생겨나는데, 한 쌍을 이룬 두 입자는 함께 생겨난 뒤에 멀어져간다. 상상할 수 없을 정도로 짧은 시간이 지난 뒤, 두 입자는 다시 만나서 쌍소멸한다. 블랙홀의 사건의 지평선 근처에서는 두 입자가 다시 만나 쌍소멸하기 전에 음의 에너지를 가진 입자가 사건의 지평선을 넘어 블랙홀 속으로 들어갈 수 있다. 물론 양의 에너지를 가진 입자도 블랙홀 속으로 들어갈 수 있지만, 반드시 그래야 하는 것은 아니다. 자신의 짝과 떨어져 호킹 복사가 되어 탈출할 수 있다. 멀리 떨어져서 보는 관찰자에게는 그 복사가 블랙홀에서 나오는 것처럼 보인다. 사실은 블랙홀의 경계선 바로 바깥쪽에서 나오는 것이지만. 한편, 그 짝은 음의 에너지를 가지고 블랙홀 속으로 들어간다.

파초 연구팀은 펄스가 유리를 통과할 때 그 사건의 지평선이 한 쌍의 입자 중 하나를 집어삼키고 나머지 입자를 호킹 복사로 내보내는지 보기 위해 바로 그런 입자—이 경우에는 광자—가 나오는지 지켜보았다. 그들은 유리 블록에 초점을 맞춘 카메라를 설치하고 레이저로 3600개의 펄스를 발사했다. 카메라에는 호킹 복사가 예측한 바로 그 진동수 범위에서 희미한 빛이 기록되었다. 다른 가능성을 하나하나 꼼꼼하게 배제하고 난 연구팀은 실제로 호킹 복사를 관찰했다는 결론을 내렸다.

혹시 이 실험 결과로 호킹이 노벨상을 받을 수 있을까? 노벨상은 아무리 유력한 이론이라도 실험이나 관측을 통해 확실한 증거가 나오지 않으면 수여하는 일이 극히 드물다. 인수브리아에서 그 실험 결과를 발표하고 나서 얼마 지나지 않은 2010년 11월, 나는 호킹에게 파초 연구팀이 정말로 호킹 복사를 발견했다고 생각하느냐고 물어보았다. 그러자 "나는 노벨상을 받지 못할 것입니다."라고 수수께끼 같은 답변을 했다.

20

"내 이름은 스티븐 호킹.
물리학자이자 우주론자이고, 약간은 몽상가지요."

호킹이 레너드 믈로디노프와 함께 쓴 『위대한 설계』가 '생명의 궁극적인 질문에 대한 새로운 답'이라는 호킹과는 다소 어울리지 않는 부제를 달고 2010년 초가을에 출간되었다. '간략한' 역사라거나 '호두 껍질' 속의 우주처럼 이전 작품 제목에 쓰인 냉소적인 유머는 전혀 찾아볼 수 없다. 겉으로 보기에 이 책은 아주 진지하게 서술한 것처럼 보였다.

『위대한 설계』는 호킹이 50년 넘게 해온 생각과 연구를 종합해 우리에게 모든 것의 이론을 탐구하는 연구가 어떻게 진행되고 있는지 최신 정보를 제공한다. 이 책에서는 파인먼의 역사 총합, 인류 원리, '모형model'과 '실재reality'의 의미, 무경계 가설, 정보 상실, 현대 철학 비판(이번에는 마지막 페이지가 아니라 첫 페이지에서), 신과의 싸움 등을 다룬다. 하지만 시작부터 극적인 변화 한 가지가 분명하게 드러나는데, 모든 것의 이론을 탐구하는 노력이 사실상 와해된 것이다.

아이작 아시모프Isaac Asimov는 "과학을 하는 사람들을 괴롭힌 모든 고정 관념 중에서 다른 것보다 압도적으로 해를 끼친 게 한 가지 있다. 과학자들은 '사악한', '미친', '냉혹한', '자기중심적인', '얼빠진', 심지어 '고지식한' 사람 취급을 받더라도 쉽게 살아남을 수 있다. 불행하게도 과학자들은 흔히 '옳은' 것으로 간주되는데, 이런 인상은 과학의 그림을 구제 불능 상태로 왜곡시킬 수 있다."라고 썼다. 이 책에서 여러 번 본 적이 있는 호킹의 놀라운 입장 번복은 그러한 고정 관념을 깬다. 호킹은 자신이 이전에 했던 주장을 부정하는 아주 건강한 역사를 자랑한다. 하지만 지금까지 보았듯이, 입장 번복처럼 보이는 행동은 결코 후퇴가 아니었다. 호킹판 뱀과 사다리 게임에서는 뱀이 호킹을 그의 목표에서 멀어지게 하지 않는다. 오히려 더 유망한 길로 안내할 뿐이다. 그것은 그렇다 하더라도, 기본적인 모든 것의 이론을 발견하려는 기대를 포기하는 것은 엄청난 입장 변화인데, 그게 틀림없고 오직 그 길밖에 없다는 정말로 확고한 증거가 없는 한 호킹은 결코 선택하지 않았을 것이다.

『위대한 설계』 시작 부분부터 명백하게 드러나는 또 한 가지 사실은 호킹이 한때 그랬던 것처럼 끈 이론을 더 이상 의심의 눈으로 보지 않는다는 점이다. 정확하게 언제부터 생각을 바꾸었는지는 꼬집어 말하기 어렵다. 스스로 밝힌 건 아니지만, 다수의 의견에 따르면, 1990년대까지도 호킹은 여전히 끈 이론에 반대하는 쪽이었다. 하지만 그는 1990년에 내게 초끈 이론이 모든 것의 이론을 향한 노력에서 가장 유망한 길이 되었다고 생각한다고 말했다. 그의 말은 옳았지만…… 반전이 있었다.

'우주의 궁극적 이론'이라는 타이틀에 도전장을 내민 가장 새로운 후보이자 어쩌면 마지막일지 모르는 후보는 M 이론이다. 하지만 M 이론은 모든 것의 이론으로서는 다소 실망스럽다. M 이론은 간단하지가 않다. 그것을 티셔츠 위에 인쇄할 수도 없다. 휠러가 시로 표현한 약속을 이루지도 못한다. 진리로 안내하는 길은 아름다운 명료성이라는 피타고라스의 기준에도 부합하지 않는다. 그렇다면 M 이론이 틀렸다는 말일까? 호킹은 M 이론이 옳다거나 궁극적이라고는 생각하지 않지만, 우리가 할 수 있는 최선이라고 생각한다.

M 이론은 하나의 이론이 아니다. 그것은 많은 이론들의 집합이다. 그

래서 호킹은 M 이론을 '이론 가족'이라 부른다. 가족을 이루는 각각의 이론은 일정 범위의 물리적 상황에서 관찰되는 현상들을 아주 잘 기술하지만, 혼자서 '모든' 물리적 상황에서 관찰되는 현상들을 다 잘 기술하는 이론은 없다. 즉, '모든 것'을 설명할 수 있는 단일 이론은 없다. 각각의 이론은 서로 아주 달라 보이기도 하지만, 모두 같은 기반 위에 서 있으며, 동일한 근원적인 이론의 한 측면을 나타내는 것으로 볼 수 있다.[1] 우리는 근원적인 이론을 일련의 방정식들로 어떻게 기술해야 할지 아직 모르며, 아마도 영원히 알 수 없을지 모른다.

호킹과 믈로디노프는 이 상황을 지구의 평면 지도에 비유한다. 지도에 사용된 메르카토르 도법 때문에 북쪽과 남쪽으로 더 멀리 떨어진 지역일수록 다른 지역에 비해 지도에서 더 크게 나타나며, 북극점과 남극점은 아예 표시조차 되지 않는다. 이 지도는 일부 지역을 나타낸 작은 지도들을 서로 겹쳐 만든 지도에 비해 훨씬 덜 정확하다. 지도들이 겹치는 부분에서 충돌이 일어나진 않는다. 어느 쪽 지도를 참고하건 그 부분의 풍경은 똑같아 보인다. 각각의 지도는 그것이 나타내는 지역에 대해서는 신뢰할 수 있고 유용하다. 하지만 한 장의 평면 지도로는 지구 표면 전체를 나타낼 수 없다. 마찬가지로 한 가지 이론만으로는 모든 관찰 현상을 제대로 나타낼 수 없다.[2]

오늘날 이론물리학자들은 다섯 가지 초끈 이론과 초중력 이론(호킹이 1980년대에 큰 기대를 품었던 그 이론)을 더 기본적인 이론인 M 이론의 근사에 해당하는 이론 가족으로 간주한다. 호킹의 지도 비유를 빌리자면, 이 여섯 가지 근사 이론은 작은 지도들에 해당한다.

이 상황은 가장 이상적인 기대에 미치지 못할지 모르지만, 기본적이고 포괄적이고 근원적인 이론을 알 수 없는 우리의 무지 상태를 한탄만 하고 있을 필요는 없다. 우리가 그 이론에 대해 아는 것도 일부 있다. 시간과 공간 차원은 모두 합해서 10차원 또는 11차원이다. 점 입자, 진동하는 끈, 2차원 막, 3차원 물체, 그리고 최대 9차원(일부 버전에서는 10차원)의, 다시 말해서 p-브레인의 공간을 차지하는 다른 물체들도 있다.

우리가 경험하는 3차원을 넘어서는 여분의 공간 차원들은 극도로 말려 있어서 우리 눈에 보이지 않으며, 공간 차원이 말리는 방식의 수는 끈 이론을 모든 것의 이론으로 기대하는 사람들의 기를 꺾어놓을 만큼 너무 많다는 이야기는 이미 앞에서 했다. 공간이 말린 상황을 이해하는 데 도움을 주기 위해 고무 호스 비유도 들었다. 호킹과 믈로디노프는 이보다 더 나은 비유를 발견했다.

두 사람은 2차원 평면을 상상해보라고 한다. 예를 들어 종이를 생각해도 된다. 평면이 2차원인 이유는 그 위에 있는 어떤 점의 위치를 나타내는 데 2개의 수(x좌표와 y좌표)가 필요하기 때문이다. 아마 여러분은 빨대도 2차원이라고 하면 어리둥절할지 모르겠다. 그 위에 있는 어떤 점의 위치를 나타내려면, 그 길이 차원과 원주 차원의 좌표만 알면 되기 때문이다. 그런데 빨대가 아주 가늘다고 상상해보자. 그렇다면 그 점이 원주 차원에서 어느 지점에 있는지 생각할 필요를 덜 느끼게 된다. 만약 빨대가 정말로 엄청나게 가늘다면, 예컨대 지름이 100만×1조×1조분의 1mm보다 작다면, 빨대에 원주 차원이 있다는 생각조차 하기 어렵다. 끈 이론가들은 여분의 차원을 바로 이런 식으로 설명한다. 너무나도 작게 말리거나 구부러져 있어 우리가 알아챌 수 없다는 것이다. 그들은 여분의 차원을 '내부 공간' 속으로 말려 있다고 말한다.

1990년대 초반과 중반에 이론물리학자들은 차원들이 말릴 수 있는 방법이 아주 많다는 사실에 좌절을 덜 느끼게 되었다. 여분의 차원들이 말리는 방식이 제각각 다른 것은 4차원의 우리 관점에서 그것을 바라보는 방식의 차이에 불과하다는 사실을 깨달은 게 그런 변화를 가져온 한 가지 계기가 되었다. 하지만 안드레이 린데가 주장한 것처럼, 여분의 차원들이 말리는 방식은 아주 중요하다. 그것은 각각의 우주에서 자연의 법칙들을 결정한다. M 이론에서 내부 공간이 말리는 방식을 나타내는 해가 아무리 많다 하더라도, 그것은 허용되는 우주(모두 제각각 다른 자연의 법칙을 가진)의 종류가 얼마나 많은지를 나타낸다. 그 수는 너무나도 많아서 파악하기 불가능하다.

호킹은 풍선 위에서 개미가 기어다니는 에딩턴의 비유와 비슷한 것을 사용해 이러한 우주들의 출현을 생각할 수 있다고 제안한다. 다만, 이 비유에서는 그것은 풍선이 아니고, 개미가 없다는 점이 다르다. 2006년에 칼텍에서 한 강연에서 호킹은 청중에게 팽창하는 우주를 거품 표면으로 상상해보라고 권했다. 끓는 물에서 증기 거품이 생기는 과정을 생각해보라. 작은 거품 방울들이 아주 많이 생겨났다가 사라진다. 이것들은 아주 조금 팽창하다가 미시적 크기 이상으로 성장하기 전에 붕괴하는 우주들이다. 그런 우주에서는 은하나 별이나 지능 생명체가 나타날 가망이 없다. 하지만 일부 거품 방울은 똑같이 작게 시작했지만 충분히 크게 성장하여 적어도 상당히 오랫동안 붕괴의 위험에서 벗어난다. 처음에는 우리가 '인플레이션'이라 부르는 단계를 거치며 점점 빨라지는 속도로 팽창한다.

『위대한 설계』에서는 양자물리학에서 한 점에서 다른 점으로 이동하는 입자는 목적지에 도달할 때까지 분명하게 정해진 위치가 없다는 리처드 파인먼의 개념을 다시 다룬다. 이것은 그 입자가 어떤 경로를 지나가지 않는다는 의미로 해석되었다. 앞에서 보았듯이, 파인먼은 이것은 입자가 가능한 모든 경로를 동시에 지나가는 것으로 볼 수도 있다는 사실을 깨달았다. 이런 맥락에서 영원한 인플레이션에서 우리가 맞닥뜨리는 것과 같은 상황인 아주 많은 우주의 가능성을 생각해보자. 각각의 우주마다 다른 역사를 갖고 있다고 말하는 것만으로는 충분하지 않다. 사실, 역사 총합을 생각할 때, 각각의 우주는 가능한 역사를 아주 '많이' 갖고 있으며, 존재가 이어지면서 훗날에 가질 수 있는 상태도 아주 많다. 이 상태들 중 대부분은 어떤 종류의 생명이 존재하기에 적합하지 않다. 우리와 같은 생물의 존재를 허용하는 우주의 수는 극소수에 불과하다.

가능한 모든 대체 우주들 중에서 완전히 균일하고 규칙적인 것은 오직 하나뿐이다. 이런 종류의 우주가 존재할 확률을 계산해보면, 그것이 정말로 존재할 가능성이 아주 높다는 사실을 발견한다. 실제로 그것은 모든 우주 중에서 가능성이 가장 높은 우주이지만, 우리 우주는 아니다. 초기 우주에 작은 불균일성이 전혀 없어서 오늘날의 우주배경복사에 미소한 변이가 나타나지 않는 그런 우주는 절대로 우리가 살아서 존재하는 우주가 될 수 없다. 우리 우주는 일부 지역이 다른 지역보다 밀도가 약간 더 높아 중력의 작용으로 물질이 뭉쳐 은하와 별과 행성과 그리고 필시 우리까지 만들 수 있는 우주여야 한다. 호킹이 2006년 칼텍 강연에서 이야기한 것처럼 "마이크로파 하늘의 [우주배경복사] 지도는 우주의 모든 구조에 대한 청사진이다. 우리는 초기 우주에 생겨난 요동의 산물이다."[3] 다행히도 아주 약간만 불균일하고 불규칙한 우주 역사가 아주 많이 존재한다. 이 우주들은 완전히 균일하고 규칙적인 우주만큼 가능성이 높다. 얼마나 많은 대체 우주들이 결국 '우리'와 같은 존재를 만들어낼지는 알 수 없지만, 우리는 그런 일이 적어도 한 번은 일어났다는 사실을 안다.

M 이론에 대한 호킹의 생각에서 또 한 가지 중요하면서 우리에게 익숙한 개념은 양자 차원의 우주에서 우리는 우리가 관찰하려고 하는 대상

에 간섭을 일으키지 않고, 즉 변화를 초래하지 않고 관찰할 수 없다는 사실이다. 이보다 훨씬 중요하지만 우리에게 덜 익숙한 개념이 하나 있는데, 우리가 현재를 아무리 신중하고 완전하게 관찰한다 하더라도, 우리가 관찰할 수 없는 과거 부분은 미래처럼 불확실하다는 사실이다. 즉, 그 과거는 다양한 가능성으로 존재하며, 그 중 어떤 것은 다른 것보다 존재 확률이 더 높다. 호킹은 이 개념을 파인먼의 역사 총합과 결합하여 "우주는 단 하나의 역사만 가진 게 아니라 각자 나름의 확률을 가진 가능한 역사를 모두 다 가지며, 그 역사의 현재 상태를 관찰하는 우리의 행위는 그 과거에 영향을 미치고, 그 우주의 다른 역사들을 결정한다."라고 결론 내린다.[4] 이 이야기가 전혀 낯선 개념처럼 들리지는 않을 것이다. 우리는 앞에서 호킹과 하틀이 무경계 가설을 개발할 때 역사 총합을 어떻게 사용하는지 보았다. 호킹의 생각에서는 주안점이 바뀌었는데, 바로 그런 역사들 사이에서 판단하기 위해 우리가 현재를 관찰하는 능력이 우주를 이해하는 데 아주 중요한 의미를 지닌다는 사실을 깨달은 것이다.

출발점에서 종착점까지 입자가 지나갈 수 있는 모든 경로를 고려하는 파인먼의 방법에 대해 다시 생각해보자. 우주의 역사에 대해 그런 방법을 쓰는 것은 결코 쉽지 않다. 우리는 점 A(시작점)에 대해 잘 모르지만, 우리 우주의 경우 오늘날 우리가 있는 점 B에 대해서는 상당히 많은 것을 안다. 호킹은 무경계 조건(경계가 없으면서 표면이 닫힌 역사. 지구 구면을 떠올려보라)을 만족하면서 오늘날 우리가 알고 있는 우주(점 B)로 끝나는 모든 역사를 고려하라고 한다. 무경계 조건을 만족하는 역사에 국한시켰기 때문에 그 범위에 '가능한 모든 방식'으로 시작된 우주의 역사들이 포함되는지는 말할 수 없지만, 점 A의 범위는 아주 광범위하다. 만약 점 A에서 생각을 시작한다면 가능한 점 B는 아주 많은데, 그 중 대부분은 오늘날의 우리 우주와 비슷하지 않겠지만, 일부는 아주 비슷할 것이다.

대신에 호킹은 '하향식' 접근 방법, 즉 현재에서 과거로 대체 역사들을 거슬러 올라가며 추적하는 방법을 우주론에 적용하라고 권장한다. 이것은 우주론의 새로운 관점으로, 원인과 결과를 새로운 시각으로 바라보는 방법이다. 우주에는 유일한 관찰자 독립적 역사만 있는 게 아니다. 우리는 이곳에 존재하면서 우주를 관찰함으로써 우주의 역사를 창조한다. 역사가 우리를 창조하는 것이 아니다.

예를 들어 우리 우주에 말리지 않은 차원은 왜 4개만 존재하는가 하는 질문을 살펴보자. M 이론에는 우주에 관측 가능한 차원이 4개만 있어야 한다는 법칙이 없다. 하향식 우주론은 큰 공간 차원의 수가 0부터 10까지 모두 가능한 다양한 가능성이 있다고 말한다. 공간 3차원과 시간 1차원은 확률이 가장 높은 상황이 아니라, 우리가 관심을 가진 유일한 상황일지 모른다.

우주를 낡은 방법으로, 즉 '상향식'으로 바라보면, 자연의 법칙이 왜 우리가 보는 것과 같고 약간 다른 것이 아닌지, 왜 우주는 우리가 존재하도록 미세 조정돼 있는지 그 이유를 찾을 수 없는 것처럼 보인다. 하지만 자연의 법칙은 우리가 보는 것처럼 성립하고, 우리는 이곳에 존재한다. 그렇다면 이 조건에서 시작하는 것이 어떨까? 우리의 존재는 아주 중요하다. 가능한 우주가 엄청나게 많은 가운데 우리의 존재는 우리의 존재를 허용하는 우주들을 '선택'하며, 나머지 우주들을 전부 다 '거의' 쓸모없는 것으로 만든다.

무경계 우주에서는 더 이상 우주가 어떻게 시작했는지 물을 필요가 없다. 시작 자체가 없었기 때문이다. M 이론에서는 우주가 왜 우리가 존재하도록 미세 조정돼 있느냐고 물을 필요가 없다. 바로 우리의 존재 자체가 우리가 사는 우주를 '선택'하기 때문이다. 사실상 우리가 직접 우주를 미세 조정하는 셈이다. 이 주장은 인류 원리를 극대화한 것이라 할 수 있다. 호킹은 "우리는 우주 척도에서 보면 하찮고 보잘것없는 존재이지만, 어떤 의미에서 이것은 우리를 창조의 주인으로 만든다."[5]라고 표현했다.

그러면 우리는 이 이론을 검증할 수 있는가라는 질문이 자연스럽게 떠오른다. 호킹은 하향식 이론을 지지하는 것이건 부정하는 것이건, 그것을 다른 이론들과 구별할 수 있는 측정이 있을 것이라고 썼다. 2006년에 칼텍에서 한 강연에서 호킹은 중력파 탐지와 측정이 열어줄 "초기 우주의 새로운 창"에 대해 언급했다. 빛은 자유 전자와 충돌하여 수없이 많이 산란되다가 우주의 나이가 38만 년이 되었을 때 얼어붙었지만, 중력파는 초기 우주 시절부터 지금까지 어떤 물질에 어떤 간섭도 받지 않고 우리에게 도달한다.[6]

호킹은 하향식 사고를 지구에서 지능 생명체가 출현한 사건에까지 확대 적용한다. 우리 우주와 우리 태양계, 우리가 사는 지구가 어떤 합리적인 예상도 훨씬 뛰어넘어 우리의 존재를 위해 믿기 힘들 만큼 미세 조정되어 있다는 사실을 아주 웅변적으로 이야기한다. 그럼에도 불구하고, 인류 원리를 단순하고 논의의 여지가 없는 방식으로 다시 말하면서 "생명을 부양하는 어떤 행성에 사는 존재가 주변 세계를 살펴본다면, 필연적으로 그 환경이 자신들이 존재하는 데 필요한 조건을 만족한다는 사실을 발견하리란 것은 두말할 필요도 없다."[7] 우리가 자신이 존재한다는 사실 때문에 우리 우주를 선택하는 것처럼, 우리는 우리의 존재를 허용하는 이 지구의 역사와 우주의 환경을 선택한다.

『위대한 설계』에서 호킹은 모든 것이 정해져 있다는 의심을 이제 더 이상 품지 않는 것처럼 보인다. 어떤 방법으로 그것을 제거했건 간에, 정보 역설은 더 이상 골칫거리가 아니다. 그는 분명하게 "라플라스가 기술한 과학적 결정론은…… 사실 모든 현대 과학의 기반이다."라고 말한다.[8] 물론 호킹은 그 사실에 의문을 품은 적이 없다. 앞서 정보 상실의 의미에 대해 한 이야기는 현대 과학은 모두 틀렸을지도 모른다고 시사했다. 그러한 두려움은 겉으로는 사라진 것처럼 보이는데, 계속해서 호킹은 과학적 결정론이 "이 책 전체를 통해 아주 중요한 원리"[9]라고 말했고, 나중에는 "이 책은 과학적 결정론 개념에 뿌리를 두고 있다."[10]라고 했기 때문이다.

과학적 결정론은 인간에게도 적용된다. 호킹은 "우리는 생물학적 기계에 불과하며, 자유 의지는 환상에 불과한 것처럼 보인다……. 우리는 우리의 행동을 결정하는 방정식을 풀 수 없기 때문에 인간이 자유 의지를 가졌다는 유효 이론을 사용한다."라고 썼다.[11] 호킹이 책에서 이 문제를 좀더 자세히 다루었더라면 하고 바라는 사람도 있을 것이다. 인간의 자유 의지에 관해 중요한 과학적 연구가 이루어졌지만—어떤 것은 호킹의 견해를 지지하는 반면, 어떤 것은 지지하지 않는다—호킹은 그것에 대해 논의하지 않았다. 그는 독자적인 선택을 했다. 세상이 혼란스러운 이유는 "모두가 아는 것처럼, 결정이 합리적으로 일어나지 않거나 선택의 결과에 대한 잘못된 분석을 바탕으로 결정하는 경우가 많기" 때문이라는 그의 발언 역시 이 문제를 좀더 자세히 다루었으면 하는 아쉬움을 남긴다. 강연과 공식적 선언을 통해 세계의 상황에 대해 신중한 발언을 한 것과는 대조적으로 이 발언은 호킹답지 않게 '무심코 던진 말'처럼 보인다.

하지만 결정론은 다소 복잡한 개념이며, 우리가 생각하는 것처럼 엄밀한 개념이 아니다. 앞에서 보았듯이, 양자 차원의 우주에서는 약간 수정된 결정론을 받아들여야 하는데, 어느 순간 어떤 계의 상태가 주어졌을 때, 자연의 법칙은 그 계의 미래와 과거를 정확하게 기술하는 대신에 다양한 미래와 과거의 '확률'만을 결정할 뿐이다. 호킹은 이것을 "자연은 각자 실현될 특정 확률을 가진 다수의 결과를 허용한다."라고 표현했다.[12] 양자론은 어떤 실험을 많이 반복하면서 서로 다른 결과들이 얼마나 자주 일어나는지, 그리고 발생 빈도가 이론이 예측하는 확률과 들어맞는지 확인함으로써 검증할 수 있다.

호킹은 1996년에 예전 건물의 응용수학 및 이론물리학과 휴게실에서 나와 함께 논의했던 개념을 다시 언급한다. 그 당시 일부 사람들은 그것 때문에 호킹을 비판했다. 그때 그는 "모형과 독립적으로 실재를 바라보는 관점이란 있을 수 없어요. 그렇다고 해서 모형 독립적 실재가 전혀 없다고 말할 수는 없지요. 만약 그런 것이 없다고 생각한다면, 나는 과학을 계속할 수 없겠지요."라고 말했다. 그런데 『위대한 설계』에서는 "그림이나 이론과 독립적으로 실재를 바라보는 개념은 없다."라고 썼다. 그것도 강조하기 위해 이탤릭체로. 그리고 계속해서 이것은 "이 책에서 중요하게 다룰 결론이다."라고 썼다. 이 발언은 내게 했던 말의 앞부분 중에서 '관점'을 '개념'으로 바꾸어 다시 말한 것이지만, 뒷부분은 언급하지 않았다. 독자들은 뒷부분도 여전히 유효한지 궁금할 것이다.

호킹은 자신이 거부한 '실재'를 생각하는 다른 방법을 두 가지 언급한다. 하나는 측정하고 분석할 수 있는 세계(즉, 그것을 연구하는 모든 관찰자에게 동일한)인 실재적인 외부 세계가 존재한다는 믿음을 바탕으로 한 고전 과학의 '실재론자' 관점이다. 또 하나는 호킹이 '반실재론자' 관점이라 부르는 것이다. 이것은 실험과 관찰을 통해 얻은 경험적 지식에만 국한해 사용할 것을 크게 강조하기 때문에 이론에 별 쓸모가 없으며, 결국에는 우리가 배우는 것은 모두 뇌를 통해 걸러지기 때문에 경험적 지식 같은 것이 정말로 '존재'한다고는 믿을 수 없다는 개념으로 자멸하게 된다.

호킹은 자신의 '모형 종속적 실재론'이 실재론과 반실재론 사이의 논쟁을 불필요한 것으로 만든다고 생각한다. 그는 모형이 관찰과 일치하는지 여부를 묻는 것만 의미가 있으며, 그것이 '실재'하는지 여부는 의미가 없다고 주장한다. 만약 관찰과 일치하는 모형이 두 가지 이상이라면, 어느 것이 더 '실재적인지' 혹은 '옳은지'를 놓고 논쟁할 필요가 없다. "우리의 지각—따라서 우리의 이론이 바탕을 둔 관찰—은 직접적인 것이 아니라, 일종의 렌즈, 즉 우리 뇌의 해석 구조가 그 형태를 빚어낸다."[13] 비단 과학뿐만 아니라 우리의 일상 경험도 마찬가지라고 호킹은 말한다. 그 차원에서도 우리가 의식적으로 모형을 만들건 아니건 간에, 우리는 절대로 모형과 독립적인 실재를 보진 않는다. 그럼에도 불구하고, 모형 종속적 실재론은 아무 가치가 없는 것이 아니다. 그것은 인간이 자신이 사는 세계를 이해하고 다루는 방식이다. 모형들은 관찰과 경험과 계속 일치하느냐 일치하지 않느냐에 따라 지속하다가 사라져간다.

　　호킹의 견해에 동의하는 것은 어렵지 않다. 내가 거부하는 상태에 있지 않는 한—우리는 모두 가끔 부분적으로 그런 상태에 빠진다—나는 살아가면서 바로 그런 방식으로 학습 과정을 경험한다. 여러분과 나는 지금까지 경험한 것이 서로 다르다. 우리는 누가 '옳고' 누가 '그른지'에 대해 어떤 주장을 하지 않고도 견해를 달리하기로 합의할 수 있다. 호킹은 자신의 철학을 우리 세계를 분열시키는 더 과격한 견해들에 적용하려고 할까? 아마도 여기서 그는 자신이 예전에 한 말 중 뒷부분을 연상시키는 발언, 분명히 플라톤주의적인 발언을 하지 않을까? "하지만 그렇다고 해서 '옳은 것'과 '그른 것'이 전혀 없다고 말할 수는 없다. 만약 그런 것이 없다고 생각한다면, 나는 의미 있는 방식으로 살아갈 수 없을 것이다."라고 말이다. 반면에, 인간의 가치는 우리가 진화해온 역사의 산물이라는 주장이 있다. 이 사고 방식에 따르면, '옳은 것'은 우리 종의 생존에 도움을 주었다. 이것보다 더 심오하거나 근본적인 것은 없었다. 만약 이게 사실이라면 (결국 이것과 같은 논의에서 '진리'란 어떤 것이 되겠는가?), 모형 독립적 '도덕성'은 어쩌면 모형 독립적 실재만큼 환상적인 것일지 모른다.

설사 그렇다 하더라도, 호킹이 다룬 '실재'는 2장 이후부터 죽 여러분이 궁금하게 여겼을지 모르는 의문에 답하는 데 도움을 준다. 예를 들어 만약 아무도 실제로 전자를 본 사람이 없다면, 전자가 '실재'한다는 사실을 우리가 어떻게 알 수 있는가?

실제로 전자를 본 사람이 아무도 없다는 것은 사실이지만, 전자는 안개 상자에 나타나는 궤적이나 텔레비전 화면에 나타나는 빛의 점들을 이해하는 데 유용한 '모형'이다. 하지만 정말로 전자는 실재할까? 비록 많은 물리학자는 실재한다고 대답하겠지만, 호킹의 견해에 따르면 그 질문은 아무 의미가 없다.

'모형 종속적 실재론'은 이중성을 생각하는 데 유용한 방법이다. 이중성은 어떤 현상을 서로 아주 다르고 때로는 모순적인 두 가지 이론을 결합해 설명하는 게 각각의 이론으로 설명하는 것보다 이해하기에 훨씬 좋은 상황을 말한다. 이때, 한 이론이 다른 이론보다 더 '우월'하거나 더 '실재적'이진 않다. 유명한 예로는 빛이 나아가는 방식을 실험한 결과에서는 빛이 파동임이 밝혀졌지만, 20세기 초에 빛이 마치 입자인 것처럼 행동하며 물질과 상호작용한다는 사실이 발견되면서 등장한 파동-입자 이중성이 있다.

이런 상황은 M 이론에 대한 관심을 높였다. 앞에서 말했듯이, 우주의 모든 측면을 기술할 수 있는 수학적 모형은 없는 것처럼 보인다. M 이론 가족을 이루는 각각의 이론은 일정 범위의 현상들만 기술할 수 있다. 그

범위가 겹치는 부분에서 이론들은 서로 일치한다. 이런 식으로 이론들은 호킹이 비유로 든 지도에서 작은 지역 지도들이 큰 지도의 일부인 것처럼 모두 같은 이론의 일부를 이룬다. 하지만 어떤 이론도 혼자만으로는 자연의 모든 힘과 입자, 그리고 우주의 게임이 펼쳐지는 시간과 공간의 틀을 제대로 다 기술하지 못한다. 만약 이렇게 많은 조각들로 이루어진 지도가 위대한 탐구 끝에 이르는 종착역이라면 어쩔 수가 없다. "그것은 모형 종속적 실재의 틀 안에서 받아들일 수 있다."[14] 우리가 아는 모형들에서 '독립적'이라고 주장할 수 있는 이론 중 이보다 더 기본적인 이론은 없다.

호킹과 믈로디노프는 다중 우주에서 모든 우주는 무에서 자연적으로 물리 법칙을 통해 나타났으며, 조물주가 필요 없다고 썼다. 이것은 핵심 내용을 강조하기 위해 너무 단순화시켜 표현한 것이다. 호킹이 선호하는 영원한 인플레이션 이론에서는 우주들이 무에서 생겨나지 않는다. 우주들은 다른 우주들에서 생겨난다. 과거의 어느 시점에 이 모든 일의 시초가 된 첫 번째 우주와 첫 번째 인플레이션 사건이 있었을 것이다. 아니면 반복적인 자기 복제 과정이 영원히 과거로 거슬러 올라갈지도 모른다. 아마도 첫 번째 우주의 기원은(만약 '첫 번째 우주'가 있었다면) 무경계 가설로 설명할 수 있을 것이다. 이런 상황은 우리를 『시간의 역사』가 끝난 지점으로 되돌려놓는다. 신의 존재에 대한 여지를 많이 남겼던 심오한 질문들을 다시 던지면서.

하지만 『위대한 설계』는 미세 조정 문제라는 또 다른 수수께끼도 다룬다. 신을 믿는 사람들 중 일부—신을 끌어들이지 않고는 설명할 수 없는 것처럼 보이는 사례에 매달려 '틈새의 신 God of the gaps(현대 과학으로 설명할 수 없는 부분, 즉 틈새에 신이 존재한다고 믿는 견해—옮긴이)' 신학을 아직 버리지 못한 사람들—는 호킹과 믈로디노프가 하향식 방법과 다중 우주를 사용해 그럴듯한 설명을 아주 성공적으로 제시했다는 사실에 무척 당혹해할 것이다. 만약 여러분이 신을 단지 불가피한 설명으로 믿는다면, 호킹은 다시 한 번 그 근거를 잘라내 여러분을 정처없이 표류하게 만든다. 호킹의 책이 신과 과학의 문제에 언론 매체의 관심을 끈 것보다 더 흥미로운 점이 있다면, 바로 신중하고 사려 깊은 독자들을 심오한 내부 논쟁으로 이끈다는 사실이다. 그 논쟁들은 항상 호킹이 기대하는 방식으로 끝나진 않는다.

마지막 장에서 호킹과 플로디노프는 다음과 같은 말로 이야기를 시작하면서 물리학 법칙이 어디서 나오는가 하는 문제를 다룬다. "자연의 법칙은 우리에게 우주가 '어떻게' 행동하는지 알려주지만, '왜' 그렇게 행동하는가 하는 질문에는 답하지 않는다." 『시간의 역사』 말미에서 호킹은 이 질문에 대한 답을 아는 것은 곧 신의 마음을 아는 것에 해당한다고 썼다. 이제 호킹은 그 질문을 세 부분으로 쪼갰다: "왜 다른 법칙들의 집단이 아니라, 이 특정 법칙들의 집단이 존재하는가?", "왜 아무것도 없는 대신에 뭔가가 존재하는가?"(법칙들이 이 '뭔가'의 일부를 이루면서), "우리는 왜 존재하는가?"

첫 번째 질문에 답하는 데 도움을 주기 위해 호킹과 플로디노프는 우리 우주와 비슷한 물리적 우주에 필요한 법칙들을 나열한다. 그것은 에너지의 양이 시간에 따라 변하지 않고 일정하다는 에너지 개념을 가진 법칙들이어야 한다. 또 한 가지 필요 조건은, 그 법칙들에 따르면, 어떤 고립된 물체가 텅 빈 공간으로 둘러싸여 있을 때, 그 물체의 에너지는 반드시 양이어야 한다는 것이다. 그리고 중력 이론과 같은 법칙이 있어야 한다. 이 중력 이론에서는 자연의 힘들과 이 힘들의 지배를 받는 물질 입자들 사이에 반드시 초대칭이 존재해야 한다. 하향식 방법을 받아들이면, "왜 다른 법칙들의 집단이 아니라, 이 특정 법칙들의 집단이 존재하는가?"라는 질문에 대한 답은 단순히 "다른 법칙들의 집단은 우리가 여기에 존재해 이 질문을 하는 것을 불가능하게 만들기 때문"이다. 이것은 인류 원리를 연상시키는 답변이지만, M 이론은 이 문제에 대해 이야기할 게 좀더 있다. 여분의 차원들이 말리는 방식에 따라 각각의 우주에서 성립하는 법칙들이 결정되는데, 차원들이 말리는 방식이 아주 많기 때문에, 이 법칙들이 성립하는 우주가 '반드시' 존재할 수밖에 없다.

세 번째 질문("우리는 왜 존재하는가?")에 답하는 데 도움을 주기 위해 호킹과 믈로디노프는 '생명의 게임'이라는 컴퓨터 게임을 소개한다. 이것은 1970년에 케임브리지의 수학자 존 호턴 콘웨이John Horton Conway가 발명한 흥미진진한 게임이다. 그 구조는 체스판과 비슷한데, 어떤 정사각형은 '살아' 있고, 어떤 정사각형은 '죽어' 있다. 게임이 '한 세대에서 다음 세대로' 옮겨갈 때, '죽음'과 '출생'과 '생존'을 결정하는 아주 간단한 규칙이 있다. 하지만 조금만 지나면, 아주 간단한 이 규칙들에서 게임이 매우 복잡한 방식으로 펼쳐진다는 사실을 알게 된다. 2장에 나온 "우리 우주에 대한 경험이 전혀 없는 외계인"을 떠올려보라. 게임이 약간 진행된 뒤에 게임에 들어온 사람은 바로 그 외계인과 비슷한 상황에 놓인다. 즉, 진행되는 게임을 관찰하면서 '법칙들', 살아 있는 정사각형과 죽어 있는 정사각형의 정교한 집단 생성과 행동을 지배하는 것처럼 보이는 '법칙들'을 추론할 수 있다. 하지만 이 법칙들은 단순한 최초의 법칙들이 아니라, 그 법칙들에서 생겨난 법칙들이다. 이 게임은 '창발적 복잡성' 또는 '자기 조직 계'를 보여주는 간단한 예다. 예를 들면, 이 게임은 함께 자라나는 세포들의 조직에서 어떻게 얼룩말의 줄무늬나 꽃잎의 패턴이 나타나는지 이해하는 데 도움을 준다.

콘웨이는 아주 간단한 기본 규칙을 가진 '우주'에서 스스로 복제할 수 있을 만큼 충분히 복잡한 물체들이 나타날 수 있는지 알아보기 위해 이 게임을 발명했다. 이 게임에서는 그런 물체들이 나타난다. 심지어 이 물체들은 어떤 의미에서 '지능'이 있다고 생각할 수도 있다. 요점은 아주 단순한 법칙들로부터 지능 생명체와 비슷한 정도의 복잡성이 생겨날 수 있다는 것이다. 호킹의 말을 빌리면, "조금 더 복잡한 법칙들이라면 생명의 모든 속성을 가진 복잡계를 생겨나게 할 것이라고 쉽게 상상할 수 있다."[15] 그러한 생명이 자의식이 있는지에 대해서는 의견이 엇갈린다.

이것은 "우리는 왜 존재하는가?"라는 질문에 답을 제공하는 것처럼 보일 수 있다. 이것은 완전한 답일까? 생명의 게임에서는 처음에 어떤 패턴을 가지고 시작하는지는 중요하지 않지만(어떤 '초기 조건'으로 시작하더라도 같은 종류의 결과들을 얻게 되므로), 어떤 법칙들을 가지고 시작하느냐 하는 것은 중요하다. 그 계의 진화를 결정하는 것은 바로 법칙들이기 때문이다. 이것은 "왜 다른 법칙들의 집단이 아니라, 이 특정 법칙들의 집단이 존재하는가?"라는 첫 번째 질문을 다시 생각하게 만든다.

이렇게 호킹의 세 가지 질문에 대한 내용을 요약하면서 호킹과 믈로디노프는 우리가 사는 우주에 대해 여분의 차원들이 말려 있는 방식 때문에 우리 우주에서는 특정 법칙들이 성립한다는 개념을 사용해 첫 번째 질문에 답을 내놓았다. 그들은 전체 끈 이론이 다루는 풍경, 즉 전체 다중 우주를 지배하는 가장 중요한 법칙들(우리가 아직 알지 못하는 법칙들)에 대해서도 답을 내놓을 수 있을까? 그들은 중력에 관한 모든 초대칭 이론들 중에서 M 이론이 가장 일반적이라고 말함으로써 우주를 완전하게 설명할 수 있는 유일한 이론 후보로 꼽았다. 아직은 증명을 기다리는 '후보' 자격이지만, 호킹은 그만큼 일관성 있는 모형이 없기 때문에 M 이론이 우리 우주를 포함하는 다중 우주 모형으로 아주 유망하다고 믿는다.

그들은 세 번째 질문("우리는 왜 존재하는가?")에는 가능한 수많은 우주들 가운데 우리의 존재를 허용하는 우주가 존재할 확률이 아주 높으며, 설사 아주 단순한 법칙들의 집단(여분의 차원들이 말리는 방식에 의해 결정되는)밖에 없다고 하더라도, 거기서 우리가 진화하는 단계로 발전하는 것은 어렵지 않다는(생명의 게임을 생각해보라) 말로 답했다.

두 번째 질문("왜 아무것도 없는 대신에 뭔가가 존재하는가?")은 더 기본적이면서 훨씬 더 어려운 질문이다. 그 답은 우리 우주와 그 법칙들과 우리 외에 더 많은 것을 설명할 수 있어야 한다. M 이론 가족의 바탕을 이루는 근본적인 이론의 존재 자체까지 설명할 수 있어야 한다. 호킹은 이 이론 가족이 지배하는 다중 우주는 "스스로를 창조"한다고 생각하지만, 어떻게 그렇게 하는지는 설명하지 않는다. 종종 이야기하는 "무는 불안정하기 때문에 붕괴하여 뭔가가 되는 경향이 있다."라는 말조차 특정 확률들의 집단이 이미 존재함을 암시한다. 호킹과 믈로디노프는 "왜 아무것도 없는 대신에 뭔가가 존재하는가?"라는 질문에는 답을 하지 않았다.

많은 동료들은 M 이론에 큰 기대를 품고 있지만, M 이론의 완전한 설명 능력에 대한 호킹의 과도한 낙관론에 동조하는 사람은 별로 없다. 『시간의 역사』 말미에서는 언젠가 이 수수께끼들을 풀 수 있으리라고 큰 기대를 품게 하는 질문들을 웅변적으로 던진다. 『위대한 설계』에서 그 모든 수수께끼들에 실제로 답을 제시하려는 시도는 기대에 훨씬 못 미친다.

이 책을 비판하는 사람들은 시큰둥한 반응을 보이는데, 이는 저자들과 견해가 달라서 그런 것이 아니라, 기대만큼 설득력이 강한 책이 아니라는 실망감에서 비롯된 것 같다. 〈이코노미스트 *The Economist*〉는 "앞으로 나아가기가 힘들 것처럼 보일 때마다 저자들은 손을 내젓고 물러나 재빨리 다음으로 넘어간다."[17]라고 하는가 하면, "실제로는 저자들이 생각하는 것보다 훨씬 미묘한 질문이 아주 많다."[18]라고 평했다. 책에서 제시한 개념들이 실시된 실험적 검증을 모두 통과했다는 주장에 대해서는 그것은 "독자를 오도하는 이야기이다……. 아원자 세계에 대해 현재 알려진 것과 일치한다고 증명된 것은 양자역학의 핵심 개념들이다. 저자들이 그것을 해석하고 추정한 생각은 결정적 검증을 거친 적이 없으며, 앞으로 그럴 수 있는지도 분명치 않다."라고 반박했다.[19] 드와이트 가너 Dwight Garner 는 〈뉴욕 타임스〉에서 "『위대한 설계』에 대한 진짜 뉴스는 그것이 실망스러울 정도로 빈 수레처럼 소리만 요란하고 우아하지 못하다는 사실이다. 호킹이 『시간의 역사』에서 매력적으로 보여준 절제되고 진지한 목소리는 이 책에서 마치 유아에게 비구름을 설명하는 로저스인 양 생색 내는 태도와 불가해함이 뒤섞인 목소리로 대체되었다."라고 했다. 가너는 또한 '신을 팔아먹는 행위'에 대해서도 비난했는데, 이것은 작가 티모시 페리스 Timothy Ferris 가 신앙심이 없는 저자가 순전히 책을 팔기 위한 목적으로 신과 신앙에 대한 이야기를 하는 행위를 가리키는 데 사용한 말이다.[20]

하지만 하향식 접근 방법이나 호킹과 믈로디노프의 M 이론 설명에는 실망스럽거나 부족한 점이 전혀 없었다. 이것들이 과학 연구에서 지니는 의미에 대해 호킹이 한 말은 이 책에서 매우 훌륭한 구절 중 하나이다. 호킹은 우리가,

> 과학사에서 중요한 지점에 있으며, 목표에 대한 개념과 물리학 이론을 받아들이게 만드는 것이 무엇인가에 대한 개념을 바꾸어야 한다고 믿는다. 기본 상수와 심지어 자연 법칙의 형태도 논리나 물리학 원리로 결정되지 않는 것처럼 보인다. 매개변수들은 어떤 값이라도 가질 수 있고,

법칙들은 자기 모순이 없는 수학 이론을 낳는다면 어떤 형태라도 취할 수 있으며, 이들은 서로 다른 우주에서는 서로 다른 값과 형태를 가진다. 이것은 특별한 존재이고 싶고, 모든 물리학 법칙을 포함하는 말끔한 한 묶음의 원리들을 발견하고 싶은 우리 인간의 욕구에는 턱없이 모자랄지 몰라도, 그것이 바로 자연의 방식인 것처럼 보인다.[21]

이것은 신에 대한 믿음을 버리는 것과 무슨 상관이 있을까? 『위대한 설계』에서는 호킹의 다른 책들에서보다 신앙에 대한 비판을 훨씬 더 자주 그리고 강하게 표출한다. 하지만 설계가 더 거대해질수록(그리고 호킹의 설계는 특히 거대하다) 호킹의 과학이 설득력이 있다고 믿는 한편으로 신도 믿는 독자들은 다중 우주 풍경이 지닌 우아한 복잡성에 더욱 경이로움을 느끼게 된다.

종교적 논쟁은 비평가와 일반 대중이 책을 접하는 순간부터 터져나오기 시작했고, 때로는 치열한 공방으로 치달았다. 그 모든 논쟁을 자세히 살펴보면, 양 진영에서 논쟁에 뛰어든 사람들 중 호킹과 믈로디노프의 책을 제대로 읽지 않은 사람이 아주 많다는 사실에 놀라게 된다. 또, 책을 읽은 사람들 중에서 무신론자이면서 호킹과 믈로디노프가 조물주의 필요성을 배제하는 데 성공했다고 생각하지 않는 사람도 있고, 유신론자이면서 그들이 그 일을 아주 훌륭하게 해냈다고 생각하는 사람도 있다. 어떤 사람이 지닌 유신론적 또는 무신론적 신념은 본질적으로 호킹의 주장에 아무 영향도 받지 않는 것처럼 보이는데, 그런 선택은 과학과는 아무 관계가 없는 이유에 기반을 두고 있을 때가 많기 때문일 것이다. 호킹의 견해에 동의하지 않는 사람들이 내세우는 논리 중에서 가장 흥미로운 것은 다음 두 가지 형식을 취한다.

(1) 호킹의 모형이 비록 매우 포괄적인 설명력을 지니긴 하지만—그리고 설사 언젠가 이것이 모형 독립적 실재로 드러난다 하더라도—인간의 사고만큼 오래된 질문 한 가지는 여전히 미해결 상태로 남아 있다. 그것은 바로 "왜 아무것도 없는 대신에 뭔가—위대한 설계—가 존재하는가?"라는 질문이다. M 이론 모형에서 그 '뭔가'는 이전에 제기된 그 어떤 것보다 훨씬 더 거대하고 광범위한 것이다. 하지만 모형을 만들어야 할 어떤 것이 왜 존재하는가? 이 질문에 대한 종교적 답변인 '신'이 "'무'를 허용하지 않는 기본적인 수학적 논리가 있다."라고 주장하는 과학적 답변보다 전혀 나은 게 없다는 말은 옳다. '신'과 '수학적 논리'는 둘 다 실제로 '뭔가'에 해당하므로, 이 둘은 "신을 만든 것은 무엇인가?"와 "수학적 논리를 정한 것은 누구인가?"라는 질문을 낳는다.

여러분은 호킹이 관찰자인 우리가 그 답이라고 말하지 않을까 예상할 것이다. 모든 문제의 근원은 바로 여기에 있다. 우리를 만든 것은 누구 혹은 무엇일까 하는 질문은 할 필요가 없다. 우리가 지금 이곳에 존재한다. 우리의 존재가 나머지 모든 것이 존재하도록 '선택'한다. 다른 주장은 가능하지도 않고 필요하지도 않다.

하지만 호킹은 이 논리를 사용하지 않았다. 그의 책에서도 사용하지 않았고, 2010년 11월에 그의 연구실에서 나와 대화를 나눌 때에도 사용하지 않았다. 나는 그가 『시간의 역사』에서 제기한 질문을 언급했다. "그 방정식들에 생명의 불을 불어넣고, 그것들로 기술할 수 있는 우주를 만든 것은 무엇일까?" 나는 하향식 사고 방식을 사용한다면 그 답은 우리가 되나요 하고 물었는데, 호킹은 "아니요."라고 대답했다.

(2) 두 번째 논리는 '모형 종속적 실재' 개념을 바탕으로 한다. 이 논리를 펴는 사람들은 호킹과 믈로디노프가 우리 각자는 자신의 경험과 일치

하는 개인적인 세계 모형을 가지고 있고 그것을 이해하려 노력한다고 주장한 사실을 지적한다. 우리의 모형들은 많은 점에서 똑같지만 모든 점에서 똑같지는 않는데, 각자 경험이 다르기 때문이다. 호킹의 모형에는 신의 존재나 능력에 대한 경험을 포함할 필요가 없다. 호킹은 그런 경험을 한 적이 없고, 자신이 신뢰할 만하다고 믿는 사람들에게서도 그런 이야기를 들은 적이 없는 게 분명하다. 그러니 그것을 모형의 일부로 포함시킬 이유가 있겠는가? 그는 그럴 필요를 전혀 느끼지 않는다.

반면에 신의 존재나 능력을 경험한 사람에게는 호킹의 모형이 부족해 보일 것이다. 그들의 모형에는 그 경험이 포함되어야 한다.(만약 여러분이 이미 그런 경험은 '실재'가 아니라고 판단했다면, '모형 종속적 실재'라는 원리를 위배한 셈이므로 이 논쟁에서 빠져야 한다.) 이번에는 여러분이 신에 대한 경험도 있으면서 호킹의 과학에도 동의한다고 가정해보자. 그런 여러분이 물리학자일 수도 있다. 그러면 여러분의 모형에는 신뿐만 아니라 20세기와 21세기의 그 모든 놀라운 발견과 추측도 포함시켜야 할 것이다. 여러분은 이러지도 저러지도 못하는 상황에 빠질까?

다행히도, 『시간의 역사』나 『위대한 설계』에서는 신에 대한 믿음과 과학에 대한 믿음을 모두 포함하는 모형을 배제하지 않는다. 최소한 호킹의 동료들과 그 논쟁에 뛰어든 유신론자와 무신론자 모두에 따르면, 그것은 가능하며 정신나간 짓도 아니다. 『위대한 설계』를 열린 마음으로 꼼꼼하게 읽으면, 아마 여러분도 이 주장에 동의할 것이다. 그렇다면 우리에게는 신을 포함한 모형과 포함하지 않은 모형, 두 가지가 남는 셈이다. '모형 종속적 실재'에 따르면, 한쪽이 다른 쪽보다 더 '실재적'이냐고 묻는 것은 아무 의미가 없으며, 호킹이 자신의 신이 없는 우주 모형이 '실재'를 대표한다고 확신하는 것도 모순이다.

모형 종속적 실재를 우리의 개인적 세계관에 적용하는 것은 적절치 않다고 생각할지 모르지만, 호킹은 그렇게 생각하는 것처럼 보이는데, 바로 다음과 같은 말을 했기 때문이다.

> 우리의 뇌는 외부 세계의 모형을 만듦으로써 감각 기관에서 들어오는 입력을 해석한다. 우리는 집, 나무, 다른 사람들, 콘센트에서 흐르는 전기, 원자, 분자, 다른 우주들에 대한 심적 개념을 만든다. 이 심적 개념들은 우리가 알 수 있는 유일한 실재이다. 모형 독립적으로 실재를 검증하는 방법은 존재하지 않는다.[22]

우리의 모형이 우주의 이러한 물리적 속성보다 더 많은 것을 포함한다는 사실은 의심의 여지가 없다. 앞에서 말했듯이, 모형에는 무엇이 옳고 무엇이 그르냐에 대한 신념도 포함된다. 극단적인 경우, 증오와 이기심과 편견의 렌즈를 통해 만들어진 '모형'도 존중해야 하는가? 인권과 정치에 관한 호킹의 공식적 발언을 분석해보면, 최소한 실용적 차원에서는 호킹이 모형 종속적 실재를 모형 종속적 도덕까지 포함하도록 확대하지 않는다는 사실을 알 수 있다.

내 마음속에서 나는 자유롭습니다

2010년 11월에 이 책을 쓸 계획을 호킹과 처음 상의했을 때, 그는 내게 영원한 인플레이션에 대한 자신의 최신 개념과 그것을 입증하는 데 도움이 되는 관측 사실들을 책에 꼭 집어넣으라고 요구했다. 여러분은 19장에서 그 내용을 읽었을 것이다. 두 번째 요구 조건은 2011년 초에 영국에서 방영될 그의 새로운 텔레비전 시리즈도 꼭 언급해달라는 것이었다. 그 것은 3부작으로 제작된 다큐멘터리인데, 영국에서는 〈스티븐 호킹의 우주 *Stephen Hawking's Universe*〉(이전 시리즈와 똑같은 제목을 사용해)라는 제목으로 방송되었고, 미국에서는 〈스티븐 호킹과 함께 우주 속으로 *Into the Universe with Stephen Hawking*〉라는 제목으로 방송되었다.

이번에 호킹이 시간과 공간 속으로 떠나는 모험에 우리를 초대한 장소는 강연장이나 그의 연구실이 아니라, 곤빌 앤드 키스 칼리지의 홀이었다. 기다란 목제 탁자들은 벽 쪽으로 밀어붙여져 있었고, 호킹은 화려한 나무 패널로 장식된 방에서 홀로 휠체어에 앉아 있었다. 벽에는 과거와 현재의 유명 인사들과 함께 호킹의 초상화도 걸려 있었다. 그는 귀에 익숙한 목소리로 말을 시작한다.

"안녕하세요? 내 이름은 스티븐 호킹. 물리학자이자 우주론자이고, 약간은 몽상가지요. 나는 움직일 수는 없어도 컴퓨터를 통해 말을 할 수 있고, 내 마음속에서 나는 자유롭습니다."[23]

그와 함께 시간과 공간 속에서 멀리 우주로 여행을 떠나 그가 알고 있거나 그곳에 있다고 믿을 만한 근거가 충분한 경이로운 것들을 만나고, 그의 상상 속으로 들어가 우리가 발견하리라고 그가 생각한 풍경과 생물을 발견하는 순간, 이 말은 사실로 입증된다. 이 경이로운 3부작에서 호킹과 최첨단 컴퓨터 애니메이션과 천체 사진을 담당한 사람들은 우리에게 우주의 엄청난 거리와 무수한 은하들을 생생하게 느끼게 하는 데 성공했다. 그것을 보는 사람들은 상상할 수 없을 정도로 놀랍고 광대한 시간과 공간을 실감나게 느낄 수 있었다.

이 시리즈의 해설은 호킹이 직접 하지 않았다. 도입부 문장이 끝나기도 전에 그의 목소리는 아주 자연스럽게 영화 〈호킹〉에서 젊은 시절의 호킹 역을 맡았던 베네딕트 컴버배치의 목소리로 옮겨간다. 가끔 호킹의 목소리가 몇 초간 돌아오면서 곤빌 앤드 키스 칼리지의 홀 풍경을 비쳐주어 이 이야기를 실제로 들려주는 사람이 누구인지 상기시킨다.

3부작 중 1부에서 애니메이션 제작자와 호킹은 환상적인 외계인을 만들어냈는데, 그 중 몇몇은 만약 연구실에 나타난다면 호킹이 즉각 로켓탄 발사기로 격퇴하려고 했을 것이다. 비록 호킹은 우리 우주에서 생명에 대해 알길 원한다면 찾아보아야 할 최선의 장소는 생명이 존재한다고 '알려진' 유일한 장소인 이곳 지구라고 주장하지만, 지구와 태양계 그리고 우리 우주를 넘어 그 너머까지 우리를 안내한다. 우주에는 우리가 생명으로 인식하지 못할 만큼 아주 기묘한 생명이 존재할지도 모른다고 이야기한다. 그리고 "중요한 것은 어떻게 생겼느냐가 아니라 어떤 일을 '할' 수 있느냐" 하는 것이라고 한다. 예를 들면, 외계인이 최첨단 기술로 만든 우주선 함대를 몰고 와 거울로 태양을 둘러쌈으로써 몇 초 만에 태양의 모든 에너지를 훔친 뒤에 그 에너지를 한 곳에 집중시켜 웜홀을 만들지 모른다. 물론 웜홀에 대해서는 최근에 호킹이 부정적인 발언을 하긴 했지만, 기술이 아주 발달한 문명이라면 실제로 웜홀을 만드는 것이 가능할지 모른다. 이 모든 이야기는 전혀 가능성이 없을까? 아마 그럴지도 모른다. 하지만 호킹은 다큐멘터리 앞부분에서 우리 자신이 이곳 지구에서 출현한 것도 매우 확률이 희박한 사건이었다고 말한 것을 상기시키며 마무리를 짓는다.

"가능성이 거의 없는 일이 항상 일어날 수 있고 또 일어난다는 사실을 확인하고 싶다면, 바로 우리 자신을 보면 됩니다."[24]

3부작 중 2부인 '시간 여행'에서 호킹은 "시간에 강박 관념을 가졌음"을 인정했다. 그는 특히 "우리 우주의 전체 이야기가 어떻게 끝날지"에 대해 궁금해한다. 2부는 시간 여행의 가능성을 두루 살펴본 역작이다. 시간과 공간 속에서 초소형 웜홀이 끊임없이 생겨나고 또 생겨나면서 서로 분리된 시간과 분리된 공간을 연결시킨다. 그 중 하나를 붙잡아 수조 배 확대시킴으로써 타임머신으로 사용할 수는 없을까? 이 방법이나 다른 방법으로 과거 여행을 하는 것이 과연 가능할까? 호킹은 수천 년은 살아남을 것으로 기대하는 초대장을 인쇄했는데, 거기에는 샴페인과 먹음직한 음식 그림이 널려 있고, "어서 오세요! 미래의 시간 여행자를 위한 만찬에 환영합니다."라는 현수막이 걸려 있다. 초대장에는 호킹을 찾아내 이 만찬을 함께 하는 데 필요한 모든 정보와 좌표가 적혀 있다. 아직까지 손님은 한 명도 찾아오지 않았다. 어쩌면 초대장이 충분히 오랫동안 살아남지 못할지 모르지만, 케임브리지의 한 칼리지에서는 적어도 한두 장이 살아남을 것이다. 아무도 그의 초대에 응하지 않았기 때문에, 그리고 다른 이유들 때문에 호킹은 우리가 과거로 여행할 수 없다고 결론 내린다. 다른 이유들로는 원인이 결과보다 먼저 일어나게 하는 "전체 우주를 지배하는 기본 규칙", 해결 불가능한 역설, 웜홀을 사용하기 전에 웜홀을 파괴하는 필연적인 복사 피드백 등이 있다. 하지만 미래 여행은 가능한데, 이 여행은 웜홀에 의존할 필요가 없다. 아인슈타인은 시간이 모든 곳에서 똑같은 속도로 흐르지 않는다는 사실을 발견했으며, 실험과 관찰을 통해 이것은 옳다는 것이 확인되었다. 물질은 시간의 흐름을 방해해 흐르는 속도를 늦추는데, 이 사실을 이용하면 거대한 질량을 타임머신으로 만들 수 있다. 초거대 블랙홀의 사건의 지평선 근처를 비행하는 우주선은 블랙홀 속으로 끌려들어가지 않을 만큼 충분한 속도와 뛰어난 조종술만 있다면, 미래로 시간 여행을 할 수 있다. 블랙홀 주위에서 약 5년(여러분의 개인적 시간으로)을 보낸 뒤에 지구로 돌아오면 그동안 지구에서는 10년이 흘렀을 것이다. 광속에 가까운 속도로 달리는 편이 훨씬 효과가 좋은데, 이것은 미래로 여행하기에 더 빠른 방법이긴 하지만, 빨리 달릴수록 시간이 느려지는 효과는 광속이나 광속 이상으로 달리는 것을 불가능하게 만든다. 광속에 가까운 속도로 여행하는 승객(지구 주위를 1초에 7바퀴 도는 환상적인 열차를 탄)은 자신의 시계로 일주일이 지난 뒤에 내리면 100년이나 지난 지구에 도착할지도 모른다.

3부작 중 마지막 3부는 이 시리즈에서 절정을 이룬다. 먼저 호킹은 우리를 초기 우주로 데려가 빅뱅이 일어나는 순간을 보여준다. 하지만 아직 빛이 존재하기 전이라서 우주는 완전히 캄캄하여 실제로는 아무것도 볼 수 없다는 지적을 잊지 않는다. 공간 역시 아직 존재하기 전이었다. 밖에서 이 사건을 관찰할 수 있는 '외부'도 존재하지 않았다. "존재한 것이라곤 오로지 내부뿐이었다."[25] 우리는 인플레이션 시대가 지나가는 것을 구경하며, 물질과 반물질이 쌍소멸하는 것도 목격한다. 그러면서 물질 입자의 수가 반물질 입자의 수보다 아주 조금 더 많았기 때문에 우리 우주가 이렇게 생겨났다는 사실과 우리가 아는 우주를 만들어내는 데 중력이 얼마나 큰 역할을 했는지 알게 된다. 수많은 볼베어링이 문을 통해 키스 칼리지의 홀로 굴러가는 장면은 휠러의 민주주의 비유를 생생하게 보여준다. 애니메이션으로 표현한 장면은 볼베어링들이 모두 서로 똑같은 거리만큼 떨어진 채 꼼짝달싹하지 못하는 상태를 보여준다. 초기 우주의 물질−에너지 분포 상태가 이와 같았더라면, 오늘날의 우주는 태어나지 못했을 것이다. 하지만 이렇게 완벽한 분포 패턴에서 여기서 하나, 저기서 하나를 제거하는 식으로 볼베어링을 조금 덜어내면, 중력이 작용하면서 볼베어링들이 집단들로 뭉치기 시작한다. 이것은 우리 우주가 생겨나려면 초기의 불균일한 상태가 필수적임을 보여주는 예이다. 마침내 우리의 여행은 우리가 알고 있는 우주와 그 너머까지 이른다. 호킹은 우리를 미래로 데려가는데, 그는 진정 놀라운 '미래학자'이다. 그는 다른 행성에 식민지를 건설해야 한다고 웅변적으로 호소하는데, 지구의 미래에 대한 전망은 암울하기 그지없다. 젊을 때와 마찬가지로 핵무기의 위험에 대해 큰 우려를 표명한다. "우리는 그런 것을 설계할 만큼 충분히 현명하지만, 그것을 사용하지 않을 만큼 충분히 현명한지는 알 수 없다."[26] 하지만 악몽을 초래할 확률이 핵무기보다 훨씬 높은 가능성들도 일부 있다. 호킹은 우주에서 다른 거주지를 발견하려고 할 때 맞닥뜨릴 장애물들이 만만치 않다는 점을 인정한다.

전체 우주 이야기가 어떻게 끝날까 하는 질문에는 뭐라고 말할까? 호킹은 "우주의 운명은 암흑 에너지가 어떻게 행동하느냐에 달려 있습니다."라고 말한다.[27] 그것은 증가할까? 암흑 에너지는 계속 공간을 서로 멀어지게 함으로써 우주를 팽창하게 할까? 결국에는 모든 입자들이 서로 아주 멀어져서 아무 일도 일어나지 않는 상태에 이를까? 아니면 암흑 에너지의 세기가 약해져서 결국에는 중력이 모든 것을 한 군데로 뭉치게 하는 빅크런치가 일어날까? 우리는 어떤 운명이 기다리고 있는지 알 수 없다. 어쨌거나 그런 일은 머나먼 미래에 일어날 것이다. 호킹은 언젠가 일본에 갔을 때 우주의 운명에 대한 이야기는 하지 말라는 부탁을 받았다고 한다. 주식 시장에 악영향을 끼칠까 봐 그런다는 말을 듣고서 호킹은 주식을 팔아치우기에는 너무 이르다고 생각한다고 말했다. 호킹은 아득하게 먼 미래에 우주의 종말을 맞이한 인류가 살아남는 방법을 제안했는데, 그것은 바로 다른 우주로 여행하는 방법이다. 그 방법을 찾아내기까지 우리에게는 아직 약 300억 년의 시간이 남아 있다.

〈스티븐 호킹과 함께 우주 속으로〉에서 호킹은 신에 대한 믿음을 직접 공격하는 길을 선택하진 않았다. 일련의 놀라운 장면들을 통해 우주의 역사에서 일어난 많은 전환점(얼마든지 일이 엉뚱한 방향으로 굴러갈 수도 있었던)을 보여준 뒤에 직접 자신의 목소리로 이렇게 말한다.

"어쩌면 과학은 우리 우주와 우리가 존재할 수 있도록 자연의 법칙들을 정한 뭔가 더 높은 권능자가 존재함을 보여주었습니다. 그렇다면 이 모든 행운들이 잇따라 일어나도록 조정한 위대한 설계자가 있을까요? 제 생각은 꼭 그렇지는 않다는 쪽입니다."[28]

그리고 인류 원리와 많은 종류의 우주가 존재할 가능성에 대한 이야기로 이어간다. 그의 목표는 우리가 아는 것과 우리가 추측하는 것과 자신의 견해를 소개하고, 시청자에게 자기처럼 우주에 대해 흥분과 경이로움과 호기심을 느끼게 하려는 것처럼 보인다. 그리고 거기서부터 우리는 스스로 생각을 해야 한다. 호킹은 다큐멘터리 〈위대한 설계〉의 자막에서 한 주장, 즉 우리가 궁극적인 답을 안다는 주장조차 부정하는 것처럼 보인다. 다큐멘터리의 마지막 장면에서 호킹은 "언젠가 우리는 궁극적인 수수께끼를 풀고…… 우주가 도대체 왜 존재하는지 그 이유를 발견할지 모릅니다."라고 말한다.[29] 〈스티븐 호킹과 함께 우주 속으로〉는 우주에 대해 경외감이 들도록 할 뿐만 아니라, 놀랍도록 많은 것을 발견하고 이해한 '우리 자신'에 대해서도 경탄하게 만든다. 하지만 여전히 그 질문은 해결되지 않은 채 남아 있다. 영화 〈시간의 역사〉를 만든 제작자 에럴 모리스는 영화를 만들 때면 항상 스스로에게 부과하는 도전 과제가 있다고 말했다. "그것은 어떻게 하면 그 미스터리를 해치지 않으면서 그 상황의 진실을 짜내느냐 하는 것이다." 호킹도 바로 그런 도전 속으로 뛰어들었다.

훌륭한 음악을 곁들인 이 장엄한 3부작은 모리스의 훌륭한 재주에도 불구하고 영화 〈시간의 역사〉에서 실현하지 못했던 꿈에 가까이 다가갔다. 그 꿈은 필시 호킹이 처음에 영화가 그렇게 만들어지길 원했던 것이겠지만, 다만 25년 동안 컴퓨터 애니메이션 기술이 크게 발전하는 바람에 그 꿈 자체도 기하급수적으로 성장했다.

2010~2011

나는 이 책을 쓰는 작업을 시작하기 전에 2010년 11월에 호킹의 연구실로 찾아갔다. 몇 년 만에 다시 찾아간 만남이었다. 그동안 방은 아주 약간만 변했을 뿐이다. 메릴린 먼로 사진은 벽에 붙어 있지 않고 불가사의하게 바닥에 있었다. 루시의 아들 윌리엄의 사진은 여전히 선반에 있었고, 호킹과 일레인이 함께 찍은 작은 사진은 컴퓨터 화면 근처의 문서들 사이에 있었다. 문에 가까운 쪽에 위치한 책상 끝 부분에는 커다랗고 납작한 쟁반에 돌들이 불가사의하게 배열된 채 희미한 증기를 내뿜었는데, 냄새는 전혀 나지 않는 것처럼 보였다. 돌들에서 나오는 증기가 속이 비칠 정도로 얇고 납작한 날개 모양의 구름을 이루고, 가장자리에 작은 단이 있는 것처럼 보인다는 점이 특이했다. 개인 비서인 주디스 크로스델은 그것은 특별한 가습기로, 몇 년 전에 일레인이 선택한 것이며, 호킹이 숨을 쉬는 데 도움을 준다고 설명했다. 이 가습기에 필요한 액체는 보통 물이 아니어서 옆 창문 아래에 있는 저장 공간에 가득 쌓여 있다고 했다. 창문 밖으로 2000년 당시에는 아직 완공되지 않았던 부속 건물이 보였지만, 전망을 해치지는 않았다. 연구실은 평온하고 행복한 느낌을 주었다.

호킹과의 대화는 언제나처럼 그의 책상 뒤편에서 컴퓨터 화면을 바라보면서 이루어졌다. 호킹은 뺨 근육을 움직임으로써 화면의 커서를 원하는 대로 움직였다. 화면에서 어떤 선택을 할 때마다 의자 뒤쪽에 부착된 장치에서 작게 전자음이 울렸다.

화면에 표시된 컴퓨터 프로그램은 전과 똑같아 보이지만, 호킹은 또 다른 프로그램을 사용할 수 있는 선택권이 있다. 그 프로그램에서는 단어를 어떻게 선택하는지 알 수가 없었는데, 실제로 그것은 호킹에게 그다지 편리한 것 같지 않았다. 글을 쓰는 속도는 전에 비해 현저하게 느려졌다. 뺨이나 눈의 움직임이 더 이상 효과가 없으면 뇌에 직접 연결하는 방법을 비롯해 다른 가능성도 있다고 했다. 만약 꼭 필요하다면 호킹은 그 방법을 쓸 것이다. 모든 의사소통에 꼭 컴퓨터가 필요한 것은 아니다. 눈썹을 치켜올리는 것은 '예'를 의미하고, 입을 아래로 내리는 것은 '아니요'를 의미한다. 아직은 미소를 짓는 것도 알아볼 수 있다. 최근에 백내장 수술을 하여 아마도 지금은 안경을 쓸 필요가 없을 테지만, 그래도 여전히 안경을 쓴다.

　함께 대화를 나누는 동안 갑자기 창문 블라인드가 저절로 스르르 아래로 내려가 깜짝 놀랐다. 어느새 밖이 어두워졌기 때문이다. 최첨단 건물에서는 이런 일이 자동적으로 일어난다는 사실을 나는 깜빡 잊고 있었다. 간호사가 교대를 했다. 근무를 마친 간호사는 품위 있고 친절한 여성인데, 가까이 다가와 호킹에게 작별 인사를 하고는 응답을 기다리지 않고 돌아섰다.

　호킹과 대화를 나눌 때마다 나는 간단히 '예' 또는 '아니요'로 대답할 수 있도록 질문을 하려고 노력한다. 어차피 그래도 호킹은 늘 자세히 이야기하려고 하지만. 그날 오후, 나는 우리가 1996년에 대화를 나눈 이래 독립적 실재에 대한 그의 견해에 변화(『위대한 설계』에 반영된)가 일어났는지 물어보는 데 특별한 관심이 있었다. 나는 우리가 대화를 나누었을 때 그가 했던 말을 그대로 인용해 들려주었다.

　"모형과 독립적으로 실재를 바라보는 관점이란 있을 수 없어요. 그렇다고 해서 모형 독립적 실재가 전혀 없다고 말할 수는 없지요. 만약 그런 것이 없다고 생각한다면, 나는 과학을 계속할 수 없겠지요."

그런데 지금은 "독립적 실재는 독립적 실재가 존재하지 않는다는 것이다."로 견해가 바뀌었는지 물어보았다. 이에 대해 호킹은 다음과 같이 대답했다.

"나는 아직도 근원적인 실재가 있다고 생각합니다. 다만, 우리가 그것을 상상하는 그림이 모형 종속적이라는 것이죠."[30]

영생에 대해

〈가디언〉과 한 인터뷰[31]와 2011년 봄에 런던에서 열린 〈구글 차이트 가이스트 *Google Zeitgeist*〉에서 한 강연에서 호킹은 실재에 대한 자신의 개인적 그림 중 일부를 직설적으로 이야기했다. 그가 헤드라인으로 선택한 표현은 "천국이나 내세 같은 것은 없다…… 그것은 어둠을 두려워하는 사람들을 위한 동화이다."였다. 물론 이것은 호킹 자신을 포함해 어느 누구도 과학적으로 증명할 수 없는 사실에 대해 의견을 표명한 것이지만, 호킹은 인간의 뇌에 대한 견해를 밝힘으로써 자신의 입장을 설명했다. 뇌를 연구하는 연구자들 사이에 한 학파는 뇌를 컴퓨터로, '마음'을 그것이 만들어 낸 산물에 불과한 것으로 간주하는데, 호킹은 이 견해에 동조하기로 마음먹은 것처럼 보인다. "나는 뇌를 그 구성 요소들이 꺼지면 작동을 멈추는 컴퓨터로 간주한다. 작동을 멈춘 컴퓨터에게 천국이나 내세 같은 것은 없다." 그러므로 우리에게 천국이나 내세 같은 것은 없다.

인터뷰에서 "우리는 어떻게 살아야 할까요?"라는 질문에 대해 호킹은 "우리의 행동에서 최대의 가치를 추구해야 합니다."라고 대답했다.

호킹의 인터뷰에 대해 당연히 수많은 반응이 나왔다. 어떤 사람들은 그것을 무신론을 선언한 것으로 받아들였지만, 어떤 사람들은 그의 말은 신에 대한 믿음이 아니라 영생에 대한 믿음을 다룬 것이라고 지적했다. 신의 존재를 믿는다고 해서 다 천국이나 내세를 믿는 것은 아니다. 다른 독자들은 컴퓨터가 죽으면 컴퓨터에 저장된 전체 내용을 새로운 컴퓨터나 '메모리 스틱'으로 옮기는 것이 가능하다는 사실을 지적하면서 이것은 영혼의 환생을 가리키는 것이 아니냐고 익살스럽게 물었다.

〈가디언〉은 호킹의 인터뷰 기사보다 더 길지만 신중하게 반론을 제기한 글을 함께 실었다.[32] 반론을 제기한 마이클 웨넘 Michael Wenham은 호킹과 마찬가지로 근육위축가쪽경화증 환자였다.

"필시 불유쾌한 전주곡과 함께 '일찍 죽을 운명에 직면한' 사람에게는 소멸이란 개념이 주는 두려움은 잠보다 크지 않다. 내가 어둠을 두려워하기 때문에 사후에도 삶이 있을 것이라고 믿는다고 나를 비난하는 것은 실로 모욕적이다."

웨넘은 호킹의 발언을 "슬픈 것인 동시에 잘못 알고 있는 것"이라면서 "'아직 발견되지 않은' 11차원과 기본 입자들이 존재할 이론적 가능성에 열린 마음을 보이는 것은 지적 겸손을 보여주지만, 기이하게도 다른 차원의 존재 가능성을 일축하는 행동은 이러한 지적 겸손과 모순된다."라고 반박했다.

웨넘은 다음 말로 반론을 마무리지었다.

"물론 나는 그것을 증명할 수는 없지만, 상당한 근거를 바탕으로 사후에 위대한 모험이 또 기다리고 있다는 데 내 삶을 걸 것이다. 하지만 그전에 이 생부터 마쳐야 한다."

호킹은 또 한 번 내기를 걸 일이 생긴 게 아닐까?

계속되는 탐구

호킹은 현재 대학원생을 두 명 데리고 있으며, 아직도 차 마시는 시간에는 휴게실에서 사람들과 재미있는 시간을 보낸다. 이제 휴게실은 호킹의 연구실 문에서 가까운 곳에 있는데, 엘리베이터를 지나 복도에서 모퉁이를 지나면 바로 나온다. 문 위에는 '도예실Potter Room'이라는 현판이 붙어 있지만, 공식적으로는 '이론물리학 센터'이며, 차 마시는 휴게실로서뿐만 아니라, 회의와 강연, 학회를 위한 장소로도 쓰인다. 방은 크고 쾌적하며, 낮은 테이블과 의자가 있고, 한쪽 구석에는 음식과 음료수를 제공하는 카운터가 있으며, 실버 스트리트의 휴게실처럼 하루 중 대부분의 시간은 조명이 희미하게 켜져 있다. 큰 칠판들(이전의 휴게실에는 없던 것)이 두 벽의 상당 공간을 차지하고 있다. 나는 거기에 수식이 쓰여 있지 않은 걸 본 적이 없다. 한쪽 모퉁이에는 이론물리학 센터 연구실장인 호킹의 흉상이 대좌 위에 놓여 있다. 조각가 이언 월터스Ian Walters가 조각한 이 작품은 놀랍도록 실물과 비슷하다.

호킹은 아직도 일레인과 함께 지은 큰 집에서 산다. 여전히 콘서트와 오페라를 자주 보러 다니며, 특히 바그너를 좋아한다. 11월에 내가 찾아갔을 때에는 다음 주에 코번트 가든에서 공연하는 〈탄호이저〉를 보러 가기로 계획이 잡혀 있었다. 하지만 최근에 바이로이트를 방문한 적은 없다. 여행도 여전히 하는데, 가능하면 개인 제트기를 이용한다. 2011년 1월에는 다시 칼텍을 방문했다. 로스앤젤레스에서는 〈33개의 변주곡〉이라는 연극을 관람했는데, 이 연극에는 제인 폰다Jane Fonda가 초기 단계의 근육위축가쪽경화증 환자로 연기를 했다. 뉴스 보도에 따르면, 제인 폰다는 다른 팬들이 그녀를 만나는 것만큼이나 자신이 호킹을 만난 것에 감격했다고 한다. 2011년 3월, 나는 호킹이 텍사스 주 휴스턴 근처에 있는 '쿡스 브랜치'에서 열리는 회의에 참석하기 위해 대서양을 건너가기 전에 몇 가지 질문을 들고 달려가야 했다. 쿡스 브랜치는 자연 보호 구역 내에 위치한 회의 센터인데, 전 세계의 물리학자들이 매년 회의를 하기 위해 모여든다. 그들은 서로를 보고 싶어서, 우리 같은 일반인들을 어리둥절하게 만드는 이론적 질문에 몰두하고 싶어서, 천장에 선풍기가 천천히 도는 방갈로에서 잠을 자며 약간 불편한 생활을 맛보고 싶어서 달려온다.

이제 케임브리지에서, 그리고 루시가 이따금씩 거주하는 시애틀이나 애리조나 주를 방문할 때에는 호킹의 가족—이제 손자 3명(루시의 아들 윌리엄, 그리고 로버트와 카트리나의 두 자녀)과 제인과 제인의 남편 조너선을 포함해—이 그를 편하게 대한다. 루시하고는 함께 책을 쓰면서 새로운 친밀감이 생겨났다. 2011년 4월에 호킹은 인터뷰 도중에 만약 시간 여행이 가능하다면 과거 중 어느 순간으로 돌아가고 싶으냐고, 어느 순간이 인생에서 가장 좋은 순간이었느냐는 질문을 받았다. 이에 호킹은 "나는 첫 아이인 로버트가 태어난 1967년으로 돌아가고 싶습니다. 세 아이는 내게 더할 수 없는 기쁨을 주었지요."[33] 호킹의 어머니 이소벨은 이 글을 쓰고 있는 현재 아직 살아 있으며 90대에 접어들었다. 가끔 호킹에게 이래라저래라 잔소리도 한다. 그녀는 솔직하게 이렇게 말했다.

> 스티븐이 말하는 것을 전부 다 복음 같은 진리로 여겨서는 안 돼요. 걔는 탐구자이고, 뭔가를 찾고 있어요. 그리고 가끔 엉터리 같은 소리도 하지만, 뭐 우리는 그러지 않나요? 요점은, 사람들은 생각을 해야 하고, 계속 생각을 해야 하고, 지식의 경계를 확장하도록 노력해야 한다는 거지요. 하지만 사람들은 가끔 어디서 시작해야 하는지조차 모를 때가 있어요. 경계가 어디에 있는지도 모르거든요, 그렇지 않나요?[34]

휠러는 그러한 경계, 그러니까 과학뿐만 아니라 인간 지식의 최전선을 '불타오르는 세계의 성벽'이라고 불렀다. 그리고 우리는 그것이 어디에 있는지 안다. 그것은 저 멀리 우주 바깥에만 있는 게 아니다. 그것은 우리 세계를 가득 채우고 있다.

호킹은 자신이 그 성벽으로 떠난 모험에 대해 이렇게 이야기했다.

> 되돌아보면 우주의 기원과 진화에 관한 미해결 문제들을 다루기 위해 위대한 설계를 사전에 했던 것처럼 보일지도 모른다. 하지만 실제로는 그렇지 않다. 내게 마스터플랜 같은 건 없었다. 그보다는 나는 직감을 따르면서 그때그때 흥미롭고 가능해 보이는 것을 했을 뿐이다.[35]

호킹은 2011년 4월 중순 내가 이 책의 집필을 마친 날에 텍사스 주와 애리조나 주를 방문하고 케임브리지로 돌아왔다. 조앤 고드윈이 와서 먹을 것을 요리해주었다. 연구실은 호킹을 위해 모든 것이 다 준비돼 있었고, 돌들은 증기를 내뿜었다. '보스'가 돌아왔다. 그는 건강과 의사소통 능력이 허락하는 한 모험을 계속하려고 한다. 성장을 멈춘 어린이가…… 아직도 '왜'라는 질문과 '어떻게'라는 질문을 던지며…… 그러다가 가끔 만족스러운 답을 발견하면서…… 적어도 한동안은…….

감사의 말

내가 이론을 이해하는 걸 돕기 위해 멍청할 정도로 순진한 질문도 참아가면서 소중한 시간을 내주고 인내심을 보여준 스티븐 호킹에게 감사드린다.

내 에이전트인 브리 버크먼과 리타 로젠크랜츠, 그리고 편집자인 트랜스월드 출판사의 샐리 개미나라와 팔그레이브 맥밀런의 루바 오스타세프스키에게도 감사드린다.

이 책의 원고를 읽고 확인하고 해당 주제에 대해 대화를 나눈 것을 포함해 여러 가지로 도와준 다음 사람들에게도 감사를 표시하고 싶다. 아래에 열거한 사람들 중에는 이 책의 출판에 직접 관여하지 않은 사람도 있고, 이 세상을 떠난 사람도 있다. 하지만 오랜 세월 동안 내가 스티븐 호킹과 그의 연구와 관련 과학을 이해하도록 도와준 그분들의 정성을 생각할 때 여기서 그분들에게 감사의 뜻을 표시하지 않는다면, 나는 몹시 비양심적인 사람이 되고 말 것이다.

시드니 콜먼, 주디스 크로스델, 폴 데이비스, 브라이스 드위트, 예일 퍼거슨, 매튜 프리몬트, 조앤 고드윈, 안드레이 린데, 수 매이지, 돈 페이지, 말콤 페리, 브라이언 피퍼드, 조애나 산퍼레어, 레너드 서스킨드, 닐 터럭, 허먼 베터와 티나 베터, 존 A. 휠러, 안나 지트코프.

하지만 이 책에서 부족한 점이 있다면, 그것은 모두 나의 책임이다.

용어 설명

가상 입자 불확정성 원리에 따라 끊임없이 생겨났다 사라졌다 하는 입자. 우리가 직접 볼 수는 없지만, 가상 입자가 다른 입자에 미치는 효과는 측정할 수 있다.

결정론 미래는 현재로부터 완전히 예측할 수 있고, 또 현재에 의해 완전히 결정된다는 개념.

경계 조건 시간이 시작되는 순간의 우주 모습은 어떠했는지를 말해주는 조건. 또한 우주의 다른 '가장자리', 예를 들면 종말을 맞이하는 순간의 우주의 모습이나 블랙홀 중심의 모습을 말해주는 조건.

글루온(gluon) 쿼크와 쿼크 사이에서 강한 상호작용을 매개하는 전령 입자.

노출 특이점 사건의 지평선으로 둘러싸여 있지 않은 특이점. 로저 펜로즈는 노출 특이점은 자연적으로 생기지 않으며, 특이점은 반드시 사건의 지평선에 가려져 있다는 우주 검열관 가설을 주장했다.

모든 것의 이론 우주와 그 안에서 일어나는 모든 일을 설명할 수 있는 이론.

무경계 가설 우주는 유한하고 경계가 없다는(허수 시간에서) 가설.

보손(boson) 스핀이 정수인 입자. 보손의 예로는 힘을 전달하는 전령 입자(글루온, W^+, W^-, Z^0, 광자, 중력자)가 있다. 보스 입자라고도 한다.

불확정성 원리 양자역학에서 어떤 입자의 위치와 운동량을 동시에 정확하게 측정하는 것은 불가능하다는 원리. 마찬가지로 어떤 장의 에너지와 시간에도 불확정성 원리가 적용된다. 독일 물리학자 베르너 하이젠베르크가 발견했기 때문에, 흔히 하이젠베르크의 불확정성 원리라 부른다.

빅뱅 이론 우주가 무한대의 밀도와 압력 상태에서 폭발해 밖으로 팽창하면서 시작하여 오늘날과 같은 우주가 만들어졌다고 설명하는 이론.

빅뱅의 특이점 우주가 시작하던 순간에 존재한 특이점.

사건의 지평선 블랙홀의 경계에 해당하는 지점. 이 지점을 넘어서면 탈출 속도가 빛의 속도보다 커져서 어떤 것도 블랙홀 밖으로 빠져나올 수 없다. 사건의 지평선에는 빛의 속도로 달리기 때문에 밖으로 탈출할 수도 없고 블랙홀 속으로 끌려 들어가지도 못하는 광자들이 머물고 있다. 블랙홀의 중심에서 사건의 지평선까지의 거리를 슈바르츠실트 반지름 또는 중력 반지름이라 부른다. 슈바르츠실트 반지름을 구하는 간단한 공식이 있는데, 태양 질량으로 나타낸 블랙홀의 질량에 3을 곱하면 km 단위로 답이 나온다. 예를 들어 블랙홀의 질량이 태양의 10배라면, 슈바르츠실트 반지름은 30km이다.

상전이 액체 상태의 물이 고체 상태의 얼음으로 변하는 것처럼 어떤 물리적 성질이 급격하게 변하는 현상.

슈바르츠실트 반지름 ☞ 사건의 지평선

심리적 시간의 화살 우리가 일상적으로 경험하는 시간. 우리는 시간이 과거에서 미래를 향해 흐른다고 느낀다.

암흑 에너지 우주 전체의 질량–에너지 중 약 73%를 차지하는 신비의 에너지. 현재 우주의 팽창 속도를 가속시키는 원인으로 추정된다.

양자 요동 텅 빈 공간(진공)에서 가상 입자들이 끊임없이 생겨났다 사라지는 현상.

양자 웜홀 상상할 수 없을 정도로 작고 순간적으로만 존재하는 웜홀. ☞ 웜홀

양자역학 1920년대에 원자와 그보다 작은 물체들의 성질과 행동을 설명하기 위해 개발된 이론. 흔히 양자론이라고도 부른다. 양자론에 따르면, 빛과 X선을 비롯해 그 밖의 모든 파동은 '양자量子'라고 부르는 기본 단위의 묶음 형태로만 방출되고 흡수된다. 예를 들면, 빛은 광자라는 양자 단위로 이루어져 있으며, 광자 하나보다 더 작은 단위로 쪼갤 수 없다. 즉, 빛은 광자 반 개나 1.75개에 해당하는 에너지를 가질 수 없다. 이처럼 에너지도 연속적으로 분포하는 것이 아니라 불연속적으로 '양자화' 되어 있다.

양자중력 일반 상대성 이론과 양자역학을 성공적으로 통일한 이론. 아직까지 이 이론을 만드는 데 성공한 사람은 없다.

N=8 초중력 보손과 페르미온을 포함한 모든 입자들을 초대칭 가족으로 통합하고 또 모든 힘들을 통합하려는 이론. 호킹은 1980년에 루카스 석좌교수 취임 강연에서 이 이론이 모든 것의 이론으로 밝혀질지 모른다고 이야기했다.

엔트로피 어떤 계의 무질서도를 나타내는 양. 열역학 제2법칙에 따르면, 엔트로피는 늘 증가하며, 감소하는 법이 없다. 즉, 전체 우주나 고립된 계는 점점 무질서해진다.

연대기 보호 가설 자연은 시공간에서 과거 여행을 가능케 하는 궤적을 허용하지 않으므로, 시간을 거슬러 과거로 여행하여 역사를 바꿀 수 없다는 가설. 따라서 웜홀을 타임머신으로 만든다 하더라도, 그것을 작동시키려 할 때마다 웜홀이 폭발하고 말 것이라고 한다.

열역학 제2법칙 고립된 계의 무질서도를 나타내는 엔트로피는 시간이 흐름에 따라 증가하기만 할 뿐, 결코 감소하지 않는다는 법칙. 만약 두 계가 합쳐지면, 하나로 결합된 계의 엔트로피는 두 계의 엔트로피를 합한 것과 같거나 그보다 더 커진다.

열역학적 시간의 화살 엔트로피가 증가하는 방향으로 흐르는 시간.

우주 상수 아인슈타인이 일반 상대성 이론의 방정식을 풀다가 중력의 작용을 상쇄하기 위해 임의로 집어넣은 항. 우주 상수를 넣지 않고 방정식을 푼다면, 우주는 팽창하거나 수축해야 한다는 해가 나왔는데, 그 당시의 상식에 따라 아인슈타인은 그 결론을 받아들일 수 없었다. 그래서 우주 상수를 집어넣었지만, 훗날 그는 "내 생애 최대의 실수"라고 후회했다. 그런데 지금은 진공의 에너지 밀도를 나타낼 때 이 용어를 사용한다.

우주 파동함수 하틀과 호킹은 우주를 양자 입자처럼 다루었는데, 하틀-호킹의 우주 파동함수는 물리적으로 가능한 우리 우주의 모든 역사를 나타낸다. 만약 어떤 역사의 파동함수 값이 더 크다면, 그 역사가 일어날 확률이 더 높다.

우주론 우주의 본질, 기원, 구성, 법칙, 운동 등을 연구하는 분야.

우주론적 시간의 화살 팽창하는 우주에서 나타나는 시간의 방향.

우주배경복사 우주를 균일하게 가득 채우고 있는 마이크로파 복사. 우주 초기의 뜨거운 상태에서 방출된 빛이 오늘날까지 살아남아 관측되는 것으로, 빅뱅 이론을 뒷받침하는 증거이다. 마이크로파 우주배경복사라고도 한다.

원시 블랙홀 별이 붕괴하여 생성된 블랙홀이 아니라, 초기 우주의 밀도가 엄청나게 높은 상태에서 물질이 압축되어 생성된 초소형 블랙홀. 호킹에 따르면, 그 중에서 가장 흥미로운 것은 크기는 원자핵만 하고 질량은 약 10억 톤인 초소형 블랙홀이라고 한다.

웜홀 시공간에 뚫린 구멍이나 터널. 반대쪽 끝은 다른 우주로 연결될 수도 있고, 우리 우주의 다른 지역(혹은 시간)으로 연결될 수도 있다.

인류 원리 "왜 우주는 우리가 존재하기에 딱 알맞은 조건을 갖추고 있을까?"라는 질문에 대해 만약 우주가 이와 다르다면 우리가 이곳에 존재해 이 질문을 던지지 않을 것이라고 대답하는 개념.

인플레이션 우주 모형 우주가 초기에 급팽창(빛보다 빠른 속도로) 시기를 겪었다는 모형.

임의 요소 이론에서 예측되지 않고, 관찰을 통해 알아야 하는 요소. 예를 들면, 우리 우주를 본 적이 없는 외계인은 지금까지 우리가 발견한 어떤 이론을 사용하더라도 기본 입자의 질량과 전하가 얼마인지 알아낼 수 없을 것이다. 이런 것들이 그 이론의 임의 요소이다.

재규격화 물리학 이론에서 나타나는 무한의 값을 제거하기 위해 이론의 상수를 형식적으로 바꾸는 방법. 여러 가지 방법이 있지만, 다른 무한을 도입하여 무한끼리 상쇄하는 방법이 많이 쓰인다.

전자기약력 이론 전자기력과 약한 상호작용을 하나로 통합한 이론. 1960년대에 압두스 살람과 스티븐 와인버그, 셸던 글래쇼가 개발했다.

중력자 우주의 모든 입자들 사이에 작용하는 중력을 매개하는 전령 입자. 아직까지 직접 발견된 적은 없다.

진공 에너지 우리가 텅 빈 공간으로 생각하는 곳에 존재하는 에너지.

초기 조건 우주론에서 말하는 초기 조건은 우주가 시작될 무렵의 경계 조건을 말한다.

초끈 이론 우주의 기본 물질을 점 입자 대신에 미소한 끈이나 끈의 고리로 설명하는 이론. 모든 입자와 힘을 통합할 수 있는 유력한 후보 이론으로 꼽힌다.

통일 이론 자연의 네 가지 힘 모두를 하나의 '초힘'으로, 그리고 모든 페르미온과 보손 입자를 하나의 입자 가족으로 통합하여 설명하는 이론.

특이점 시공간에서 곡률과 밀도가 무한인 점. 이론물리학자들은 블랙홀의 중심과 우주의 시작과 종말에 블랙홀이 존재한다고 말한다.

파동함수 양자론에서, 한 입자가 두 점 사이를 지나갈 수 있는 모든 경로를 기술하는 함수. 어떤 경로의 파동함수 값이 더 크다면, 입자가 그 경로에서 발견될 확률이 더 높다.

페르미온(fermion) 스핀이 반정수인 입자. 페르미 입자라고도 한다. 표준 모형에서 정상 물질을 이루는 입자(예컨대 양성자, 중성자, 전자, 쿼크 등)는 모두 페르미온이다.

플랑크 길이 가능한 길이 중 가장 작은 길이로, 1.616199×10^{-35}m에 해당한다. 이것은 양성자 지름의 약 10^{-20}배에 해당하는 길이이다.

허수 시간 허수로 나타낸 시간. 허수 시간은 우리가 아는 실제 시간과 다르며, 또 하나의 공간 차원과 같은 성질을 나타낸다.

호킹 복사 양자역학적 효과로 인해 블랙홀에서 나오는 복사. 사건의 지평선 근처에서 가상 입자 쌍이 생겨났다가 그 중 하나가 블랙홀 속으로 끌려 들어가고 나머지 하나가 밖으로 탈출하면 이런 일이 일어날 수 있다.

인용 출처/노트

1부 1942~1975 나는 성장을 멈춘 어린이에 불과하다

2. "우리의 목표는 바로 우리가 살고 있는 우주를 완전하게……."

1 Richard Feynman, *QED: The Strange Theory of Light and Matter* (Princeton: Princeton University Press, 1985), p. 4.

2 Stephen W. Hawking, *A Brief History of Time: From the Big Bang to Black Holes* (New York: Bantam Books, 1988), p. 9.

3 Ibid.

4 *Professor Hawking's Universe*, BBC broadcast, 1983.

5 Hawking, *Brief History of Time*, p. 174.

6 John A. Wheeler, unpublished poem.

7 Feynman, p. 128.

8 Stephen W. Hawking, 'Is the End in Sight for Theoretical Physics?', inaugural lecture as Lucasian Professor of Mathematics, April 1980.

9 Stephen W. Hawking, 'Is Everything Determined?', unpublished, 1990.

10 Bryan Appleyard, 'Master of the Universe: Will Stephen Hawking Live to Find the Secret?', *Sunday Times*, 19 June 1988.

11 Murray Gell-Mann, lecture.

3. "어떤 것에도 굴하지 않다!"

1 Stephen Hawking (ed., prepared by Gene Stone), *A Brief History of Time: A Reader's Companion*, New York and London: Bantam Books, 1992, p. 24.

2 Except where otherwise noted, all quotations in Chapter 3 come from two unpublished articles by Stephen Hawking, 'A Short History' and 'My Experience with Motor Neurone Disease'.

3 Hawking interview with Larry King.

4 Kristine Larsen, *Stephen Hawking: A Biography*, Amherst, NY: Prometheus

Books, 2007, p. 22.

5 Nigel Hawkes, 'Hawking's Blockbuster Sets a Timely Record', *Sunday Times*, May 1988, p. 8.

6 Hawking, *Reader's Companion*, p. 4.

7 Ibid.

8 Ibid., p. 9.

9 Ibid., p. 10.

10 Ibid., p. 13.

11 Ibid.

12 Ibid., p. 12.

13 Larsen, p. 22.

14 모든 인용은 Hawking, *Readers's Companion*, p. 7, 8에 나오는 이소벨 호킹의 말을 옮긴 것이다.

15 Hawking, *Reader's Companion*, p. 12.

16 Jane Hawking, *Music to Move the Stars: A Life with Stephen Hawking*, London: Pan Books, 2000, p. 9.

17 마요르카 섬 방문에 대한 정보는 Larsen, p. 24에서 얻었다.

18 Hawking, *Reader's Companion*, p. 23.

19 Ibid., p. 13.

20 Stephen Hawking, *Black Holes and Baby Universes and Other Essays*, London: Bantam Books, 1994, p. 3.

21 Melissa McDaniel, *Stephen Hawking: Revolutionary Physicist*, New York: Chelsea House Publications, 1994, p. 28.

22 Hawking, *Black Holes and Baby Universes*, p. 3.

23 Judy Bachrach, 'A Beautiful Mind, an Ugly Possibility', *Vanity Fair*, June 2004, p. 145.

24 Larsen, p. 25~26.

25 Michael Harwood, 'The Universe and Dr. Hawking', *The New York Times Magazine*, 23 January 1983, p. 57.

26 Hawking, *Black Holes and Baby Universes*, p. 46.

27 Hawking, *Reader's Companion*, p. 38.

28 Ibid., p. 36.

29 Ibid., p. 42.

30 Harwood, 'Universe and Dr. Hawking', p. 57.

31 Hawking, *Reader's Companion*, p. 38.

32 Ibid., p. 39.

33 Harwood, p. 57.

34 Ibid.

35 Gregg J. Donaldson, 'The Man behind the Scientist', *Tapping Technology*, May 1999, www.mdtap.org/tt/1999.05/1-art.html.

36 Larsen, p. 34.

37 Jane Hawking, *Music to Move the Stars*, p. 11.

38 Jane Hawking, *Travelling to Infinity*, London: Alma Books, 2008, p. 15.

4. "내가 몇 년 안에 죽을지도 모르는 불치병에 걸렸다는 사실은……."

1 Stephen Hawking and Roger Penrose, *The Nature of Space and Time*, Princeton and Oxford: Princeton University Press, 1996, p. 75.

2 Larsen, p. 39.

3 Denis W. Sciama, *The Unity of the Universe*, Garden City, NJ: Doubleday and Company, 1961, p. vii.

4 Stephen Hawking, 'Sixty Years in a Nutshell', in G. W. Gibbons, E. P. S. Shellard and S. J. Rankin (eds.), *The Future of Theoretical Physics and Cosmology: Celebrating Stephen Hawking's Contributions to Physics*, Cambridge, Cambridge University Press, 2003, (Stephen Hawking 60th Birthday Workshop and Symposium, January 2002), p. 106.

5 Hawking, *Reader's Companion*, p. 50.

6 호킹과 제인의 연애에 대한 정보는 주로 Jane Hawking, *Music to Move the Stars* 와 Jane Hawking, *Travelling to Infinity*와 Hawking, 'Short History'를 참고했다.

7 Jane Hawking, *Music to Move the Stars*, p. 17.

8 Ibid.

9 Ibid., p. 23.

10 Ibid., p. 25.

11 Ibid., p. 26.

12 Ibid., p. 29.

13 Ibid.

14 Hawking, *Brief History of Time*, p. 49.

15 Hawking, *Reader's Companion*, p. 53.

16 Jane Hawking, *Music to Move the Stars*, p. 43.

17 Veash, Nicole Tuesday, 'Ex-Wife's Kiss-and-Tell Paints Hawking as Tyrant', *Indian Express, Bombay*, 3 August 1999, p. 1.

18 Jane Hawking, *Travelling to Infinity*, p. 43.

19 Ibid., p. 44.

20. Ibid.

21 *Master of the Universe: Stephen Hawking*, BBC, broadcast 1989.

22 Appleyard.

23 Jane Hawking, personal interview with the author, Cambridge, April 1991.

24 Larsen, p. 45.

25 Ibid., p. 45~46.

26 Jane Hawking, *Travelling to Infinity*, p. 56.

27 ABC, *20/20*, broadcast 1989.

28 Jane Hawking, *Music to Move the Stars*, p. 68.

5. "정말로 큰 질문은 시작이 있었느냐 없었느냐 하는 것이다."

1 Hawking, 'Short History', p. 5.

2 Jane Hawking, *Music to Move the Stars* (rev. edn), p. 80.

3 Larsen, p. 52.

4 Hawking, Jane, *Music to Move the Stars* (rev. edn), p. 91.

5 Stephen Hawking, on BBC, *Horizon*, 'The Hawking Paradox', 2005.

6 Jane Hawking, *Music to Move the Stars* (rev. edn), p. 113~114.

7 ABC, *20/20*.

8 Bob Sipchen, 'The Sky No Limit in the Career of Stephen Hawking', West Australian, 16 June 1990.

9 Appleyard.

10 John Boslough, *Beyond the Black Hole: Stephen Hawking's Universe*, Glasgow:

Fontana/Collins, 1984, p. 107.

11　Hawking, 'Short History', p. 34.

12　BBC, *Horizon*: 'The Hawking Paradox'.

13　Bryce S. DeWitt, 'Quantum Gravity', *Scientific American*, vol. 249, no. 6 (December 1983), p. 114.

14　S. W. Hawking, 'Black Holes in General Relativity', *Communications in Mathematical Physics* 25 (1972), p. 152~166.

6. "우리의 과거에는 특이점이 있다."

1　Larsen, p. 54.

2　Hawking, 'Sixty Years in a Nutshell,' p. 111.

3　Stephen W. Hawking, Ph.D. thesis, University of Cambridge, March 1966.

4　S. W. Hawking and R. Penrose, 'The Singularities of Gravitational Collapse and Cosmology', *Proceedings of the Royal Society of London* A314 (1970), p. 529~548.

5　BBC, *Horizon*, 'The Hawking Paradox'.

6　Hawking, *Brief History of Time*, p. 103.

7　Larsen, p. 57.

8　S. W. Hawking, 'Gravitational Radiation from Colliding Black Holes,' *Physics Review Letters* 26 (1971), p. 1344~1346.

9　Jacob D. Bekenstein, 'Black Hole Thermodynamics' *Physics Today*, January 1980, p. 24~26.

10　Kip Thorne, *Black Holes and Time Warps*, New York: W. W. Norton and Company, 1994, p. 427.

11　J. M. Bardeen, B. Carter and S. W. Hawking, 'The Four Laws of Black Hole Mechanics', *Communications in Mathematical Physics* 31 (1973), p. 162.

12　Hawking, *Brief History of Time*, p. vi.

13　Ibid., p. 105.

14　Stephen Hawking, personal interview with author, Cambridge, December 1989.

15　Hawking, *Brief History of Time*, p. 108.

16 Dennis Overbye, 'The Wizard of Space and Time', *Omni*, February 1979, p. 106.

17 Hawking, *Reader's Companion*, p. 93~94.

18 Boslough, p. 70.

19 Stephen Hawking, 'Black Hole Explosions?', *Nature* 248 (1974), p. 30~31.

20 J. G. Taylor and P. C. W. Davies, paper in *Nature* 248 (1974).

21 Hawking, *Reader's Companion*, p. 108.

22 Boslough, p. 70.

23 Bernard Carr, 'Primordial Black Holes', in Gibbons, Shellard and Rankin (eds.), p. 236.

24 Hawking, *Reader's Companion*, p. 110.

25 Stephen Hawking, *Hawking on the Big Bang and Black Holes*, Singapore: World Scientific, 1993, p. 3.

26 J. B. Hartle and S. W. Hawking, 'Path–Integral Derivation of Black Hole Radiance', *Physical Review* D13 (1976), p. 2188~2203.

2부 1970~1990 내 우주에는 신이 들어설 자리가 없다

7. "이 사람들은 우리가 천문학적인 생활 수준에 익숙하다고……."

1 Thorne, *Black Holes and Time Warps*, p. 420.

2 Gerald Jonas, 'A Brief History', *The New Yorker*, 18 April 1988, p. 31.

3 Ellen Walton, 'Brief History of Hard Times' (interview with Jane Hawking), *Guardian*, 9 August 1989.

4 Ibid.

5 Jane Hawking, personal interview with author, Cambridge, April 1991.

6 Ibid.

7 Harwood, p. 58.

8 Jane Hawking, *Music to Move the Stars*, p. 88.

9 Ibid., p. 178.

10 *Master of the Universe*, BBC.

11 ABC, *20/20*.

12 Harwood, p. 53.

13 *Master of the Universe*, BBC.

14 'Hawking Gets Personal', *Time*, 27 September 1993, p. 80.

15 *Master of the Universe*, BBC.

16 Ibid.

17 Ibid.

18 Ibid.

19 Robert Matthews, 'Stephen Hawking Fears Prejudice against Fundamental Research Threatens the Future of Science in Britain,' *CAM: The University of Cambridge Alumni Magazine*, Michaelmas Term, 1995, p. 12.

20 Harwood, p. 58.

21 별도의 출처 표시가 없으면, 호킹 가족이 캘리포니아 주 패서디나에서 지낸 생활에 대한 이 단락들의 정보는 Jane Hawking, *Music to Move the Stars*, p. 249를 참고한 것이다.

22 Jane Hawking, *Travelling to Infinity*, p. 222.

23 D. N. Page and S. W. Hawking, 'Gamma Rays from Primordial Black Holes,' *Astrophysical Journal 206 (1976)*.

24 Hartle and Hawking, 'Path-Integral Derivation', p. 2188.

25 Faye Flam, 'Plugging a Cosmic Information Leak', *Science* 259 (1993), p. 1824.

26 Jane Hawking, *Travelling to Infinity*, p. 232.

27 Ibid.

8. "과학자들은 흔히 과거와 미래, 원인과 결과 사이에 특별한……."

1 Nigel Farndale, 'A Brief History of the Future', *Sydney Morning Herald*, 7 January 2000.

2 Jane Hawking, *Travelling to Infinity*, p. 285.

3 Ibid., p. 284.

4 S. W. Hawking and W. Israel (ed.), *General Relativity*, Cambridge: Cambridge University Press, 1979, p. xvi.

5 Hawking, *Reader's Companion*, p. 151~152.

6 Jane Hawking, *Music to Move the Stars*, p. 410~412.

7 Ellen Walton, 'A Brief History of Hard Times', the *Guardian*, 9 August 1989.

8 *Master of the Universe*, BBC.

9 Dennis Overbye, 'Cracking the Cosmic Code with a Little Help from Dr. Hawking', *The New York Times*, 11 December 2001.

10 Kip Thorne in Hawking, *Reader's Companion*, p. 120.

11 이 이야기는 Leonard Susskind, *The Black Hole War*, New York, Boston and London: Back Bay Books, 2008, p. 20~21에 나온다.

12 Ibid., p. 17~18.

13 Andrei Linde, 'Inflationary Theory versus the Ekpyrotic/Cyclic Scenario', in Gibbons, Shellard and Rankin (eds.), p. 801.

14 BBC, *Horizon*, 'The Hawking Paradox'.

15 Tim Folger, 'The Ultimate Vanishing Act', *Discover*, October 1993, p. 100.

16 이 예는 위의 출처에 나오는 이야기를 조금 변형시킨 것이다.

17 BBC, *Horizon*, 'The Hawking Paradox'.

18 'Out of a Black Hole', lecture at Caltech, 9 April 2008.

19 Ibid.

20 'Out of a Black Hole', lecture.

21 BBC, *Horizon*, 'The Hawking Paradox'.

22 Leonard Susskind, *Black Hole War*, p. 340.

9. "우리와 같은 생명을 만들어낸 우주가 나타나지 않았을 확률은……."

1 Boslough, p. 100.

2 Ibid.

3 Ibid., p. 101.

4 Ibid., p. 105.

5 Hawking, *Brief History of Time*, p. 133.

6 S. W. Hawking and G. F. R. Ellis, 'The Cosmic Black—Body Radiation and the Existence of Singularities in our Universe', *Astrophysical Journal* 152 (1968), p. 25~36.

7 Hawking, *Brief History of Time*, p. 71~72.

8   Ibid., p. 132~133.

9   별도의 출처 표시가 없으면, 안드레이 린데와 그의 인플레이션 이론에 관한 단락들은 Linde, 'Inflationary Theory', in Gibbons, Shelllard and Rankin (eds.), p. 801~802를 참고한 것이다.

10   Ibid., p. 802.

11   Ibid.

12   Ibid.

13   Ibid.

14   호킹은 *Brief History of Time*, p. 131에서 이 이야기를 했다.

15   A. D. Linde, 'A New Inflationary Universe Scenario: A Possible Solution of the Horizon, Flatness, Homogeneity, Isotropy, and Primordial Monopole Problems', *Physics Letters* B108 (1982), p. 389~393.

16   S. W. Hawking and I. G. Moss, 'Supercooled Phase Transitions in the Very Early Universe', *Physics Letters* B110 (1982), p. 35.

17   S. W. Hawking, 'The Development of Irregularities in a Single Bubble Inflationary Universe', *Physics Letters* B115 (1982), p. 295~297.

10. "나는 모든 여행에서 세계의 가장자리 밖으로 떨어지는 것을……."

1   Stephen W. Hawking, 'The Edge of Spacetime', in Paul C. W. Davies, *The New Physics*, Cambridge: Cambridge University Press, 1989, p. 67.

2   Ibid.

3   Ibid., p. 68.

4   Ibid.

5   Ibid.

6   Jerry Adler, Gerald Lubenow and Maggie Malone, 'Reading God's Mind', *Newsweek*, 13 June 1988, p. 59.

7   Hawking, 'Short History', unpublished, p. 6.

8   *Master of the Universe*, BBC.

9   Don N. Page, 'Hawking's Timely Story', *Nature*, 332, 21 April 1988, p. 743.

10   Hawking, *Brief History of Time*, p. 174.

11   Hawking, *Reader's Companion*, p. 122.

12 Ibid.

13 Andrei Linde, in an e−mail to the author, 21 March 2011.

14 John Barrow, *The Book of Universes*, London: The Bodley Head, 2011, p. 202.

15 Ibid., p. 205.

11. "끝없이 겹쳐 있는 거북들"

1 Hawkes, p. 8.

2 그해 여름의 여행과 스위스로 전화를 건 일에 대한 정보는 Jane Hawking, *Music to Move the Stars* (rev. edn), p. 350, 357~359에서 얻었다.

3 Walton.

4 Ibid.

5 Ibid.

6 Hawking, *Reader's Companion*, p. 155.

7 Matthews, p. 12.

8 Robert Crampton, 'Intelligence Test', *The Times Magazine*, 8 April 1995, p. 27.

9 Hawking, 'My Experience with Motor Neurone Disease', unpublished.

10 Jane Hawking, *Music to Move the Stars* (rev. edn), p. 443.

11 Bachrach, p. 149.

12 Hawking, *Reader's Companion*, p. 161.

13 Hawking, *Brief History of Time*, p. viii.

14 Hawking, *A Reader's Companion*, p. 154.

15 Stephen W. Hawking, 'A Brief History of *A Brief History*', *Popular Science*, August 1989, p. 70.

16 S. W. Hawking and W. Israel (ed.), *300 Years of Gravitation*, Cambridge: Cambridge University Press, 1987.

17 Hawkes.

18 Hawking, 'Brief History of *A Brief History*', p. 72.

19 Hawking, *Reader's Companion*, p. viii.

20 Hawking, 'Brief History of *A Brief History*', p. 72.

21 Matthews, p. 12.

22 ABC, *20/20*.

12. "아기 우주 분야는 아직 걸음마 단계에 있다."

1 Walton.

2 ABC, *20/20*.

3 Ibid.

4 Ibid. and *Master of the Universe*, BBC.

5 ABC, *20/20*.

6 Larsen, p. 82에서 재인용.

7 Hawkes, p. 8.

8 Walton.

9 ABC, *20/20*.

10 Crampton, p. 28.

11 Stephen Hawking personal interview with author, Cambridge, December 1989.

12 Ibid.

13 Ibid.

14 David H. Freedman, 'Maker of Worlds,' *Discover*, July 1990, p. 49.

15 M. Mitchell Waldrop, 'The Quantum Wave Function of the Universe', *Science*, 242, 2 December 1988, p. 1248.

16 Stephen Hawking, personal interview with author, Cambridge, June, 1990.

17 Stephen W. Hawking, 'Black Holes and Their Children, Baby Universes', unpublished, p. 7.

18 Kip Thorne, 'Warping Spacetime', in Gibbons, Shellard and Rankin (eds.), p. 102~103.

19 이 단락의 정보와 인용은 위의 책에서 나왔다.

20 Hawking, *Black Holes and Baby Universes*, p. 154.

21 Thorne, 'Warping Spacetime', p. 103.

3부 1990~2000 **이론물리학의 끝이 보이지만 그건 시작에 불과하다**

13. "이론물리학의 끝이 보이는가?"

1 ABC, *20/20* broadcast.

2 Bob Sipchen, 'The Sky No Limit in the Career of Stephen Hawking', *The West Australian*, Perth, 16 June 1990.

3 *Master of the Universe*, BBC.

4 Appleyard.

5 Sipchen.

6 Hawking, *Brief History of Time*, p. 174.

7 M. Mitchell Waldrup, 'The Quantum Wave Function of the Universe,' *Science*, 242, 2 December 1988, p. 1250.

8 Hawking, *Brief History of Time*, p. 175.

9 *Master of the Universe*, BBC.

10 에럴 모리스의 생애에 관한 정보는 Philip Gourevitch, 'Interviewing the Universe', *The New York Times Magazine*, 9 August 1992, http://www. errolmorris.com/content/profile/bhot_gourevitch.html.

11 David Stevens, IMDb Mini Biography of Errol Morris, http://www.imdb.com/ name/nm0001554/bio.

12 Gourevitch.

13 Ibid.

14 Hawking, *Reader's Companion*, p. viii—vix.

15 Gourevitch.

16 Bachrach, p. 149.

17 Gordon Freedman, 'Afterword', in Hawking, *Reader's Companion*, p. 182.

18 Gourevitch.

19 David Ansen, 'Off the Beaten Track', *Newsweek*, 21 September 1992, p. 50B.

20 Richard Schickel, 'The Thrust of His Thought', *Time*, 31 August 1992, p. 66, 69.

21 에럴 모리스의 말을 인용한 세 부분은 모두 Gourevitch의 글에서 나왔다.

14. "나는 영화 배역들 사이에서 물리학 문제를 푸는 걸 즐긴다."

1 Andrei Linde, 'The Self—Reproducing Inflationary Universe,' *Scientific American*, November 1994, p. 48.

2 Barrow, p. 231.

3   Linde, 'Inflationary Theory' in Gibbons, Shellard and Rankin (eds.), p. 811.

4   David Gross, 'String Theory', in Gibbons, Shellard and Rankin (eds.), p. 465.

5   *The Voyage*에 관한 정보는 Edward Rothstein, 'Glass on Columbus, Hip on a Grand Scale', *International Herald Tribune*, 15 October 1992와 Katrine Ames, 'Santa Maria and Spaceships', *Newsweek*, 2 November 1992에서 얻었다.

6   호킹이 〈스타 트렉〉에 출연한 일을 다룬 단락들의 정보는 'Trek Stop', *People Magazine*, 28 June 1993, p. 81~82에서 얻었다.

7   Ibid., p. 81.

8   Ibid., p. 82.

9   Ibid.

10 Ibid., p. 81.

11 Stephen Hawking, *The Universe in a Nutshell*, New York and London: Bantam Books, 2001, p. 157.

12 호킹이 십대 장애인들 청중 앞에 나타난 일을 다룬 이 단락의 정보는 Michael D. Lemonick, 'Hawking Gets Personal', *Time*, 27 September 1993, p. 80에서 얻었다.

13 Ibid.

14 Crampton, p. 28.

15 Sharon Begley and Jennifer Foote, 'Why Past is Past', *Newsweek*, 4 January 1993, p. 50.

16 컴퓨터 바이러스를 다룬 이 단락들의 정보는 Fred Tasker, 'Deep Thinkers Abuzz over Idea of Computer Virus as Life', *Richmond Times-Dispatch*, 10 August 1994, p. 4와 Mike Snider, 'Are Computer Viruses a Form of Life?' *U.S.A. Today*, 3 August 1964, p. 1. 호킹의 말을 인용한 문장은 Tasker에 나온다.

17 G. W. Gibbons and S. W. Hawking (eds.), *Euclidean Quantum Gravity*, Singapore: World Scientific Publishing Company, 1993.

18 Hawking, *Hawking on the Big Bang and Black Holes*, Singapore: World Scientific Publishing Company, 1993.

19 S. W. Hawking, 'The No-Boundary Proposal and the Arrow of Time', in J. J. Halliwell, J. Perez-Mercader and W. H. Zurek (eds.), *Physical Origins of Time Asymmetry*, Cambridge: Cambridge University Press, 1992, p. 268.

20   Begley and Foote, p. 50.

21   Hawking, *Brief History of Time*, p. 148.

22   Ibid., p. 149.

23   Don N. Page, 'Will Entropy Decrease If the Universe Recollapses,' *Physical Review* D32 (1985), p. 2496~2499.

24   Hawking, *Reader's Companion*, p. 166.

25   S. W. Hawking, 'The Arrow of Time in Cosmology', *Physical Review* D32 (1985), p. 2495.

26   Leonard Susskind, 'Twenty Years of Debate with Stephen', in Gibbons, Shellard and Rankin (eds.), p. 330.

27   Dugald Murdoch, *Niels Bohr's Philosophy of Physics*, Cambridge: Cambridge University Press, 1987, p. 52.에서 재인용.

28   Susskind, 'Twenty Years of Debate', p. 334.

29   Susskind, *Black Hole War*, p. 287.

15. "나는 우리가 아마겟돈과 새로운 암흑 시대를 피할 확률이⋯⋯."

1   Crampton, p. 27~28.

2   두 인용은 모두 위의 책에서 인용했다.

3   애스펀의 콘서트에 관한 이 단락들의 정보는 Richard Jerome, Vickie Bane and Terry Smith, 'Of a Mind to Marry: Physicist Stephen Hawking Pops the Most Cosmic Question of All to His Nurse', *People Magazine*, 7 August 1995, p. 45~46에서 얻었다.

4   Jerome, Bane and Smith, p. 45.

5   From the Associated Press, reported in *The New York Times*, 16 September 1995, p. L-20.

6   Jerome, Bane, and Smith, p. 45.

7   Bachrach, p. 144.

8   Lemonick, p. 80.

9   Hawking *Black Holes and Baby Universes*, p. 44.

10   Hawking and Penrose, *The Nature of Space and Time*, p. 4.

11   Stephen Hawking, conversation with author, spring of 1996.

12 Hawking and Penrose, *Nature of Space and Time*, p. 4.

13 Kitty Ferguson, 'Devouring the Future: A Profile of Stephen Hawking', *Astronomy Magazine*, December 1998를 참고하라.

14 이 내기들과 노출 특이점에 관한 정보는 Malcolm W. Browne, 'A Bet on a Cosmic Scale, and a Concession, Sort Of', *The New York Times*, 12 February 1997, p. A-22에서 얻었다.

15 Stephen Hawking and Roger Penrose, 'Afterword to the 2010 Edition: The Debate Continues', *The Nature of Space and Time*, Princeton and London: Princeton University Press, 2010, p. 139.

16 Ibid., p. 140.

17 Stephen Hawking, 'Remarks by Stephen Hawking,' White House Millennium Council 2000, http://clinton4.nara.gov/Initiative/Millennium/shawking.html.

18 Robin McKie, 'Master of the Universe', *Observer*, 21 October 2001.

19 Martin Durrani, 'Hawking Slams "Stupid, Worthless" Play', *Physics World*, August 2000, p. 8.

20 Elizabeth Grice, 'Dad's Important, But We Matter, Too,' *Telegraph*, 13 April 2004, http://www.telegraph.co.uk/arts/main.jhtml?xml+/arts/2004/04/13.bohawk13.xml.

21 M. Bucher, A. S. Goldhaber, and N. Turok, 'Open Universe from Inflation', *Physical Review* D52 (1995), p. 3314~3337.

22 S. W. Hawking and N. Turok, 'Open Inflation without False Vacua,' Physics Letters B425 (1998), p. 25~32.

23 Neil Turok, quoted in 'All Things Came from a Pea', *+Plus Magazine*...... *Living Mathematics*, University of Cambridge Centre for Mathematical Sciences Millennium Maths Project, 23 November 2007, http://web.uvic.ca/%7Ejtwong/Hawking-Turok.htm.

24 'All Things Came from a Pea'.

25 Tom Yulsman, 'Give Peas a Chance', *Astronomy Magazine*, September 1999, p. 38~39.

26 Andrei Watson, 'Inflation Confronts an Open Universe', *Science* 279 (1998), p. 1455.

27 David Salisbury, 'Hawking, Linde Spar Over Birth of the Universe', *Stanford*

Report Online, 19 April 1998. http://news-service.stanford.edu/news/1998/april29/hawking.html.

28 Yulsman, p. 39.

29 Salisbury.

30 Yulsman, p. 38.

31 Ibid., p. 39.

32 Salisbury.

33 Ibid.

34 S. W. Hawking, 'A Debate on Open Inflation,' in David O. Caldwell (ed.), *COSMO-98: Second International Workshop on Particle Physics and the Early Universe*, College Park, Md: American Institute of Physics, 1999, p. 21.

16. "내게는 명확해 보여요."

1 Stephen Hawking, interview with Larry King.

2 Kitty Ferguson, *The Music of Pythagoras*, New York: Walker Publishing, 2008, p. 107, 136.

4부 2000~2011 내 마음속에서 나는 자유롭다

17. "팽창하는 가능성의 지평선"

1 Nigel Farndale, 'A Brief History of the Future', *The Hindu Magazine*, 15 January 2000, p. 1.

2 Nick Paton Walsh, 'Alter Our DNA or Robots Will Take Over, Warns Hawking', *Observer*, 2 September 2001.

3 Farndale, 'Brief History of the Future', *Sydney Morning Herald*, 7 January 2000, p. 2.

4 Ibid.

5 Ibid.

6 'Space Colonies Needed for Human Survival', *Guardian*, 16 October 2001, p. 3.

7 Brian Pippard, 'The Invincible Ignorance of Science', *The Great Ideas Today*,

1990, Encyclopaedia Britannica, Inc., p. 325.

8   Gregory Benford, 'Leaping the Abyss', *Reason Online*, April 2002, http//reason. com/0204/fe.gb.leaping.shtml

9   Hawking, *Universe in a Nutshell*, p. 57.

10 Stephen Hawking, 'Gödel and the End of Physics', lecture for Dirac Centennial Celebration, 20 July 2002.

11 Kip Thorne in Hawking, *Reader's Companion*, p. 120.

12 Hawking, 'Gödel and the End of Physics'.

13 Hawking,*Universe in a Nutshell*, p. 54.

14 Hawking, 'Sixty Years in a Nutshell', p. 106.

15 Martin Rees, 'Our Complex Cosmos and its Future', in Gibbons, Shellard and Rankin (eds.), p. 17.

16 Roger Penrose, 'The Problem of Spacetime Singularities: Implications for Quantum Gravity?', in Gibbons, Shellard and Rankin (eds.), p. 51.

17 Brandon Carr, who was Hawking's graduate assistant in the 1970s, 'Primordial Black Holes', in Gibbons, Shellard and Rankin (eds.), p. 236.

18 Susskind, 'Twenty Years of Debate', p. 330.

19 Raphael Bousso, 'Adventures in de Sitter Space', in Gibbons, Shellard and Rankin (eds.), p. 539.

20 Gary Gibbons , 'Euclidean Quantum Gravity: The View from 2002', in Gibbons, Shellard and Rankin (eds.), p. 370.

21 Michael Green, 'A Brief Description of String Theory', in Gibbons, Shellard and Rankin (eds.), p. 473.

22 Neil Turok, 'The Ekpyrotic Universe and Its Cyclic Extension', in Gibbons, Shellard and Rankin (eds.), p. 781.

23 Thorne, 'Warping Spacetime', in Gibbons, Shellard and Rankin (eds.), p. 74.

24 Natalie Clarke, 'Professor Hawking in assault probe', *Daily Mail*, January 2004, http://www.dailymail.co.uk/news/article—206323/Professor—Hawking— assault—probe.html#ixzz1GNPJUR1q.

25 'Hawking Extols Joy of Discovery', *BBC News*, 11 January 2002.

26 Alan H. Guth and David I. Kaiser, 'Inflationary Cosmology: Exploring the Universe from the Smallest to the Largest Scales', *Science*, vol. 307, no. 5711 (11

February 2005), p. 884~890.

27 Paul Preuse, 'Strong Evidence for Flat Universe reported by BOOMERANG Project', *Berkeley Lab Research News*, 26 April 2000, http://www.lbl.gov/Science-Articles/boomerang-flat.html, BOOMERANG stands for 'Balloon Observations of Millimetric Extragalactic Radiation and Geophysics'.

28 Barrow, p. 206.

29 NASA/WMAP Science Team, National Aeronautics and Space Administration, 'First Year Results on the Oldest Light in the Universe,' 11 February 2003, http://wmap.gsfc.nasa.gov/news/PressRelease_03-064.html.

30 Sarah L. Bridle, Ofer Lahav, Jeremiah P. Ostriker and Paul J. Steinhardt, 'Precision Cosmology? Not Just Yet……', 10 March 2003, http://arxiv.org/pdf/astro-ph/0303180.

31 Ibid.

32 BBC, *Horizon*, 'The Hawking Paradox'.

33 'This Week's Finds in Mathematical Physics' (Week 207), 25 July 2004: 'John Baez's Stuff', math.ucr.edu/home/baez/.

34 Susskind, *Black Hole War*, p. 420.

35 Ibid., p. 419.

36 BBC, *Horizon*, 'The Hawking Paradox'.

37 Jenny Hogan, 'Hawking Cracks Black Hole Paradox', *New Scientist*, 14 July 2004.

38 Stephen Hawking, 'Out of a Black Hole', Caltech lecture, 9 April 2008.

39 Stephen W. Hawking, paper at the 17th International Conference on General Relativity and Gravitation, Dublin, July 2004.

40 David Whitehouse, 'Black Holes Turned Inside Out', *BBC News*, 22 July 2004.

41 Tim Folger, 'Return of the Invisible Man', *Discover Magazine*, July/August 2009, p. 48.

42 Stephen Hawking, 'To Boldly Go', lecture for undergraduates at Caltech, 14 January 2005.

18. "할아버지는 바퀴가 달렸어요."

1 Tim Adams, 'Brief History of a First Wife', *Observer*, 4 April, 2004, http://observer.guardian.co.uk/review/story/0,1185067,00.html.

2 'Stephen Hawking's Alternate Universe', video at the Smithsonian Institute, Washington, DC, 14 February 2005.

3 Ibid.

4 Stephen W. Hawking, lecture at the Smithsonian Institute, Washington, DC, 14 February 2005.

5 Ibid.

6 Associated Press, 'Scientist Stephen Hawking Decries Iraq War', *U.S.A. Today*, 3 November 2004.

7 Alan Boyle, 'The Show Goes On for Stephen Hawking', 15 June 2006, http://www.msnbe.msn.com/id/10086479(더 이상 유효하지 않음).

8 Steve Connor and Stephen Castle, 'Hawking Criticizes EU States Trying to Ban Stem Cell Research', *Independent*, 24 July 2006.

9 Lucy and Stephen Hawking, *George's Secret Key to the Universe*, London: Doubleday, 2007.

10 Alan Boyle, 'The Show Goes On for Stephen Hawking,' MSNBC, 15 November 2005, http://www.msnbc.msn.com/id/10086479.

11 'Hawking's Humor', *Israel Today*, 28 January 2007, http://www.israeltoday.co.il.

12 'Stephen Hawking to divorce second wife', *Mail Online*, last updated 19 October 2006, http://www.dailymail.co.uk/news/article−411349/Stephen−Hawking−divorce−second−wife.html#ixzz1GNl5y1yx.

13 Natalia Shuhmaher and Robert Brandenberger, 'Brane Gas−Driven Bulk Expansion as a Precursor State to Brane Inflation', *Physics Review Letters* 96 (2006), 161301.

14 W. Lerche, D. Lust and A. N. Schellekens, 'Chiral Four−Dimensional Heterotic Strings from Selfdual Lattices', *Nuclear Physics*, B287 (1987), p. 477를 참고하라.

15 A. D. Linde, 'Eternally Existing Self−Reproducing Chaotic Inflationary Universe', *Physics Letters* B175 (1986), p. 395.

16 Juan Martin Maldacena, 'The Large N Limit of Superconformal Field Theories and Supergravity', November 1997, http://inspirebeta.net/record/451647.

17 Hawking and Penrose, 'Afterword to the 2010 Edition', *Nature of Space and Time*, p. 142.

18 Stephen Hawking and Leonard Mlodinow, *The Grand Design*, London: Transworld, 2010, p. 118.

19 Tim Folger, 'Our Universe is Perfectly Tailored for Life', *Discover Magazine*, December 2008, http://discovermagazine.com/2008/dec/10−sciences−alternative−to−an−intelligent−creator/article_view?searchterm=Andrei%20Linde&b_start:int=1.

20 Mario Livio and Martin J. Rees, 'Anthropic Reasoning', *Science*, vol. 309, no. 5737 (12 August 2005), p. 1022~1023.

21 Stephen Hawking, 'The Origins of the Universe', lecture at Caltech, 4 April 2006.

22 S. W. Hawking and Thomas Hertog, 'Populating the Landscape: A Top Down Approach', February 2006, http://inspirebeta.net/record/710178; and Amanda Gefter, 'Mr. Hawking's Flexiverse', *New Scientist* 189 (2006), no. 2548, p. 28~32.

23 Emine Saner, 'Lucy Hawking's fears', *Evening Standard*(London), 14 April 2004, http://www.thisislondon.co.uk/showbiz/article−10226902−lucy−hawkings−fears.do (accessed June 2011)

24 Steve Cray, 'Rock−Star Welcome for Top Scientist', *South China Morning Post*, 13 June 2006, City section, p. 1.

25 Alexa Olesen, 'Stephen Hawking: Earth Could Become Like Venus', 22 June 2006, http://www.livescience.com/environment/ap_060622_hawking_climate.html.

26 Lucy and Stephen Hawking, *George's Secret Key to the Universe*, London: Doubleday, 2007; and Lucy and Stephen Hawking, *George's Cosmic Treasure Hunt*, London: Doubleday, 2009.

27 Q. and A.: Stephen Hawking and daughter Lucy, *TODAY, Al's Book Club*, 1 November 2007, http://today.msnbc.msn.com/id/21550559/ns/today−books/ (accessed June 2011)

28 Harry MacAdam, 'Search is Vital, Says Hawking', *Sun*, 28 December 2006.

29 Yahoo Searchblog, 1 August 2006, http://www.ysearchblog.com/archives/999336.html.

30 'Hawking Misrepresents Pope John Paul II', *Catalyst* 31 (2006), no. 6, http://www.catholicleague.org/catalyst/2006_catalyst/07806.htm#broward.

31 'Hawking Misrepresents Pope John Paul II', Catholic League for Religious and Civil Rights, http://www.catholicleague.org/catalyst.php?year=2006&month=July-August&read=2078.

32 Alan Boyle, 'Hawking Goes Zero-G: "Space, here I come"', *Space on msnbe. com*, http://www.msnbc.msn.com/id/18334489/ns/technology_and_science-space/.

33 Ibid.

34 Ibid.

19. "나는 항상 남들과는 다른 방향으로 갔다."

1 2008년의 결과 발표와 인용에 대한 정보는 NASA/WMAP Science Team, National Aeronautics and Space Administration, 'Fifth Year Results on the Oldest Light in the Universe', 7 March 2008에서 얻었다.

2 M. Cruz, E. Martinez-Gonzalez, P. Vielva, J. M. Diego, M. Hobson, N. Turok, 'The CMB Cold Spot: Texture, Cluster or Void?', April 2008, http://inspirebeta.net/record/783713.

3 Mike Wade, 'Peter Higgs Launches Attack against Nobel Rival Stephen Hawking', *Sunday Times*, 11 September 2008, http://www.timesonline.co.uk/tol/news/science/article4727894.ece.

4 'Hawking Bets CERN Mega-Machine Won't Find "God's Particle"', 9 September 2008, http://afp.google.com/article/ALeqM5jaOONGqv-xW-JhBOWgiNCVi6Rsmw.

5 Mike Wade, 'Peter Higgs Launches Attack Against Nobel Rival Stephen Hawking', *Sunday Times*, 11 September 2008.

6 'Hawking Bets CERN Mega-Machine Won't Find "God's Particle"'.

7 Stephen Hawking, 'Out of a Black Hole', lecture at Caltech, 9 April 2008.

8   Ian Sample, 'Large Hadron Collider Warms Up for Final Drive to Catch a Higgs Boson', *Guardian*, 26 February 2011, http://www.guardian.co.uk/science/2011/feb/28/large-hadron-collider-higgs-boson.

9   코퍼스 클락에 대한 정보는 Christopher de Hamel, *The Corpus Clock*, Isle of Man, Fromanteel, 2008과 저자가 직접 그 시계를 관찰한 것을 바탕으로 했다.

10 Roger Highfield, 'Stephen Hawking to Unveil Strange New Way to Tell the Time', *Telegraph*, 14 September 2008.

11 BBC *Newsnight*, 1 October 2009, http://news.bbc.co.uk/1/hi/programmes/newsnight/8285100.stm.

12 Matthews, p. 12.

13 Folger, 'Return of the Invisible Man', p. 44에서 재인용.

14 이 단락들의 인용과 정보는 Stephen Hawking, 'Why We Should Go into Space', lecture at Caltech, 2009, video copyright, Caltech Digital Media Services (Information Management Systems and Services)에서 얻었다.

15 Claudia Dreifus, 'Life and the Cosmos, Word by Painstaking Word: A Conversation with Stephen Hawking', *The New York Times*, 9 May 2011, Science Section, p. 1.

16 'Stephen Hawking to Accept Cosmos Award in Cambridge, England', The Planetary Society, press release, 24 February 2010, http://www.planetary.org/about/press/releases/2010/0224.

17 NASA/WMAP Science Team, National Aeronautics and Space Administration, 'WMAP Produces New Results', 26 January 2010, http://wmap.gsfc.nasa.gov/news/.

18 Adrian Cho, 'A Recipe for the Cosmos', *Science*, vol. 330, no. 6011 (17 December 2010), p. 1615.

19 'Planck's New View of the Cosmic Theatre', http://www.esa.int/SPECIALS/Planck/SEMK4D3SNIG_0.html.

20 Ibid.

21 Ibid.

22 Alan H. Guth and David I. Kaiser, 'Inflationary Cosmology: Exploring the Universe from the Smallest to the Largest Scales,' *Science*, vol. 307, no. 5711 (11

February 2005), p. 884~890.

23 Barrow, p. 212.

24 Lawrence M. Krauss, Scott Dodelson and Stephan Meyer, 'Primordial Gravitational Waves and Cosmology', *Science*, vol. 328, no. 5981 (21 May 2010), p. 989~992.

25 'Catching Waves with Kip Thorne', +*Plus magazine*...... *Living Mathematics*, 23 November 2007.

26 Thorne, 'Warping Spacetime', p. 74.

27 James Bock, et al., 'Study of the Experimental Probe of Inflationary Cosmology Intermediate Mission for NASA's Einstein Inflation Probe', Cornell University Library website http://arXiv:0906.1188v1 [astro-ph.CO].

28 James Hartle, S. W. Hawking and T. Hertog, Eternal Inflation without Metaphysics', http://arxiv.org/find/all/1/all:+AND+inflation+AND+hawking+eternal/0/1/0/all/0/1, September 2010.

29 Ibid.

30 James Hartle, S. W. Hawking and Thomas Hertog, 'The No-Boundary Measure in the Regime of Eternal Inflation', *Physical Review* D82 (2010), 063510.

31 Ibid.

32 Hartle, Hawking and Hertog, 'Eternal Inflation Without Metaphysics'.

33 Folger, 'Our Universe is Perfectly Tailored for Life'.

34 다니엘레 파초와 그의 연구팀에 관한 정보는 'Dr. Hawking's Bright Idea', *The Economist*, 2 October 2010, p. 93~94에서 얻었다.

20. "내 이름은 스티븐 호킹. 물리학자이자 우주론자이고, 약간은……."

1 Hawking and Mlodinow, Grand Design, p. 8.

2 Ibid.

3 Stephen Hawking, 'The Origins of the Universe', lecture at Caltech, 4 April 2006.

4 Hawking and Mlodinow, *Grand Design*, p. 72.

5 Ibid., p. 9.

6   Hawking, 'The Origins of the Universe', lecture.

7   Hawking and Mlodinow, *Grand Design*, p. 153.

8   Ibid., p. 30.

9   Ibid.

10 Ibid., p. 34.

11 Ibid., p. 32~33.

12 Ibid., p. 72.

13 Ibid., p. 46.

14 Ibid., p. 58.

15 Ibid., p. 178.

16 Ibid., p. 181.

17 'Understanding the Universe: Order of Creation', *The Economist*, 11 September 2010, p. 85.

18 Ibid.

19 Ibid.

20 Dwight Garner, 'Many Kinds of Universes, and None Require God', *The New York Times*, 7 September 2010.

21 Hawking and Mlodinow, *Grand Design*, p. 144.

22 Ibid., p. 172.

23 *Into the Universe with Stephen Hawking*, Discovery Channel, broadcast 2011.

24 Ibid.

25 Ibid.

26 Ibid.

27 Ibid.

28 Ibid.

29 Ibid.

30 Stephen Hawking, conversation with author, November 2010.

31 Ian Sample, '"There is no heaven or afterlife······ that is a fairy story for people afraid of the dark"', *Guardian*, 16 May 2011, p. 3.

32 Michael Wenham, 'I'd stake my life that Stephen Hawking is wrong about heaven', *Guardian*, 17 May 2011, www.guardian.co.uk/commentisfree/belief/2011/may/17/stephen—hawking—heaven?intcmp=239.

33   Dreifus, Science Section, p. 1.

34   Hawking, *Reader's Companion*, p. 174.

35   Introduction to Hawking: *Hawking on the Big Bang and Black Holes*, p. 1.

참고 문헌

Adams, Tim, 'Brief History of a First Wife', *Observer*, 4 April 2004, http://observer.guardian.co.uk/review/story/0,1185067,00.html.

Adler, Jerry, Gerald Lubenow and Maggie Malone, 'Reading God's Mind', *Newsweek*, 13 June 1988, p. 59.

'All Things Came from a Pea', +*Plus Magazine* ······ *Living Mathematics*, University of Cambridge Centre for Mathematical Sciences Millennium Maths Project, 23 November 2007, http://web.uvic.ca/%7Ejtwong/Hawking-Turok.ht.

Ames, Katrine, 'Santa Maria and Spaceships', *Newsweek*, 2 November 1992.

Ansen, David, 'Off the Beaten Track', Newsweek, 21 September 1992, p. 50B.

Appleyard, Bryan, 'Master of the Universe: Will Stephen Hawking Live to Find the Secret?', *Sunday Times*, 19 June 1988.

Associated Press, 'Scientist Stephen Hawking Decries Iraq War', *USA Today*, 3 November 2004.

Bachrach, Judy, 'A Beautiful Mind, an Ugly Possibility', *Vanity Fair*, June 2004.

Bardeen, J. M., B. Carter and S. W. Hawking, 'The Four Laws of Black Hole Mechanics', *Communications in Mathematical Physics* 31 (1973), p. 162.

Barrow, John, *The Book of Universes*, London: The Bodley Head, 2011.

BBC, *Horizon*, 'The Hawking Paradox', 2005.

BBC, *Newsnight*, 1 October 2009, http://news.bbc.co.uk/1/hi/programmes/newsnight/8285100.stm.

Begley, Sharon and Jennifer Foote, 'Why Past is Past', *Newsweek*, 4 January 1993, p. 50.

Bekenstein, Jacob D. 'Black Hole Thermodynamics', *Physics Today*, January 1980, p. 24-26.

Benford, Gregory, 'Leaping the Abyss', *Reason Online*, April 2002, http//reason.com/0204/fe.gb.leaping.shtml.

Bock, James, et al., 'Study of the Experimental Probe of Inflationary Cosmology Intermediate Mission for NASA's Einstein Inflation Probe', Cornell University Library website: arXiv:0906.1188v1 [astro-ph.CO].

Boslough, John, *Beyond the Black Hole: Stephen Hawking's Universe*, Glasgow: Fontana/Collins, 1984.

Bousso, Raphael, 'Adventures in de Sitter Space', in G. W. Gibbons, E. P. S. Shellard and S. J. Rankin (eds.), *The Future of Theoretical Physics and Cosmology: Celebrating Stephen Hawking's Contributions to Physics*, Cambridge: Cambridge University Press, 2003 (Stephen Hawking 60th Birthday Workshop and Symposium, January 2002), p. 539.

Boyle, Alan, 'Hawking Goes Zero−G: "Space, here I come"', *Space on msnbe.com*, http://www.msnbc.msn.com/id/18334489/ns/technology_and_science−space/.

—, 'The Show Goes On for Stephen Hawking', 15 June 2006, http://www.msnbe.msn.com/id/10086479 (더 이상 유효하지 않음).

Bridle, Sarah L., Ofer Lahav, Jeremiah P. Ostriker, Paul J. Steinhardt, 'Precision Cosmology? Not Just Yet······', 10 March 2003.

Browne, Malcolm W., 'A Bet on a Cosmic Scale, and a Concession, Sort Of', *The New York Times*, 12 February 1997, p. A−22.

Bucher, M., A. S. Goldhaber and N. Turok, 'Open Universe from Inflation', *Physical Review* D52 (1995), p. 3314~3337.

Carr, Bernard, 'Primordial Black Holes', in G. W. Gibbons, E. P. S. Shellard and S. J. Rankin (eds.), *The Future of Theoretical Physics and Cosmology: Celebrating Stephen Hawking's Contributions to Physics*, Cambridge: Cambridge University Press, 2003 (Stephen Hawking 60th Birthday Workshop and Symposium, January 2002), p. 236.

'Catching Waves with Kip Thorne', +*Plus Magazine*······ *Living Mathematics*, University of Cambridge Centre for Mathematical Sciences Millennium Maths Project, 23 November 2007, http://plus.maths.org/content/catching−waves−kip−thorne.

Cho, Adrian, 'A Recipe for the Cosmos', *Science*, vol. 330, no. 6011 (17 December 2010), p. 1615.

Clarke, Natalie, 'Professor Hawking in Assault Probe', *Daily Mail*, January 2004, p. 3.

Connor, Steve and Stephen Castle, 'Hawking Criticizes EU States Trying to Ban Stem Cell Research', *Independent*, 24 July 2006, p. 14.

Crampton, Robert, 'Intelligence Test', *The Times Magazine*, 8 April 1995, p. 27.

Cray, Steve, 'Rock−Star Welcome for Top Scientist', *South China Morning Post*, 13

June 2006, City section, p. 1.

Cruz, M., E. Martinez−Gonzalez, P. Vielva, J. M. Diego, M. Hobson and N. Turok, 'The CMB Cold Spot: Texture, Cluster or Void?', April 2008, http://inspirebeta.net/record/783713.

de Hamel, Christopher, *The Corpus Clock*, Isle of Man: Fromanteel, 2008.

DeWitt, Bryce S. 'Quantum Gravity', *Scientific American* 249 (6) (December 1983), p. 114.

Donaldson, Gregg J., 'The Man behind the Scientist', *Tapping Technology*, May 1999, http://www.mdtap.org/tt/1999.05/1−art.html.

'Dr. Hawking's Bright Idea', *The Economist*, 2 October 2010, p. 93~94.

Dreifus, Claudia, 'Life and the Cosmos, Word by Painstaking Word: A Conversation with Stephen Hawking', *The New York Times*, 9 May 2011, Science Section, p. 1.

Durrani, Martin, 'Hawking Slams "Stupid, Worthless" Play', *Physics World*, August 2000, p. 8.

Farndale, Nigel, 'A Brief History of the Future', *Sydney Morning Herald*, 7 January 2000.

—, 'A Brief History of the Future', *The Hindu Magazine*, 15 January 2000, p. 1.

Ferguson, Kitty, 'Devouring the Future: A Profile of Stephen Hawking', *Astronomy Magazine*, December 1998.

—, *The Music of Pythagoras*, New York: Walker Publishing, 2008. Published in Great Britain as *Pythagoras: His Lives and the Legacy of a Rational Universe*, London: Icon, 2010.

Feynman, Richard, *QED: The Strange Theory of Light and Matter*, Princeton: Princeton University Press, 1985.

Flam, Faye, 'Plugging a Cosmic Information Leak', *Science* 259 (1993), p. 1824.

Folger, Tim, 'Our Universe is Perfectly Tailored for Life', *Discover Magazine*, December 2008, http://discovermagazine.com/2008/dec/10−sciences−alternative−to−an−intelligent−creator/article_view?searchterm=Andrei%20Linde&b_start:int=1.

—, 'Return of the Invisible Man', *Discover Magazine*, July/August 2009, p. 44.

—, 'The Ultimate Vanishing Act', *Discover*, October 1993, p. 100.

Freedman, David H., 'Maker of Worlds', *Discover Magazine*, July 1990, p. 49.

Garner, Dwight, 'Many Kinds of Universes, and None Require God', *The New York Times*, 7 September 2010.

Gefter, Amanda, 'Mr. Hawking's Flexiverse', *New Scientist* 189, no. 2548 (2006), p. 28~32.

Gell–Mann, Murray, lecture.

Gibbons, G. W. and S. W. Hawking (eds.), *Euclidean Quantum Gravity*, Singapore: World Scientific Publishing Company, 1993.

Gibbons, Gary, 'Euclidean Quantum Gravity: The View from 2002', in G. W. Gibbons, E. P. S. Shellard and S. J. Rankin (eds.), *The Future of Theoretical Physics and Cosmology: Celebrating Stephen Hawking's Contributions to Physics*, Cambridge: Cambridge University Press, 2003 (Stephen Hawking 60th Birthday Workshop and Symposium, January 2002), p. 370.

Gourevitch, Philip, 'Interviewing the Universe', *The New York Times Magazine*, 9 August 1992, http://www.errolmorris.com/content/profile/bhot_gourevitch.html.

Green, Michael, 'A Brief Description of String Theory', in G. W. Gibbons, E. P. S. Shellard and S. J. Rankin (eds.), *The Future of Theoretical Physics and Cosmology: Celebrating Stephen Hawking's Contributions to Physics*, Cambridge: Cambridge University Press, 2003 (Stephen Hawking 60th Birthday Workshop and Symposium, January 2002), p. 473.

Grice, Elizabeth, 'Dad's Important, But We Matter, Too', *Telegraph*, 13 April 2004, http://www.telegraph.co.uk/arts/main.jhtml?xml+/arts/2004/04/13.bohawk13.xml.

Gross, David, 'String Theory', in G. W. Gibbons, E. P. S. Shellard and S. J. Rankin (eds.), *The Future of Theoretical Physics and Cosmology: Celebrating Stephen Hawking's Contributions to Physics*, Cambridge: Cambridge University Press, 2003 (Stephen Hawking 60th Birthday Workshop and Symposium, January 2002), p. 465.

Guth, Alan H. and David I. Kaiser, 'Inflationary Cosmology: Exploring the Universe from the Smallest to the Largest Scales', *Science*, vol. 307, no. 5711 (11 February 2005), p. 884~890.

Hartle, J. B. and S. W. Hawking, 'Path–Integral Derivation of Black Hole Radiance', *Physical Review* D 13 (1976), p. 2188~2203.

Hartle, James, S. W. Hawking and Thomas Hertog, 'The No—Boundary Measure in the Regime of Eternal Inflation', *Physics Review* D 82 (1 January 2010), 063510.

—, 'Eternal Inflation without Metaphysics', http://arxiv.org/find/all/1/all:+AND +inflation+AND+hawking+eternal/0/1/0/all/0/1, September 2010.

Harwood, Michael. 'The Universe and Dr. Hawking', *The New York Times Magazine*, 23 January 1983.

Hawkes, Nigel, 'Hawking's Blockbuster Sets a Timely Record', *Sunday Times*, May 1988.

Hawking, Jane, personal interview with author, Cambridge, April 1991.

—, *Music to Move the Stars: A Life with Stephen Hawking*, London: Pan Books, 2000.

—, *Music to Move the Stars: A Life with Stephen Hawking*, updated edition, 2004.

—, *Travelling to Infinity: My Life with Stephen*, London: Alma Books, 2008. 이 책은 *Music to Move the Stars*, 1999를 전면 수정한 책이다.

Hawking, Lucy and Stephen, *George's Cosmic Treasure Hunt*, London: Doubleday, 2007.

—, *George's Secret Key to the Universe*, London: Doubleday, 2007.

Hawking, S. W./Stephen/Stephen W.

— 'The Arrow of Time in Cosmology', *Physical Review* D32 (1985), p. 2495.

— 'Black Hole Explosions?' *Nature*, 248 (1974), p. 30~31.

— *Black Holes and Baby Universes and Other Essays*, London: Bantam Books, 1994.

— 'Black Holes in General Relativity', *Communications in Mathematical Physics* 25 (1972), p. 152~166.

— 'A Brief History of *A Brief History*', *Popular Science*, August. 1989, p. 70.

— (ed., prepared by Gene Stone), *A Brief History of Time: A Reader's Companion*, New York and London: Bantam Books, 1992.

— *A Brief History of Time: From the Big Bang to Black Holes*, London and New York: Bantam Books, 1988.

— and G. F. R. Ellis, 'The Cosmic Black—Body Radiation and the Existence of Singularities in Our Universe', *Astrophysical Journal* 152 (1968), p. 25~36.

— 'A Debate on Open Inflation', in David O. Caldwell (ed.), *COSMO-98: Second*

International Workshop on Particle Physics and the Early Universe, College Park, Md: American Institute of Physics, 1999, p. 21.

— 'The Development of Irregularities in a Single Bubble Inflationary Universe', *Physics Letters* B115 (1982), p. 295~297.

— 'The Edge of Spacetime', in Paul C. W. Davies, *The New Physics*. Cambridge: Cambridge University Press, 1989, p. 67.

— and W. Israel (eds.), *General Relativity*, Cambridge: Cambridge University Press, 1979.

— 'Gravitational Radiation from Colliding Black Holes', *Physics Review Letters* 26 (1971), p. 1344~1346.

— *Hawking on the Big Bang and Black Holes*, Singapore: World Scientific Publishing Company, 1993.

— and Roger Penrose, *The Nature of Space and Time*, Princeton and Oxford: Princeton University Press, 1996, 2010.

— 'The No—Boundary Proposal and the Arrow of Time', in J. J. Halliwell, J. Perez—Mercader and W. H. Zurek (eds.), *Physical Origins of Time Asymmetry*, Cambridge: Cambridge University Press, 1992, p. 268.

— and N. Turok, 'Open Inflation without False Vacua', *Physics Letters* B425 (1998), p. 25~32.

— Ph.D. thesis, University of Cambridge, March 1966.

— and Thomas Hertog, 'Populating the Landscape: A Top Down Approach', February 2006, http://inspirebeta.net/record/710178.

— and R. Penrose, 'The Singularities of Gravitational Collapse and Cosmology', *Proceedings of the Royal Society of London* A314 (1970), p. 529~548.

— 'Sixty Years in a Nutshell', in G. W. Gibbons, E. P. S. Shellard and S. J. Rankin (eds.), *The Future of Theoretical Physics and Cosmology: Celebrating Stephen Hawking's Contributions to Physics*, Cambridge: Cambridge University Press, 2003 (Stephen Hawking 60th Birthday Workshop and Symposium, January 2002), p. 106.

— and I. G. Moss, 'Supercooled Phase Transitions in the Very Early Universe', *Physics Letters* B110 (1982), p. 35.

— and W. Israel (eds.), *300 Years of Gravitation*, Cambridge: Cambridge University Press, 1987.

— *The Universe in a Nutshell*, New York and London: Bantam Books, 2001.

강연과 논문

'Gödel and the End of Physics', lecture for Dirac Centennial Celebration, 20 July 2002.

'Is the End in Sight for Theoretical Physics', inaugural lecture as Lucasian Professor of Mathematics, April 1980.

Lecture at the Smithsonian Institute, Washington, D. C., 14 February 2005.

'The Origins of the Universe', lecture at Caltech, 4 April 2006.

'Out of a Black Hole', lecture at Caltech, 9 April 2008.

Paper at the 17th International Conference on General Relativity and Gravitation, Dublin, July 2004.

'Remarks by Stephen Hawking', White House Millennium Council 2000, http://clinton4.nara.gov/Initiative/Millennium/shawking.html.

'To Boldly Go', lecture for undergraduates at Caltech, 14 January 2005.

'Why We Should Go into Space', lecture at Caltech, 2009, video copyright, CalTech Digital Media Services (Information Management Systems and Services).

미출간

'Black Holes and Their Children, Baby Universes'.

'Is Everything Determined?', 1990.

'Is the End in Sight for Theoretical Physics?'.

'My Experience with Motor Neurone Disease'.

'A Short History'.

인터뷰

Cambridge, December 1989; June 1990; November 2010.

Conversation with author, spring 1996, October 2000.

TV 인터뷰

ABC, *20/20*, broadcast 1989.

Interview with Larry King, *Larry King Live Weekend*, Cable News Network, 25

December 1999.

'Hawking Bets CERN Mega—Machine Won't Find "God's Particle"', 9 September 2008, http://afp.google.com/article/ALeqM5jaOONGqv−xW− JhBOWgiNCVi6Rsmw.

'Hawking Extols Joy of Discovery', *BBC News*, 11 January 2002.

'Hawking Gets Personal', *Time*, 27 September 1993, p. 80.

'Hawking Humor', *Israel Today*, 28 January 2007, http://www.israeltoday.co.il.

'Hawking Misrepresents Pope John Paul II', *Catalyst* 31, no. 6 (2006) http://www. catholicleague.org/catalyst/2006_catalyst/07806.htm#broward.

'Hawking Misrepresents Pope John Paul II', Catholic League for Religious and Civil Rights, http://www.catholicleague.org/catalyst.php?year=2006&month=July− August&read=2078.

Highfield, Roger, 'Stephen Hawking to Unveil Strange New Way to Tell the Time', *Telegraph*, 14 September 2008.

Hogan, Jenny, 'Hawking Cracks Black Hole Paradox', *New Scientist*, 14 July 2004.

Into the Universe with Stephen Hawking, Discovery Channel, 2011 (title in Great Britain is *Stephen Hawking's Universe*, repeating the title of an earlier television special).

Jerome, Richard, Vickie Bane and Terry Smith, 'Of a Mind to Marry: Physicist Stephen Hawking Pops the Most Cosmic Question of All to His Nurse', *People Magazine*, 7 August 1995, p. 45.

Jonas, Gerald, 'A Brief History', *The New Yorker*, 18 April 1988, p. 31.

Krauss, Lawrence M., Scott Dodelson and Stephan Meyer, 'Primordial Gravitational Waves and Cosmology', *Science*, vol. 328, no. 5981 (21 May 2010), p. 989~992.

Larsen, Kristine, *Stephen Hawking: A Biography*. Amherst, NY: Prometheus Books, 2007.

Lemonick, Michael D., 'Hawking Gets Personal', *Time*, 27 September 1993, p. 80.

Lerche, W., D. Lust and A. N. Schellekens, 'Chiral Four−Dimensional Heterotic Strings from Selfdual Lattices', *Nuclear Physics* B287(1987), p. 477.

Linde, A. D., 'Eternally Existing Self−Reproducing Chaotic Inflationary Universe', *Physics. Letters*, B175(1986), p. 395.

—, 'A New Inflationary Universe Scenario: A Possible Solution of the Horizon, Flatness, Homogeneity, Isotropy, and Primordial Monopole Problems', *Physics*

Letters B108 (1982), p. 389~393.

Linde, Andrei, 'Inflationary Theory versus the Ekpyrotic/Cyclic Scenario', in G. W. Gibbons, E. P. S. Shellard and S. J. Rankin (eds.), *The Future of Theoretical Physics and Cosmology: Celebrating Stephen Hawking's Contributions to Physics*, Cambridge: Cambridge University Press, 2003 (Stephen Hawking 60th Birthday Workshop and Symposium, January 2002), p. 801~802.

___, 'The Self–Reproducing Inflationary Universe,' *Scientific American*, November 1994, p. 48~55.

Livio, Mario and Martin J. Rees, 'Anthropic Reasoning', *Science*, vol. 309, no. 5737 (12 August 2005), p. 1022~1023.

MacAdam, Harry, 'Search is Vital, Says Hawking', *Sun*, 28 December 2006.

Maldacena, Juan Martin, 'The Large N Limit of Superconformal Field Theories and Supergravity', November 1997, http://inspirebeta.net/record/451647.

Master of the Universe: Stephen Hawking, BBC broadcast, 1989.

Matthews, Robert, 'Stephen Hawking Fears Prejudice against Fundamental Research Threatens the Future of Science in Britain', *CAM: The University of Cambridge Alumni Magazine*, Michaelmas Term, 1995, p. 12.

McDaniel, Melissa, *Stephen Hawking: Revolutionary Physicist*, New York: Chelsea House Publications, 1994.

McKie, Robin, 'Master of the Universe', *Observer*, 21 October 2001.

Murdoch, Dugald, *Niels Bohr's Philosophy of Physics*, Cambridge: Cambridge University Press, 1987.

NASA/WMAP Science Team, National Aeronautics and Space Administration, 'First Year Results on the Oldest Light in the Universe', 11 February 2003, http://wmap.gsfc.nasa.gov/news/PressRelease_03–064.html.

—, 'Fifth Year Results on the Oldest Light in the Universe', 7 March 2008.

—, 'WMAP Produces New Results', 26 January 2010, http://wmap.gsfc.nasa.gov/news/.

'No End of Universe Creation Theories', in +*Plus Magazine* ······ *Living Mathematics*, University of Cambridge Centre for Mathematical Sciences Millennium Maths Project, 23 November 2007, http://web.uvic.ca/%7Ejtwong/Hartle–Hawking.html.

Olesen, Alexa, 'Stephen Hawking: Earth Could Become Like Venus', 22 June 2006, http://www.livescience.com/environment/ap_060622_hawking_climate.html.

Overbye, Dennis, 'Cracking the Cosmic Code with a Little Help from Dr. Hawking', *The New York Times*, 11 December 2001.

—, 'The Wizard of Space and Time', *Omni*, February 1979, p. 106.

Page, D. N. and S. W. Hawking, 'Gamma Rays from Primordial Black Holes', *Astrophysical Journal* 206 (1976).

Page, Don N., 'Hawking's Timely Story', *Nature* 332, 21 April 1988, p. 743.

—, 'Will Entropy Decrease If the Universe Recollapses', *Physical Review* D32 (1985), p. 2496~2499.

Paton Walsh, Nick, 'Alter Our DNA or Robots Will Take Over, Warns Hawking', *Observer*, 2 September 2001.

Penrose, Roger, 'The Problem of Spacetime Singularities: Implications for Quantum Gravity?', in G. W. Gibbons, E. P. S. Shellard and S. J. Rankin (eds.), *The Future of Theoretical Physics and Cosmology: Celebrating Stephen Hawking's Contributions to Physics*, Cambridge: Cambridge University Press, 2003 (Stephen Hawking 60th Birthday Workshop and Symposium, January 2002), p. 51.

Pippard, Brian, 'The Invincible Ignorance of Science', *The Great Ideas Today, 1990*, Encyclopedia Britannica, Inc.

'Planck's New View of the Cosmic Theatre', http://www.esa.int/SPECIALS/Planck/SEMK4D3SNIG_0.html.

Preuse, Paul, 'Strong Evidence for Flat Universe reported by BOOMERANG Project', Berkeley Lab Research News, 26 April 2001, http://www.lbl.gov/Science-Articles/boomerang-flat.html.

Professor Hawking's Universe, BBC broadcast, 1983.

Rees, Martin, 'Our Complex Cosmos and Its Future', in G. W. Gibbons, E. P. S. Shellard and S. J. Rankin (eds.), *The Future of Theoretical Physics and Cosmology: Celebrating Stephen Hawking's Contributions to Physics*, Cambridge: Cambridge University Press, 2003 (Stephen Hawking 60th Birthday Workshop and Symposium, January 2002), p. 17.

Rothstein, Edward, 'Glass on Columbus, Hip on a Grand Scale', *International*

Herald Tribune, 15 October 1992.

Salisbury, David, 'Hawking, Linde Spar Over Birth of the Universe', *Stanford Report Online*, 19 April 1998, http://news−service.stanford.edu/news/1998/april29/hawking.html.

Sample, Ian, 'Large Hadron Collider Warms Up for Final Drive to Catch a Higgs Boson', *Guardian*, 26 February 2011, http://www.guardian.co.uk/science/2011/feb/28/large−hadron−collider−higgs−boson.

—, '"There is no heaven or afterlife······ that is a fairy story for people afraid of the dark"', *Guardian*, 16 May 2011, p. 3, http://www.guardian.co.uk/science/2011/may/15/stephen−hawking−interview−there−is−no−heaven?INTCMP=SRCH.

Saner, Emine, 'Lucy Hawking's Fears', *Evening Standard* (London), 14 April 2004, http://www.thisislondon.co.uk/showbiz/article−10226902−lucy−hawkings−fears.do (accessed June 2011).

Schickel, Richard, 'The Thrust of His Thought', Time, 31 August 1992, p. 66, 69.

Sciama, Denis W., *The Unity of the Universe*, Garden City, NJ: Doubleday and Company, 1961.

Shuhmaher, Natalia and Robert Brandenberger, 'Brane Gas−Driven Bulk Expansion as a Precursor State to Brane Inflation', *Physical Review Letters* 96 (2006), 161301.

Sipchen, Bob, 'The Sky No Limit in the Career of Stephen Hawking', *West Australian*, 16 June 1990.

Snider, Mike, 'Are computer viruses form of life?' *U. S. A. Today*, 3 August 1964, p. 1.

'Space Colonies Needed for Human Survival', *Guardian*, 16 October 2001, p. 3.

'Stephen Hawking to Accept Cosmos Award in Cambridge England', The Planetary Society, press release, 24 February 2010, http://www.planetary.org/about/press/releases/2010/0224.

'Stephen Hawking to Divorce Second Wife', *Mail Online*, last updated 19 October 2006.

Stephen Hawking's Alternate Universe, video at the Smithsonian Institute, Washington, D. C. 14 February 2005.

Stevens, David, IMDb Mini Biography of Errol Morris, http://www.imdb.com/name/nm0001554/bio.

Susskind, Leonard, *The Black Hole War: My Battle with Stephen Hawking to Make the*

World Safe for Quantum Mechanics, New York, Boston and London: Back Bay Books, 2008.

Susskind, Leonard, 'Twenty Years of Debate with Stephen', in G. W. Gibbons, E. P. S. Shellard and S. J. Rankin, *The Future of Theoretical Physics and Cosmology: Celebrating Stephen Hawking's Contribution to Physics*, Cambridge: Cambridge University Press, 2003 (Stephen Hawking 60th Birthday Workshop and Symposium, January 2002), p. 330.

Tasker, Fred, 'Deep Thinkers Abuzz Over Idea of Computer Virus as Life', *Richmond Times-Dispatch*, 10 August 1994, p. 4.

Taylor, J. G. and P. C. W. Davies, paper in *Nature* 248 (1974).

'This Week's Finds in Mathematical Physics' (Week 207), 25 July 2004, website 'John Baez's Stuff', math.ucr.edu/home/baez.

Thorne, Kip, *Black Holes and Time Warps*, New York: W. W. Norton and Company, 1994.

—, 'Warping Spacetime', in G. W. Gibbons, E. P. S. Shellard and S. J. Rankin (eds.), *The Future of Theoretical Physics and Cosmology: Celebrating Stephen Hawking's Contributions to Physics*, Cambridge: Cambridge University Press, 2003 (Stephen Hawking 60th Birthday Workshop and Symposium, January 2002), p. 74~103.

'Trek Stop', *People Magazine*, 28 June 1993, p. 81~82.

Turok, Neil, 'The Ekpyrotic Universe and Its Cyclic Extension', in G. W. Gibbons, E. P. S. Shellard and S. J. Rankin (eds.), *The Future of Theoretical Physics and Cosmology: Celebrating Stephen Hawking's Contributions to Physics*, Cambridge: Cambridge University Press, 2003 (Stephen Hawking 60th Birthday Workshop and Symposium, January 2002), p. 781.

'Understanding the Universe: Order of Creation', *The Economist*, 11 September 2010, p. 85.

Veash, Nicole Tuesday, 'Ex-Wife's Kiss-and-Tell Paints Hawking as Tyrant', *Indian Express, Bombay*, 3 August 1999.

Wade, Mike, 'Peter Higgs Launches Attack against Nobel Rival Stephen Hawking', *Sunday Times*, 11 September 2008.

Waldrop, M. Mitchell, 'The Quantum Wave Function of the Universe', *Science*, vol. 242 (2 December 1988), p. 1248.

Walton, Ellen, 'Brief History of Hard Times' (interview with Jane Hawking), *Guardian*, 9 August 1989.

Watson, Andrew, 'Inflation Confronts an Open Universe', *Science* 279 (1998), p. 1455.

Wenham, Michael, 'I'd stake my life that Stephen Hawking is wrong about heaven', *Guardian*, 17 May 2011, www.guardian.co.uk/commentisfree/belief/2011/may/17/stephen−hawking−heaven?intcmp=239.

Wheeler, John A., unpublished poem.

Whitehouse, David, 'Black Holes Turned Inside Out,' BBC News, 22 July 2004

Yahoo Searchblog, 1 August 2006, http://www.ysearchblog.com/archives/999336.html.

Yulsman, Tom, 'Give Peas a Chance', *Astronomy Magazine*, September 1999, p. 38~39.

찾아보기

지은이 **키티 퍼거슨** Kitty Ferguson

20년이 넘게 물리학과 우주론에 대한 대중적인 글을 쓰고 과학 강연을 해왔다. 『피타고라스의 음악 *The Music of Pythagoras*』 『우주 측정 *Measuring the Universe*』 등 여덟 권의 저서는 전 세계에서 27개국어로 번역되어 호평을 받았다. 1991년에는 호킹의 격려와 도움을 받아 『스티븐 호킹: 모든 것의 이론을 찾아서』를 썼고, 2000년에는 호킹의 저서 『호두 껍질 속의 우주』의 원고를 편집하는 일에 참여했다. 『스티븐 호킹: 모든 것의 이론을 찾아서』는 출간 즉시 〈선데이 타임스〉 선정 베스트셀러가 되어 전 세계적으로 많은 독자의 사랑을 받았다. 비교적 얇았던 그 책은 그녀가 쓴 최초의 스티븐 호킹 전기이자 이 책의 모체이다. 현재 퍼거슨은 케임브리지와 사우스캐롤라이나 주를 오가며 생활하고 있다.

옮긴이 **이충호**

서울대학교 사범대학 화학과를 졸업했다. 과학 도서 전문번역가로 활동하고 있다. 2001년 『세계를 변화시킨 12명의 과학자』로 우수과학도서(한국과학문화재단) 번역상을 수상했으며, 『신은 왜 우리 곁을 떠나지 않는가』로 제20회 한국과학기술도서(대한출판문화협회) 번역상을 수상했다. 옮긴 책으로는 『이야기 파라독스』 『우주의 비밀』 『루시퍼 이펙트』 『행복은 전염된다』 『수학이 사랑한 예술』 『59초』 『양자나라의 앨리스』 『사라진 스푼』 『진화심리학』 『건축을 위한 철학』 등 200여 권이 있다.

스티븐 호킹

1판 1쇄	2013년 9월 2일
1판 2쇄	2018년 3월 23일
지은이	키티 퍼거슨
옮긴이	이충호
펴낸이	김정순
책임편집	김소희, 허영수
디자인	김수진
마케팅	김보미, 임정진, 전선경
펴낸곳	(주)북하우스 퍼블리셔스
출판등록	1997년 9월 23일 제406-2003-055호
주소	04043 서울시 마포구 양화로 12길 16-9(서교동 북앤빌딩)
전자우편	henamu@hotmail.com
홈페이지	www.bookhouse.co.kr
전화번호	02-3144-3123
팩스	02-3144-3121
ISBN	978-89-5605-687-6 03990

이 도서의 국립중앙도서관 출판도서목록(CIP)은 e-CIP 홈페이지(http://www.nl.go.kr/ecip)와 국가자료공동목록시스템(http://www.nl.go.kr/kolisnet)에서 이용하실 수 있습니다. (CIP제어번호: CIP2013014113)